职业教育国家在线精品课程配套教材

高等职业教育『双高』建设成果教材

高等职业教育新形态一体化教材

社会心理学基础

主编

许新赞
谭泽晶

副主编

赵 杰
周丹纯
彭咏梅
赵会鹏

中国教育出版传媒集团

高等教育出版社·北京

内容提要

　　本书是职业教育国家在线精品课程配套教材，是高等职业教育"双高"建设成果教材。本书重点介绍社会心理学的理论知识、活动实践和推广应用，分为个体社会心理学、人际社会心理学、团体社会心理学、应用社会心理学四个模块，包括导论和十二个单元，结合学习、生活和工作情境探索社会心理现象，通过情境案例分析、团体心理活动、心理技能训练、项目实践等方式展开，注重心理素质的培养和提升。

　　本书编写贯彻党的二十大精神，落实立德树人根本任务。通过"学海无涯"中的心灵故事、"心理实践"中的典型案例强调价值引领和思政融入，致力于培养身心健康、德技并修的高素质技术技能人才。

　　本书配套课程资源丰富，由校企合作团队共同建设的在线课程"社会心理学"已在爱课程平台上线，可以助力开展线上线下混合式教学。本书既可作为职业院校社会心理学课程的教材和校园心理教师团体辅导的辅助读物，也可供辅导员、心理咨询师和心理学爱好者阅读和参考。

编写委员会成员

前言

党的二十大报告指出："推进健康中国建设。人民健康是民族昌盛和国家强盛的重要标志。把保障人民健康放在优先发展的战略位置，完善人民健康促进政策。""重视心理健康和精神卫生。"社会心理学教材的建设应以党的二十大精神为引领，助力学生自尊自信、理性平和、积极向上社会心态的培育，并将所学知识服务于家庭、学校、社区、企事业单位，为社会心理服务体系建设作出应有的努力，以增进人民获得感、幸福感、安全感，更好地推进社会治理现代化进程。

本书是为了满足职业院校"社会心理学"课程教学需要而组织编写的，分为个体社会心理学、人际社会心理学、团体社会心理学、应用社会心理学四个模块，包括导论和十二个单元。本书编写体现了以下五个特点。

一是体现能力本位理念

注重培养高职大学生的心理调适能力和社会心理服务能力。增强大学生觉察自我、适应社会、转变态度、调整认知的能力，引导大学生增加利他行为、减少侵犯行为，提升交往技能、建立亲密关系，并在服务他人和社会的实践过程中提升社会心理服务能力。

二是体现职业教育类型特色

本书邀请社区心理卫生、临床心理咨询、学校心理健康教育等领域专家，共同编写教材和建设配套数字化资源。教材中选取典型职业工作情境常见的社会心理现象，并对主人公的心理进行分析，探索社会心理学在多个领域的应用，增强学生的职业心理适应能力，推进校企合作，深化产教融合。

三是体现理实结合特点

每个单元设置情境导入、心理讲坛、心理实践、心理拓展四个部分，结合学习、生活和工作情境探索社会心理现象，通过心理实验、团体心理活动、心理技能训练、情境案例分析、项目实践等方式开展学习实践。教材中融入绘画、音乐、正念、舞动、沙盘等丰富的形式，理论与实践有机结合，培养学生解决问题的能力和增强心理实践的能力。

四是体现育心育德相统一的目标

育人的根本在于立德，本书旨在培养大学生积极健康的社会心态，通过"学海无涯"中的心灵故事、"心理实践"中的典型案例来弘扬社会主义核心价值观，引导学生树立积极乐观人生态度、涵育工匠精神、厚植家国情怀，最终培养爱人爱己、爱家爱国、爱党爱社会主义的高素质技术技能人才。

五是建设新形态一体化教材

本书编写立足建设纸媒与数媒融合的新形态一体化教材，依托国家级在线精品课程，采取线上线下混合式学习模式，满足学习者："时时、处处、人人可学"的需求。

在本书的编写过程中，校企合作团队竭尽所能开展调研、交流讨论，认真撰写、反复修改，并邀请专家进行指导、审阅。但由于编者水平有限，还需要在教材使用过程中不断发现问题、解决问题。真诚希望广大读者、同行多提宝贵意见，以便本书更臻完善。

许新赞

2023 年 4 月于长沙

目录

模块一　个体社会心理学

模块二　人际社会心理学

模块三　团体社会心理学

模块四　应用社会心理学

知所从来，方明所往——走近社会心理学

党的二十大报告指出："推进健康中国建设。人民健康是民族昌盛和国家强盛的重要标志。把保障人民健康放在优先发展的战略位置，完善人民健康促进政策""重视心理健康和精神卫生"。社会心理学关注个体和群体在特定社会生活背景下的心理活动。社会影响个体，个体反作用于社会，人际互动会不断提升人的社会责任感，促进社会的和谐发展。学习社会心理学，有助于学生自尊自信、理性平和、积极向上社会心态的培育，推进社会心理服务体系建设，促进新时代心理健康和精神卫生工作。

【知识脉络】

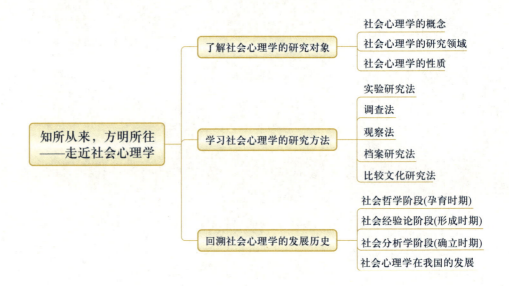

【学习目标】

社会心理学课程
概述

素养目标：培育学生自尊自信、理性平和、积极向上的社会心态和素质。

知识目标：掌握社会心理学研究对象、研究方法和发展简史的知识内容。

能力目标：提升学生自我认识、人际互动、团队合作、心理实践、社会心理服务的能力。

社区主任的喜与忧

张强（化名）从大学社区服务与管理专业毕业后，进入社区工作。由于踏实勤奋、体谅居民、勇于改革，工作得到认可，他成长为一名社区负责人。

社区工作事务繁多：回应居民诉求、处理家庭纠纷、创建文明城市、对接区街各级部门、检查辖区企业安全生产工作、疫情期间大数据排查、疫苗接种等工作，都需要整合资源和统筹兼顾，加班是常有的事情。由于张强热爱社区工作、乐于为社区居民服务、注重社区工作方法，他得到了很多居民的理解和认可，获得了街道、市区级优秀个人、先进单位等很多荣誉和表彰。同时也因为工作繁忙，他疏忽了对孩子和家人的陪伴，遭到了家人的埋怨；工作繁杂的时候难免也会有社区工作人员抱怨和不理解，甚至会受到一些居民的质疑和指责。

张强工作之余静下心来的时候，觉得自己的工作非常有意义，能够解决社区居民的实际问题，很好地实现了自己作为一个社区人的价值，为社区和社会的和谐稳定贡献了自己的一份力量。同时，有时候他也因为家庭、团队凝聚力不够、社区居民的不理解而烦恼。但张强转念一想，生活总是有喜有忧，既然没有十全十美的选择，那就带着自己的理想和热爱坚定地朝前走吧！

情境分析：社区主任的日常工作让我们看到了张强的喜与忧，看到了他的心理变化。作为一个生活在社会中的人，我们会思考很多与社会心理相关的问题，如：我应该成为一个怎样的人、如何提升自我价值感、怎样才能更好地在人际互动中获得理解和尊重、如何才能更好地实现团体目标和增强团队凝聚力、如何才能真正地做一个有益于他人和社会的人。学习社会心理学，可以帮助我们更好地去认识自己、认识他人与社会、品尝生活的真谛，做一个真实的、有益于他人和社会的人。

社会心理学是在社会学、心理学和文化人类学等母体学科的基础上形成的一门独立学科，既有极其深厚的理论渊源，又有十分广泛的应用价值。经过一个多世纪的发展，基于社会和现实的迫切需要，社会心理学已经从曾经的边缘地位进入现代心理学的核心，发展成为一个高度体现科学价值的学术领域。一方面，它通过研究和理论概括，寻求对社会思想、社会行为及个体与社会关系的理解；另一方面，它又运用这种理解去改善生活条件，提高人们对生活的感受，促进人与社会的和谐相处。

什么是社会心理学？社会心理学的研究对象是什么？学习社会心理学有什么意义？它有哪些研究方法？具有怎样的发展历史？这些都是我们在学习社会心理学时首先必须予以明确的问题。

一、了解社会心理学的研究对象

社会心理学是一门独立的学科，它有着自己特殊的、其他学科难以替代的研究对象。对于社会心理学到底要研究什么，答案多种多样，莫衷一是。因为在很多社会心理学家那里，每个人都有自己的独特研究方向，比如有的学者专门探讨人际关系问题，有的学者着重于研究人的社会态度及其转变问题，还有的侧重于钻研社会侵犯行为问题。也正因为如此，社会心理学家阿伦森（E.Aronson）认为"社会心理学的定义之多，几乎同社会心理学家的人数一样多"。

知所从来，方明所往
——走近社会心理学

社会心理学导论

（一）社会心理学的概念

1. 国外社会心理学的界定

社会心理学家、人格心理学家奥尔波特（Allport）从人际影响视角出发，认为社会心理学是了解和解释个人的思想、情感和行为如何受到他人实际的、想象的和隐含的存在的影响的学问。这是目前国际社会心理学界影响最大、最广和最持久的经典定义。

社会心理学家弗里德曼（Freedman）从行为主义视角出发，认为社会心理学是系统研究社会行为的科学。研究个体如何认识他人、如何对他人行为作出反应、他人如何对个体行为作出反应以及个体如何受所处社会环境的影响等问题。社会心理学所研究的问题涵盖了人与人之间相互作用的所有领域，包括与社会现象直接相关的各种行为。

梅厄斯（Myers）从社会认知的观点出发，认为社会心理学是研究人们怎样想、怎样相互影响以及怎样与别人相联系的科学。他在 1992 年出版的《社会心理学》一书中着重讨论了社会信念、社会认知、社会影响和人际关系的内容。

2. 国内社会心理学的界定

我国现代心理学的奠基人、心理学家潘菽（1931）认为，社会心理学主要研究人一生的全部心理发展变化及其一般的表现与其所受社会环境影响的关系；同时，个人对这种社会环境方面的影响也必然会有不同的反应方式，这也应该属于社会心理学的研究对象。

我国著名心理学家吴江霖教授认为，社会心理学是研究个体或若干个体在特定社会生活条件下心理活动的变化发展的科学。

中国社会心理学原会长、北京大学沈德灿教授（1990）在对多种社会心理学概念做了分析整合后，认为社会心理学是研究个体和群体的社会心理、社会行为及其发展规律的科学。

在综合国内外学者研究的基础上，本教材采用社会心理学的定义如下：社会心理学是研究社会心理现象的科学，是从社会与个体相互作用的观点出发，研究特定社会生活条件下，个体与群体心理活动发生发展及其变化规律的科学。

关于这一定义，我们可以从以下三个方面进一步理解。

（1）社会和个体的互动。社会心理学重视社会与个体之间的互动以及他们之间的相互影响，因为社会中的每一个个体总是不断地处在与社会群体或群体中其他个体的互动中，从而建立一定的人际关系，形成个人独特的个性特征，由此产生林林总总的社会心理现象。

社会影响着个体，个体也影响着社会。我们成长为现在的自己，是由于个体心理受到家庭、学校、社会等多方面的影响，从而发展出独一无二的自我。同时我们又以自己独特的方式影响和回报社会。

案例： 张霞（化名）从职业院校社会工作专业毕业后从事老年社工的工作，她以热情、温暖、真诚、专业的态度服务于需要帮助的社区老人，想居民所想，急居民所急，切实解决居民的实际问题，用自己的行动影响和帮助社区居民。同时，在工作过程中进一步培养了她的专业能力和职业素养，通过与社区居民的互动，得到居民的认可，提升了自我价值感，达到了助人自助的目的（图 0-1）。

图0-1 社会工作者服务现场

（2）特定社会生活条件。社会心理学重视探讨特定社会生活条件（或社会情境）在人的心理发展过程中的作用。所谓特定社会生活条件（或社会情境），是指与个体直接相关联的社会环境，包括个体生存的政治、经济、教育、文化、科学、法律、历史和地理环境。个体所处的具体社会情境及个体与社会情境的互动是社会心理学最关心的问题之一。

案例：王刚（化名）从职业院校心理咨询专业毕业后，主要从事儿童心理工作，在开展社会心理服务过程中经常处理青少年网络成瘾问题。他表示，与孩子相处过程中，需要重视该问题是在互联网发展和盛行这种特定社会情境中产生的。过度使用互联网容易导致个人的心理状态（包括精神和情感）受损，对个体的学业、职业和社会功能产生负面影响，要对这类青少年进行心理援助。我们需要关注在"互联网时代"这种特定的社会生活条件下，如何让学生区分现实和虚拟、让家长加强亲子沟通、让学校多开展丰富多彩的课余活动、让社会加强信息网络的管理与监控。如此，针对性地提出解决策略，才会收到事半功倍的效果。

（3）个体心理。社会心理学还强调个体的内在心理因素对个体社会心理与社会行为的影响。所谓个体的内在心理因素，主要是指个体的个性特征，包括个性心理特征和个性心理倾向。个性心理特征，如气质、性格、能力，会对一个人的社会心理活动产生一定程度的影响；同样，个性心理倾向如需要、理想等，也会深刻地影响着个体社会心理的发生。

（二）社会心理学的研究领域

由于社会心理学研究对象的广泛性和复杂性，社会心理学家至今对这门学科的对象范围没有达成共识。通常，我们将社会心理学的研究领域分为个体过程、人际过程、群体过程和应用领域（图0-2）。

1. 个体过程

个体过程主要涉及与个体有关的心理与行为研究。到目前为止，主要研究领域包括：

（1）态度以及态度改变。态度问题一直是社会心理学家非常重视的问题。很多理论和研究成果被用来解释态度的形成、发展以及改变。

（2）社会认知、归因与认知失调。社会认知是20世纪60～80年代社会心理学家关心的问题，关于归因和认知失调的相关实验，已经成为社会心理学的经典研究。归因问题产生于20世纪50年代，到80年代中期这方面的理论增多，90年代以来，随着文化心理学的兴起，由于对于东西方归因差异的研究，其又进一步成为研究的焦点。现在对这一领域的研究通常和消费、印象管理、决策、大众传播等结合在一起。

（3）自我知觉和自我意识。自我一直是心理学关注的问题，社会心理学领域更关注社会情境中的自我概念、自我意识、自我体验等。一般而言，对内在自我和公众自我的区分研究被用在广告、说服技巧等领域。

（4）个体的人格与社会发展。这是社会心理学的一个传统研究领域，它关注个体的人格在社会和文化影响下的形成和发展；个体社会化的内容、进程和途径；人格和社会性发展如何受学校、家庭、社会和大众传媒以及先天因素的影响。

除此之外，个体行为与社会角色行为、成就行为与个体的工作绩效、应激和情绪问题、言语交际策略等都属于个体过程研究领域的对象。

2. 人际过程

人际过程主要涉及人与人相互作用的所有领域，是从中观环境与人际的角度研究人类心理与行为，主要研究领域包括。

（1）侵犯行为和利他行为。侵犯行为产生的原因，生活中挫折的来源，如何促进利他行为等都是这个领域的研究课题。心理学家研究这些问题的最终目的，在于减少侵犯、培养人们的利他观念，为创造幸福的生活提供理论指导。

图0-2　社会心理学的研究内容

（2）人际交往与人际吸引。通过人际交往活动，人与人之间产生了情绪上的好感或恶感，于是便有了人际吸引、亲密关系等。人际吸引是人际关系的基础，爱情则是一种最亲密的人际关系。20世纪80年代以来，心理学家开始对中国人的人际关系模式及影响产生了浓厚的兴趣。对这些问题的研究可以为发展人际关系提供指导。

（3）社会交换与社会影响。把人际关系与人际交往看成一种社会交换，看起来是对人的一种讽刺，但是霍曼斯（Homans）和蒂鲍（Thibaut）等人确实证明了交换对人类生活的重要性。拉塔纳（Latana）提出的社会影响理论说明了这种影响的大小。

（4）非语言的交流。在人际相互作用过程中，人们常常用非语言的线索表达自己的信念和情感，表情、体态以及语气等都是这个领域的课题（图0-3）。

图0-3　不同的肢体语言

（5）性别角色和性别差异。性别研究20世纪80年代就引起了心理学家的极大兴趣。性别差异的基础是什么？男性和女性到底有什么不同？这些不同有什么样的影响？所有类似问题都引起了心理学

家广泛的关注。

3. 群体过程

群体过程主要是对群体形成和发展的规律进行研究，是从宏观环境与群体角度研究人类心理与行为问题，主要研究领域包括：

（1）从众和服从。谢利夫（Sherif）、阿希（Asch）以及米尔格拉姆（Milgram）的研究为从众和服从这一领域的研究树立了一系列榜样，同时也为社会心理学的发展做出了极大的贡献。

（2）群体过程和群体行为。对群体形成和发展的规律进行研究，一直是社会心理学的传统领域，其中群体的类型、目标、规范、性质和效应，以及群体的内聚力、心理气氛、合作与竞争，团体与组织决策以及团体领导等问题都包括在这一领域内。

（3）群体对个体的影响。个体在群体中不仅会产生社会助长或社会惰化作用，还会产生令人费解的集群行为和去个性化行为，这种现象的内部心理机制以及群体领导与组织的决策、群体中的社会比较等，都是该领域的研究课题。

（4）文化与社会心理。随着文化心理学的兴起，研究者对社会文化因素在人类心理与行为中充任的角色产生了浓厚的兴趣。如文化变迁对人格的影响，民族心理、民族性格对个体的影响，特别是种族偏见和种族歧视对战争与和平的作用等。

此外，社会心理学对群体过程的研究还包括跨文化的比较研究、环境心理学的研究以及健康心理学的研究等。有时，人们也把这部分内容归入到社会心理学的应用领域。

4. 应用领域

应用社会心理学是运用社会心理学的理论、知识和方法阐释人际关系、群体过程和社会行为等实际问题，并提出解决对策的一门学科，它既可以对具体问题进行微观分析，也可以对整个社会及其发展进行宏观分析，主要应用在健康、社区、司法、临床、军事

团体沙盘游戏
规则

【学海无涯：心理技能】

团体沙盘游戏疗法

团体沙盘游戏疗法经常被应用在学校心理辅导、社区心理卫生、司法等实践活动中，以此来缓解工作压力和心理压力。团体沙盘游戏咨询过程如下。

（1）咨询师对前来参加活动的4~6位成员进行简单访谈，确定成员是否适合参与团体沙盘游戏咨询。（2）使用标准沙盘，开展有规则、以"觉知压力"为主题的团体沙盘游戏咨询。（3）每个成员进行3分钟的自由抚沙练习，用手触动沙子，感受沙子带来的感觉。（4）咨询师介绍团体沙盘游戏规则。（5）每个成员根据自己的意愿创作以"觉知压力"为主题、有规则的团体沙盘作品，并进行团体沙盘游戏作品分享：结合团体沙盘讲一个故事；这次团体沙盘中触动自己的感受是什么，会想到什么；就某个具体的沙具带来的想法或情绪，大家可以从各自的经验和视角谈谈采用什么方式进行有效应对。（6）所有成员一起来调整沙盘作品，看怎样可以更舒适，调整的前提是征得摆放沙具的成员同意。调整好后共同为沙盘作品取个名字。（7）总结分享。通过此次团体沙盘游戏活动，团体成员分享活动感受以及收获。

和宣传、消费、广告、旅游等群体生活领域。

（三）社会心理学的性质

虽然社会心理学的学科历史非常短暂，但对其学科性质的争议却很激烈。从社会心理学的研究取向出发，有人认为社会心理学是心理学的分支，也有人认为它是社会学的分支，还有人认为是文化人类学的分支。但随着社会心理学的发展，上述三种观点已逐渐被人们所忽略，取而代之的是把社会心理学视为介于心理学、社会学与文化学之间的一门具有边缘性质的独立学科。社会心理学除了用心理学的观点与理论来阐明社会与个体之间的互动，还广泛吸收社会学的研究成果，从而使社会心理学成为这两门学科交叉点上的学科。

这种边缘性自20世纪20年代以后更加明显。20世纪20年代，文化人类学家开始涉足社会心理学的研究，他们的研究使当时建立在本能论基础上的年轻的社会心理学产生了划时代意义的转折，而且在以后的发展中还持续不断地提供了大量丰富的人类社会行为的跨文化资料。所以说，社会心理学是在心理学、社会学、文化人类学等母体学科的基础上形成的一门具有边缘性质的独立学科，要想获得对人类社会心理活动与社会行为的完整解释，就应该从多种角度出发来进行研究。

1879年，一个名叫诺尔曼·特里普诺的心理学家第一次就常识性社会心理学的假设进行了实验，他发现自行车手们在有人追赶时骑车的速度要远远快于一个人骑车的速度。他由此联想到：一个人的表现或许会受到他人在场的影响。于是他让10~12岁的孩子单独或成对地卷钓鱼线（但不告诉他们真实的意图）。结果发现，许多孩子在两个人一起卷时的确卷得更快。由此产生了社会心理学实验法的粗略模式：模拟现实世界情形，将研究者的真正目的掩盖起来，对变量进行存在与不存在时的对比研究。这一方法是社会心理学研究的主导模式，且社会助长一直是社会心理学的研究主题。

二、学习社会心理学的研究方法

社会心理学的研究方法和技术很多，主要的方法技术有以下五种（图0-4）。

（一）实验研究法

实验法是心理学研究的主要方法之一，它是指人为地、有目的地控制和改变某种条件，使被试产生所要研究的某种心理现象，然后对其进行分析研究，以得出这一心理现象发生的原因或起作用因素的规律性的结果。实验法有别于其他研究方法的重要特点在于对所研究的情境给予一定程度的控制，突出自变量和因变量之间的关系，尽可能防止无关因素的干扰。具体而言，为做到这点，实验者根据研究因素常将被试分为实验组和对照组，对有可能影响被试行为表现的其他因素均要明确加以控制。

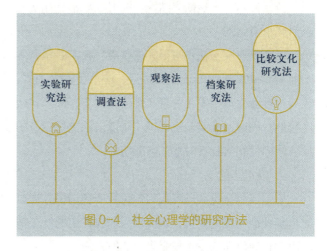

图0-4　社会心理学的研究方法

根据实验环境和实验设计的不同，实验研究法可以分为实验室实验法、模拟实验法和自然实验法。

1. 实验室实验法

实验室实验法是指在实验条件的严格控制下，借助于专门的实验仪器，引起和记录被试的心理现象进行研究的方法。

社会心理学中，最早进行实验法研究的是奥尔波特。他让被试在两种不同的情境下做同样的工作，一种情境是每个被试各自在分隔开的小房间单独工作；另一种情境是一组被试同时在一起工作。结果发现，在团体中工作，有些被试的工作效果要比单独做时好，而有些被试比单独做时差，他把实验中产生的积极效果称为社会促进。

知所从来，方明所往
——走近社会心理学

实验室实验方法优点在于：能随机分配被试；能使自然环境中的复杂条件简单化；对无关变量的控制严格，避免了不相干因素的干扰，研究结果说服力强。资料显示，很多研究结论与经典理论都是在实验室研究下得到的。

但实验室实验法也有很大的缺点。在实验室条件下所得到的结果脱离了社会生活，增添了人为因素，故其在社会生活中发生的真实性值得商榷，即外在效度较低。同时，在实验室环境中难以消除被试自身的反应倾向性和实验者对被试的影响。

2. 模拟实验法

模拟实验法是实验者人为地设置一种情境，通过对真实社会情境的模拟，来探求人们在特定的社会情境下的心理活动的发生与变化规律的方法。

模拟实验有其自身的优点，如对客观环境中难以参与控制或操纵的社会现象，通过巧妙的模拟使研究成为可能；模拟实验的缺点在于并非所有的事件都能通过模拟进行研究，另外，它对变量的控制与操纵并不十分严格，因此所得的结果只能是建议性的，而不是结论性或因果性的。

3. 自然实验法

自然实验法又叫现场实验法，是在自然情况下控制条件进行实验，对于由此发生的心理变化进行分析研究、得出结论的方法。

自然实验法的特点是，所研究的变量不是由实验者操纵的，而是由环境操纵的，研究情境中的事件是按照自然顺序进行的。这种方法大大减少了实验室实验法的人为性，如果条件恰当，无疑是社会心理学研究的理想方法。自然实验法既有良好的内在效度，又有较高的外在效度，因为它是由现实的人在现实的社会环境中表现出的非人为控制的行为。但自然实验法也存在一定的缺点，由于实验控制不严，难免受其他因素的影响。另外，因为研究工作要跟随事件发展的本来顺序进行，所以费时较长。

（二）调查法

调查法指研究者就某一问题要求被调查者回答他们的想法或做法，以此来分析、推测群体心理和行为

【学海无涯：知识拓展】

钢琴楼梯实验

图 0-5　钢琴楼梯实验

怎样才能让人们改变他们的日常行为，做出更健康的选择呢？请看大众汽车赞助的一项社会实验。在实验中，一组楼梯被改造成一个巨大的钢琴键盘。紧挨着楼梯的是自动扶梯，所以人们可以在走楼梯和坐扶梯之间进行选择。结果显示，选择爬楼梯的人比选择坐自动扶梯的人多 66%。实验证明，增加乐趣可以促使人们改变自己的行为并做出更健康的选择（图 0-5）。

的研究方法。

调查法分为两种，一种是访谈法（interview method），另一种是问卷法（questionnaire method）。访谈法是指研究者根据预先拟订好的问题清单向被调查者提问，在一问一答中搜集资料，分析和推测群体心理特点及心理状态的研究方法。访谈的方式比较灵活，可以是面对面的，也可以通过电话进行。问卷法指采用预先制订好的问卷，由被试自行填写来搜集资料后，分析和推测群体心理特点及有关心理状态的研究方法。如编制问卷，对社区居民心理状况展开调查，了解他们的心理现状。

调查法的优点在于直截了当，针对性强，比较省时省力，收集的信息量较大。调查法的缺点主要在于准确性不够高。被调查者的回答可能会受各种因素干扰，没能真实回答提问。

（三）观察法

观察法是指研究者围绕生活的正常活动进行系统的观察，以获得数据、得出结论的一种研究方法。它与我们日常生活中的观察不同，它必须选定特定的行为对象，并且定下定量指标以及统计方法，而且，为了提高结果的信度，在观察过程中，观察者一般不暴露自己的身份，而是进行隐蔽性观察。可以通过里明外暗的"观察窗"或者研究者扮演团体中的一个普通成员来进行观察。如学前教育专业的大三学生到幼儿园观察幼儿开展平行游戏、合作游戏、联合游戏、单独游戏等不同类型情况，为毕业论文的撰写提供一手材料，就可以采用隐蔽性观察。

在观察时，必须明确了解"观察什么""怎样观察"和"怎样做记录"等问题，以便不失时机地捕捉相关信息。

观察法的优点：首先，由于观察往往在实际环境中实施，被观察者的行为是自然的，所以得到的资料生动活泼，其结果是可靠的、直接的。其次，观察

法可避免或减少访问中因问题结构设计不合理而产生的误差。但观察法也有缺点：一是观察取样要有代表性，否则结果很难推广到其他群体。二是观察法得到的结论大多是相关性的，要做一般性推论存在难度。

（四）档案研究法

档案研究法是指依据一定的研究目的收集大量的已有资料，通过分析找出某些现象之间关系的一种方法。档案研究法也可以说是一种特定的调查法。与一般的调查法的不同之处在于，它不是对现在的人员进行调查，而是利用现存的档案材料进行分析，得出结论。比如借助"中国档案资讯网"，根据档案服务基层社会治理的相关报道进行实证研究，分析社会治理视角下档案公共服务的要素及现状，并提出相应对策，促进社会治理发展。

档案研究法的优点：第一，可以使研究者在较长的时间内和较广阔的空间中考虑假设，因为有些记录可以追溯到几百年甚至更长时间以前。这是其他研究方法办不到的。第二，可以从不同文化、不同时代的角度去检验假设，提高了研究的有效性。第三，由于不直接面对研究对象，所以不会出现研究对象的反应倾向问题。档案研究法的缺点是：第一，缺乏客观的标准，对资料的分析难免存在主观性。第二，受现有材料的局限，而且材料的准确可靠性难以确定。第三，从档案材料中找出有关研究课题的文字，需要较高的技巧。

（五）比较文化研究法

比较文化研究法又叫跨文化研究法，是在文化人类学、社会学和社会心理学中常用的一种方法，是一种比较不同文化背景下，个体或群体心理的共同点和差异的方法。例如，为了更好地提升对空巢老人的心理关爱，有学者就国内外不同文化背景下对空巢老人的经济支持、生活照料和精神关爱开展对比研究，以

便取长补短，博采众长。

比较文化研究法的优点：可以保证研究结果有更大的普遍性，还可以发现不同社会中有关变量的重要性问题。但是比较文化研究法对研究者本身要求较高，研究者需要克服很多意想不到的难题，实施起来不如其他方法简捷。

由于人的心理活动具有复杂性，因此，研究人的心理现象不能只采用某一种方法，而应该根据课题研究的需要，遵循客观性、系统性、教育性、发展性原则，选用几种方法兼而用之，使之互相补充，这是社会心理学研究达到更高科学水准的要求之一。

三、回溯社会心理学的发展历史

社会心理学作为一门年轻的科学，只有 100 多年的历史，但社会心理思想却源远流长。社会心理现象更是可追溯到人类社会的远古时代。在科学发展史上，先有社会心理现象，才有社会心理思想，最后才产生了社会心理学。

著名社会心理学家霍兰德于 1976 年在《社会心理学的原则与方法》一书中，将社会心理学的发展历史划分为社会哲学阶段、社会经验论阶段和社会分析学阶段。20 世纪 80 年代后，我国社会心理学界根据霍兰德的"三阶段理论"，将社会心理学的发展历史划分为孕育时期、形成时期和确立时期。

（一）社会哲学阶段（孕育时期）

社会心理学曾附庸于哲学，这是社会心理学形成以前的一个准备阶段。这一阶段从古希腊开始，一直延续到 19 世纪中期的西欧思辨哲学。当时最具有社会心理学特征的研究就是关于"人性"（人的本性是什么？它和社会有什么关系？）所展开的争论。这场争论历时近 2 000 年，哲人们思来辩去，其观点总体上来看也不外乎以下两种。

一种是柏拉图提出的观点。作为被公认首先提出社会心理学问题及主张的学者，柏拉图认为，人类灵魂中一部分是理性的，如理念或对理念的回忆，另一部分是无理性的，如意志和欲望。通过对理性和非理性哪种成分居多的分析，他把人的德性概括为四种：一个人的理性如能成为劝导者与指挥者并统率其他部分，他就是聪明的；意志经过教育与训练能坚决地执行理性的教诲，知道什么要警惕和什么不用畏惧，他就是勇敢的；当欲望同理性融合，接受其领导，他就是有节制的；当这三者彼此和谐，他就是正直的。当人们有了上述四种德行，生活就会幸福，达到至善。当他用这种伦理观与人性论去解决社会问题、提出政治理想时，社会心理思想就变得很突出了。在这些观点的基础上，柏拉图提出了"理想国"的方案。柏拉图的理想主义的观点被 18 世纪的哲学家康德、卢梭等人进一步发扬，他们坚信，人具有潜在善性，之所以会有人趋向邪恶，其原因在于有缺陷的或邪恶的社会。因此改变人性的关键是改变社会，这种通过改变社会从而改变人性的观点在卢梭的《爱弥尔》中得到最集中的体现。

另一种是以亚里士多德为代表的生物或本能决定论的观点，即认为人性主要由生物的或本能的力量所决定，很难在现实生活中被改变，所以，所谓"理想国"的方案是根本行不通的。后来，马基雅维利与霍布斯继承和发扬了亚里士多德的理论，认为"人性本恶"，要想使人们的行为符合文明的方式，使社会顺利生存下去，就必须使人们接受法律的强制作用。

以上两种关于"人性"的争论大多是思辨的，哲学家们对人性、对社会现象的探讨也是零星的。某些观点虽然深刻，但没有一个人明确提出用社会心理学的角度来看待这些问题。

（二）社会经验论阶段（形成时期）

这一阶段持续的时间较短，从 19 世纪下半叶到

20 世纪初，虽然只有短短的五六十年，但这期间人类社会发生了许多重大的历史变化。工业革命带来了社会文明的进步，资本主义已经日趋稳定，许多学科取得了空前的进步和发展。在这样的大趋势下，社会心理学领域也发生了许多具有重大意义的事件。社会心理学正是在这一时期成为一门独立学科。1908 年，美国社会学家罗斯的《社会心理学》和英国心理学家麦独孤的《社会心理学导论》两本社会心理学专著同时出版，标志着社会心理学作为一门学科的正式诞生。社会心理学在刚产生的时候有三种形态，即德国的民族心理学、法国的群众心理学以及英国的本能心理学。

1. 德国的民族心理学

民族心理学的思想根源可以追溯到唯心主义大师黑格尔（Hegel）的"客观精神"论。黑格尔所谓的"客观精神"基本等同于社会意识，他认为除了个体意识之外，还存在着表征群体心理性质的某种东西（即社会意识），并且个体意识在某种程度上是由这种东西决定的。

后来，德国哲学家兼人类学家拉察鲁斯（Lazarus）和语言学家施泰因塔尔（Steinthal）主编了《民族心理学与语言学》杂志，开始用心理学的方法探讨社会心理现象。他们尤其重视民族的风俗习惯，企图揭示民族精神运动的规律，使民族心理学作为一门学科或一种理论在社会科学中流行开来。

上述观点对实验心理学创始人冯特有着很大影响。他将民族心理学的观念加以系统化并大力发展，于 1900 ~ 1920 年出版了十卷集的《民族心理学》著作。他认为，民族精神是个体意识的创造性综合，是一种新的实在，民族心理学较为合适的研究领域是民族精神（或称民族意识），以及体现民族精神的语言、习俗、艺术、神话等。在冯特看来，剖析一个民族的语汇和文法就能揭示这个民族的心理素质，他还认为，了解民族心理是了解社会生活的最基本的途径。

民族心理学是社会心理学的开端，其意义在于使心理学研究、民族志学研究、语言学研究、人类学研究相互接近起来，并为在社会科学中普及心理学作出不可磨灭的贡献。

2. 法国的群众心理学

流行于 19 世纪 90 年代的法国群众心理学是法国早期社会学的直接产物，它的主要代表理论有两个：法国古斯塔夫·勒庞（Gustave Le Bon）的"暗示说"和塔尔德（Tarde）的"模仿论"。他们认为，人们共同的心理现象是暗示与模仿的结果，并企图用暗示和模仿来解释人的社会行为的心理特征。

塔尔德对现代社会心理学的形成所做的贡献是难以估量的：他不仅写出了世界上第一部以"社会心理学"为题的著作《社会心理学研究》，还写出了社会心理学第一部真正近代的著作《模仿律》。他在《模仿律》中提出，"社会就是模仿"，社会是个体相互作用的产物，不同个体之间的"共识"及"我们"的意识的产生就是靠模仿。他在《模仿律》中指出，"从社会的角度来说，一切事物不是创造就是模仿"，风俗就是对过去事物的模仿，而时尚则是对现行事物的模仿。模仿可以说明一切社会现象。在他看来，所谓群众心理，不过是人与人之间的模仿而已。但他没有说明人们为什么能够模仿，怎样产生模仿，而仅是强调其存在。

雷朋非常认可塔尔德的观点，并于 1895 年出版了《民族和群众心理学》一书，提出了一系列观点。他指出，观察个人的正常行为和当他置身于人群中时的行为表现之间的差异后就可以发现，个人常常受他人的暗示、影响、感染，做出独处时不可能有的许多举动来。任何集合在一起的人群，都会屈从于集体的暗示，受一种集体气氛的感染，从而使一切集体行为或群众活动总是带有集体神经质的色彩。当一个人接受了暗示者的主张和口号之后，就会对这个暗示者深信不疑。一切群体行为的产生都是暗示的结果。雷朋的学说体现了资产阶级对当时变幻莫测的社会风云的一种本能反应。他的学说不仅丰富了当时的社会心理学思想，提出了一些概念与理论问题，如心理感染、集体暗示、匿名性、个人意识与群体意识的关系等，极大地促进了社会心理学的发展，还开创了社会心理学对社会控制、社会运动等领域的研究。

3. 英国的本能心理学

本能心理学的代表人物是英国著名心理学家麦独孤，但其中的思想最早却是由达尔文提出的。本能心理学不仅从遗传因素（而不是社会因素）出发解释社会行为的倾向，而且体现出了浓厚的个体主义色彩。麦独孤认为，人的本能会影响个人对社会的认识、兴趣、情操、行为等；本能还可以组成一连串的社会心理特征，例如，宗教信仰是汇合了好奇、恐怖的本能。不仅如此，他还认为人的本能是其行为和思想的动力，是一种与生俱来、不学而能的先天动力。

在 1908 年出版的《社会心理学导论》一书中，沿着同胞达尔文的进化论线索，麦独孤探讨了个体行为的动力问题，并将这种动力毫不犹豫地归为人的本能。麦独孤从头到尾都以本能为基础加以发挥，其社会心理学体系完全是建立在本能假设上的。他在该书中列举了诸如求食、拒绝、求新、逃避、斗争、性及生殖、母爱、合群、支配、服从、创造、建设 12 种本能，并认为正是从这些本能中衍生出了全部社会生活和社会现象。该书出版后，一时声誉极大，后来的心理学家如桑代克、杜威等都曾支持过麦独孤的本能论，但也遭到了另外一些心理学家的反对，他们认为本能论不全面、不完整，决定人类的行为方式并为行为提供动力的乃是社会环境而不是本能。

虽然人的本能是与生俱来、不学而能的，对人的行为并不起决定作用，但麦独孤的本能理论对现代社会心理学还是有影响的。如社会心理学中愿望、需要、动机等仍然是十分重要的概念，这些概念与本能的关系非常密切。

不该遗漏的是，除却上述三大理论，在 19 世纪和 20 世纪的交汇之际，即在社会心理学的形成之时，还诞生了后来几乎"瓜分了整个西方世界"的两大心理学流派：精神分析学派和行为主义学派。前者力图从个体内在的精神力量中寻找社会行为的原因，在其后的半个多世纪中对社会心理学的发展产生了持续不断的影响；后者则坚信人们现时的行为是以往行为特征的产物，它在当时有力地削弱了麦独孤的本能论在社会心理学领域中的影响。

（三）社会分析学阶段（确立时期）

社会心理学在其形成的初期，还缺乏任何一种实证手段作为理论基础；尽管在社会经验论阶段已宣告了社会心理学成为一门独立学科，但它毕竟还带有明显的思辨和抽象性质，是一门描述性较强的科学。从 20 世纪 20 年代起，伴随着各种实证手段的运用，社会心理学完成了在其整个历史上最具革命意义的转折，大踏步地走向社会心理学的确立时期，即所谓社会分析学阶段，具体特征为：社会心理学已从描述转变为实证，从定性转变为定量，从理论转变为应用，从大群体分析转变为小群体和个体研究，并从普遍论转变为特殊论。从这以后，社会心理学获得了空前稳步的发展。

1924 年，奥尔波特公开出版了自己的研究著作《社会心理学》，它标志着实验社会心理学的诞生。从 20 世纪 20 年代至 30 年代起，实验社会心理学受到人们的重视，最具代表性的研究成果有：

（1）萨斯顿（Thurstone）在 1928 年对社会态度的测量中，制订了第一个社会态度量表。其后，1932 年，李克特（Likert）设计出社会距离量表，该量表比萨斯顿的社会态度量表更为实用，也更易于操作。这些量表至今仍在广泛使用。

（2）勒温（K.Lewin）在 20 世纪 30 年代即创立

了"场论"学说，他认为人的行为取决于人的内在需要和周围环境之间的交互作用。在这一学说的指导下，他对现实群体中的人际关系、群体的形成、群体的凝聚力、领导作风以及种族歧视等做了一系列的实验研究。这些研究产生的影响已大大超出社会心理学的范畴。

（3）谢里夫（Sheriff）在1935年进行了一系列的社会规范对人的行为影响的研究，他的这些研究为其后阿什（Asch）的从众心理的实验研究和米尔格拉姆（Milgram）的服从实验研究奠定了基础。

在40年代，社会心理学研究的课题偏向于信仰、偏见、劝导等。50年代，社会心理学的研究范围就越来越广泛了，扩展到人们社会交际的形式以及各种人格特征对社会行为的影响，其中最具有代表性的是美国的费斯廷格创立的认知失调论，另外，还有很多学者开始就"性"这一问题展开专门研究，冲破了当时世俗的禁忌。

（四）社会心理学在我国的发展

在我国，社会心理学作为一种学术思想在先秦时期就已经明确提出，但作为一门学科存在，是随着西方社会心理学的传入而逐步发展起来的。

西方社会关于社会心理学的思考最早是从"人性"着手的。同样，在我国，孔子最先提出"性相近，习相远"具有鲜明唯物主义倾向的性习论思想。孟子提出性善论，荀子提出与之相对的性恶说，而王充则认为人性有善有恶。

作为一门学科，中国社会心理学是从20世纪20年代开始的。起初是翻译一批名著，内容以介绍西方社会心理学为主，后来，中国学者依据国内的实际情况探讨有关社会心理学问题。我国最早进行的社会心理学研究是张耀翔对民众舆论进行的研究，随后，陆志伟于1924年出版了中国第一本社会心理学专著《社会心理学新论》，同时，还有其他一些著

名的心理学家进行了这方面的研究，并取得了一定影响。

1950～1980年，中国内地的社会心理学研究几乎处于停滞状态，但社会心理学在中国台湾地区和香港地区则开始了自己的历程。台湾地区的心理学和社会心理学研究在20世纪70年代之前大多与人格心理学联系在一起，之后社会心理学方面的理论尤其是实证研究迅猛增加，研究的焦点也逐渐从人格转向社会心理和行为，并且由于计算机的普及，研究和分析的手段也由早期的单变量分析转变为多变量分析。同台湾地区相比，香港地区的社会心理学起步稍晚，大约始于20世纪60年代中期，有的学者试图用西方的理论来解释国内群众的心理与行为，而有的学者则积极倡导社会心理学的中国化，力图从中国文化入手探讨中国人的社会心理。

在台湾地区、香港地区学者开始推进社会心理学的中国化之时，1981年，中国内地的社会心理学进入重建与复兴阶段。这一年夏天，北京心理学会首次举办了"社会心理学学术座谈会"，来自全国各地的50多位学者就社会心理学的对象、性质、方法和其他一些理论问题发表了意见。这是中国社会心理学重建的重要标志。1982年，全国人民代表大会第五次会议批准的"国民经济与社会发展'六五'计划"中，社会心理学被正式列为要加强研究的学科。与此同时，又成立了中国社会心理学会。

据统计，《中国人民大学报刊资料索引》（1979～1997）中分类名为社会心理学的文献共有603个，仅20世纪90年代前5年，先后出版了由大陆学者撰写的社会心理学教科书与专著就达13种，另外还翻译、编写、出版了400余种分支社会心理学、应用社会心理学方面的著作和读本；5年内共发表研究性、探索性评价性文章4 134篇，平均每月达80篇。社会心理学已经成为中国学术园地里一朵盛开的奇葩，为中国社会的发展作出了不可磨灭的贡献。此

创建团体

合力翻叶子

后，我国社会心理学研究取得了很大的发展。

随着科学的发展，越来越多的学者认识到中国的社会心理学必须以辩证唯物主义为指导，立足中国社会，遵循中国的传统文化和历史背景，体现文化自信，同时不断规范研究方法和手段，走实证与人文相结合的道路，迎接机遇与挑战，勇于探索，敏于创新，脚踏实地，为共建我国社会心理学的辉煌明天而奋斗。

新技术、新产业、新业态、新模式的"四新"经济推动现代职业教育高质量发展，也形成了面向实践、强化能力，营造人人努力成才、人人皆可成才、人人发展其才的良好环境。通过重视高职学生的社会心理素质培养，使学生树立健康良好的心态，增强竞争意识和创新意识，从而更多地实现人的自我价值和社会价值，促进高职学生的全面发展，为社会主义现代化建设培养高素质技术技能人才。

【心理实践】

一、团体活动

（一）创建团体

活动目的：创建团体，营造和谐的小组学习氛围，促进团体成员之间的熟悉，增进团体的凝聚力。

活动时间：30分钟。

活动准备：每组准备大白纸一张、彩笔一盒，在多媒体教室开展活动。

活动过程：

（1）让学生进行分组，根据课程需要和班级人数，建议6~8人一组。

（2）每组成员围坐一起，讨论队名、队歌、队徽、队形、队长、口号宣言、小组契约等要素。

（3）每个小组在白纸上写下上述要素，建议以图文并茂的形式设计，同时在小组内练习队歌，摆出队形。

（4）每个小组在班级里介绍并展示团体活动成果，并将队歌唱出来，将队形摆出来。

（5）展示完毕后，教师带领大家分享团体创建活动感受。

（二）合力翻叶子

活动目的：促进团队成员之间的沟通协作能力，通过分工合作共同完成任务。

活动时间：25分钟。

活动准备：一块空旷平整的场地、每组一块1米见方的帆布。

活动过程：

（1）分组：根据帆布大小将团体成员进行分组。

（2）规则：小组成员全部踩到帆布上，在所有团队成员身体所有部位都不能触碰帆布之外的情况下，快速将毯子翻过来，最后每个人站到毯子的另一边。

（3）分享：活动完毕后，教师邀请获胜小组成员分享经验，并带领所有成员分享团体活动的感受和看法。

二、案例思考

英雄航天员王亚平

2021年11月7日晚，王亚平身着我国新一代"飞天"舱外航天服，从天和核心舱节点舱成功出舱，迈出了中国女性舱外太空行走第一步。从神舟十号到神舟十三号，从天宫一号到中国空间站，"中国首位进行出舱活动的女航天员""中国空间站首位女航天员""中国空间站首次太空授课""累计在轨时间最长的中国航天员"都与王亚平建立起了联系。王亚平也是北京大学心理与认知科学学院博士研究生，专攻太空环境对航天员心理方面影响的研究。

1980年1月，王亚平出生在山东烟台一个普通农民家庭。由于身体素质好，高三招飞时，王亚平一路过关斩将考入了飞行学院。她永远忘不了2003年神舟五号升空时，从电视里看到杨利伟飞向太空时的激动心情，也是从那一刻起，王亚平为自己设立了新的人生梦想：成为一个女航天员。2009年，王亚平终于迎来了我国实施载人航天工程以来首次选拔女性预备航天员的机会，并通过层层考核检查。她系统学习空气动力学、天文学、航天医学等30多门课程，迎接一项项超越身体极限的航天环境适应性训练，3年后她入选神舟十号任务乘组，成为中国"80后"飞向太空第一人。8年后，神舟十三号的出舱任务对王亚平提出了更高的要求。在体能强化训练中，3 000米考核王亚平满分达标；体质器械训练中，她每次在规定课时以外加练1小时。王亚平以常人难以想象的努力，一点一点抹平生理

差距，最终强大到与其他航天员们一起在太空并肩作战！

成功返回地球后，王亚平回忆她的首次出舱之旅："当推开'宇宙之门'，置身浩瀚宇宙的那一刻，心中不自觉涌起一种深切的感动。我们身后，是无数夜以继日、刻苦攻关的中国航天人，（是他们）在托举和支撑着我们实现梦想。"

曾有很多人问王亚平，火箭发射的瞬间，是否害怕和恐惧过？王亚平回答："在发射的那一刻，我的脑海里只有六个字：责任、使命、圆梦。"从当年义无反顾地参加航天员选拔，到面对五星红旗庄严宣誓、身穿航天服为国出征太空……在这些人生的重要时刻，她心里充满的都是对祖国的热爱、对航天事业的热爱。因为热爱，所以坚持；因为热爱，所以执着！

（资料来源：学习强国学习平台，有删改）

思考： 结合社会心理学的研究领域，试述航天英雄王亚平的经历反映了哪些与个体过程、人际过程、群体过程、应用领域相关的社会心理现象。

三、实践训练

以小组为单位，确定和社会心理学内容相关的任意项目主题，采用调查访谈的方式收集资料，最终以课件（PPT）和视频的方式展示项目成果。本实践旨在促使同学们进一步熟悉社会心理学、明确学习社会心理学的意义、掌握学习社会心理学的方法。

"心"实践：认识社会心理学项目教学法

知所从来，方明所往
——走近社会心理学

【心理拓展】

一、心理书籍

（一）《了不起的我：自我发展的心理学》

本书从行动、思维、关系、瓶颈期和人生地图五大层面，分析阻碍人们改变的种种心理机制，构建起自我发展的完备解决方案。本书传递了一个真谛：每个人都只能对自己的生活负责，有些困难，只能自己去面对和解决，有些决定，只能自己来做。

（陈海贤.了不起的我：自我发展的心理学［M］.北京：台海出版社，2019.）

（二）《文化与文化自觉》

著名社会学家费孝通先生一生致力于中国社会文化变迁的研究，并在20世纪末提出了"文化自觉"的理论，"各美其美，美人之美，美美与共，天下大同"这十六个字是他对"文化自觉"理论所作的高度概括，也是对当下文化觉醒、蜕变的前瞻性指导。

（费孝通.文化与文化自觉［M］.北京：群言出版社，2016.）

（三）《活出心花怒放的人生》

本书结合作者20余年的心理学研究实践，对比了中西方文化看待幸福的差异性，为新时代的中国人重新解读幸福。幸福不是简单的生理满足，也不依附于攀比和财富。幸福是一种有意义的快乐，而这种意义来自我们在工作、爱情、婚姻、人际交往、亲子等人生课题中的创造与收获。在这本书中，作者用理性思辨的语言、丰富接地气的实验案例，揭开关于幸福的6大谜题、28条法则。

（彭凯平.活出心花怒放的人生［M］.北京：中信出版集团，2020.）

二、心理影片

（一）《我和我的祖国》

影片讲述了中华人民共和国成立70年间普通人与国家之间息息相关密不可分的动人故事，分别是《前夜》《相遇》《夺冠》《回归》《北京你好》《白昼流星》和《护航》。

（二）《米花之味》

影片讲述了一个外出务工的母亲返回家乡后与女儿之间由陌生、疏离到互相理解的故事。影片还呈现了城市与乡村、传统与现代等观念的碰撞与融合，描绘了人与人之间真挚质朴的情感和心灵的守候，以及人与社会、人与自然之间的关系。

模块一
个体社会心理学

瓦拉赫效应——挖掘潜能，发展独特且富
有生命力的个体

　　每个人都是独一无二的，正如世界上
没有两片完全相同的树叶。每个人身上都
有不一样的潜能，发现每个人的潜能和闪
光点，给予足够的关注和重视，让潜能得
以实现！看到、认识并接纳每一个不一样
的个体，呈现多元包容、乐观和谐的社会
心态！

瓦拉赫效应

社会化关注的是个体如何在适应社会与文化环境的过程中，成为具有独特人格的独立主体。个体通过社会化掌握社会中的标准、价值和所期望的行为，取得社会生活的资格，诠释各种社会角色，保持独特人格魅力，成为积极适应、服务、改造社会并努力传承与不断创造社会文化的良好公民。

【知识脉络】

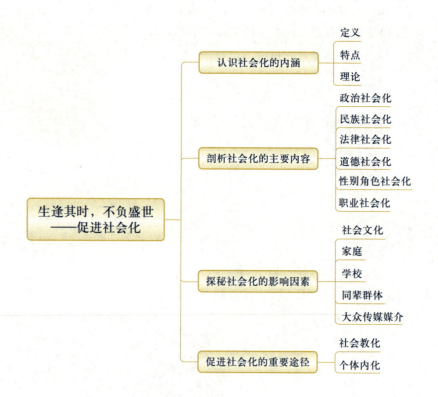

【学习目标】

素养目标：培育合作、平和、向上的社会心态；培养充满责任感、使命感、道德感的情怀和素养。

知识目标：掌握社会化的定义、特点、理论、内容、影响因素及其实现路径。

能力目标：提升社会适应力、社会心理服务能力。

大学生社会心理服务中的困惑与成长

如月（化名）顺利通过高考，从冰雪覆盖的北国边城来到温暖湿润的南方城市。满足好奇和挑战自我的初衷让她选择了一所远离家乡的大学，也让她成了一位心理咨询专业的大学生。

大学的生活和学习让她倍感新鲜，也令她深感困惑。在新的环境中，如月体验着炎热与严寒轮番交替的气候，适应着学校食堂换着花样变出来的各种辣味美食，感受着当地的风景名胜和民俗文化，学习着南方教师课堂教学中夹杂独特口音的普通话，兼顾着学习委员、社团负责人、社区服务的组织与策划者等多种角色。实习期间，在专业老师的帮助下，如月参加了一项由学校、医院和社区合作组织的面向精神病性障碍康复患者的社会服务，在服务过程中观察到令其感到困惑的情景：（1）服务对象希望留下心理咨询工作者的电话联系方式，遇到问题想随时联系他，心理咨询工作者是否应该给案主？（2）服务对象认为自己的症状已缓解，询问是否可以停药，应该怎么回应？

工作之余，如月虚心请教专业指导老师之后，会静静思考如何借助专业知识解决实习工作中的困惑。第一种情境下，作为心理咨询工作者，可以向服务对象说明心理咨询工作者拥有保护个人隐私的权利，案主应遵守规则，使用心理咨询服务中心的固定电话预约心理咨询工作者。第二个情境下，依据《中华人民共和国精神卫生法》，心理咨询人员应当遵守执业规范，为社会公众提供专业化的心理咨询服务，不得从事心理治疗或者精神障碍的诊断、治疗。心理咨询工作者的服务对象是有一般或严重心理问题的来访者。特殊情况下，心理咨询工作者可以配合心理医生，对精神病性障碍康复患者提供心理辅导服务，但不具备治疗权和处方权，面对服务对象是否可停药的询问，应提醒他遵医嘱。通过自己的思考和实践，如月顺利地完成了实习工作，成为一名社区心理咨询工作者。

情境分析：如月的经历让我们看到其为实现由高中生向心理咨询专业大学生的身份转变，最终成为一名社区心理咨询工作者。她在适应南方气候条件、饮食风格、地方方言、专业学习和实习工作中做出了各种努力和尝试。其中，如月在服务精神障碍患者的过程中，借助心理咨询工作者职业准则与规范保护个人隐私，依据《中华人民共和国精神卫生法》提醒服务对象遵守医嘱，体现了其职业社会化、法律社会化的过程。作为一名心理咨询专业的大学生，在遵守职业规范、坚守职业准则、坚持职业伦理的前提下展现具备的职业行为、情怀和素养，借由社会外化与个体内化的社会化路径，才能成为名副其实的心理咨询工作者。

社会化的研究在心理学、人类学和社会学中有着极大的重要性。尽管每个学科在探讨个体从婴儿到老年的发展和变化上有着各自不同的方法，但是，在这三个领域中，社会化过程被看成维持社会的稳定和个体的福利的一座基石。一方面，个体接受来自社会与文化环境的影响，形成应对自如的行为模式，成为适应社会的主体；另一方面，个体又不断影响着社会与文化环境，在服务与改造社会、传承与创造社会文化的过程中收获和展示个人的独特人格魅力。无论从个体方面，还是从社会方面来说，有机体都必须转变为一个既能有效参与社会，同时又能为社会所接受的人。这个转变是通过社会化过程而实现的。

什么是社会化？社会化的主要内容是什么？社会化的影响因素有哪些？社会化的实现路径是什么？这些都是我们在学习社会化相关内容时必须予以明确的问题。

一、认识社会化的内涵

社会化是许多学科共同研究的课题。不同学科根据自身的性质和任务，从不同角度研究人的社会化。社会学偏重人与社会的互动，关注社会规范的内化与社会角色的形成；心理学偏重个人成长，关注个人的自我与人格的形成及一般的社会学习过程；文化人类学则偏重文化的传承，关注一个民族代代相传的文化模式对其成员的共有人格及社会行为的影响。从社会心理学的角度来看，社会化过程与个体的社会行为、独特人格的形成和发展有着密切的联系。

（一）社会化的定义

社会化作为一种发展过程，是在个人与他人之间存在着一种连续的、具有阶段性的、变化多样的相互作用的过程。我们可以从个人或群体的角度来看社会化，还可以从某一社会内部或从造成人与人之间重大差异的影响来看社会化。在特定的社会与文化环境中，个体形成适应于社会与文化的人格，掌握社会所公认的行为方式，就叫社会化。个体的社会化是经过个体与社会环境的相互作用而实现的，它是一个逐步内化的过程，是人从自然人变成社会人的过程。如前面叙述的如月的个人经历就是社会化的一个体现。

（二）社会化的特点

个体社会化过程有以下特点。

1. 主动性

每个人对社会现实的反应都有一定的选择性，其社会化是主动的而不是完全被动的。在人的社会化的过程中，个体一般并非无条件地、无选择地、被动地全部接受社会对其施加的各种影响，这种现象随着个体年龄的增长而日益明显，并且个体的选择和反应也会反作用于社会。个体接受外界影响时，会对外界信息加以识别与评价，体现个体社会化的主观能动性。社会化对每个个体而言都是存在的，有的人是顺利地实现社会化，有的人却出现社会化的障碍。个体从自然状态向社会状态的转变是一个系统的过程，也要求不同年龄阶段的人，必须在社会所认可的行为标准中形成自身的行为模式，使之成为社会化需求的社会一员。在本单元情境导入中，如月为实现由高中生向心理咨询专业大学生、社区心理咨询工作者等身份的转变做出的各种努力与尝试都体现了其社会化的主动性。

案例：2022年冬奥会开幕式上，主题曲舞蹈"放飞和平鸽"中孩子们的演出服装是由高职院校毕业生丁洁设计的。丁洁凭借着对中国文化的敬畏与尊崇、对时尚的探索与创新，通过自主创办品牌，在展示自己的原创设计能力的同时，也让世界看到中国的文化自信。她被评为第27届中国十佳时装设计师、中国新锐服装设计师、中国美术学院纺织服装研究院杰出时尚设计师。

2. 贯穿于人的一生

由于社会现实的不断发展、变化和一个人一生经历中地位、职责的变化，个体社会化不是一次完成的，而是一个连续的过程，它贯穿于人的一生。个体一生下来就已经开始接受社会对他施加的影响。以后经过婴儿期、幼儿期、儿童期、青少年期、成年期，一直到老年期，个体无时无刻不在接受社会影响，不断进行社会化。在人生的每一时期，社会化的要求、内容以及过程都是不同的。处于成长阶段的个体学习知识、掌握社会规范、形成一定的行为方式，成为一个好学生、好青年；成年以后，教育子女、奉养父母、开创事业等，承担作为一名公民的义务；即使退休以后，还必须适应自己社会角色的变化，提高社会再适应能力。所以说，个体的社会化是通过人的整个一生而完成的。

3. 个性与共性的统一

一方面，社会化具有独特的个性。社会化是随着个人所具备的遗传特性、生理需要和状态等条件有选择性地形成的。个体的社会化过程与内容由于个人的特点（年龄、体质、智力等）而不完全一样。社会化不是把人变成一模一样的人的过程，而是个性化的过程，也就是说，社会化寓于个性化之中。另一方面，个体通过社会化，既有个性也有共性。如国籍相同，会显示出共同的国民性：中国人有勤劳的传统，家庭观念较重；美国人富有进取性，喜欢冒险。同一国家、同一民族的成员一般都有一些共同的心理倾向。但在同一社会中，由于个人特点和所处具体环境不同，个体社会化也不完全一样，呈现出一定的差异，社会化过程是个性与共性的统一。

（三）社会化的理论

社会化作为人类发展和进步的需求，从人类开始对自身进行认识的时候，就已经被纳入理性思考的范畴，心理学的大师们从不同的角度对社会化的问题进行了阐述。

1. 弗洛伊德的人格结构观

西格蒙德·弗洛伊德（Sigmund Freud）经典的人格结构论将人格划分为"本我""自我""超我"三个部分。

"本我"是生物的我，是个人在出生时以及一生中自然驱动力的来源，包含无意识记忆和生理的、心理的冲动。"本我"完全是非理性的，不知道善恶、道德与价值，不管场合，不断要求满足，依照快乐原则追求本能能量的释放和紧张的解除。在社会化过程中，儿童通过与他人的社会相互作用，逐渐知道了本我并不总是能得到满足，而是必须加以限制，于是"自我"出现了。

自我是"我"中自觉的成分，也可称为意识我，它理智地试图在社会环境的需要与本我的自然驱动力之间求得平衡。自我遵循现实原则，它既要满足本我的即刻要求，又要按照外界环境的要求行事。虽然它的根本目的是为本我的本能满足服务，但它是理性的，能够考虑外部现实和超我的要求，审时度势，选择适当的方式来满足本我的本能。

"超我"即对社会中习得的"应该如何"和"必须如何"的内化，是对人格的审查和社会监控。超我遵循至善原则，其功能是监督"自我"去限制本能冲动，通过以道德目的替代现实目的的说服"自我"并力求完美，从而达到控制和引导本能冲动的目的。

案例： 某高职学生外出逛街一天，在回校途中坐地铁正准备好好休息时，孕妇蹒跚走来，关于是否让座这个问题，本我会告诉她："今天逛街太辛苦，还是别让座。"自我会很矛盾："她是一个孕妇，如果不让座，会被社会谴责。如果让座，我疼痛而疲惫的脚该怎么办？"超我会告诉她："她是一个孕妇，任何有道德感的人都应该让座"。

弗洛伊德通过本我、自我、超我三大系统组成的动态能量系统阐释了人如何从自然人变为社会人（图1-1）。

2. 埃里克森的人格发展八阶段论

埃利克·埃里克森（Erik H Erikson）作为自我心理学的创始人认为，自我是一个独立的力量，不受本我和超我的压迫。他把自我看作一种心理过程，它包含着人的有意识活动并且能够加以控制。自我是人的过去经验和现在经验的综合体，它能够把进化过程中的两种力量——人的内部发展和社会发展综合起来。

埃里克森将人格发展划分为八个阶段，在描述这几个阶段时，他并不强调本能的作用，而是把重点放在个体的社会经验上。

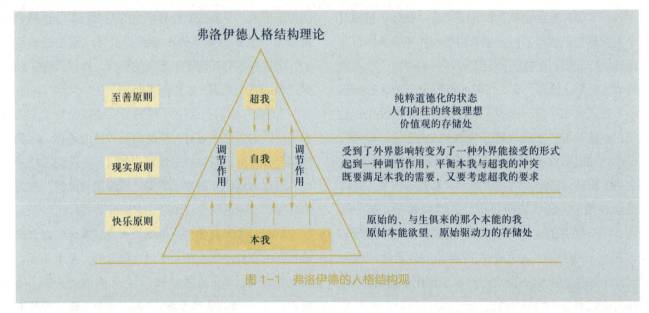

图 1-1 弗洛伊德的人格结构观

（1）信任与不信任（0~1岁）。该阶段，如果父母等人能够爱抚儿童，并且有规律地照顾儿童，以满足他们的基本需要，就能使儿童对周围的人产生一种基本信任感，感到世界和人都是可靠的；相反，如果儿童的基本需要没有得到满足，就会产生不信任感和不安全感。这种基本信任感是形成健康人格的基础，也是以后各个阶段人格发展的基础。如果此阶段的危机得到积极解决，就会形成"希望"的品质，成年后性格倾向乐观；如果危机是消极解决，就会形成自我疑虑。

（2）自主羞怯和疑虑（1~3岁）。儿童在此阶段处于自己意愿与父母意愿相互冲突的危机之中。这要求父母一方面根据社会的要求对儿童的行为有一定的限制和控制；另一方面又要给儿童一定的自由，不能伤害他们的自主性。如果限制过多、惩罚过多或批评过多，就会使儿童感到羞怯，并对自己的能力产生疑虑。这一阶段的危机得以积极解决，孩子就会形成自我控制和有意志的品质；如果危机时消极解决，就会形成自我疑虑。

（3）主动对内疚（3~5岁）。该阶段，如果父母肯定和鼓励儿童的主动行为和想象，儿童就会获得主动性；如果父母常讥笑和限制儿童的主动行为和想象，儿童就会缺乏主动性，并且感到内疚。如果这一阶段的危机得到积极解决，主动超过内疚，就会形成"方向和目的"的品质，成年后更具有目的性和自发性，否则，就会形成自卑感。

（4）勤奋对自卑（5~12岁）。儿童在这一阶段最重要的是"体验以稳定的注意和孜孜不倦的勤奋来完成工作的乐趣"。儿童可以从中产生勤奋感，满怀信心地投身学习；如果儿童不发展这种勤奋感，会使他们对自己能否成为一个对社会有用的人缺乏信心，从而产生自卑感。如果这个阶段的危机得到积极解决，就会形成"能力"品质，否则，就会形成无能感。

（5）同一性对角色混乱（12~20岁）。此阶段儿童必须思考所有他自己掌握的信息，包括自己和社会的信息，为自己确定生活的策略。如果这一阶段可以做到这一点，儿童就获得了自我同一性，否则就会出现角色混乱和消极同一性。如果此阶段的危机得到积极解决，青少年就会形成"忠诚"的品质，即坚持信念。否则，就会形成不确定感。

（6）亲密对孤独（20~24岁）。该阶段，只有建立了牢固的自我同一性的人才能与他人发生爱的关系，热烈追求和他人建立亲密的关系。而没有建立自我同一性的人，则担心同他人建立亲密关系会失去自我。这种人离群索居，不与他人建立亲密关系，从而有了孤独感。此阶段的危机得到解决，就会形成"爱"的品质，否则，就会形成混乱的两性关系。

（7）繁殖对停滞（25～65岁）。该阶段，如果一个人很幸运地形成积极的自我同一性，并且过着充实和幸福的生活，他们就试图把这一切传给下一代，努力生产和创造能提高下一代精神和物质生活水平的财富。否则会因过度专注自己而产生停滞感。如果此阶段的危机得到积极解决，就会形成"关心"的品质，否则，就会形成自私自利。

（8）自我整合对失望（65～死亡）。前七个阶段都能顺利度过的人，具有充实幸福的生活并对社会有所贡献，他们有充实感和完善感，不惧怕死亡，在回忆过去的一生时，自我是整合的。而人格发展中有挫折的人，在回忆过往人生时，则经常体验到失望，因为他们生活中的主要目标尚未达到，过去只是连贯的不幸，他们不愿意匆匆离开人世，对死亡没有思想准备。此阶段的危机得到积极解决，就形成"智慧"的品质，否则，就会形成失望和毫无意义感。

3. 华生的环境决定论

约翰·布罗德斯·华生（John Broadus Watson）作为社会学习理论的创始人，他的基本观点就是人类无异于动物，行为决定于环境。他发表了心理学史上最著名的一段宣言："给我一打健全的婴儿和我可以用以培育他们的特殊世界，我就可以保证随机挑选出任何一个，不问他的才能、倾向和他的父母的职业和种族如何，我都可以把他训练成为我所选定的任何类型的特殊人物，如医生、律师、艺术家、大商人或者甚至于乞丐、小偷。"依此理解，社会化过程就是应用于孩子身上的外在力量的作用，不需要任

何内部结构的改变。如果孩子做出某些令人讨厌的行为，责任完全在于不断强化那种行为的环境。比如，家庭、学校、社会文化等外部环境往往阻止女孩子的侵犯行为，消除男孩子被动性、依赖性和恐惧性的行为。

4. 弗洛姆的社会性格观

艾瑞克·弗洛姆（Erich Fromm）认为人格由气质和性格合成。气质是由遗传先天体质性特征决定的行为模式，而性格是通过社会生活体验形成的，反映了人的社会性。性格是人格的核心，由个人性格和社会性格两部分组成。

个人性格指同一社会中各个成员之间的差异，它受人格的先天因素和社会环境的影响。社会性格指同一社会中绝大多数成员共同具有的基本性格结构，是性格结构的核心部分。社会性格是经济、政治、文化诸多因素交互作用的结果，而经济因素在这种交互作用中起着更大的作用。家庭则是将社会性格特点转移到孩子身上的中间环节。对性格和社会性格的强调反映了弗洛姆对社会文化因素的重视，在他看来，一定社会的经济基础造成了某个社会成员的社会性格，而具有共同社会性格的社会成员会形成一些共同的观念，一些杰出的人物作为代言人再将这些观念理论化，就是意识形态。一旦社会意识形态形成了，它反过来又会被具有一定社会性格的人所接受，从而通过社会性格作用于经济基础。概括地说，社会性格既是经济基础决定上层建筑的中介，又是上层建筑反作用于经济基础的中介。

5. 班杜拉的三元交互理论

艾伯特·班杜拉（Albert Bandura）认为，在个体、环境、行为这三个因素之间，每两者都具有双向的交互决定关系，从而构成决定个体机能活动的三元交互决定系统，如图1-2所示：图中P代表个人因素（Person），B代表行为（Behavior），E代表环境（Environment），箭头代表相互作用方向。

交流讨论：
高职学生如何成为兼具职业技能和职业素养的人？

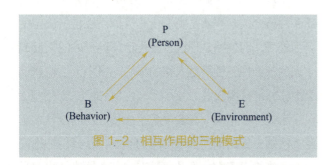

图 1-2 相互作用的三种模式

在三元交互系统中涉及三对双向交互决定的过程。如图 1-3 所示：（1）个体与行为之间是相互决定的：一方面，个体的内部因素如期待、信念、自我觉知等会影响其行为方式和努力程度，另一方面，个体的行为结果也会改变、调整个体的自我认知等内部因素。（2）个体与环境之间也是交互决定的：一方面，个体的能力、性格、气质、社会角色等因素会激活和引起不同的环境反应；另一方面，不同的环境因素会影响甚至改变个体的能力、性格等主体因素。（3）行为与环境条件是相互决定的因素：行为作为个体改造环境的手段，必然受到环境条件的制约或决定；但对于个体而言，环境并不是固定不变的僵化实体，它的一个重要特征就是潜在性，即某种环境因素是否与个体发生关系并产生影响，取决于行为是否激活了环境。班杜拉强调行为对环境的反作用，即行为可以影响并改变环境。在大多数情况下，三者之间

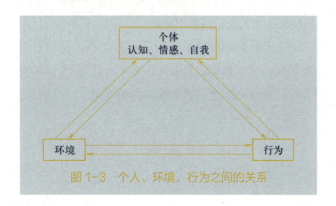

图 1-3 个人、环境、行为之间的关系

是密切联系、互为因果的。不过，班杜拉特别重视个体的因素，热衷分析作为主体的人所拥有的符号化能力、替代学习能力、预见能力、自我调节能力、自我反省能力对行为和环境的影响。

二、剖析社会化的主要内容

社会化可分为政治社会化、民族社会化、法律社会化、道德社会化、性别角色社会化等。

（一）政治社会化

政治社会化指个体形成某一特定社会所要求的政治信仰、态度和行为的过程。它体现在如何对待政治制度、政治生活方式、具体政策，以及个体政治观念的发展等问题上。在不同的社会制度和阶级中，个体政治社会化有不同的内容和方向，但关于政治社会化问题在各国社会心理学领域仅有少量的研究。

党的二十大报告提出了"实施科教兴国战略，强化现代化建设人才支撑"的战略部署。对于高职院校而言，要深刻理解和领会新时代背景下高举中国特色社会主义伟大旗帜和加强党的领导的政治意义，将习近平新时代中国特色社会主义思想和党的全面领导落实到高职院校治理的各领域、各方面、各环节。作为高职学生，应该积极响应党的教育方针，爱国、爱党、爱社会主义，德技并修，努力成为国家和社会所需的高素质技术技能人才，成为服务区域经济发展、致力社会文化传承与创新的生力军。这是政治社会化在高职院校中的生动体现。

（二）民族社会化

民族社会化是民族个体与民族、社会不断互动

与适应的过程，是民族文化传承与民族角色获得、丰富与发展的过程。民族社会化指热爱和忠于所属民族的优良传统、风尚、风俗，但这并不是盲目排外或把自己所属民族凌驾于其他民族之上。家庭、学校、同辈群体、民族交往、民族社会实践都深深影响着个体的民族社会化。而民族社会化的目标是继承、丰富与发展民族文化，学习、领悟和扮演民族角色，以促进民族社会的良性运行与协调发展。中华民族的民族社会化影响深远，即使长期侨居国外的华人，仍然保持和发扬着中华民族的优良传统。中国 56 个民族，由于地理环境、气候、风俗习惯、经济、文化等原因，经过长期的发展，形成了各自鲜明的民族特征。例如：白族姑娘头上戴的头饰融合了大理"上关花、下关风、苍山雪、洱海月"的优美景致，有着"风花雪月"的含义：垂下的穗子是下关的风，艳丽的花饰是上关的花，帽顶的洁白是苍山雪，弯弯的造型是洱海月。同时，民族图腾"龙"象征吉祥、威严、力量、蓬勃、美丽、生命力。龙图腾崇拜是民族团结的象征，是中华各民族同源共祖的民族共识。2022 年冬奥会中，我国运动员徐梦桃不畏伤痛、为国争光的故事生动而有力地诠释了"龙的传人"的精神。

（三）法律社会化

法律社会化，指通过主体与法律的交互作用，使个体的法律共性与个性共同形成的统一过程。一方面，通过法律教化，使主体在法律环境的作用下，掌握法律文化，造就法律共性；另一方面，通过个体内化，使主体积极作用于法律环境，选择法律文化，塑造法律个性。具体来说，就社会宏观意义而言，法律社会化，就是使"自然人"成为"法律人"的过程，也是主体逐渐学会法律规范和法律行为并为现存法律体制所接受的过程。同时，主体的法律态度、法律信仰、法律意识的形成过程，是主体认知自身所处的法律环境，并影响和改造这一法律环境的过程。法律社会化的目的，就是将自然人培养成为在法律生活中享有法定权利、承担法定义务的法律人，使其内化法律规范，形成法律意识。

党的二十大报告提出，"建设覆盖城乡的现代公共法律服务体系，深入开展法治宣传教育，增强全民法治观念"。为贯彻落实党的二十大精神，各高职院校都在积极创新普法方式，全方位、多维度开展宪法宣传活动，创办了法治知识讲座、法律知识竞赛、法律知识游戏、普法志愿活动等多种多样的法律学习形式。

【学海无涯：心灵故事】

自由式滑雪空中技巧队运动员徐梦桃——拼搏二十载　圆梦冬奥会

逐梦 16 年，四战冬奥会，徐梦桃经历了大大小小的伤病和数不清的挫折，为国争光、为国建功始终是她心底最强大的动力，也是她作为一名中国运动员砥砺前行、矢志奋斗的初心。在 2022 年冬奥会自由式滑雪女子空中技巧决赛中，徐梦桃凭借空中翻腾三周外加转体三周的全场最高难度动作勇夺冠军，为中国自由式滑雪空中技巧女队实现了冬奥会金牌"零"的突破。当闪光的金牌挂在胸前时，徐梦桃动情落泪："为祖国赢得金牌，是使命也是荣誉！"冰雪运动生涯二十载，挑战自我、迎难而上、追求卓越是徐梦桃始终如一的目标，她说："我要继续在奋斗中创造精彩人生，为祖国和人民奉献青春和力量。"

（资料来源：学习强国学习平台，有删改）

2022 年 5 月，新修订的《中华人民共和国职业教育法》（以下简称新《职教法》）正式颁布，新《职教法》通过赋权增能保障职教学生权益，促进学生发展。赋权主要体现在，明确立法目的是保障职教学生的受教育权，丰富实体权利，完善职教学生的受教育权，补充教育救济，避免职教学生受教育权受到侵害；增能主要表现为，打破升学"天花板"满足职教学生的升学意愿，破除就业"出身论"，增强职教学生技能提升的动力，通过提升"获得感"激发职教学生积极的自我效能。职教学生作为主要受益者，应当准确把握新《职教法》的内涵，深刻理解法律赋予包括自身在内不同主体的责权利，不断提升自我认同感、主观能动性、社会竞争力，这不仅对自身塑造法律人格意义重大，而且有助于加快推进职业教育高质量发展。

（四）道德社会化

道德社会化指个体形成某一特定社会的道德标准和与之相符的行为的过程。在不同社会制度和阶级中，道德社会化有不同的内容和方向。比如，心理咨询工作者需具有"爱众亲仁、团结协作、爱岗敬业"的职业道德素质。目前在社会心理学中为人们广为接受的道德社会化理论，是由瑞士心理学家皮亚杰（Jean Piaget）提出、美国心理学家科尔伯格（Lawrence Kohlberg）进一步发展的认知发展理论。这一理论的核心是，儿童的社会化（包括道德发展在内）是与其认知水平的发展同步并进的过程。儿童的道德判断会随儿童智力结构的发展而不断加以改变和提高。

皮亚杰在《儿童的道德批判》中，以七八岁为界，将儿童的道德发展分为两个阶段，从前一个阶段到后一个阶段，表现出以下变动：一是道德约束从"他律"到"自律"，即从受外在力量支配转变为受自身的价值标准支配。二是道德判断的依据从"效果"转为"动机"，并发展到两者的统一。三是对错误行为的处理，从笼统惩罚到针对性地采取不同形式的惩罚。

几十年后，科尔伯格进一步发展了皮亚杰的理论。他从"海因兹偷药"的两难故事入手："海因兹的妻子病危，而他却无钱支付高额的药费。在药商既不肯降价，又不答应延期付款的情况下，为救妻子的性命，海因兹破门而入偷了药。"讲完这个故事后，他提出一系列问题，如"海因兹应该这么做吗？为什么？"科尔伯格根据被试对相关问题的具体回答，提炼出道德法则的三大水平六大阶段（表 1-1）。

后期，科尔伯格又补充了第七阶段，即宗教和超自然的观念定向阶段。该阶段的人已经超出了前六阶段的"人生主义"道德观，他们从宗教或超自然的观念的角度来看待道德与道德行为。科尔伯格的理论已成为美国学校进行道德教育的依据，但近来却受到了许多批评：有人指责科尔伯格重视认知的发展，却忽视了情感发展在道德社会化中的作用；还有人提出，使用他的方法能够得出完全不同的结果。因此，这一理论的有效性仍然是一个有待检验的问题。

（五）性别角色社会化

性别角色社会化指个体形成社会对不同性别的期望、规范和与之相符的行为的过程。不同的社会、民族、文化、风俗，对男女性别各有不同的期望和规范。性别角色是由于人们的性别不同而产生的符合于一定社会期望的品质特征，包括男女两性所持的不同态度、人格特征和社会行为模式。性别角色的发展是人们依据自己的"性"特征获得特定文化中的性别角色特征的过程，它构成了人的社会化过程中一个十分重要并延续终生的内容。

在社会心理学领域，率先涉足性别角色社会化研究的是奥地利精神分析学家弗洛伊德。他认为，男女两性所具有的不同的生理解剖结构决定了两性具有不同的心理成熟过程。这种"生物决定论"的观点一经提出即遭受了猛烈的抨击，其中最有影响的是美国人类学家玛格丽特·米德（Margaret Mead）和法

表 1-1　科尔伯格道德发展理论

三种水平	发展阶段	内容
前习俗水平	第一阶段：惩罚与服从定向阶段	赞成：可以偷药，因为他先提出要求，又不是偷贵重东西，不该受惩罚
		反对：偷药会受到惩罚
	第二阶段：相对功利取向阶段	赞成：他的妻子需要这种药，他需要同妻子共同生活
		反对：他的妻子在他出狱前可能会死，因而对他没有好处
习俗水平	第三阶段：寻求认可定向阶段，也称"好孩子"定向阶段	赞成：他只不过做了丈夫该做的事情
		反对：他这样做会给家庭带来苦恼和失去名誉
	第四阶段：遵守法规和秩序定向阶段	赞成：不这么做，他要为妻子的死负责
		反对：他要救妻子的命是自然的，但偷东西是违法的
后习俗水平	第五阶段：社会契约定向阶段	赞成：法律没有考虑到的情况，如：法律没有对药商哄抬药价的行为予以限制
		反对：不论情况如何危险，总不能采用偷的手段
	第六阶段：普遍性伦理准则阶段	赞成：尊重生命，保护生命的原则高于一切
		反对：别人是否也像他妻子那样急需这种药，需考虑所有人生命的价值

国存在主义哲学家西蒙娜·德·波伏瓦（Simone de Beauvoir）。前者通过跨文化研究证实，性别角色及其差异是特定文化的产物。后者则从女权主义的立场出发，申明"女人不是天生的，而是后天形成的"。这些观点都力图说明，性别角色是由社会模塑的。

班杜拉的社会学习理论和科尔伯格的认知发展理论进一步触及了性别角色社会化的社会心理机制。这一机制具体涉及两大方面：一部分是由于我们用不同的方式对待男女儿童，一部分是因为儿童本身对他们自己的性别有了一定的看法。换言之，父母及社会对男女儿童的差别对待和儿童本身对符合自己的性别角色模式的认同，是性别角色社会化的关键所在。

社会学习论者认为，那些在儿童的早期生活中受到了父母和社会赞许、奖励的行为会保留下来，而那些受到惩罚和阻挠的行为则会减少以至消失。从孩子出生之日起，父母就会通过取名、衣着、玩具、护理等途径给予儿童与其性别相适合的对待方式，并提出相应的要求。长此以往，儿童的举手投足便会按照父母的要求和社会所约定的性别行为方式，逐渐形成与自己的"性"特征相适应的性别角色。这种社会学习可以通过直接接受奖惩的方式（直接学习）实现，也可以通过模仿和观察的方式（间接学习）实现。

认知发展论者认为，儿童的性别角色发展是其整个认知发展的一个组成部分。这一过程主要涉及两个阶段：（1）性别自认阶段，即对自我性别的认同，该阶段始于2岁左右；（2）性别恒常性阶段，即不仅认识到了自己的性别，而且开始意识到，自己的性别不会因名字、服装或行为的变化而变化，该阶段始于四五岁之时，完成于7岁左右。科尔伯格认为，性别自认和性别恒常性的形成，是儿童性别行为的定型和性别角色习得的基础，这两个概念的获得，意味着儿童在本质上已经实现了"自我社会化"。

职业社会化

交流讨论：
高职学生如何借助专业见习、专业实习实现职业社会化？

真实描述性别角色的发展必须综合考虑社会学习和认知发展两大因素。事实上，社会学习和认知发展本身也是密切联系的。人的认知发展不会是脱离社会文化作用的自发过程，它只能伴随着人的成熟发生在特定的社会学习过程中；而社会学习，无论是其内容还是其速度也都不能脱离儿童在不同年龄阶段上的认知结构的发展。在性别角色社会化过程中，社会学习和认知发展相伴而行、交织在同一个过程中。这充分体现了人的社会化过程是主观与客观、外在环境与内在因素相互作用的辩证统一（图1-4）。

（六）职业社会化

职业社会化是指通过不断内化职业价值、获取职业知识和技能、认同职业规范、形成职业性格而胜任职业角色的过程。职业社会化包括职业选择、职业技能训练、职业道德培养等方面。学生职业社会化的程度、对职业知识和技能的掌握程度，直接影响到对职业的选择及今后的职业成就。高职院校是进行职业社会化的重要场所，它通过系统化、组织化、规范化的教育促使学生产生职业兴趣，习得职业规范，树立职业理想，设计职业生涯，掌握职业技能，扮演职业角色，培养职业素养，顺利实现由"准职业人"向"职业人"的社会角色的转换。在本单元情境导入中，如月通过专业实习成功实现由心理咨询专业大学生向社区心理咨询工作者的身份转变，就体现了其职业社会化的过程。

图1-4 男女孩的性别角色分工

三、探秘社会化的影响因素

(一) 社会文化

文化是在一个特定群体或社会的生活中形成的、并为其成员所共有的生存方式的总和，其中包括价值观、知识、信仰、艺术、法律、风俗习惯、风尚、生活态度及行为准则，以及相应的外在表现形式。

文化对人的作用直接表现在：第一，通过文化传承，了解前人的生活经验。第二，向个人传递本群体或民族的行为价值准则。第三，使个人能够顺利地与他人及群体建立社会联系。这一切都决定了文化是一个十分重要的社会化因素。不同社会的文化中有许多内容是带有普遍性的，如许多社会都有音乐、舞蹈、游戏、求婚仪式、丧葬仪式、宗教迷信，以及相似的道德规范。但是，每一个社会的文化又有自己的独特之处，这些独特之处对人的社会化，进而对不同民族成员的共同人格和社会行为的形成起着决定性的作用。人类文化学家米德在《文化与承诺》一书中，将文化分为前喻文化、并喻文化和后喻文化，这三种文化分别代表了农业文化、工业文化和信息文化。她还进一步讨论了这三种文化下的社会权威、社会学习、家庭形式、男女关系及社会制约方面的特征（表1-2）。

社会化的实质是社会文化的内化。个体社会化在不同时代、不同文化中具有不同的基本内容。从整个中国传统文化的精神实质来看，中国传统文化以圣贤作为理想人格的典范和人生追求的目标，勉励人们加强自身的道德修养，完善自己的人格操守，提高自己的人生境界，从而实现人的价值和尊严。中国人尤其重视道德教育，因此，要更深入地理解中国人的社会化过程，就必须了解中国文化中道德教育的内涵。目前，研究中国文化的学者们通常把中国传统社会的主流行为规范概括为"仁、义、礼、智、信"五个方面。现代中国文化所倡导的"社会主义荣辱观""社会主义核心价值观"可视为我国现代社会对传统社会的核心价值观与社会规范的传承和发展。

(二) 家庭

家庭是一个极为重要的社会化因素，是个人社会化的第一课堂。在社会化过程中，家庭的重要性在于：第一，童年期是人的一生中社会化的关键时期，

表 1-2　米德的文化类型

特征＼文化类型	前喻文化	并喻文化	后喻文化
社会权威	长辈权威	长、晚辈权威并存	晚辈权威
社会学习	晚辈向长辈学习	同辈之间学习	长辈向晚辈学习
家庭形式	联合家庭	核心家庭	丁克家庭
男女关系	男性主导	男女平等	女性主导
社会制约	道德	法律	道德、法律

社会化的影响因素

而在这一时期中，儿童主要生活在家庭的天地之中；第二，儿童在童年期对家庭的生理和心理依赖是一生中最强烈的时期，家庭对其影响也最为深远；第三，家庭在整个社会结构中占据着独特的地位，现代家庭尽管早已不是唯一的社会关系，但对每个人来说，它毕竟还是最早的社会关系。儿童从一出生起，家庭便赋予他包括种族、阶级、宗教、经济状况、地区等在内的多种社会特征，而这些特征中的每一个都可能对他日后的社会化产生有力的影响。

家庭结构、家庭气氛、亲子关系、父母的教育理念与教养方式等因素都会影响孩子的社会化状况。例如，国外一位心理学家为了研究母亲对人一生的影响，在全国选出 50 位成功人士和 50 名有犯罪记录的人，分别给他们写信，请他们谈谈母亲对他们的影响。其中有两封信谈的都是一件事：分苹果。

一封信是一个来自监狱的犯人写的。信件内容如下：小时候，有一天妈妈拿来几个苹果，大小不同，我非常想要那个又红又大的苹果。不料，弟弟抢先说出了我想说的话。妈妈听了，瞪了他一眼，责备他说："好孩子要学会把好东西让给别人，不能总想着自己。"于是，我灵机一动，立即说："妈妈我想要那个最小的，把最大的留给弟弟吧。"妈妈听了非常高兴，把那个又红又大的苹果奖励给了我。从此，我学会了说谎。以后，我又学会了打架、偷、抢，为了得到想要得到的东西，我不择手段。直到现在，我被送进监狱。

另一封信是一位成功人士写的。信件内容如下：小时候，有一天妈妈拿出几个苹果，大小不同，我和弟弟们都争着要大的。妈妈把那个最红最大的苹果举在手中，对我们说："这个苹果最红最大最好吃，谁都想得到它。现在让我们来做个比赛，我把门前的草坪分成三块，你们一人一块，负责修剪好，谁干得最快最好，谁就有权利得到它。"我们三人比赛除草，结果，我赢得了那个最大的苹果。我非常感谢母亲，她让我明白了一个最简单也最重要的道理：你想要什

么，想要多少，就必须为此付出多少努力和代价！

我国晚清名臣曾国藩不仅是优秀的军事家、政治家，在思想文化方面也有很深的造诣，《曾国藩家书》传达了他的教育之道和生存之道。书中有这样一条颇有深意、值得反复推敲的语录："盖士人读书，第一要有志，第二要有识，第三要有恒。"这句话讲的是读书人的三条准则：首先要确定自己的志向，要有目标、有方向地读书，漫无目的地读书将使人一无是处。其次就是要有自己的想法，自己的脑海里要有一定的见识，书里讲的知识不一定全是正确的，要有自己的判断和理解。最后就是一定要持之以恒地读书，不要三天打鱼、两天晒网地读，读书是日积月累的事情，应该把读书变成生活中必不可少的事情。曾国藩认为当一个读书人能做到这三点时，那么他一定能获得很大的成就。曾国藩的子孙后代将近 300 人，整个家族 9 代人 9 代辉煌，出现了一代代的杰出人物，分别在数学、化学、艺术、医学、科技、农业等各个方面发挥了不小的作用，对社会，对国家影响至深，令世人震惊。由此可看出，一个优秀的孩子离不开深谙教育之道的父母。

《中华人民共和国家庭教育促进法》强调发扬中华民族重视家庭教育的优良传统，引导全社会注重家庭、家教、家风，增进家庭幸福与社会和谐，培养德智体美劳全面发展的社会主义建设者和接班人。家庭教育应以立德树人为根本任务，培育和践行社会主义核心价值观，弘扬中华民族优秀传统文化、革命文化、社会主义先进文化，促进未成年人健康成长，对其实施道德品质、身体素质、生活技能、文化修养、行为习惯等方面的培育、引导和影响。

（三）学校

在现代社会中，学校是将儿童从家庭引向社会的第一架桥梁。学校是有计划、有组织、有目的地向社会成员（不仅仅是儿童）系统传授价值观念、社会规范、生活技能、科学知识的制度化机构。当儿童进

入学龄期之后，学校的影响便取代家庭上升到首要地位，成为最重要的社会化因素。

作为社会化机构，学校的重要性首先表现在它在较长的时间内对学生进行系统的教育，而这种长期的系统的教育，对儿童的社会行为的塑造在现代社会中是无可替代的。现代社会的正规教育时间，一般长达9~16年。在这期间，学校除了向学生传播各种知识与技能之外，在不同社会中占统治地位的阶级还会充分利用学校来为自己培养接班人，传授本阶级的价值规范，借以巩固自己的政治与经济制度。从马克思主义的观点看，教育是很难"超阶级的"，因为学校流行的观念、课程的设置甚至学校本身都是社会制度的产物。例如，依据《国家职业教育改革实施方案》推进高等职业教育高质量发展，高等职业学校要培养服务区域发展的高素质技术技能人才，重点服务企业特别是中小微企业的技术研发和产品升级，加强社区教育和终身学习服务。"德技并修""知行合一"已成为高职院校人才培养的重要内涵，这也体现了高职院校作为社会主义国家机构在新时代的社会化使命。

其次，学校的重要性还在于它有着独特、完整的机构，它是社会的雏形。儿童在这里进入了"社会结构"，扮演着学生、同学、朋友等社会角色，并在课堂和其他公共场合中进行着各种形式的社会互动。这种互动不仅发生在学生之间，同样发生在教师和学生之间；这种互动不局限于传统的课堂教学，已延伸到学生实习的企业、行业与机构；这种互动不停留于专业知识的讲授与接纳、专业行为的传达与模仿，也包括社会情怀的培养与传播、社会文化的传承与创造。

最后，教师的期望和看法、学校的考核与评价标准也直接影响着学生的发展。2020年，中央全面深化改革委员会第十四次会议审议通过《深化新时代教育评价总体方案》，提出完善立德树人的评价机制，坚决克服"五唯"顽瘴痼疾，提高教育治理能力和水平，"针对不同主体和不同学段、不同类型教育特点，改进结果评价，强化过程评价，探索增值评价，健全综合评价"。如何通过科学、合理、公平、公正的教学评价促推教学改革、促成学生发展、促进教育高质量发展已成为新时代背景下高职院校的重要议题。

（四）同辈群体

同辈群体是一个由地位、年龄、兴趣、爱好、价值观等大体相同或相似的人组成的关系亲密的非正式群体。同辈群体是一个独特的、极其重要的社会化因素，尤其是个体进入青春期后，同辈群体的影响日趋重要，甚至在某些方面远远超过父母和家庭其他成员的影响。

社会心理学家拉尔森（Larson）在研究中就发现，除了睡眠，青少年有74%的时间与他人相处，这个比例甚至高于成年人。中国青年政治学院的大学生们在北京13~15岁的青少年中进行的一项调查也证明，被调查者将心里话告诉他人的首选对象是同性的同辈伙伴。

心理学家罗伯特·魏斯（Robert Weiss）认为同辈群体对个体产生较强吸引力和影响力的原因主要包括六个方面。

（1）依恋。在童年时代，我们对父母充满依恋之情，长大以后，我们更多通过合群从伴侣、朋友那里得到亲密体验。孤独、不愿与人合群的人是无法有快乐的感受的。

（2）社会整合。青年人希望成为社会成员，渴望尽快获得群体、团体、社会的承认、接纳，这样才能真正与社会融为一体，而同辈群体恰是其身边最亲近的团体。

（3）价值的保证。青年人渴望发挥自己的才智，急于成功的欲望相当强烈。当我们与人合群、谋求别人支持时，便会产生这种觉得自己有能力、有价值的感觉。

（4）可靠的同盟感。与人合群可以让人意识到自己有忠实伙伴，在需要帮助时，必定有人会伸出手来援助，发生紧急情况时，也有可求助者。

（5）获得指导。青年人想要成为一个合格的社会

【学海无涯：知识拓展】

罗森塔尔效应

罗森塔尔效应产生于著名心理学家罗伯特·罗森塔尔（Robert Rosenthal）的一次实验：1968年，他和助手来到一所小学，声称要进行一个"发展测验"，并煞有介事地以赞赏的口吻，将一份"最有发展前途者"的名单交给了教师。其实，他撒了一个"权威性的谎言"，因为名单上的学生根本就是随机挑选出来的。8个月后，奇迹出现了，凡是上了名单的学生，个个成绩都有了较大的进步，且各方面都很优秀。

显然，罗森塔尔的"权威性谎言"发生了作用，因为这个谎言对教师产生了暗示，左右了教师对名单上学生的能力的评价；而教师又将自己的这一心理活动通过情绪、语言和行为传递给了学生，使学生强烈地感受到来自教师鼓励的话语和期盼的目光，变得更加自尊、自信和自强，从而在各方面得到了异乎寻常的进步。现代教育心理学经常用"罗森塔尔效应"来说明教师的期盼、鼓励对学生发展，特别是在社会化过程中所起的作用。

（资料来源：崔丽娟，《社会心理学》，有删改）

成员，必须具备相应的知识、规范，这是无法脱离他人而获得的。与人合群就可以使我们从长辈那里受到教育，得到指导。

（6）助人机会。与人合群使我们热爱他人、为他人所需要、所重视、所欢迎。青少年发展中的合群倾向实质上就是人们常说的归属的需要。

但是同辈群体在个体社会化过程中发挥的作用也并不都是积极的，它也存在消极的一面，这些消极因素不但阻碍了青少年正常的社会化发展，还引发了一系列的反社会行为。有研究发现，一方面，同辈群体有"近朱者赤"效应，在排名越高的学校就读，或同班同学的学业成绩越好，本人的学习成绩越好；另一方面，同辈群体还有"比较压力"效应，同辈的能力越强，本人感知的压力越大，心理健康状况越差。因此，大学生需有效发挥同辈群体在个体社会化过程中的积极作用。例如，高校常见的心理健康教育形式之一是朋辈心理辅导。在专业人员的督导、培训下，将一些有助人意愿、有助人潜力的学生训练成同辈辅导员，利用同辈互助解决心理问题，是一种行之有效的开展心理健康教育方法和途径。

（五）大众传播媒介

大众传播媒介是指各种通信与交往手段，包括报纸、杂志、书籍、广播、电视、网络、移动媒体等。它可以同时、迅速地向人们传递有关社会事件与社会变革的信息，提供社会角色模式和流行的价值观。尤其第二次世界大战之后，随着电视的发明和普及，大众传播媒介极大地拓展了人们的视野，使人们的生活空间得到了意想不到的扩展。大众传播媒介在现代社会生活及人的社会化中的日益重要的作用，已经在某种程度上改变了人们的交往方式。有人统计过，即使在20世纪初，一个城市居民的闲暇时间还有70%是用于面对面的人际交往的，而今天，人们70%的闲暇时间是用于和大众媒介交往的。这种由大众传播媒介所提供的信息组成的"拷贝世界"不仅成了现实社会的重要组成部分，而且由于其独特的社会心理作用，对人的社会化产生了比真实的"感性世界"更深刻、更鞭辟入里的影响。

大众传播媒介中的电视对人的社会化有着积极的作用：它使人们能够有效地了解社会、分享经验、增长知识，能够促使人们接受社会所公认的价值观和行为方式；它是对全体社会成员进行社会化的"第二课堂"。但是，电视对儿童的社会化也会产生消极作用：电影和电视中的暴力节目直接影响到儿童对侵犯行为的学习；电视对儿童的学习潜力也有消极的影响，不仅缩短了孩子的注意力的保持时间，限制了他们运用语言的能力，而且电视播放内容的快速转换，也不利于人们对各种问题加以有效的思考。

当前，网络已经成为大众传播媒介的主要组成部分，网络对青少年社会化的影响不容小觑。首先从它的积极意义上来讲，网络开辟了一个崭新的认知窗口，开放多元、丰富多彩的网络文化促进了青少年认知方式和学习方法的变革。另外，网络使青少年有机会在虚拟中体验社会角色。美国社会学家帕森斯（T. Parsons）指出，社会化的核心内容是学习扮演社会角色。网络的"虚拟环境"为青少年提供了角色实践的绝好场所，青少年可以在其中进行"角色换位""角色演习"，领会不同角色的社会需求和情感表露，有利于把握自己在现实社会中的各种角色的尺度，以减少不同角色失调现象的发生。而且，它对青少年个性形成和心理健康具有一定的积极作用。青少年在社会化过程中会遇到一些难以启齿的困惑，长期压抑于心中可能会引发人格障碍，网络文化的隐匿性使青年免去了现实社会中可能暴露身份的顾虑和尴尬，便于他们将自己的真实思想在网络中流露出来，

一方面可以寻求到专业的援助，另一方面可以利用网络宣泄情感，促进个性发展和心理健康。但反之，网络也可能对青少年的社会化产生消极影响，容易使一些青少年超越现实的存在，以虚拟的化身在网络聊天中迷失自我；网络游戏的超时空性、暴力性对一些青少年产生强烈的刺激和诱惑，容易使他们上网成瘾，对其心理、情绪和行为方式产生不良的影响。

移动媒体主要是指移动手机这个特殊媒体。目前，手机信息传播已成为大众传播的重要方式之一，青少年更是对手机爱之有加。手机在青少年中普及率高，且青少年是高频率进行交友、信息联系的人群，因此，它对青少年的影响是巨大的，成为青少年社会化课题中不可忽略的因素。

四、促进社会化的重要途径

人的社会化是通过社会教化和个体内化实现的。社会教化和个体内化是相辅相成的：没有社会教化，就没有个体内化；而没有个体内化，社会教化也就毫无意义。

（一）社会教化

社会教化即广义的教育。它是指社会通过社会化的机构及其执行者对个体实施社会化的过程。社会化的机构，包括家庭、学校、社会团体、社会组织、大众传播媒介以及法庭、监狱和社区矫正机构等；社会化的执行者，则是指这些机构的组织者及其成员。

社会教化可以分为两大类：（1）有系统的、正规的教育。如各级学校对学生的教育，以及监狱、社区矫正机构对违法犯罪者的改造和教育。（2）非系统的、非正规的教育。如社会风俗、群体亚文化、传播

社会化的途径

【学海无涯：心理技能】

叙事疗法

叙事疗法经常应用在学校心理辅导、社区心理卫生等领域，可促成个体了解、分析自身社会化过程及其影响因素，有利于个体肯定性自我认同的形成、巩固与发展。叙事疗法的具体技术主要包括以下方面。

（1）问题外化。引领人们述说那些以前没有机会言说的生活体验与人生经历，便于来访者充满勇气地采取行动，减少问题的影响，追寻他们认为重要的东西。具体步骤：商讨独特的、符合经验的问题定义；描述问题行为对生活各方面的影响及其效果，即对生活各个方面的影响及其效果进行调查并加以描述；论证评估这些影响和效果。目的：揭露问题的表现、特征、成因、机制及其结果。

（2）独特故事述说。让当事人述说个体社会化进程中有意义的"闪光事件""独特事件"，即那些生命中容易被忽略且未被描述（或未被细致描述）的生活事件和生活体验并以此赋予生命更丰富的意义。目的：促成来访者收获积极叙事的能力，重新找到续写生命故事的力量和勇气。

（3）由单薄到丰厚。即"打开行李箱"，把"行李箱"里面丰富多彩的内容展现出来。丰富描述、细致言说那些"闪光故事"，在意识层面加深自己的觉察与理解，在消极的自我认同中努力寻找隐藏在其中的积极的自我认同。目的：让那些被个体压缩成"薄片"的积极自我认同由单薄而变得丰厚，由单一而变得多元，并由此促成个体形成积极的自我观念。

（4）共建与巩固"替代故事"。心理咨询师鼓励来个体反复讲述他们所偏爱的故事，通过深入细节使这个故事充实并且变得坚实，以新故事替代从前的问题叙事，确保新故事与个体生活的联结。目的：鼓励个体在现实生活中进一步延续、丰厚、传播、巩固自己所偏好的人生故事，由此而培育出一种新的生活方式。

媒介对人的影响和教育。后一种社会教化往往是在无形之中发生作用的，因此，它对个人的成长、心理的成熟与变化以及行为方式的选择，往往起着潜移默化的作用。尽管社会化具有历史性、民族性和阶级性，不同的民族、不同的阶级、不同的历史阶段，社会教化的内容不尽相同，但是社会教化也有共同的内容，具体包括：传授社会知识，灌输行为规范，学习职业技能，培养价值观念，确立生活目标，获得社会角色。例如在抗击新型冠状病毒感染初期，我国出现了党员干部、医务工作者、志愿者、心理学工作者奔赴抗疫第一线救死扶伤的各种故事，其中所包含的抗疫应具备的知识与策略，应展现的情怀与素养，应体现的伦理与价值，经由主流媒体的宣传和报道，起到了很好的榜样示范和社会教化的作用。另外，每个个体在选择榜样方面表现出的主体性与差异性，以及在模仿榜样行为基础上生成的具有个人魅力的职业行为、情怀和素养，则体现了我们接下来要讲述的社会化的另外一个重要路径：个体内化。

（二）个体内化

如果说社会教化是人的社会化的外部动因，那么，个体内化则是社会教化得以实现的内在因素。从社会心理学的观点来看，个体内化是指社会化的主体经过一定方式的社会学习，接受社会教化，将社会目标、价值观、规范和行为方式等转化为其自身稳定的人格特质和行为反应模式的过程。它往往始于简单机械的模仿或依从，然后逐渐被个体认同乃至内化。在此过程中，有几种重要的机制在起作用。

（1）替代强化和自我强化。个体社会化不只来源于自身社会实践及其结果受到的直接强化，很多时候，人们通过观察外部世界作用于其他人的过程和结果，来获得大量社会化经验，这就是班杜拉所提出的观察学习和替代强化。随着个体自我意识水平的不断提高和自我评价标准与系统逐步形成，人们的自我强化也开始成为社会化经验中具有自我引导性质的重要机制，使社会化过程带有个性化色彩。

（2）认知加工和主观认同。个体通过感知、记忆、想象、思维等认知活动，将外部世界的信念内部化，所以个体社会化的程度会受制于其认知发展的水平；另外，作为人与人之间较早的一种情感联系，精神分析理论提出的"认同"也起着重要作用，个体在发展中认同谁，就决定了自己效仿的榜样，从而也决定着自己的发展方向。

（3）社会比较。人们通过社会比较获得的自我评价以及在此基础上产生的自我体验，如自我否定或自我肯定，又会影响个体后继的社会比较的倾向，进而影响到个体社会化的发展方向。个体内化是在个体的活动中实现的，它是个体的内部心理结构同外部社会文化环境相互作用、并对后者加以选择和适应的过程。个体内化充分体现了个人社会化的主动性。

◎【心理实践】

一、团体活动

(一) 猜职业游戏

活动目的：让团队成员在寻求答案的过程中，练习如何组织问题及分析所得到的信息，促进小组成员之间的沟通协作能力。

活动时间：10～30分钟。

活动准备：四顶写有职业角色的帽子、多媒体教室。

活动过程：

（1）让学生进行分组，根据课程需要和班级人数，建议6～10人一组。

（2）在教室前面摆4把椅子。

（3）每组选一名成员坐在椅子上，教师给坐在椅子上的这名成员带上写有职业角色的帽子（坐在椅子上的成员并不知道自己是哪种职业角色），面对小组的队员们。

（4）现在开始猜，从1号开始，他必须要问封闭式的问题如"我是……吗？"如果小组成员回答"yes"，他可以问第二个问题。如果小组成员回答"no"，他就失去机会，轮到2号发问，如此类推。

（5）谁先猜出自己是哪种职业角色为胜。

（6）活动完毕后，教师带领大家分享活动感受。

(二) "房树人"绘画游戏

活动目的：帮助参与者释放自己的潜意识，通过

猜职业游戏　　"房树人"绘画游戏

潜意识去组织自己的动机、观察、见解及过往经历；促成参与者了解事物的本质，认知自己的内心世界，深入分析自己的社会化过程与家庭的关系。

活动时间：10～20分钟。

活动准备：白纸、笔。

活动过程：

（1）让学生进行分组，根据课程需要和班级人数，建议6～10人一组。

（2）教师讲解绘画要求，活动参与者根据要求画出房、树、人等物，可以结合自身情况适当添加其他事物。

（3）教师将画好的纸张收齐后向活动参与者说明画中各个事物的象征意义，并在征得活动参与者同意的前提下挑选1到3张进行现场分析。

（4）讲解完毕后将画纸还给参与者，并组织参与者进行讨论。

（5）在活动最后邀请一到三位有兴趣的同学上台分析自己的"房树人"绘画。

二、案例思考

特教路上的"筑梦人"闫蕊

"后悔选择这行吗？"22年，只教过96名学生，比普通教师付出更多的耐心和精力，却很难体会到桃李满园的成就感，闫蕊坚定回答："假如再选一次，我还会做一名特教老师。"不为"桃李满天下"，只为梦想相伴、温暖相依——这是闫蕊从事特殊教育的不变初心。

教育是一门"仁而爱人"的事业，有爱才有责任。对特殊教育来说，更是如此。闫蕊日复一日地付出，帮助这些特殊孩子找回生命中缺失的美好。听障孩子学习拼音不易，她就一遍遍教；转型培智教育（为智力障碍青少年提供的义务教育），她把专业笔记写得密密麻麻；面对情绪不稳定、沟通有困难的学生，她用"量身定制"的教学方法化解一个个难题……蹲下身

来、耐下心来，将自己的爱心、细心毫无保留地倾注到孩子们身上，闫蕊以"师者仁心"，以不断磨精磨细的教学方法，呵护着学生的心灵，滋养着他们的成长。

教师的责任感，体现于因材施教；教育的公平性，体现在有教无类。重度智力障碍儿童无法入校学习，闫蕊主动送教上门，把课堂"搬"到学生家中。带上绘本教具，奔走在酷暑严寒中，这些年来，她每年送教行程超过2 000千米。漫漫送教路，记录着闫蕊的奔波，见证着特殊教育事业前行的脚步。

对于残障青少年而言，教育意味着什么？可能是掌握一门技术、走上工作岗位"发光发热"，可能是生活能够自理、减轻父母负担，也可能只是会多写几个字、多说几句话。这些让普通人看起来微不足道的进步，却可以汇聚成光，照亮他们的生命，助力他们实现梦想。在闫蕊的班级里，有不少学生顺利升入重点特殊教育学校，有学生走上讲台成为特教老师，有学生投身公益事业，点亮更多困境儿童心中的梦想……这些故事，凝结着无数"筑梦人"的耕耘付出，也显示出特殊教育的价值和意义。

授人以鱼，更要授之以渔。对特殊儿童来说，在为他们提供物质上帮助的同时，还要不断提升他们的发展能力、发展机会，正如党的二十大报告中提出的那样，"强化学前教育、特殊教育普惠发展"。为此，我们还要采取更多措施，汇聚更多力量，将特殊教育普惠发展落到实处，全面提高特教质量，让更多人能够在教育的滋养下，掌握知识技能、改变自身命运、成就人生梦想。

（资料来源：学习强国学习平台，有删改）

思考：闫蕊的经历反映了个体社会化的哪些内容？反映了个体的社会化受到哪些因素的影响？

三、实践训练

以小组为单位，确定和社会化相关的任意项目主

题，采用调查访谈的方式收集资料，最终以课件和视频的方式展示项目成果。本实践旨在促使同学们进一步熟悉社会化的类型、影响因素和实现路径，明确社会化过程对个体发展的意义。

【心理拓展】

一、心理书籍

（一）《文化心理学》

此书是我国第一部系统介绍和研究"文化心理学"的学术专著：从多视域、多维度对文化心理学进行了探讨，不仅具有一定的创新性和开拓性，而且对于人们较为全面地了解和开展文化心理学研究也具有一定的价值和意义。

（李炳全. 文化心理学［M］. 上海：上海教育出版社，2007.）

（二）《中国文化心理学心要》

本书是一部采用心理学的整合视野探讨中国传统文化心理学问题的学术专著，作者以中国传统文化中的"心"为主题，一方面用西方分析心理学的理论和方法来阐述和解说中国传统文化诸如汉字、儒、佛、易经、中医、阴阳五行等，另一方面也通过阐释这些中国传统文化的本义来印证西方分析心理学派的理论和实践。

（申荷永. 中国文化心理学心要［M］. 北京：人民出版社，2001.）

（三）《社会心理研究》

全书汇集了 37 个研究主题，涉及 6 大方面：热点问题、现实问题、难点问题、研究主题、中国主题、倡导主题。全书以当代中国现实问题为中心，不仅涉及当代中国社会心理学研究中的核心理论概念，更汇聚了作者从各自研究视角对相关主题最新研究成果所作的创新思考，以及对相关问题解决方案所提出的有价值建议、途径和方法等。

（许燕、杨宜音. 社会心理研究［M］. 上海：华东师范大学出版社，2022.）

二、心理影片

（一）《我和我的家乡》

影片由 5 个有"我"及"家乡"元素的小故事串联而成，是思乡之情，也是返乡之旅。该片立足乡土情结，反映了一系列的社会民生问题，描绘了小康生活的画卷，讴歌了努力脱贫攻坚的成就，是兼具思想性、艺术性的文艺作品。

（二）《我和我的父辈》

影片由《乘风》《诗》《鸭先知》《少年行》4 个单元组成，以革命、建设、改革开放和新时代为历史坐标，通过"家与国"的视角描写父辈们的奋斗经历，讲述中国人的血脉相连和精神传承，再现中国人努力拼搏的时代记忆。

"心"实践：民族社会化项目教学法

　　自我意识不仅是社会心理学的重要课题，也是当今社会心理研究的热点之一。它是个体关于自己全部重要认识与信念的集合，决定着人们的一言一行。学习自我意识的相关知识，能够帮助大学生更好地认识自己，接纳自己，促进心理健康；也可以帮助大学生协调与他人、与社会之间的关系，促进社会和谐。

【知识脉络】

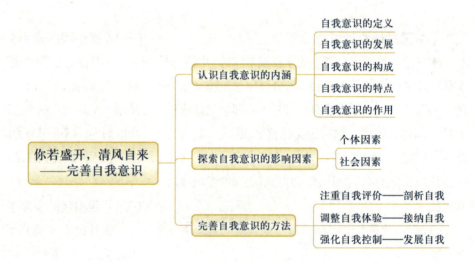

【学习目标】

　　素养目标：培养悦纳自我、积极乐观、富有理想的心理和素质。

　　知识目标：了解自我意识的发展、构成及影响因素，掌握自我意识的定义、特点、作用以及树立正确自我意识的途径与方法。

　　能力目标：培养学生正确评价自我、接纳自我、发展自我的能力。

从职校学生到走出国门的发明家

南京快轮智能科技有限公司创始人，董事长兼首席执行官刘峰是智能出行行业"走出国门的中国制造"优秀代表之一；他努力奋斗，用技能创造，为自己赢得喝彩。在他的身上，我们可以看到勇气、探索与不屈。

刘峰人生第一项发明专利是他小学时制作的电子门铃，他从小就被称为"小发明家"。高中时，他就拥有了5项国家专利，成为校园风云人物。承载着各种荣誉和期盼的他却高考失利，最终成为南京信息职业技术学院的一名学生，开启了三年的职业院校学习生活。

进入大学后，刘峰不仅继续进行发明创造，做的创业计划书还拿了全校特等奖。但在外界看来，刘峰却是一个只会搞发明，没有好成绩的"高能低分"学生。面对质疑，刘峰迎难而上，大一下学期期末考试前，他一心投入学习中，砥志研思。最终以前三名的成绩拿到了国家励志奖学金。刘峰表示，"那一刻，我也算证明了自己一回"。回首过去，高考失利，再到初入大学被质疑的日子已经离他远去，他用努力赢得了尊重，用行动证明了自己。大学毕业后，刘峰已经获得20多项国家专利。

刘峰更希望自己的发明有温度、有价值、有力量，能为社会带来具体的帮助。因看到高层住宅失火的新闻，他想研制一款逃生设备。在测试成功率时，刘峰亲自上阵，找了一个5楼楼顶的位置，没有多想穿上逃生器就往下跳，"当时'啪'的一下我就掉下来了，整个人就直接昏迷了，"刘峰回忆说。通过数次在城市间折返、试验、精进，2011年，他自主研发的"高楼逃生器"终于在反复失败与试验中诞生。同年他被评为"江苏省大学生创新之星"，成为当年全省唯一一个职业院校获奖者。他发明的代步工具，2016年获得全球首个电动滑板车UL认证。2021年，他成为"创响江苏"十大标兵。职业教育点燃了刘峰的人生梦想，而刘峰也让技能走出国门，让中国制造走向世界。

十年饮冰，难凉热血。刘峰身上有"咬定青山不放松"的坚韧，他用技能为自己赢得喝彩，用技能让生活更加美好。今天的刘峰依然十年如一日地嵌入技能发展的时代命题中，始终怀揣着对世界的好奇，坚定地走在发明的路上。

（资料来源：新华网，有删改）

情境分析：刘峰的人生经历让我们看到了他的勇气、探索和不屈，更让我们看到了他对自己人生选择的坚定。而这份坚定正是来源于他对自己的正确认识。从小就喜爱发明创造的他将这份热爱不仅投入自己的事业中，还投入社会发展中。

"我是谁？"这个问题一直萦绕在大学生内心深处。大学生会从各个方面来认识自己，比如外貌、社会地位、学历等。大学生也会通过他人对自己的评价来认识自己，甚至有时候，他人的评价比自我的评价更重要。那么到底是什么导致我们成为现在的自己，怎样才能客观地认识自己，怎样才能树立正确的自我意识？学完本章内容，大家会有更加清晰的答案。

【心理讲坛】 ••

请同学们设想如下情景：现在你正在进行一场招聘面试，考官要求你用三分钟来描述一下自己与所应聘岗位的匹配度。你会怎么描述呢？你可能会想"我的性格特点是什么？有哪些性格特点与职业岗位匹

自我意识的概述

配？我的职业能力有哪些？哪些又正好符合职业岗位要求？过往的经历有哪些与本职业岗位相关呢？我期望在未来的工作中能达到什么样的目标？"当你说出答案的时候就已经描绘出了一幅"自画像"。这幅"自画像"都是关于"自我"的信息，而这些信息就是本单元要介绍的内容——自我意识。

一、认识自我意识的内涵

自我意识是关于"我"的一切，包括"我"自身以及与"我"相关的所有事物。我们不仅能够认识自己以及所有与自己有关的事物，还对它们进行评价，比如我很聪明，我的房间很舒适，我的同学很友好，等等。同时，这些评价也会影响到我们的情绪和行为。如果一位大学生对自己的成绩不满意，他可能会投入更多的时间来学习。以上都属于自我意识的范畴。

（一）自我意识的定义

关于"自我意识"，我国社会心理学界有不同的表述，常见的有"自我概念""自我观念"以及与之密切相关的"自我觉察"。这些表述虽有不同，但是其本质都是"关于自我的认识"，故通常简称为"自我"。本书使用"自我意识"这一概念来指称各种关于"自我"的讨论。自我意识是指个体对自己身心状态以及对自己与他人等外部环境之间关系的认识。

自我意识包括认识自己的生理状况，如性别、体重等；认识自己的心理特征，如性格等；以及认识自己与所处环境之间的关系，如社会地位等。当自我作

为被观察的对象时，即客我，主要包括物质自我、社会自我和精神自我三部分（图2-1）。

图2-1 自我意识的内容

（二）自我意识的发展

自我意识是随着个体的成长而逐渐形成与发展的，心理学家从不同的角度对自我意识的形成和发展阶段进行了探究。

奥尔波特（G. W. Allport）曾在其著作《人格的模式与成长》中提出了一系列与自我意识相关的概念，如躯体感觉、自我认同、自尊等。这些自我状态逐步发展，表现为生理自我、社会自我、心理自我的依次形成与发展（图2-2）。

1. 生理自我

奥尔波特等人认为，生理自我是自我意识的原始形态，是个体对自己身体的认识，包括占有感、支配感和爱护感。对自己躯体的认识是个体对自身存在的感知，而这些认识不是先天的，而是在后天环境中逐步形成的。

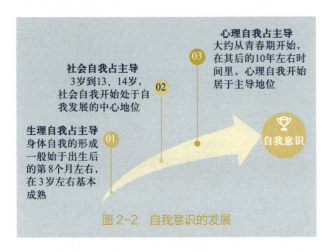

图 2-2 自我意识的发展

图中文字：

生理自我占主导
身体自我的形成一般始于出生后的第8个月左右，在3岁左右基本成熟 01

社会自我占主导
3岁到13、14岁，社会自我开始处于自我发展的中心地位 02

心理自我占主导
大约从青春期开始，在其后的10年左右时间里，心理自我开始居于主导地位 03

自我意识

刚出生的婴儿不能区分自己与自己以外的东西，他们将自己的身体与周围的物体视为同性质的东西。显然，这时的婴儿没有自我意识。直到7~8个月时，婴儿会关心自己在镜子中的形象。2岁左右，婴儿能够准确认识到镜子中的形象是自己，并用自己的名字来表达需求。3岁时，儿童有了羞耻感、妒忌心。同时，此阶段的儿童有一显著心理特点——以自我为中心。他们以自己为中心，只能站在自己的角度来理解世界，故这一时期又称为"自我中心期"。

可见，自我意识在婴儿出生第8个月到3岁左右逐渐成熟，且此阶段的自我意识是以躯体存在为基础的生理自我。

2. 社会自我

从三岁到十三四岁这十年左右的时间是社会自我形成与发展阶段。这时个体与社会互动逐渐加深，从角色扮演游戏到接受学校教育，深受社会文化影响。此阶段也被称为客观化时期。

幼儿时期的游戏对个体形成社会自我起着重要作用。游戏不仅促使幼儿学会遵守规则、约束行为，还能增加其社会性交往。学校教育对个体形成社会自我起定向作用。入校后，个体成为班级一员，承担一定社会义务和责任，如学习、劳动、助人等。同时，学校教育也为学生的未来生活做准备。如职业体验教育通过教授职业知识和技能提高学生对社会职业的了解，激发社会职业情感，也可以帮助学生树立正确职业观，培养学生职业规划意识和能力、动手实践与创新能力。此外，在学校，个体会受同伴喜欢或不喜欢，遇到老师表扬或批评，这些外在评价都会影响个体对自己的认知。

这个时期的个体从社会的观点来认识与评价自己以及外部事物，在意他人看法，希望自己的表现符合社会要求和期待，最终形成符合社会要求的社会自我。

3. 心理自我

从青春期到成年，这一时期自我意识已趋于成熟，也是心理自我的发展阶段。从青春期开始，个体生理和心理都发生了本质性的急剧变化，如第二性征出现、性意识的觉醒、逻辑思维能力发展等，促使其自我意识趋向主观性，故此阶段也称为主观化时期。

自我意识的主观化主要表现在以下四个方面：一是用自己的观点解释外部世界。此时个体的独立性增强，希望主宰自己的生活，对人和事有独到见解。二是形成和发展自己的个人价值体系。如个体欣赏自己时会感到自尊等，说明自我意识影响了个体的价值观。三是表现出自我理想。自我理想是个人追求的生活目标，个体会对自己所追求的目标赋予重要意义。如读幼师专业的李莉（化名）希望毕业后成为一名幼师，她常常跟朋友说幼师是一个伟大的职业。四是抽象思维能力显著提高。这是智力发展的飞跃，它使个体能够超脱具体现象，进入精神世界，从而看到事物本质。

随着自我意识发展，个体逐渐脱离对成人的依赖，从成人的保护和约束中独立出来，表现出主动性与独立性，并强调自我的价值和理想。这表明个体的

交流讨论：
我们每个人都有自己的理想，那么你的理想是什么？将来想要成为什么样的人？

自我认识　　自我体验

自我意识已经确立。

案例： 陈林（化名）之所以选择读会计专业不是因为父母说这个专业好找工作，而是因为个人的兴趣爱好。毕业后他顺利入职一家国企，工作中一直保持热情。工作多年，经验丰富的他转行成为一名会计培训师。

（三）自我意识的构成

自我意识是复杂的心理过程。我们会从多方面来认识自己，并做出相应评价，在评价基础上产生情绪体验和行为反应。

案例： 心理咨询专业的方琳（化名）在社区服务中心实习时，运用"共情"等心理咨询技术成功调解了邻里间纠纷，她对自己的工作成果感到十分自豪，工作更加认真。

由此可见，自我意识由自我认知、自我体验、自我控制三种心理成分构成，且它们相互作用，相互影响（图2-3）。

图2-3　自我意识的构成

1. 自我认知

自我认知是指个体对自己的洞察和理解，包括

自我观察和自我评价。自我观察是指对自身状态的觉察，而自我评价是在此基础上对自身状态作出的某种判断与评估。如，自我观察即为"我身高一米八"，在此基础上，"我个子高"则为自我评价，是对自我的一种判断。

"人贵有自知之明"，人只有正确认识自己才能充分发挥自我潜能，才能与他人和谐相处。然而，个体很难对自己做出完全客观的评价。作为观察者和被观察者的"自我"除了受客观因素影响，如认知局限、社会准则等外，还受主观因素的影响，如动机、需要等。

案例： 大三学生刘浩（化名）在找工作时屡屡碰壁，因此十分沮丧，甚至认为自己一无是处。职业指导老师通过SWOT分析法帮助刘浩从内外部优劣势认识自己，最终帮他找回了自信。故"君子日三省乎己，则知明而行无过矣"，即人只有常常内省并检视自己才能更清楚认识自己。除此之外，我们还可以用科学的方法来认识自我，如，高校职业生涯规划大赛常使用《霍兰德职业偏好量表》（Holland Vocational Preference Inventory）帮助学生明确自身职业兴趣和能力专长，以便求职择业。另外，心理绘画、沙盘游戏等也有助于自我认知。

2. 自我体验

自我体验是指个体对自己怀有的一种情绪体验，即主观我对客观我持有的一种态度。自我体验主要表现为"个体对自己是否满意、能否悦纳自己"。当客观我满足主我要求，则产生积极自我体验，否则就会产生消极自我体验。影响自我体验的因素主要有：自我认知、他人评价以及个体对社会规范、价值标准的认识。银丽丽（2017）对600多名高职学生进行问卷调查，发现高职学生学习的主导动机是依赖他人评价型，即高职生希望通过获得优异的学习成绩而得到他人认可，这体现了他人评价对其自我评价的影响。2021年，中青校媒面向2 063名高校学生就"容貌焦虑"进行问卷调查，发现59.03%的大学生存在一定程度容貌焦虑。

自我体验主要表现在情感方面，内容十分丰富，如自尊、自豪感与羞耻感等。自尊是指个体基于自我评价产生的自我满意水平。陈祥真对某高职院校学生自尊状况进行调查，发现高职生自尊水平普遍较低。较多高职生认为自己是被淘汰的，没有前途，因此萎靡不振，学习生活自由散漫，甚至产生失望、厌学等情绪。我们可以通过提高自我接纳、自我效能感以及建立目标导向激励系统等方式来提高高职院校学生的自尊水平。

自豪感与羞耻感是个体认为因自身原因导致学习、工作的成功与失败时产生的深刻的情绪体验。自豪感与成功或实现自我理想有关，反之则产生羞耻感。吴佳琪对大学生抑郁症的病耻感进行研究，发现在校大学生对抑郁症有不同程度的感知病耻感①，尤其是曾患过抑郁症的学生，有更强烈的感知病耻感，即对社会上关于抑郁症的负面观点更加敏感。

在职业教育教学过程中，教师可以通过教学设计和教学评价提高学生的自我体验，从而提高学生职业技能的学习效果。郭峰等设计了一个基于高职学生自我体验的教学诊断改进系统，该系统从课程与教学、作业与考核、个人发展与学习收获三个维度来测量高职学生对学校教学服务的满意度。如此一来，不仅学校可以根据反馈结果调整教学服务，提高学生学习效果，而且学生也能通过参与学校管理，增强其"主人翁意识"，提高对学校的满意度。

3. 自我控制

自我控制是个体对自己想法、情绪和言行等的一种调节过程，此过程主要包括以下几个步骤：确定目标、找到方法、实施方法、调整方法、实现目标。自我控制主要表现为"如何调节自己的行为以符合社会的要求、实现理想自我"等。

自我控制是主观我对客观我的制约，主要有两种功能：一是发动作用。当遇到挫折时，人们需要迫使自己思考和行动来战胜挫折。二是制止作用。当客观我不符合当时的情景时，主观我制止客观我的行为。

案例： 大一学生高城（化名）为了克服专业课学习困难，每天都预习和复习，认真听讲，做好笔记，主动查找资料，积极请教同学和老师。高城学习时，常有室友邀请他一起玩游戏，但他不想半途而废，于是拒绝了，最终取得优异成绩。由此可见，自我控制能调节个体行为使之适应社会要求，也能推动个体的学习、工作。

自我认识是自我体验和自我控制的基础，而自我体验一般与自我控制同时产生，三者组成个体完整的自我意识，使个体逐渐形成对自己的稳定态度。自我意识协调着个体与周围世界之间的关系，可以明确个体的行动方向，计划行动方案，最终达到目标。

自我控制

---

① 感知病耻感是指愚者预期所能感觉的贬低歧视感，是一种负性情绪体验。

【学海无涯：知识拓展】

伤痕实验

实验过程：首先，在志愿者脸上涂抹上逼真的鲜血和令人厌恶的疤痕，随后让他们在镜子中看到并记住自己可怕的"容貌"。随后收走镜子，彻底擦掉疤痕，为了让志愿者相信疤痕是真实存在的，在出门前，实验者在志愿者脸上涂抹了一些粉末。因此出门后志愿者依然相信自己脸上有一块可怕的伤疤。最后，志愿者被带到各大医院候诊室，扮演急切等待治疗面部伤痕的患者。志愿者需要观察和感受人们的种种反应。实验结束后，志愿者们报告感受。

结果：志愿者的感受出奇一致，他们达成了共识：众多陌生人对"面目可憎"的自己都非常厌恶且缺乏善意，眼睛总是很无礼地盯着自己的伤疤。这表明人们对自身的认识深刻地影响着他们对世界的感知。这也告诉我们，一个人在内心怎样认知自己，在外界就能感受到什么眼光。别人是以你看待自己的方式来看待你的。

（四）自我意识的特点

自我意识是个体对自己身心状态及自己同周围世界的关系的认识。自我意识的发展是在个体与外界相互作用下形成的，既有个体内部与外部的矛盾性，又有"以他人为镜"的形象性，更有个体自己区别于他人的独特性。

1. 矛盾性

自我意识的矛盾主要体现为主观我与客观我之间的矛盾。主观我是观察者，代表着社会的要求，是个体期待达到的"完美的、理想的"自我；而客观我是被观察者，是现实生活中的我，往往不完美，与理想的我存在差距。而主观我会不断以理想自我的标准来评价客观我的现实表现，因此常常会产生矛盾。当客观我达不到主观我的要求时，个体会产生复杂的自我体验。

案例：刚刚参加工作的王军（化名）希望能在工作岗位上大展拳脚，闯出一番属于自己的事业。但实际上，作为社区服务人员的他主要做信息资料收集、居民咨询接待、邻里纠纷调解等基础性工作。他对自己的工作很不满意，觉得自己大材小用，逐渐消极怠工，几次因态度问题被投诉。之后主管和同事与王军谈心，帮助其调整心态。随着在工作中获得的肯定越来越多，王军对自己的工作也越来越满意。

2. 形象性

自我意识的形象性指个体了解和认识自己的一切，就像照镜子一样，镜子中的自己被自己一览无遗（图2-4）。只是这面"镜子"指社会中他人对自己的认识与评价。正如唐太宗以魏征为镜。魏征死后，太宗曾惋惜道："以人为镜，可以明得失。今魏征已去，吾失一镜矣。"

每个人都处于社会关系中，与他人交往时，从他人对自己的评价中看到自己的形象。他人评价不是指某人某次的评价，而是指重要他人一系列评价中呈现出的经常的、稳固的评价。

案例：大二学生张鑫（化名）十分自卑，总是独来独往。原来他有一个严厉的父亲，常常因为琐事责怪他没有用。即使张鑫已经成年，在父亲眼里他依旧是个没用的人。多年的否定使张鑫认可父亲的看法，觉得自己没有价值，一无是处。后来，在心理咨询师的帮助下，张鑫逐渐找到了自信。

图 2-4　自我意识的形象性

3. 独特性

随着年龄的增长，他人评价对个体自我意识的影响逐渐减弱，个体会形成具有强烈个人色彩的自我态度，进入自我意识的自律阶段。个体变得"我行我素"，渴望实现自我价值，疏远忽视自己的人，靠近肯定自己的人，发挥出主动性和独立性，表现出与众不同的风格与独特的心态。

每个人自我意识的结构都具有独特性。根据个体的重视程度，有些具体成分处于中心位置，有些则处于边缘位置。当个体察觉处于中心地位的自我意识与自己看法不一致时，个体会产生焦虑等消极情绪，并调节行为以达到一致。

案例： 一个护理专业的学生认为静脉输液、肌肉注射等专业技能最重要，当听到关于他专业技能很差的评论时，他会感到焦虑，甚至愤怒。而听到关于沟通能力不好的评论时，他不会在意此评价，不会感到紧张。

自我意识是不断变化和发展的，个体的行为也会随之发生变化，自我觉察则是改变的开始。例如，当这位以专业技能为中心的高职生意识到沟通的重要性时，他会加强对沟通技能的学习。

（五）自我意识的作用

伯恩斯（R.Burns）在《自我概念发展与教育》中系统论述了自我意识的心理功能，提出自我意识主要有维持个体内在自我一致性、解释个体经验、决定个体期望三种功能。

1. 自我一致性的维持

自我意识的一致性维持作用是指自我意识使个体保持内在一致性，主要表现为个体按照自己所理解的自己来展示自我，采取与自我看法一致的行动。例如，善于组织的人愿意在团队活动中主动承担组织联络任务。

面对不断变化的世界，人们却能以一贯的方式应对，是因为自我意识把自己看成一个统一连贯的实体，从而产生了维护这种一致性的强烈动机。例如，有学生在担任学生干部后，需树立以身作则的形象，其成就动机、学习投入度等各方面都会有所增强。这其实就是自我意识中的自我形象意识在支配着人们的行为方式。如果这种一致性被破坏，个体就会感到紧张不安。陶小华对初入职场的高职生从学生到职业人的角色转换情况进行研究，发现初入职场的高职大学生极易延续被动接受而非主动获取的学生思维模式，难以适应职场生活。

人们的自我意识是相对稳定并且相一致的。如许多初入职场的高职大学生不适应，是因为他们认为自己还是学生，领导和同事应该指导和帮助自己。随着时间的推移，他们会虚心向经验丰富的同事学习，提高职业能力，独立解决问题，从而适应职场生活。这种相对稳定性有利于个体适应不断变化的生活。积极的自我意识引导个体按照社会期望的方向发展，而消极的自我意识使人放松自我约束，俗语"破罐子破摔"正是体现了这一道理。

2. 经验解释

自我意识的经验解释作用是指自我意识能够解释经验对个体的意义，主要表现为具有不同自我意识的人对同样的经验有不同的意义解释，对自我与周围世界的关系也有不同的解释。

每种经验对特定的个人有特定的意义。不同的人可能会获得完全相同的经验，但是由于独特的自我意识，他们对这种经验的解释可能完全不同。例如，考试成绩同样是 80 分，对于自认为能力一般、期望考试及格的学生而言是极大的成功，他会因此而兴奋；而对一个自认为能力优秀、期望考试拿满分的学生而言是极大的失败，并因此遭受到挫折。心理学家詹姆士（W.James）曾提出一个自尊的经典公式：自尊 = 成功 / 抱负。由此可见，个体的自我满意水平不仅仅由成功决定，还取决于个体如何解释成功。

正如人们有强烈地维持内在一致性的倾向，人们也有强烈地按照与自我意识一致的方式来解释自己行为的倾向。因此，我们很难改变人们已经形成并正发生作用的自我意识，而在自我意识形成的一开始就引导个体树立积极的自我意识是解决该难题的最佳方式。

3. 期望定向

自我意识的期望定向作用是指自我意识引导个体对情景和自己行为的期望，主要表现为在各种不同情景中，个体的自我意识决定了个体对事情结果的期待、他人行为的解释和自己行为的控制。

刘福莲对高职生消极心态心理解析及对策进行研究，发现高职生经历高考失败后，又面临着人际复杂和未来就业压力。部分学生自觉受困于自身的无能，认为努力也实现不了理想的生活。这种消极的自我概念导致他们的自我期望、学习动机、外部评价与对待都偏离正常角色，于是他们开始"摆烂"，开始得过且过。

当然，当我们对自己的认识是积极的，我们就会期待获得好的结果，也会调节自己的行为去努力获得好的结果。例如，一个认为自己学习能力强的学生会期待在考试中取得好成绩。平时，他会认真听讲、认真复习，最终在考试中获得好成绩。这些都表明自我意识具有预言自我实现的功能，即一种"自证预言"现象。这也表明个体树立积极自我意识的重要性，在青少年成长过程中，成人应该注重孩子积极自我意识的培养。

二、探索自我意识的影响因素

自我意识是随着个体生理和心理的发展而形成与发展的，也是在个体与外部环境相互作用的过程中形成和发展的。虽然个体的生理和心理的成熟程度对自我意识的发展起着重要作用，但是随着个体身心的成熟，社会因素对自我意识的影响逐渐占主导地位。

（一）个体心理因素

个体如何加工有关自我的信息对形成怎样的自我意识起着决定性作用。个体一贯采用的信息加工方式也就是"认知风格"。认知风格是指个体在信息加工过程中，表现在认知组织和认知功能方面个性化和一贯性的偏好方式。认知风格的分类研究十分丰富，本书只介绍颇具影响力的"场依存—场独立"认知风格分类。

心理学家威特金（Witkin）根据个体在认知过程进行信息加工时作出判断选择等所依据的线索来源将认知风格分为"场依存"和"场独立"两种类型。"场"是个体处于的外界环境。场依存型认知风格是指人们在认知信息加工过程中更多地关注外在的参照物以及外部环境中的线索。例如，某个学生为了获得他人认可而努力学习，当他人在场时会表现得更认真。而场独立型正好相反，是指个体在认知信息加工过程中更多地关注自身内部的感知线索。例如，对学习本身感兴趣的学生为了获取知识而努力学习，不管他人在场还是不在场，他都会认真学习。由此可见，一个场依存认知风格的人在认识自己的过程中会十分在意他人的评价，会将他人的评价内化到自我意识之中。而一个场独立认知风格的人在认识自己的过程中不会过多受他人评价的影响，会坚持自己原有的自我意识。

棒框测验

刺激呈现前

观察孔

旋钮   底座

棒框调节器

图 2-5 框棒调节器

测验时，被试坐在暗室内，面前放着一个可以调节倾斜度的亮框，框中心装有一个能够转动度数的亮棒，要求被试把亮棒调到垂直。结果表明，场依存性的人，倾向于外在参照，他们调节亮棒与亮框看齐，即根据框主轴来判断垂直；场独立性的人，倾向于更多地利用内在参照，他们往往利用感觉到的身体位置，把棒调成接近于垂直（图 2-5）。

（二）社会因素

1. 家庭环境——教养方式

家庭是个体最早接触的环境，对个体自我意识的形成与发展起关键性作用。家庭中最重要的成员是父母或其他抚养者。儿童对自己最早的认知是来自于其父母（或其他抚养者）对他们的评价。一般来说，他们会认同父母的评价，并将其内化到自我意识之中。

心理学家鲍姆林德（D.B.Baumrind）将家庭教养方式分为"要求性"和"反应性"两个维度。要求性是指家长是否对孩子的行为建立适当的准则，并坚持要求其达到这些准则。反应性是指家长对孩子接受程度和对孩子需求的敏感度。根据这两个维度，教养方式可以细分为权威型、专制型、放纵型和忽视型四种（图 2-6）。

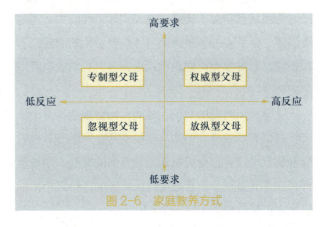

图 2-6 家庭教养方式

权威型的家长既要求孩子，又尊重、理解孩子，双方在家庭中处于平等地位。此种家庭环境下长大的孩子自信乐观。专制型的家长要求孩子无条件服从自己，双方处于极不平等地位。这种家庭环境下的儿童比较听话，保守。放纵型的家长十分溺爱孩子，很少对其提要求。放纵型家长教育下的孩子常常"以我为中心"。忽视型的家长对孩子毫不关心，既不要求他，也不表现出爱他。通常生活在此种家庭氛围下的孩子会贬低自己，认为自己不重要，不受人喜欢。国内学者的研究结果也印证了这一理论，王黎华在高职大学生自卑心理研究中发现，在专制型和忽视型教养方式下长大的学生自卑水平显著高于在权威型教养方式下长大的学生。

2. 学校环境——同伴群体

学校对个体自我意识的形成与发展影响非常大。学校通过系统的教育活动对个体传递社会文化、社会准则等，个体据此来判断自己是否符合社会要求，从而调节行为。如高等职业教育在教授学生知识文化的同时侧重培养学生的实践技能和实际工作能力，通过实训课、专业实践、顶岗实习等培养学生的职业素养和技能，引导学生树立职业意识，促进其职业自我概念的形成。

除学校所教授的知识、技能、社会规范等对个体自我意识有影响外，个体与学校老师、同学及其他教育者的互动过程也会影响其自我意识的发展。学校教育者，尤其是与学生直接接触的教师的评价对个体的自我意识影响较大（图2-7）。

同伴群体对青少年自我意识影响最大，同伴通常被个体作为认识自我、评价自我的参照群体。参照群体是指目标、规范、价值被个体作为行动指南，用以约束、调整自己行为的群体。同伴群体的信念和价值观是个体自我意识的重要来源。个体常常根据同伴群体的价值取向定义自己，约束自己的言行，并融入自我意识之中，形成自我观念。如淄博职业学院应用英语专业301宿舍的6名女生之所以能全部专升本成功，是因为在备考过程中，她们目标一致，每天早上6点半准时起床去教室学习，晚上学习到10点多才回寝室休息。她们相互鼓励，坚持不懈，在共同目标的激励下，最终实现了专升本。

图2-7　学校的人际互动

3. 社会环境——社会角色

社会环境包括政治经济制度、社会文化、风俗习惯以及生产力水平等。从文化心理学的角度来看，自我是文化的产物。自我是个体在与文化环境相互作用的过程中形成的。相同文化背景下生活的人们的自我意识中存在共同的成分。

马库斯（Markus）等研究发现不同文化背景下的东方人和西方人有不同的自我。在集体主义文化下的东方人的自我意识更易受群体规范和情景要求的影响；而在个人主义文化下的西方人的自我意识独立于情景和他人，不易受外部因素影响。

除文化影响个体自我意识之外，社会角色也影响着个体自我意识。社会角色是社会对处于某种社会地位或拥有某种社会身份的个体所持有的期望。这种期望包括与该社会地位或身份相符合的权利、义务的规范以及行为模式。《中华人民共和国职业教育法》第四十九条规定,"职业学校学生应当遵守法律、法规和学生行为规范,养成良好的职业道德、职业精神和行为习惯,努力学习,完成规定的学习任务,按照要求参加实习实训,掌握技术技能。职业学校学生的合法权益,受法律保护"。作为高职生应该遵纪守法,学好知识,掌握技术技能,最终成为高素质的技术应用型和职业技能型高级专门人才。

每个社会成员都有自己的社会角色,且在不同情景下有不同的社会角色,而个体需要按照每个社会角色的要求去调节相应的行为。

案例: 大二学生兰心(化名)在学校是班干部,需完成各项班级工作,协调同学关系等;同时她的角色也是一名学生,需认真学习,完成学业。如果个体能成功扮演自己的社会角色,就会得到他人认可,个体会感到自信,反之,则会产生角色冲突,感到焦虑紧张。

三、完善自我意识的方法

知人者智,自智者明,正确的自我意识不仅有利于促进个体心理健康和自我实现,也有利于适应社会,形成和谐的人际关系。然而,人们很难从自己的方方面面来认识自己,更难不受外界影响而客观、正确地认识自己。虽然如此,我们依然可以借助很多方法来克服自身的局限以获得正确的自我意识。

【学海无涯:心灵故事】

一副眼镜中的工匠精神:为了一个"准"字 苦练 20 000 多次

刘杰是天津职业大学眼视光技术专业2022届的毕业生,目前在一家医院担任验光师。小时候一次配眼镜失败的经历让她立志成为一名专业的验光师。长大后,她坚定地报考了眼视光技术专业。

在学校期间,刘杰以高标准要求自己。为了能达到标准,刘杰和同学们没少下功夫。"熟能生巧",为了使验光更精准,他们利用模拟眼练习,用课余、周末时间,一个小时练习大概5~10次,每天不练到实验室锁门就不会离开,从开课到毕业,每个人都练了超过了20 000次。而这只是验光,对于制作等其他步骤,他们采用了同样的练习方式,日复一日地练习。刘杰说:"要想做好这份工作,就得忍受这份枯燥,练好了,面对患者时,心里才会有底气。"

在一次验光考试中,她验出来的度数相差25度,按理说,她是可以获得90分以上的分数的,但是在王立书老师眼里是不合格的。他经常对同学们说:"咱们面对的不是分数,而是患者的视力,是他们的光明。"因为小时候的经历,刘杰特别理解老师说的这句话。她也将这句话牢牢记在心里,不断磨炼自己的技术。

在实习期间,刘杰将所学知识运用到实践中,也在实践中学到了很多书上没有的知识。经过半年多的实习,她成为一名专业验光师。为了服务更多的患者,她拒绝了仪器公司的"橄榄枝",选择了留在这家医院。

(资料来源:北方网,有删改)

自我意识评估

交流讨论：
想想自己有哪些公开区可以继续扩大？

（一）注重自我评价——剖析自我

正确的自我认识是树立正确的自我意识的基础，而自我评价是自我认识的核心。如果个体能够全面、客观、准确地评价自我，找到合适的理想自我，就能为之不懈努力。个体对自己的评价既来源于内部的自我评价，也来源于外部的他人评价。因此，我们将从进行客观的自我评估和选择合适的社会比较两方面来培养正确的自我评价。

1. 进行客观的自我评估

心理学家乔（Joe）和哈里（Harry）从自我意识的角度对人际沟通进行了深入研究，并根据"自己知道—自己不知"和"他人知道—他人不知"两个维度，将个人在人际互动过程中所展现的自我分为四个层次：开放区、隐藏区、盲目区、未知区，这个理论称为"乔哈里视窗"（图2-8），也被称为"自我意识的发现——反馈模型"。

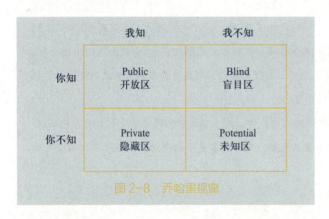

图2-8 乔哈里视窗

开放区是指自己知道，他人也知道的信息。比如个人的兴趣爱好等。但是开放区是相对的，有些信息对于某些人是公开的，而对于另一些人可能会是隐秘的。盲目区是指自己不知道，但是他人知道的信息，

比如性格的弱点等。隐藏区是指自己知道，但是他人不知道的秘密，比如对他人的好恶等。未知区是指自己和他人都不知道的信息，比如身体的隐疾。

因此，我们可以从以上四个方面来分析自我，更全面地认识自我。对于开放区的自我，可以将自己和他人知道的信息进行比对，敞开心扉，多交流沟通，增强彼此信任感，扩大自我开放区，增进自我接纳。对于盲目区的自我，可以加强与他人沟通，获取他人对于自己认识的反馈，增进自我了解。对于隐藏区的自我，要思考隐藏的原因，尝试以匿名的方式表达，通过他人的反馈进一步了解自己。对于未知区的自我，可以通过结交不同性格、不同领域的朋友来拓宽自我视角，也可以通过尝试不同领域的事情来探知自我潜能。

2. 选择合适的社会比较

"以人为镜，可以明得失"，在社会互动中，我们常需判断自己行为是否合适，从而调节行为以适应环境。但很多时候，难以找到绝对的社会性评价标准。尤其是在陌生情境中，既没有过去的经验可借鉴，也没有明确的社会标准可衡量，我们很难明确自身状况的社会评价意义。这时，我们常选择与周围的人进行比较，从而获得对自身状况的明确感。社会比较不仅影响个体即时的行为表现，也影响个体稳定的自我观念。国内学者陈婵娟的研究也证明了此观点，她研究了"别家孩子"信息接收对高职生自尊的影响，发现经常听长辈们谈论"别人家的孩子考上名牌大学"的学生自尊水平更低。

因此，选择合适的社会比较十分重要。人们倾向于选择与自己社会特征相同的人进行比较，比如，同龄的、同性别的、家庭经济条件差不多的。与他人比

较时，如果个体认为自己比大部分人表现好得多，就会肯定自我，产生积极自我体验；反之，则会否定自我，产生消极自我体验。在比较中，如果选择与比自己差太多的人比较，就会容易产生自满的情绪，而选择与比自己好太多的人比较，则会产生自卑的情绪。

案例： 高职生王洁（化名）常常将自己与同班同学比较，她的成绩比大部分同学成绩要好，她对自己很满意，学习劲头十足；而室友程璐（化名）却将自己与考进名牌大学的高中同学比较，觉得自己不如人，整天自怨自艾。因此，选择比较对象时，应选择和自己情况相似的人，这样才能更准确地认识自己。

（二）调整自我体验——接纳自我

自我体验是在自我认识和自我评价基础之上产生的一种对自己的情绪体验。这种情绪体验既有消极的也有积极的，虽然消极的自我情绪体验有其存在的意义，比如信号功能可以提醒个体调节行为，但是我们更希望个体能够有积极的自我体验，从而悦纳自我。因此，我们将从培养自我价值感和正确认识失败经验两个角度来讨论个体的积极自我体验。

1. 培养自我价值感

自我价值感主要是个体在自己价值判断与评价过程中形成的对自己的态度与情感，主要包括自尊、自卑等自我情绪体验。自我价值感是个体内在的体验，主要是通过自尊的需要表现出来的。一般来说，对自己持有积极的、肯定态度的人具有高水平的自我价值感，反之，则具有低水平的自我价值感。个体的自我价值感具有相对稳定性。

【学海无涯：知识拓展】

自我意识的评定方法

心理学家华莱士（Wallace）编制的自我概念量表（wscs）采用15个意义相反的形容词配对测量个体对"我是怎样一个人"的知觉。量表为单维量表，共15个项目，采用7点量表计分，量表总分为全部题项之和，分数的高低代表着个体自我概念积极或者消极的程度。

中国心理学学者丛中、高文凤编制的自我接纳问卷（SAQ），由自我评价（SE）和自我接纳（SA）两个因子组成，共16个条目（每个因子各由8个条目组成）。每个条目采用4点量表计分。总量表得分越高，表明被试的自我接纳程度越高；反之越低。

临床和健康心理学家施瓦泽（Ralf Schwarzer）教授及其同事编制的一般自我效能感量表（GSES），主要用于测量个体遇到挫折或困难时的自信心，共10个项目，采用点量表计分。总量表分是把所有10个项目的得分加起来除以10。总量表得分越高，表明被试的自我效能感越高；反之则越低。

自我概念量表
（wscs）

自我接纳问卷
（SAQ）

自我效能感量表
（GSES）

交流讨论：
当你正在准备一场重要的考试时，该如何抵制周围同学邀请玩游戏的诱惑呢？

心理学家罗森堡（Rosenberg）指出，高水平自我价值具有"自我接受、喜欢自己、尊重自己"三个特征。自我接受是指不挑剔自己，不追求完美，但会努力克服缺点。喜欢与尊重自己都是不与他人比较，单纯地认为自己好，尊重自己的价值。

案例：班级组织文艺晚会，周围的同学都报了名，有的跳舞，有的唱歌，只有高欣（化名）什么才艺也不会。虽然有些失落，但是她决定发挥自己组织协调能力，做好后勤保障工作，帮忙同学们准备服装、化妆、道具等。最后，在她的组织下晚会圆满成功。由此可见，个体要在了解自己优缺点的基础上接受不完美，并找到独特的自我价值。

在日常生活中，我们可以尝试一些小方法来提升自我价值感，如，每天睡觉前回顾一天中值得骄傲的事；或者每周确定几个小目标，完成后打钩并奖励自己；又或者尝试在能力范围内帮助他人。即使抬头挺胸走路和挺直腰背听课也可以提升自我价值感。另外，在专业学习过程中，多参与社会实践和社会服务也能进一步培养自我价值感。

2. 调节自我期望水平

成败体验一般与工作或任务是否获得成功有关，但是成功的标准还取决于个体的期望水平。也就是说，客我取得的成绩虽然已经达到了他人或社会标准之上，但能否产生成功体验还取决于主我对客我的要求，即期望水平。例如，1+X 职业技能证书考试只要达到及格线就可以获得证书，有学生虽然已达到及格线，但因没有取得高分而不满意，不仅没有成就感，还可能产生挫败感，这是因为他对自己的期望过高。

由此可见，适当的自我期望水平是影响个体形成积极自我体验的重要因素。日常生活中，一些对自己期望过高的人往往会体验更多的"失败"。但也要注意，对自己期望过低的人虽然能体验更多的"成功"，却是盲目乐观，不能正确认识自己。例如，学者王红姣对高职生压力源及应付方式特点进行研究，发现许多高职生自我期望较低，自我要求不严，对自己的学识、能力等寄予期望不高。这导致他们安于现状，不思进取。所以个体要确立适当的自我期望水平，同时根据实际情况调节自我期望水平，以此获得积极的自我体验。

（三）强化自我控制——发展自我

自我控制能力是个体对自己心理和行为自主掌控的能力。自我控制力强的个体能够克制冲动，抵制诱惑，坚持不懈地实现自己确定的目标。即使在没有他人监督的情况下，他们也可以控制自己的行为以保证目标的实现。因此，提高控制能力对个体的发展有重要的意义。察觉自己的心理和行为状态是自我控制的前提。因此，我们要从提高自我察觉能力和增强自我调节能力两方面来强化自我控制。

1. 培养自我觉察能力

自我觉察是指当个体把自己当作观察对象时的一种心理状况。在公共场合，我们在意他人的目光，会看看自己是否举止得体，就是自我觉察。然而，在这个飞速发展的时代，缤纷多彩的外部世界吸引了人们的太多注意力，人们投向自我的目光越来越少，因此培养自我觉察能力具有现实意义。

自我觉察是引导个体不断调整行为以适应当前环境的重要指针。只有意识到自己的行为不合时宜，个体才会有调节行为的举措。

案例：晚自习后，陈磊（化名）与好友在寝室视频聊天，因聊得太投入，忘了时间。他突然发现周围安静下来，原来到了熄灯时间，他压低声音与朋友道别并约定改天再聊。但是，过度的自我觉察也会造成一些困扰，如抑郁症患者长期将注意力放在消极的自我上，导致抑郁程度加深。因此，我们应该适当地进行自我关注，能够在过度关注自我时转移注意力，减少自我关注。

自我觉察要求我们慢下来、静下来，这时可借助一些静坐冥想的方法。其实在我们日常生活中，随时随地都可以培养自我觉察能力。例如，当我们情绪强烈变化的时候，可以问问自己怎么了，这是自我察觉的开始。然后，继续与这个情绪相处，感受它给身体带来的感觉，这就是觉察的过程。在日常生活多关注自身的变化，多问问自己的感受，问问自己为什么会有这种感受，慢慢地就会形成自我觉察的习惯。

2. 增强自我调节能力

生活从来不是随心所欲的，我们常常不仅需要费力地应对生活中的艰辛，还要时刻提醒自己抵制诱惑、克制冲动。同时，我们更需要在这些不寻常的经历中发展自我。这些都需要个体主动地调节自己的行为去适应社会。就像一份工作做久了就会失去新鲜感、产生倦怠，人们需要学会控制厌烦的情绪，重新找到工作的乐趣。

我们的行为受到自我认知的影响。如果我们对自己的能力抱有乐观的信念，我们会更愿意接受挑战性任务，在面对困难时有更强的毅力。因此，可以通过培养积极的自我信念来提高自我调节的能力。除此之外，积极的自我暗示也可以提升自我调节的能力。

【学海无涯：心理技能】

格式塔治疗的三界觉察

格式塔治疗的创始人皮尔斯（Perls）定义了觉察力的三个区域：内部区域、外部区域和中间区域，即自我觉察、外界觉察以及自我与外界关系的觉察。但是这不意味着内外部体验是割裂开的，事实上，觉察力是一个不可分割的整体。

觉察力的内部区域是指人的主观知觉和内心世界，包括情绪、身体感受、内在感觉等。外部区域是指感受和接触世界的方式，包括所有的行为、语言以及听、视、触、味等接触方式。中间区域由思维、记忆、信念、幻想和期望等组成，它包括了所有用来解释内部刺激和外部刺激的方式。中间区域扮演了内外部刺激之间的协调员角色，其主要功能有两个，一个是组织我们的体验，从而达到某种程度的认知和情感理解；另一个是预测、计划、想象、创造和做出选择。

如何在日常生活中运用上面的知识来提高自我觉察力呢？可以尝试着做下面的练习。想象头顶有一束光，它随着你的意识慢慢照遍全身，逐渐集中注意力，此刻这束光停留在你的双脚上（注意：停留5～10秒，可以问问自己有什么感觉），然后按这个节奏自下而上去观察身体的每个部位。当身体的觉察练习做完后，我们将这束光转向身体的外部。慢慢地移动，环顾四周，你能看到什么？你又听到了什么？你闻到了什么？（停留5～10分钟，去感受周围的事物）。当外部世界的觉察完成，你可以问问自己"此刻，我脑海里在想什么？如何去解释此刻的感受？这个解释对你意味着什么？"诸如此类的问题。这就是对中间区域的觉察。

三个我　　天生我才

案例： 大二学生黄玲（化名）为了变得更好看，每天花大量时间在化妆、节食、购物上而耽误了学习。最后她决定不再跟风学习网上的变美技巧，也不再做损坏身体健康的事，而是尝试接纳自我，比如每天照照镜子，在镜子前给自己一个微笑，心里想着"今天的我，比昨天更好了""明天的我，将会变得更好"。需要注意的是，积极自我暗示时尽量使用简洁的语言和积极的词汇。比如，感到紧张时可以告诉自己"我可以

的！"或者"我可以慢慢放松"，而不是"不要紧张！"

努力进行自我控制可能会耗尽我们有限的意志力。但是，意志力可以通过休息获得恢复，也可以随着练习而得到增强。日常生活中，要多尝试具有挑战性的活动，遇到困难不轻易放弃，尝试找到解决的方法。其次，还可通过"小步子""小目标"方法来改变不良习惯，抵制不良诱惑，从而提高意志力。最后，也可以通过体育锻炼来增强意志力。

【心理实践】

一、团体活动

（一）三个我

活动目的：通过练习，协助参加者从多个角度认识自我，了解现实自我与理想自我、他人眼中的我之间的差距，学会协调三者之间的关系。

活动时间：40 分钟。

活动准备：每人 3 张白纸，1 支笔，每组 8~10 人。

活动过程：

（1）请大家在第一张白纸上描述"理想的我"，时间为 7~8 分钟，然后将写好的纸背面朝上，放在旁边，暂时不准再看。

（2）接着在第二张白纸上写"现实中的我"，时间为 7~8 分钟。

（3）请同组成员为自己填写"别人眼中的我"这张纸上的内容。

（4）当所有人都完成三张纸上的内容，请将所有三张纸都放在桌上，各自对纸上的三个"我"作出检

查，主要是看看三个"我"是否协调和谐。如果不和谐，则找出差异所在，并尝试找出原因。

（5）讨论：请大家一同探讨，看看怎样可以使三个"我"更加协调一致。重点留意"理想的我"和"现实中的我"是否协调一致。

（二）天生我才

活动目的：通过练习，协助参加者了解自己的长处，珍惜自己的潜能，学习自我欣赏、自我肯定，学习欣赏别人，增进自信和信任。

活动时间：60 分钟。

活动准备：每人 1 张"天生我才"练习表，1 支笔，每组 8~10 人。

活动过程：指导者先介绍活动，请成员填写"天生我才"练习表，然后请成员在小组中讲出自己所填下的答案，每位参加者说出同一项的答案后，再开始下一项。完成各项答案，开始讨论，讨论大纲如下。

（1）你是否同意"每人都有长处"？原因何在？

（2）当你做了一件事，例如："帮同学搬行李"或"征文比赛获奖"等，你会欣赏自己的行为吗？为什么？

（3）当你做了一件事，例如："考试没考好"或"与室友发生矛盾"，你会怎样看待自己呢？会责怪自己吗？为什么？

（4）总结：每一个人都有其长处，有值得自己或他人欣赏的地方。对于优点应欣赏、珍惜及继续发展；对于缺点应了解并改善（表2-1）。

表2-1 "天生我才"练习表

请完成下列句子：

序号	项目
1	我最欣赏自己的外表是
2	我最欣赏自己对朋友的态度是
3	我最欣赏自己对求学的态度是
4	我最欣赏的一次学业或事业成绩是
5	我最欣赏自己的性格是
6	我最欣赏自己对家人的态度是
7	我最欣赏自己对做事的态度是
8	他们十分了解你的话最有可能选用的一些词汇是

二、案例思考

被高校破格引进聘为实习教师的在读大专生

刘祥坤出生在宁夏石嘴山市，中考后他入读宁夏工业学校，学习数控技术专业，在此期间获得宁夏回族自治区职业院校技能大赛中职组"数控综合应用技术"项目团体一等奖，全国职业院校技能大赛中职组"数控综合应用技术"赛项比赛中荣获团体三等奖。毕业后，面对区内优质企业递出的"橄榄枝"，他毅然选择继续深造，报读石嘴山工贸职业技术学院。

2020年石嘴山工贸职业技术学院在宁夏工业学校的基础上成立，首批开设了数控技术应用、智能焊接技术等专业，刘祥坤当时一心想巩固技能水平，争取在高职组大赛舞台再次取得成绩。得益于自身勤学苦练和老师悉心调教，他如愿以偿，在大赛中屡次获奖，并于2022年2月至7月被学院聘为学生助教，协助老师完成实训工作。如今，刘祥坤已经从学生助教转变为实习教师，面对高校教师这个新身份，他说道："从来没想过我会成为一名高校教师，我会倍加珍惜这个身份，在工作上努力出彩。"

在教师团队里，刘祥坤是最年轻的一个，满脸青涩的他面对学生，技能是最好的"语言"。在课堂上，一旦刘祥坤操控数控车床、借助教具进行演示，周围的学生全都投来信服的目光。他坦言，更大的挑战还在于，以往他自己打比赛时只要专注于把日常训练做好，如今当教师要做全方位的考虑，不但需要根据学生实训水平和理论学习的现状制定教学计划，还要努力成为他们可信赖的朋友，以创造良好的学习环境。由于还未毕业，在教学之余，他还为自己制定了训练计划，备战2023年全国技能大赛，通过以赛促教，进一步强化综合素质、开阔视野。

"不怕吃苦，敢于吃苦，享受吃苦的过程，才会苦尽甘来。"刘祥坤常跟学生这样传授经验。学院智能制造车间夏天温度常达32℃以上，在这里与冰冷

第二单元 你若盛开，清风自来
——完善自我意识

"心实践"：自我
意识项目教学法

的机械、枯燥的程序打交道，对身体和精神都是很大
的考验，但每年都有上百名年轻人汇聚于此，争取习
得一技之长。

（资料来源：中国日报网，有删改）

思考：结合本章知识点"自我意识的发展"分
析刘祥坤同学的自我意识是如何发展的，同时，结合
"自我意识的影响因素"分析其自我意识受到了哪些
因素的影响。

三、实践训练

以小组为单位，确定和自我意识内容相关的任
意项目主题，采用微电影拍摄的方式收集资料，最终
以课件和视频的方式展示项目成果。本实践旨在促使
同学们进一步加深对自己的认识。从多角度去展现自
我，对自我的认识更加完整和整合，同时能够更加接
纳自己，更加爱自己。

【心理拓展】

一、心理书籍

（一）《中国人行动的逻辑》

本书主要以社会学、社会心理学和文化人类学等
学科为基础，从本土化的视角，对中国人的心理机制
和行动逻辑，以及中国社会具体阶段与文化脉络，进
行了方法论、概念以及经验和理论层面的探讨。本书
侧重于探讨中国社会结构、文化情景对中国人行动的
影响，从中国人所处的真实社会背景来构建中国人行
动的逻辑。"我是中国人，我为什么会有这种行为？"
这本书，或许可以告诉你一些答案。

（翟学伟.中国人行动的逻辑［M］.北京：生活·读
书·新知三联书店，2017.）

（二）《你不知道的自己》

本书是一本心理科普读物，类似于一本散文集。
它涵盖内容范围十分广泛，涉及生活方方面面，比如
自我、爱情、婚姻、父母、子女等。这些是我们生活

中要面对的重要课题，也正是在处理这些课题的过程
中，"现在的我"得以塑造。处理这些课题其实就是
自我成长的一个过程。本书作者结合多年的心理治疗
与教学经验，用全新的角度诠释我们司空见惯的人与
事。这本书或许能够给你一些启发，去重新看待身边
的人与事，发现你不知道的自己。

（曾奇峰.你不知道的自己［M］.北京：北京联合出版
公司，2018.）

（三）《平凡的世界》

这是一部现实主义的小说。该书以中国70年代
中期到80年代中期十年间为背景，通过复杂的矛盾
纠葛，以孙少安和孙少平两兄弟为中心，刻画了当时
社会各阶层众多普通人的形象：劳动与爱情、挫折与
追求、痛苦与欢乐、日常生活与巨大社会冲突纷繁地
交织在一起，深刻地展示了普通人在大时代历史进程
中所走过的艰难曲折的道路。我们曾都有过英雄梦，
但终归落入平凡。如何面对生活中的困难？如何面对

不甘平凡的自己？这本书会给你一些启迪。

（路遥. 平凡的世界 [M]. 北京：十月文艺出版社，2012.）

二、心理影片

(一)《深海》

影片讲述了小女孩参宿在寻找妈妈的途中意外溺水，被小丑南河所救，并与他和船员一起在深海里航行的故事。影片以参宿为视角揭开深海世界的"独特生命旅程"，这段旅程既是一段寻找自我的旅程，也是一段治愈而温暖的旅程。没有被父母看见的"我"是孤独的，是糟糕的。而生命中终有人会看见和接纳"不好的我"，我们终会有一段温暖的关系，在这关系中，我们能经由对方找回我们自己。

(二)《哪吒之魔童降世》

影片改编自中国神话故事，讲述了阴差阳错成为魔丸的哪吒，在亲人、师傅、朋友的帮助下打破命运的束缚，改变世人偏见，最终成为英雄的成长故事。影片中，哪吒经过自我磨炼最终从魔童成为神，其本质是"坏自我"和"好自我"的整合过程。自我从来不是非好即坏的二分体，而是"好坏同体"。当"坏自我"被看到、被接纳时，允许自己"好坏同体"，我们才会接纳真正的自我。

社会认知关注个体是如何在社会生活中认知他人，主要是对他人的表情、性格和人际关系的认知。在认知过程中，我们通过社会知觉形成社会印象，并做出社会判断。个体生活在社会中，必定与社会产生互动，我们学习了社会认知的相关概念，掌握了影响社会印象形成的因素，不仅可以让我们更好地了解和认知他人，而且可以通过印象管理，帮助我们在他人心目中形成良好的印象，维持良好的人际关系，从而提升我们的生活品质，助推个人发展。

【知识脉络】

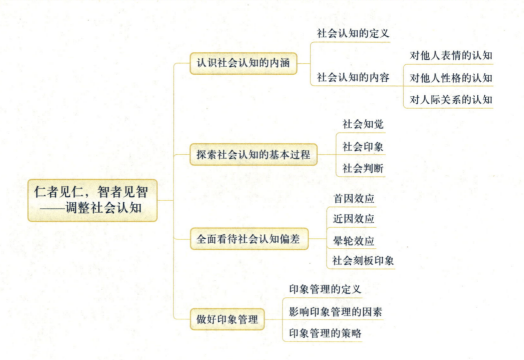

素养目标：培育学生的观察力、亲和力，形成全面、客观、整体的思维方式；培养
学生的爱心、推己及人之心；培养学生严谨求实的工作作风和乐观的
精神。

知识目标：掌握社会认知的概念、社会认知的基本过程、影响印象形成的因素、印象管理
策略；熟练运用对表情、性格和人际关系的认知。

能力目标：学会从社会、文化和人际互动的视角来分析问题、研究问题和解决问题；具有
快速建立信任的能力。

◉【情境导入】 ······

因人而异的求职方法

李强（化名）从某职业院校心理咨询专业毕业后，想在所在城市寻找工作。他根据自己的专业搜集了一些公司的信息，包括公司概况、性质、文化、主营业务、发展方向、薪资水平、岗位要求、成长空间等，根据这些信息，结合自身情况，从中选择了三家公司。为提高应聘的成功率，李强进一步搜集了这三家公司的情况，发现这三家公司的招聘主管各有特点。A 公司的招聘主管看上去较为外向，穿着时尚，动作迅速，总是同时兼顾数事且井井有条，说话简短明快，喜欢直入主题；B 公司的招聘主管穿着舒适，举止稳重，动作稍缓，说话低沉缓慢；C 公司的招聘主管穿着虽然随意，但喜言谈，言谈内容丰富且常有重复，声音悦耳动听，听到音乐的时候会不自觉地轻声哼唱或打拍子。李强根据三位主管的特点迅速作出了判断。在 A 公司面试时，特别请人对自己的穿着进行了设计，递上了简洁明了、可视化强的个人简历；在 B 公司面试时，特别提到了工作、生活等所带来的感受、价值和意义；在 C 公司面试时，自我介绍则详细，有层次、有细节，有意识地引用了该招聘主管说到过的一些名人名言。李强运用的这种方法，让他得到了各个主管的肯定，也得到了他满意的结果。

情境分析：从李强搜集资料的过程，看到了他的细致与努力。作为一个生活在社会中的人，我们会思考很多社会心理方面的问题，如我是如何认知一个人的、有哪些因素影响我们的判断、如何展现自己、怎样才能快速地让他人对自己产生好感、怎样才能更好地在人际互动中获得理解和尊重。学习本章内容，可以帮助我们更好地去认识社会、认识他人、展示自己，更好地融入社会生活之中。

◉【心理讲坛】 ······

"仁者见仁，智者见智。""一千个读者眼中就会有一千个哈姆雷特。"这些耳熟能详的话语说明：同一件事情，不同的人会有不同的认知。虽然社会认知有其差异性和复杂性，但社会心理学家通过长期的研究，总结和发现了不少理论和方法，能协助我们打开人的心灵之门。

一、认识社会认知的内涵

个体是生活在社会之中的，必然与他人产生互动，个体的行为既受自身的认知、情感、情境等因素的影响，也会根据他人的行为做出调整。因此，个体只有对他人及其行为产生社会知觉、做出社会判断后，才能做出最佳的反应。这种对他人及其行为的感知、认识、判断称为社会认知，社会认知是个体社会行为的基础。社会心理学家认为，社会认知有其内在的规律，他们研究社会认知的目的就是要找到和发现这些规律，从而对个体的社会行为做出解释和预测，并根据这些规律引导个体的社会行为，让我们更好地融入社会生活之中。

（一）社会认知的定义

社会认知是指个体对他人的心理状态、行为动机和意向作出推测与判断的过程。在这一过程中，个体往往会依据自己的知识、过去的经验等对获得的信息进行分析，作出推测与判断。个体在进行社会认知时，也会受自己的心境、当时的情境等因素的影响。杨莹是某高职院校的学生，成绩排名处于班级内中等水平。她的一位专业老师与她的母亲模样相似，因而她对这位老师产生了好感，也渐渐喜欢上了这位老师教的课，在该课程的学习上轻松自如。她将这种学习的模式推广到其他课程的学习上：在任课老师身上寻找自己喜欢的要素，或将自己喜欢的人的某些特点投射到任课老师身上，让自己喜欢上任课老师，继而也喜欢上老师任教的课程，学习成绩得到了极大的提升。

社会认知的过程包括三个阶段：首先是社会知觉，这一概念是心理学家布鲁纳（Bruner）提出的。其次是社会印象，当个体初步的社会知觉形成后，就会结合自己的知识、经验等形成对认知对象的印象；最后是社会判断，个体进一步探索认知对象的行为背后的原因，作出推论、解释和预测，并得出自己的判断。社会认知的三步没有截然的界限，个体在社会知觉的基础上形成社会印象，做出社会判断，社会知觉决定个体形成什么样的社会印象，进而做出与之相应的社会判断，社会印象和社会判断又可以影响个体形成新的社会知觉，从而形成一个循环往复的过程。

（二）社会认知的内容

社会认知的内容很广，主要包括对他人表情的认知、对他人性格的认知、对人际关系的认知以及对自

【学海无涯：知识拓展】

货币实验

布鲁纳做过一个有名的货币实验，他用一套硬币，包括1分、5分、10分、25分、50分等币值不同的货币作为实验材料，同时采用了一套与硬币大小相同的硬纸片做对照，实验对象是30名家庭贫富不同的10岁孩子。布鲁纳将两套材料先后投射到银幕上让孩子观看，撤掉刺激物后，让这些孩子画出刚才看到的硬币与纸片。结果孩子们画出来的纸片图形大小与纸片的大小较一致，画出的硬币图形大小却比他们看到的真实硬币要大，家庭相对贫困的孩子画出来的更大。可见社会知觉既受客体本身影响，又受主体的知识、经验、态度等的影响。

我的认知，其中，对自我的认知即自我意识已经在本书第二单元进行了论述，此处不再赘述。

1. 对他人表情的认知

有人说人是理性的动物，其实不然，人是理性与非理性的对立统一体，我们在现实的生活中会发现，很多时候，我们的决策往往受情绪的影响更大。有时明明知道如何去做对我们更有利，却因为情绪而选择了另一种方式。与他人相处也是如此，其中表情是我们判断情绪的重要信号。因此，个体在进行社会认知的时候，会选择通过对方的表情判断对方的情绪，以选择有利于自己的方式。

案例： 大二学生李强擅长察言观色，他从小较为独立，认为知识的价值在于运用，因此入校之后非常注重社会实践，大三时，李强到某公司从事营销工作。在工作过程中，他会根据对方的表情而采取不同的策略：当对方嘴角上扬露出笑意时，他会做深入的介绍；而当对方产生微皱眉头表现出不耐烦时，他就会适时转移话题。通过观察客户表情，促进了工作目标的达成。

表情是个体的情绪、态度、动机等的外在表现形式。在现实生活中，我们看不到对方的内心世界，只能根据对方的表情去认识对方的内心世界，正确与否取决于个体对他人表情的认知与解释。有研究发现，几乎所有的人，即使是不同种族的人，在经历同一情绪体验时，都会表现出大体相似的面部表情和肢体语言，这是人们判断的基础。埃克曼和弗里森把代表愉快、愤怒、厌恶、惊奇等情绪的面部表情的照片给美国、巴西、智利、阿根廷和日本的人看，让他们说出面部表情所表达的情绪，结果发现他们判断的正确率很高（表3-1）。这一研究表明人的面部表情在全世界几乎都代表着相同的意义。

人的表情有面部表情（图3-1）、肢体语言和语音语调等几个方面。

（1）面部表情　面部表情主要是通过眼部肌肉、口部肌肉、颜面肌肉的变化来表现的，这三个部分也是人面部最富有表情的部位，其中眼部尤其重要。孟子曰："存乎人者，莫良于眸子。眸子不能掩其恶。胸中正，则眸子瞭焉；胸中不正，则眸子眊焉。听其言也，观其眸子，人焉廋哉？"即我们平常所说的"眼睛是心灵的窗户"。眼睛是如何泄露我们内心的世界的？例如：笑是一种最常见的表情，当你与大家分享你的喜悦时，就可以看到他人脸上的笑容。你能分清楚他人是真笑还是假笑吗？真笑的时候，眼角会形成皱纹，而假笑是没有的，即我们平常说的皮笑肉不笑。有研究表明，当人回想某事的时候，眼睛会不

表3-1　不同文化背景下的人对面部表情判断的正确率[1]　　　单位/%

表情 国别及人数	愉快	厌恶	惊奇	悲伤	愤怒	恐惧
美国（99人）	97	92	95	84	67	85
巴西（40人）	95	97	87	59	90	67
智利（119人）	95	92	93	88	94	68
阿根廷（168人）	98	92	95	78	90	54
日本（29人）	100	90	100	62	90	66

交流讨论：
分享平时你是如何通过眼神去了解一个人的？

① Ekman P. & Friesen W. V., "The repertoire of nonverbal behavior: Categories, origins, usage, and coding", Semiotica, 1969, 1, 49-98.

交流讨论：
你认为哪些肢体语言可以识别他人的情绪？如果你处在李霞的位置，你
会采取什么措施来应对呢？

自觉地往右看，注意，是观察者而不是被观察者的右边，而在脑海中创造某种情境时，眼珠则会不自觉地看向左边。

图 3-1　不同的面部表情

（2）肢体语言　肢体语言一般受潜意识的支配，是个体内心的真实反映。正确认识肢体语言，对于我们正确认识和判断他人、形成对此人准确的社会印象，是十分有帮助的。

案例：大一学生王刚（化名）是较为典型的胆汁质气质类型，当他生气的时候，会伴有一定的暴力倾向，如砸东西等，如果注意观察，可以发现他的脸微

微泛红，手会不自觉地紧握，或轻提袖子；他有时喜欢骗人，骗人时就会用手去摸鼻子。

（3）语音、语调　人们说话时的语速及节奏变化能够充分体现一个人的性格及其他心理特征。有的人性格急，说话的语速快而简短；有的则相对平和，语速不快不慢，条理清楚；有的则慢条斯理。心理学家艾伯特（Albert Mehrabian）的研究表明，一次有效的沟通中，语言占 7%，语调音色占 38%，肢体语言占 55%。这告诉我们，同样的语言表达的可能是不同的意思。试想一下，当你成功地完成一个任务和搞砸了一个事情时，都听到了同一句话："你真是太能干了"，虽然是同样的语句，但我们会根据语音语调的变化做出不同的解读。

2. 对他人性格的认知

性格是指人对现实的态度和相应的行为方式中的比较稳定的、具有核心意义的个性心理特征，它是一种与社会相关最密切的人格特征。人的性格是在社会生活中形成的，也会在生活中展示出来，人们可以从一个人的外显行为、言谈举止、生活经历等来推断其性格特征。

【学海无涯：心灵故事】

巧识表情化纠纷

李霞从职业院校毕业后，在医院从事医务社工工作。工作时，她看到了一个场景：在儿科门诊，一对年轻的夫妇带着 1 岁左右的小孩来看病。当天看儿科的人很多，这对夫妻排了十来分钟，由于担心孩子的情况，向当班护士请求让他们先看，护士为难地看了看前面排队的人，委婉地拒绝了；他们又排了几分钟，提出了同样的要求，当护士这次委婉拒绝的时候，丈夫已经开始生气了，有了一些生气的动作。李霞敏锐地觉察到了这个丈夫的肢体语言，及时上前进行了处理，从而避免了一场医疗纠纷。

通过表情判断一个人的情绪不等于同时了解这个人的性格，对他人性格的真正认知，必须通过长期的共同生活才有可能。正所谓："路遥知马力，日久见人心。"当我们仅以"韩信受胯下之辱"为据，推断出其性格软弱就会出现错误。但对人们性格的某些方面，在较短的时间内有可能推测正确，如说话的强弱与快慢可能反映某人脾气的急缓或者其性格倾向性。

了解一个人过去的生活经历，有助于加强对其性格的认识。从小生活在逆境中的人和从小生活在顺境中的人，由于不同的生活条件而形成不同的性格。在逆境中生活的人，遭受的社会挫折多，他如果将这些挫折视为人生的挑战，更有可能形成坚毅倔强的性格；反之，则有可能形成软弱顺从的性格。

3. 对人际关系的认知

对人际关系的认知，包括两层意思：一是对自己与他人关系的认知，二是对他人与他人之间关系的认知。

在社会生活中，人与人之间产生相互交往与互动，个体往往通过多种因素来推测人与人之间的关系，这些因素有些是我们能意识到的，如人际的距离、表达的意见、表露出的态度、情绪等。例如：人们与陌生人交往时，会保持一定的距离，这个距离往往较大；若两个人谈话的时候靠得比较近，我们就会下意识地推断他们的关系也比较近。有些是我们意识不到的一些因素，譬如：具身认知理论认为个体的生理体验会对其心理状态产生影响。《大脑诡计》是中国第一部直接与电视观众互动的科学纪录片，由中央电视台科教频道《走近科学》栏目制作和播出，其中就有关于具身认知的实验：一群被试来到一个直播间，在听主讲人讲述之后，要求他们对主讲人做出评价，被试分为了两组，其他的一切都是相同的，同一时间同一地点听同一主讲讲述，唯一不同的是一组被试拿到的是热饮，而另一组是冷饮。拿到热饮的被试，对主讲的评价更热情；反之，拿到冷饮的被试对主讲的评价则趋向于反面。

【学海无涯：知识拓展】

具身认知

具身认知理论是心理学中一个新兴的研究领域，与传统的认知不同，这一理论认为生理体验与心理状态之间有着强烈的联系，强调个体的身体在认知中的作用，认为认知是包括大脑在内的身体的认知，主张思维和认知在很大程度上是依赖和发端于身体的：如果我们没有学会直立行走，我们就不会形成今天的认知模式；如果我们长有翅膀，我们的认知就会产生很大的变化。可见身体的解剖学结构、身体的活动方式、身体的感觉和运动体验决定了我们怎样认识和看待世界，我们的认知是被身体及其活动方式塑造出来的。生理体验"激活"心理感觉，心理感觉亦可"激活"生理体验。简而言之，我们因为开心而笑，也会因为假装笑而逐渐变得开心起来。

交流讨论：
从《大脑诡计》的情节中，我们可以学到什么？

情感成分会影响人们对人际关系的认知，当与他人处于亲密关系之中时，人们倾向于将其行为往好的方向去归因；反之，则倾向于往不好的方向归因。在《大脑诡计》中有这样一个情节，一群学生应邀而来，他们分别被引进了两部电梯，其中的一部地面贴了一张张开血盆大口的鲨鱼画（图3-2），另外一部是正常的。当学生们完成任务后，被要求做一套问卷，要求他们对任务进行评价，其中也包括了对迎宾小组的评价。实验者并不关心学生对任务的评价情况，他们真正关心的是学生对迎宾小组的评价。哪一组的学生对迎宾小组的评价会更高呢？结果是坐有鲨鱼画电梯的那些学生。可见，情绪的感染力会传递到人们的认知领域，这也就解释了为什么恋爱中的男性喜欢带女性去看恐怖电影或玩危险游戏等，这种强烈的恐惧情绪会让爱情情愫的征兆更加浓烈。

图3-2 鲨鱼画

我们应重视对人际关系的认知，因为人与人的关系融洽与否，对人们的学习与生活有很大影响。人与人之间关系亲密，就会产生一种协调和谐的心理气氛，否则就会出现紧张的心理气氛。在前一种气氛下，人与人之间会相互帮助、支持与鼓励；在后一种心理气氛下，则会相互排斥、相互对立。

【学海无涯：心理技能】

NLP 重塑内在自我

NLP 理论认为，个体在与社会互动的过程中，会形成自己的内在世界，并从内在世界的角度去看待现实的世界。因此改变内在的世界，就可以改变个体对现实世界的认知。内心光明的人，看什么都是光明的，内心阴暗的人，就会从阴暗的角度去看待一切。宋代大文豪苏东坡之所以"眼前见天下无一不好人"，就是因为内心是光明的。因此，"人正确了，世界就正确了"。如何运用 NLP 理论重塑内在自我？我们可以按照以下步骤练习：

（1）首先找一个安静的、不易被打扰的地方，舒服地坐下或躺下，最好是半躺。播放一些能使人放松的音乐，声音刚刚能听到就好，这样更容易进入状态。

（2）把注意力集中在呼吸上面。做几次深呼吸，同时关注自己的一呼一吸，让自己进入放松状态。

（3）一边保持缓慢的呼吸，一边回想自己成长过程之中的一次不愉快的经验，可以从程度较轻的开始。

（4）觉察那份不愉快的感觉在身体的位置（可能在胸部、头部、腹部……任何与身体有关的部位，这个位置是潜意识中受伤的部位），用手轻轻地接触这个部位，透过与它身体上的接触，使它重新感到关怀。

（5）向那个时候的自我说，你是他多年后成长了的自己。告诉他你现在是要给他支持、关心和爱护的。

（6）告诉他你很感谢他。感谢他一直以来的努力学习和成长。告诉他，他已经做到了他能够做到的最好。感谢他一直以来独自默默地去面对一切，感谢他多年来为你做过的一切。

（7）告诉他不用……（你回想的那次不愉快经验的感觉，如害怕、恐惧等），现在你正在他的身边，他会感觉到安全。在心中向他说话，告诉他你对他的正面想法（支持、肯定和鼓励），让他的内心充满安全、满足、信心的感觉。你可以用你的成长经历所学教导他如何可以做得更好。

（8）你可以与他沟通，问一问他有什么感觉，有什么想说，了解他的感受，使他知道你是明白他的感受的。他需要些什么，就给他什么。满足他内心的需要。你甚至可以想象把他抱入怀内，使他感到安全和被爱。

（9）回想一次自己感到力量的经验，例如拥有自信、成功、反驳他人、保护自己的力量，等等。充分投入这次经验之中，深呼吸加强这些力量感觉。

（10）回到那次不愉快的经验，把这些感觉化成为一团光送给内在的自我，并告诉他："我现在把这些力量赐给你。"想象他源源不断地接受这些力量，并留意他有什么变化。

（11）告诉他以后你都会在他的身边保护他，你与他永不分开，一起通向前面的人生道路。

二、探索社会认知的基本过程

人的认知是从感知觉开始，逐步深化到大脑的思维和判断的过程，社会认知也是如此。

（一）社会知觉

社会知觉又称对人的知觉或人际知觉，是社会认知活动的重要组成部分，是整个社会认知过程的第一步。

社会知觉受多种因素的影响。首先，社会知觉受知觉对象所具有的客观物质特性影响。心理学家曾设计了一个模拟法庭，邀请一些法律专业的大四学生作为法官。这些学生被分成两组，让他们看到的同一份犯罪资料，唯一不同的是罪犯的照片，一组学生看到的英俊潇洒，另一组看到的是满脸凶气，结果英俊潇洒的被判无罪，而满脸凶相的则被判有罪。其次，社会知觉受到对象所具有的各种社会特征和属性的影响，如社会地位、身份、名望等，同样的言语，明星来说和普通人来说带来的效果是不一样的。再次，知觉者自身的经验、态度、需求等因素也会影响到知觉过程，人们更愿意知觉到他们想知觉的，所以鲁迅先生论述《红楼梦》的主题道："经学家看见《易》，道学家看见淫，才子看见缠绵，革命家看见排满，流言家看见宫闱秘事。"最后，由于社会知觉的对象是人，人是积极的、有意识的和能动的，能够自觉和主动地通过自己的行为活动和表现去影响他人及周围的环境，因此，在对人的知觉中，知觉者与被知觉者双方处于互相影响和互相作用中，知觉者的种种活动和表

交流讨论：
作为一名心理咨询师，如何利用所学让来访者对自己产生信任感？

现会影响被知觉者，被知觉者的种种活动和表现也会影响知觉者。这是一个互动的过程，知觉活动的发生和进行就不再是单向的，而是双向的。在这个互动的过程，被知觉者可以利用所学的社会知觉方面的知识去有意识地影响知觉者对自己的知觉，在他人心目中形成良好的印象。这个我们会在印象管理中论述。

（二）社会印象

社会印象是指在社会知觉的基础上形成的一种社会心理现象，是人们通过与认知对象的接触和知觉，在头脑中形成并留在记忆里的认知对象的形象。

社会印象是在社会知觉的基础上形成的，依赖于社会知觉，同时社会印象又是对社会知觉的突破。社会知觉主要集中在对认知对象外表的一些直觉和零散的认识，而社会印象主要包括对人的行为、人格及情绪特征的深层次的认识。与社会知觉相比，社会印象具有以下特点。

1. 间接性

社会印象与社会知觉不同，社会印象虽然以社会知觉为前提，但是在对社会知觉信息的加工和制作的基础上形成的，认知对象并不在面前，而是认知对象在大脑中的成像，具有间接性。

2. 综合性

我们在印象的形成过程中，会根据我们的经验、喜好等对认知对象进行加工，将我们知觉到的内容进行加工，同时将我们并未知觉到的一些特征赋予认知对象，从而形成对认知对象的综合印象。

3. 固执性

社会印象一旦形成，就不太容易转变，即使我们后面知觉到的信息有所不同，只要不是太大的变化，都不太可能改变我们已经形成的印象。这就是社会印象的固执性。

个体在社会互动中，从某人或某类人的言谈举止、行为方式、他人评价等方面，获得了众多的信息，并在所获得信息的基础上，对信息进行加工和整理，形成一个整体的印象。个体是如何进行这一认知加工过程的呢？心理学家提出了多种模式。

（1）加法模式。个体有多种品质，人们在形成印象的过程中，会将个体的各种品质的评分进行简单相加，得到肯定评价的品质越多，评分越高，印象就越好；反之，个体得到消极评价的品质越多，印象就越差。

（2）平均模式。人们在印象的形成过程中，不是简单相加，而是将他人的多种品质评价分数相加，加以平均，根据平均分的高低形成对认知对象的好或不好的印象。

（3）加权平均模式。个体的某些品质相对而言更重要，这些品质会被赋予更多的分值，或乘以权重，即进行加权。积极的品质如真诚、自信，消极的如欺骗等，在个体进行印象形成过程中，都会产生更大的作用。

（4）中心品质模式。在印象形成的过程中，人们更关注对个体意义大的品质，而对意义不大的品质则加以忽略，以此形成对他人的印象。这些被关注的品质称为中心品质，一般而言，真诚、热情等是积极的中心品质，虚伪、冷酷等是消极的中心品质。例如：杨磊是一个真诚的人，在对待老师和同学时也非常热情，肯帮忙，无论那位同学遇到问题，杨磊都愿意伸出援手。杨磊的缺点也很明显，不太讲究个人形象，但并没有影响他人对杨磊的良好印象，大家都愿意与之交往。

（三）社会判断

1. 社会判断概述

社会判断是在社会认知、社会印象形成的基础上对认知对象的行为进行解释、推论的过程。解释是人们在收集的信息基础上进行思考，合理地说明原因或事物之间的联系、规律；推论则是在收集的信息基础上，结合自己的经验、文化、环境等，运用概念进行推理得出结论的认知过程。

社会判断具有实践性、预见性、文化制约性和超标准化趋势。实践性是指，社会判断的信息来源于实践，依托实践，最终需应用于实践才有价值；预见性指的是，在正确的认知基础上形成的社会判断，可以预见一种社会心理现象或社会行为在另一种场合出现的可能性；文化制约性是指，社会判断受文化制约，认知者、被认知者的文化背景、文化水平等都可对判断产生影响；超标准化趋势指的是，社会判断一方面遵循认知客体固有的法则，是有标准的、稳定的，一方面又常常受到现实生活的冲击和破坏，具有不稳定性。

案例：李林（化名）是学校学生会成员，她通过社团活动，发现王阳（化名）同学时间观念很强，从不迟到，所以在跟王阳的交往过程中，她提醒自己一定要按时到达；她喜欢与杨雪（化名）同学的交往，杨雪是一个很努力的人，李林发现，当与杨雪在一起学习工作时，自己也变得努力了。

此外，谢莉·泰勒（Shelley E. Taylor）认为注意力可以影响人的社会判断，认为成为人们焦点的信息，会被认为是重要信息。她做了一个有趣的实验：让两个实验者相对而坐进行对话，对话的内容是事先拟定的，每一轮实验，这两者的旁边都坐着 6 个被试，他们的观察位置如图 3-3 所示。其中两人能看到 A 的正面和 B 的背面，两人能看到 B 的正面和 A 的背面，还有两人能同时看到 A 和 B 的正面。对话结束之后，要求被试说出在对话中谁最具有影响力。他们听到的是同一场对话，理论上来说他们的判断应该是一致的，但结果他们的答案却不相同。谁最有影响力呢？他们看得最清楚的实验者最有影响力。具体地说，看到 A 的被试认为 A 最具有影响力，看到 B 的被试认为 B 最有影响力，至于两者都看到的，则认为两者的影响力差不多。这就说明，我们所注意到的信息，就是最为重要的信息。

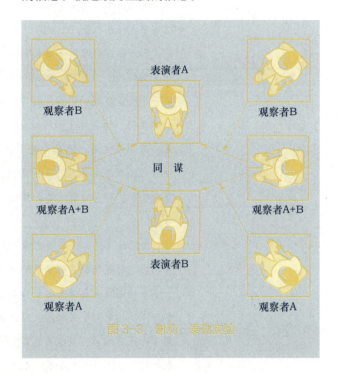

图 3-3　谢莉·泰勒实验

【学海无涯：心灵故事】

这位坐在轮椅上的姑娘因何"感动中国"？

《新闻联播》"新春走基层　脱贫攻坚一线见闻"专题的画面里，出现了国家级贫困县湖南省邵阳市城步苗族自治县的"苗妹子"杨淑亭的身影。这个半身截瘫、笑靥如花的姑娘，不光通过自强不息摘掉了自家贫困户的帽子，还带动全县 700 多户增收，其中 220 多户贫困户脱贫，59 位残疾人实现就业脱贫。

1991 年出生的杨淑亭，是邵阳医专护理专业毕业的学生。2011 年 4 月，意外的车祸之后，她在经过一次次的抢救和被医生判了死刑的情况下，奇迹般地活了下来。她的胸椎由于爆裂，需要用钢钉和钢板固定。

"当时，钢钉一万元一颗，钢板一万元一块。我身上需要植入 9 颗钢钉和 2 块钢板，仅材料费就需要 11 万元，这对于一个贫寒的农村家庭来说，简直是天文数字。我看见父亲在本子上记录着，某某 1 000 元，某某 100 元，甚至还有某某 50 元。父亲就是这样，一点点凑齐了我的手术费。"

那一年，这原本不富裕的家庭背上了 30 多万元的债务。杨淑亭在医院里度过了长达半年的时光，这期间，她从一个健康快乐、对幸福和未来怀着无限憧憬的女生，逐渐变成一个全身不能动弹，连翻身都无法完成，生活不能自理的"大婴儿"。那种心理上的折磨和痛苦，比身体上的残缺更加难以让人忍受。出院后，杨淑亭被抬回了老家，生活日复一日地重复着，她每天能够做的只是一动不动地躺着，能够看到的只是木屋四壁因年岁久远而泛黑的木板，和一个小如课桌的窗户。杨淑亭痛苦着、绝望着，感觉自己的青春、生命、所有的梦想都如那间木屋中的黑暗一样，再没了任何的光明，再没有了任何的希望。

生活缺了什么，都不可缺了精神；脱贫少了什么，都不可少了志气，志气是脱贫的最强动力。就在杨淑亭一家深陷绝境的时候，得到了亲朋好友以及各级部门的关心，就是这一点点的温暖，重新唤起了杨淑亭对生活的勇气，给了她活下去的决心。杨淑亭在朋友的帮助下，接触到了互联网。她靠着一台电脑，靠着游戏代练，花了整整一个月的时间，赚到了身残后的第一笔收入：7.7 元钱。就是这 7.7 元钱，却让杨淑亭重新点燃了希望之火，也让她重新找到了生活的意义。

此后，杨淑亭开始认真钻研，一点点积累，同时将经验分享给网上聊天的病友们，并建立了 200 多人的病友工作群。这一年的时间里，他们的聊天内容，不再是抱怨，不再是绝望，不再是等待，而是创业经历的交流，是相互的鼓励，是重拾自信后的喜悦分享。

2014 年，杨淑亭看到仿真花的热销，便和残疾人朋友一起开了一家仿真花工艺品淘宝店。这一年，她赚了 40 多万元，在帮家里还清了所有债务后，还主动向村里申请了脱贫。

"我个人脱贫了，但我身边还有很多父老乡亲依然在贫困线上挣扎，我的家乡还是国家级贫困县，我这轮椅代替双腿的脚步可不能停啊！"于是，杨淑亭有了开家仿真花工厂来回报家乡、回报社会的念头。她想要尽力帮助更多需要帮助的人，带动更多的人脱贫自立。

2015 年，杨淑亭和家人在家乡的木屋边上建起了厂房，购置了设备。2016 年，她又成立了外贸公司。为了纪念让自己重生的那第一笔在网上挣到的 7.7 元，杨淑亭给公司起名叫"七七科技"。"七七"，对于杨淑亭来说是起点，是信念，更是一种持之以恒的鞭策。

2018 年和 2019 年，杨淑亭带领着公司的团队前后四次参加广交会，向来自全世界的客商介绍公司的产品。如今，她的坚持和努力，更是得到了党、政府和全社会的认可。公司被评为"全国残疾人之家"，个人被评为全省自强模范、最美扶贫人物、最美苗家姑娘、向上向善好青年、最美创业人，等等。同时，她也承担起了全国残疾人代表，全省青年代表，湖南省青商会副会长，邵阳市残联理事，邵阳市女企业家协会副会长等社会责任。

最为让她激动的是，2019 年 5 月，杨淑亭到北京人民大会堂参加全国自强模范暨助残先进表彰大会，得到了习近平总书记等重要领导人的亲切会见。

当一个人的梦想融入了更多人的梦想，当一个人的个人价值体现在更大的社会价值之中，哪怕这个人有的是残缺的身体，也能活出完美的人生！

（资料来源：学习强国学习平台，有删改）

一个完整的社会判断大致经过信息的收集、信息的取样、信息的选择与综合、形成判断等一系列基本过程。

信息的收集是社会判断的第一步。例如：当咨询师第一次见到来访者时，他需要决定重点收集哪些方面的信息，而来访者也会对咨询师作出初步判断并决定提供多少及哪些方面的信息。第二步是取样。例如：我们要了解某一社区居民的心理健康需求，以便为社会心理服务工作做好前期准备，就需要去到社区中收集信息，这就涉及选取哪些居民作为调查对象，调查多少人，调查什么内容，等等。全体调查虽然可以获得最为准确的信息，但是会耗费人力、物力和财力，因此需要对取样对象进行分析和筛选。第三步是信息的选择与综合。信息的选择受意识影响，可以自我决定，同时易受潜意识影响。根据框架理论，不同的框架会对人产生不同的影响。何谓框架，框架就是对事件的主观解释与思考结构，可以是来自于主体内

部，亦可来自主体外部。例如："他人很聪明，但不够努力"和"他人不够努力，但是很聪明"，这两句话的字是一样的，表述的是同样一个事件，但因为组合的方式不一样，即框架不同，我们得到的意思也不一样。综合是将事物或对象的各个部分与属性联合为一个整体，这可以是理性的，也可以是感性的，但人们很难分清作出的是理性的还是感性的判断，因为当人们作出感性的判断后，会下意识地找出很多理性的理由和线索，如"疑邻盗斧"。第四步就是下判断。人们进行判断，是为了预见他人行为，控制周围的环境，以便在复杂多变的社会生活获得更好的生存空间。而要做到这一点，就需要进行因果推理，即归因。

2. 归因理论

归因就是人们对自己或他人的行为进行分析，对这一行为背后的原因加以解释和推测的过程。归因现象十分普遍。

案例： 王丽（化名）是某高职院校的学生，学习

框架效应的
概念

框架效应
产生的原因

框架效应的
应用

十分刻苦，即使已经进入了大学，也能坚持每天学习到 12 点。虽然她学习刻苦，但成绩并不理想，只是排在班级的中下。她的同学都笑话她："不聪明，再努力也不行。"她则一直认为是自己还不够努力。之所以产生不同的看法，就是不同归因的结果。

归因理论在现实中有实际的应用。有研究表明，抑郁症患者和正常人在下意识的归因时是不同的，前者通常将自己的成功归因为运气、环境等外部因素，而将失败归因于愚蠢等自身因素，后者则反之，取得成功时，将之归因为聪明、努力等自身因素，而失败时则倾向于归因为环境等外在因素。有意识地转换归因模式，可以转变个体的行为和心态。

海德（Fritz Heider）是最早研究归因理论的学者，他指出个体的行为必有原因，原因可来自个体本身的特点，也可来自外界环境。前者为内因，如能力、动机、情绪、人格等，后者为外因，如外部的奖惩、任务的难易、时间的有无、环境、运气等。海德认为，任何行为既有内因，又有外因，是双方共同作用的结果，但在某一特定时刻，总有某一种原因起主导作用。

韦纳归因理论是在海德的基础上的发展，他认为归因的基本原则是寻求行为的原因，对原因的不同解释影响随后的相关行为，并提出了三个与成就相关的常规归因维度：内外源、稳定性、可控制性（表 3-2）。不同的归因可带来不同的结果，产生不同的行为。以上文提到的王丽为例，同学们认为其不够聪明，聪明属于内在的、稳定的、不可控的原因，如果个体将成绩不好归因为不够聪明，个体能做什么呢？大多数人会放弃，因为这个原因是我们不能掌控的；而王丽认为是自己不够努力，努力是内在的、不稳定的、可控制的原因，努力不够，就加倍努力，正是基于这一归因，王丽一直很努力，虽然她从小学、初中、高中到大学在班级都是排在后几名，但她仍然相信自己，每天都坚持学到晚上 12 点，最后通过专升本的途径考取了本科院校，本科毕业后又考取了武汉大学的研究生，这体现了其通过归因可控因素，产生更加努力的行为，从而取得成绩。

在心理服务工作中，要更好地促进他人的成长，就要擅长利用归因理论，归因不合理，就会带来负面的效果。例如：张丰成绩很好，他父母经常夸他非常聪明，才能取得这样好的成绩。这种归因方式，从某个方面来说，可以提升张丰的自信。但也隐藏着危机，一是他一旦失败，就有可能认为自己不够聪明，从而推翻自己的内心信念；其次，在很多人的心目中，聪明的人不需要过多努力，不需要花时间，就可以获得好成绩，任务容易的时候不会存在问题，一旦任务难度提升，这时仅仅靠聪明就不够了，如果出现成绩下降，就很容易产生自我怀疑或自我否定。

表 3-2　韦纳的"三维度模式"

	稳定性		内 / 外在性		可控性	
	稳定	不稳定	内在	外在	可控	不可控
智力高低	+		+			+
努力程度		+	+		+	
任务难度	+			+		+
运气好坏		+		+		+
身心状况		+	+			+
外界环境		+		+		+

三、全面看待社会认知偏差

（一）首因效应

首因效应又称第一印象，即我们与素不相识的陌生人打交道时所形成的印象。初次见面时，人们往往会根据对方的长相、衣着、姿态、表情、谈吐等迅速做出判断，形成对认知对象的印象。第一印象的形成可以让我们对他人产生初步的认识，并决定我们对他的态度，如是否信任他、是否继续交往等。第一印象对于心理工作者尤为重要，当来访者第一次进来时，他与心理咨询师接触过程中，也会产生对咨询师的第一印象，这个印象将决定他是否接受咨询或对咨询的效果是产生积极还是消极的影响。

图 3-4　人物的第一印象

（二）近因效应

近因效应是指最后的信息对印象的形成有重要的作用。近因效应是与首因效应相对的，那这两者究竟谁的作用更大？卢钦斯（Ladins）的研究表明，如果同一个体的两个信息是连续被感知的，则首因效应的作用更大；如果信息的感知是中断的，中间有间隔，则近因效应的作用更大。

（三）晕轮效应

案例： 李志（化名）是学生会干部，擅长组织各类学生活动，活动能力强，团委和学工处的老师都很喜欢他，对他的评价很高；由于大量的时间花在了社团活动上，李志的专业成绩不太理想，好几门专业课成绩勉强保持在及格线之上，因此专业老师认为他不爱学习，贪玩。

从老师对李志的评价可见，人们在评价他人的时候，倾向于从自己形成的印象出发去推论此人其他方面的特征。这种认知者对一个人的某种人格特征形成好或坏的印象之后，以此推论该人其他方面特征的现象，称之为晕轮效应（见图 3-5）。

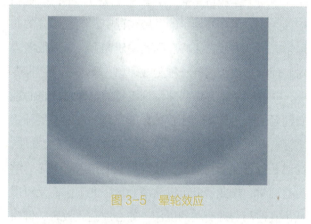

图 3-5　晕轮效应

晕轮效应有助于我们快速地认知他人，但也有负面的效应，容易产生认知偏差。

首因效应　　近因效应

交流讨论：

请同学们谈谈对图 3-4 中人物的第一印象。

（四）社会刻板印象

社会刻板印象指人们在社会认知中形成的对某一类群体的概括和固定的印象。产生社会刻板印象的途径主要有两种：一是通过个体的亲身经历形成印象，并泛化推断出这一群体的共同特征；二是通过间接方式如网络、报刊等途径形成的对群体成员的概括印象。

社会刻板印象有一定的合理性、真实性，对人们快速认知他人、适应社会生活是有益的；同时我们应该注意到，社会刻板印象一旦形成，是具有高度稳定性的，不易改变，可使人们的认识出现僵化或停滞，阻碍对新信息的接受，从而产生认知偏差。例如，心理学自诞生之日起，有三个方向的目标：治疗心理疾病；帮助个体获得幸福、丰富和美满的人生；识别和培养天才。但在心理学的发展过程中，绝大部分的心理学家将精力放在了心理问题的研究上，导致很多人对心理学产生了这样一种刻板印象：学习心理咨询专业，毕业之后就是做心理咨询工作的，面对的是心理有问题的人。其实，随着社会的发展，人们不仅开始重视心理问题，而且开始关注个体如何更好地发展，同时各行各业都开始重视心理因素的作用。可见，学习心理学，毕业后既可以从事心理咨询工作，又可以从事其他与心理有关的工作，如心理健康教育、健康管理、人力资源、产品营销，等等。

四、做好印象管理

我们学习社会认知的目的，一是帮助我们形成正确的印象，从而更好地适应社会，这主要是从认知者的角度出发；二是在社会生活中，我们不仅是认知者，也是被认知者，作为被认知者，如何在他人心目中留下良好的印象，也是我们学习的目的。对于心理工作者而言，我们可以利用这些知识帮助来访者解决心理问题，促进他们更好地成长。

（一）印象管理的定义

所谓印象管理，就是个体有意控制他人对自己形成何种印象的过程。作为心理工作者，如果能在来访者心中留下可信任的、温暖的等良好的印象，我们的工作就成功了一半。

（二）影响印象管理的因素

影响印象管理的因素很多，我们从以下三个方面进行论述。

1. 个体因素

个体在社会生活中会根据需要扮演不同的角色，角色不同，承担的期待也不同。例如：作为学生，人们认为应该认真学习；作为老师，就应该为人师表；作为医生，就应该救死扶伤。如果符合这个刻板印象，就会在对方心中留下良好的印象。

2. 社会环境因素

个体在不同的社会环境中会展现不同的形象，也就会采取不同的印象管理策略。一般而言，我们希望在对方心中留下良好的印象，会尽量在他人面前展现自己优秀的一面，但也不尽然，如孙膑受庞涓陷害，为脱离险境，孙膑就在他人心中创造了一个疯癫的印象。

3. 互动对象因素

人们往往会根据互动的对象而采取不同的策略，如果互动的对象是我们重视的或喜欢的，我们就会更好地展现自己，反之则随意。另外，互动对象的言谈举止也会影响到我们的印象管理。格根和威什诺夫（Gergen & Wishnov）的一个实验有力地证明了这一点：他让一群新学员作自我介绍并记录下来。一个月后，再把这些同学随机分成两组，并让他们自我介绍。但他们开口之前，一个实验助手已抢先自我介绍，不过他在两组的自我介绍是完全不同的：在其中一组他夸夸其谈，说自己怎么好怎么好，在另一组他却说自己这不行那不行。结果发现，被试在他之后的自我介绍与一个月前有显著的不同，而且前一组的被试自我介绍时比一个月前有了更多的肯定评价，而后一组被试则有了更多的否定评价。

（三）印象管理的策略

在现实的生活中，印象管理是一门艺术，很多人通过印象管理在社会生活中取得更多的优势，社会学家、心理学家等的研究也表明，印象管理是有价值的。

1. 自我表现

自我表现就是通过展现自己扩大自己的优势，增加对他人的吸引。外表是自我表现的重要形式，如得体的、整洁的穿着和修饰常常让人产生与之交往的欲望。英国有一项调查表明，长相英俊的男士，比普通人的收入更高。也有人研究过美国的总统选举，发现人们在选择的时候，长相是其中非常重要的因素，胜利往往属于长得帅的那一个。努力用肯定的、积极的、正向的词语描述自己，也是自我表现的重要形式，试想一下，"我是一个小气、固执的人"和"我是一个节俭、执着的人"，这两句话给我们的感觉一样吗？

2. 美化他人

在社会生活中，当我们处于积极情绪之下时，往往容易产生积极的反应，对他人形成积极的印象。社会心理学的研究也表明，如能让对方产生积极情绪，就可让对方更喜欢自己。最常使用的美化他人的策略就是赞美。

案例： 杨柯（化名）毕业后在某康复中心工作，有一位媳妇陪着婆婆来做康复，杨柯跟这个婆婆说："您老真是好福气，有一个这么贤惠的媳妇陪着您来，您这婆媳关系相处得真好。婆媳关系相处得好，主要是您这个婆婆好。"这个婆婆一听，非常高兴，一口气充值了 5 000 元。可见，赞美是能带来价值的。可能有的同学会说，我也知道要赞美对方，但对方没有优点，我怎么去赞美？其实很简单，优点是什么？优点就是一个人突出的特点，是与他人或自己比出来的，换一个比较的对象，缺点也可以变为优点。

案例： 周朝谦（化名）是一个社区工作者，跟随社区的一位老员工在社区做宣教。小周是一个好学的人，老员工在做宣教的时候，小周总是认真学，认真记。小周发现：每当自己在台上做宣教的时候，台下就有人在打瞌睡，而当老员工上台的时候，居民就非常投入。小周认真地向老员工学，过了一段时间，小周发觉自己与老员工相比，还是有很大的差别。自己很努力了，没有进步似的，总也比不上，为此小周感到非常的苦恼。老员工发现了这个情况，就将周朝谦初期的和现在的宣教工作的录像给小周看，这时周朝谦突然发现，与初期相比，自己已经有了长足的进步。小周突然释怀了，"与老员工比，他人毕竟有几十年的经验，不是一下就能追上的，反而容易给自己带来压力。不妨与自己比，与同龄人比，这样容易看到自己的优势，培养自信，从而获得更好的发展。"

3. 让对方感觉到他是非常重要的

卡耐基在其《如何赢得朋友并影响人们》一书中提出了 6 条让别人喜欢的方法：真诚地对别人感兴趣；微笑；记住名字；做一个好的聆听者，鼓励别人谈论他们自己；谈论别人感兴趣的事情；真诚地使别人觉得他是重要的。这就是一套有效的印象管理策略。为什么要让对方感觉到他是非常重要的呢？因为他觉得自己重要，就会对他人产生积极的反应。

如果一次交往后，对方能准确地记住我们的名字，我们会有什么样的感觉呢？人们通常会产生好感，甚至有时会惊喜，更愿意与对方交往。因此记住对方的名字很重要，当我们在交往中得到对方的名字后，不妨在心中默念几遍，或是在睡前回顾一下今天所遇到的人和事，以加深记忆。

当对方谈论一个事情的时候，我们应当给予积极的回应。试想一下，某人正在讲他认为非常有趣的事，我们一边听一边微微点头或微笑（图3-6），或是一边听一边微微摇头，或是面无表情地坐在那里，哪种情况下对方会对我们产生好感？哪种情况下对方更愿意讲下去？显然是第一种情况。

图3-6　积极回应

4. 投其所好

投其所好，顾名思义，就是迎合他人的长处、兴趣。《庄子·庚桑楚》云："是故非以其所好笼之而可得者，无有也。"意思就是说：不用其所喜欢的、感兴趣的等来笼络人心而可以成功的，从不曾有过。投其所好的本义，是用人所长，即只要对事业有利，他人擅长什么就用他做什么，让对方发挥他的长处。楚汉相争中，汉高祖刘邦（图3-7）总结自己之所以最终获胜时曾说："夫运筹帷帐之中，决胜于千里之外，吾不如子房。镇国家，抚百姓，给馈饷，不绝粮道，吾不如萧何。连百万之军，战必胜，攻必取，吾不如韩信。此三者，皆人杰也，吾能用之，此吾所以取天下也。项羽有一范增而不能用，此其所以为我擒也。"韩信原是项羽手下，项羽不能用韩信之长，韩信就投靠了刘邦。刘邦不能用韩信之长，韩信也跑了，这才有"萧何月下追韩信"的故事。刘邦知错能改，后拜韩信为大将，让韩信发挥所长，才有了楚汉相争的胜利。如果我们今后作为管理者，要想取得成功，就要善于用人所长。

图3-7　刘邦肖像

在平时的人际交往中，投其所好也是必要的。我们要想与陌生人结交，投其所好就是一种很好的方式。这里需要注意的是：我们不能只看表面，而要关注后面隐藏的实质，才能真正做到投其所好。例如，某人喜欢打羽毛球，打羽毛球就是表面信息，实质就有多种可能：真的喜欢打羽毛球；喜欢运动，打羽毛球只是其中的一种；想追求某人，那人喜欢打羽毛球，等等。如果是第三种，我们追着过去陪他打球，可能会适得其反，不仅不会获得对方的好感，反而会让对方形成消极的印象。

5. 模仿

人们在认知社会和他人时，常常根据自身去认知，更喜欢与自己有相同点的人相交。所谓"物以类聚，人以群分"，就是这个道理。一般而言，人们最喜欢最信任的人往往是我们自己，如果某人在对方身上看到了自己的影子，就会产生信任或喜欢的感觉。如何做到这一点呢？最简单的方式就是模仿。例如，张超在职校毕业后，从事推销工作。推销，经常需要开拓新的市场，面见新的客户。张超在与新客户的见面之前，会预先做调研：客户是哪里的人？有什么爱好？习惯是什么？等等。在双方见面的过程中，张超会有意无意地露几句对方的家乡话，或客户的口头禅，也会做做客户的习惯动作。他的客户都愿意与张超交流，凭借模仿，张超建立起了自己的客户群。

模仿也是有层次的，初级的模仿是他人做什么我们就模仿什么，这种模式很容易被他人发现，社会中是有些人不愿意他人模仿自己的，因而这种方式容易带来矛盾或纠纷。中级的会有选择地模仿，模仿一些他人的意识不太关注的行为和动作，例如语音、语速、语调等，从而产生亲切感、信任感。当我们用同样的语调、语速、语音与人交流时，对方自然就会对我们产生亲切感信任感，如同我们在现实生活中，听到熟悉的乡音，亲切感油然而生一样。高级的是模仿对方的呼吸，这是最不易被对方的意识觉察到的模仿行为，当我们能与对方保持同样的呼吸节奏时，即同时呼气，同时吸气，则很容易产生亲近感信任感，古语有云："同呼吸，共命运"，说的就是这个道理。

善用人的感官特点。这世界上的人万万千千，我们可以如何做呢？NLP理论认为：人虽然有视觉、听觉、触觉、嗅觉、味觉等多种外感官，但只有三种内感官，即视觉型、听觉型和感觉型。有的人是视觉型的，视觉型的人擅长用眼睛认识世界；听觉型的人擅长用耳朵去认识世界；而擅长用触觉、味觉、嗅觉等其他感觉的统称感觉型，他们擅长用这些感官去认识世界。视觉型的人是用眼睛去认识世界的，所以他们喜欢看，喜欢色彩，穿着一般色泽亮丽，注重颜色的搭配，他们的房间、桌面看上去整齐舒适，他们本人则动作快，常常可以同时做几件事，说话快，简洁明了，直奔主题，如果我们的寝室中有一个或几个视觉型的同学是有好处的，他们常常会主动打扫卫生，大家猜猜看是为什么呢？对了，因为他们看不下去；听觉型的人是用耳朵去认识世界，所以他们喜欢听，简洁明了的言语就满足不了他们的要求，要说得多，就要注重程序和细节，他们也喜欢说，声音悦耳动听，喜欢引用名人名言；感觉型的人喜欢做的过程中带来的感觉，重视事情的价值、意义（这也是某种感觉），穿着虽然随意但舒适。如果我们看了一部非常好看的电影，兴奋地与同学们分享，主讲电影中的色彩、动作、画面等，哪种类型的人会感兴趣呢？而哪种类型的又会觉得索然无味呢？回顾一下我们在开头的案例，我们应该如何选择呢？简单地说，就是我们发现对方是视觉型的，我们也应该是视觉型的，对方是听觉型的，我们也应该是听觉型的，以此类推。幸运的是，我们大多数人并非是某一类型的人，而是同时具有三种类型的特点，只是某一类型或多或少而已，这为我们的模仿奠定了坚实的基础。

【学海无涯：知识拓展】

登门槛效应

登门槛效应

弗里德曼和弗雷泽让两位大学生访问郊区的一些家庭主妇。其中一位首先请求家庭主妇将一个小标签贴在窗户上或在一个关于美化加州或安全驾驶的请愿书上签名，这是一个小的、无害的要求。两周后，另一位大学生再次访问家庭主妇，要求她们在今后的两周时间里在院内竖立一个呼吁安全驾驶的大招牌，该招牌很不美观，这是一个大要求。结果答应了第一项请求的人中有55%的人接受第二项要求，而那些第一次没被访问的家庭主妇中只有17%的人接受了第二项要求。这个实验说明人们都有保持自己形象一致的愿望，一旦表现出助人、合作的言行，为了避免认知上的不协调，或想给他人以前后一致的印象，即便别人后来的要求有些过分，人们也愿意接受。

模仿练习

 【心理实践】 ....

一、团体活动

(一)模仿练习

活动目的:培养模仿能力,促进团体成员之间的关系,体验和认知模仿的作用。

活动时间:10分钟,也可根据小组人数确定。

活动准备:团体辅导室或空旷的场地。

活动过程:

(1)让学生进行分组,至少两人一组,也可根据班级人数决定。

(2)一人为被模仿者,可自由活动、说话等,也可事先准备好剧本;一人为模仿者,尽量模仿对方的一举一动。时间约2~3分钟,完成之后请模仿者和被模仿者分享各自的感受。如小组有其他人,可作为观察者。

(3)交换角色,重复进行。

(4)活动结束,老师带领成员分享经验和感受。

(二)意象绘画

活动目的:缓解压力,培养积极人格。

活动时间:时间20~40分钟。

活动准备:

(1)教室、或团体辅导室。

(2)材料:A4纸、墨水、毛笔。

活动过程:

(1)让学生进行分组,6~10人一组。

(2)每个成员一张A4纸,用毛笔在纸上随意涂

抹。将纸对折后再展开。

(3)每个小组成员向他人展示自己的作品,并说出自己从中看到了什么,将看到的编出一段小故事,然后其他的小组成员也说说自己看到的和想到的,在刚才绘画者的故事上进行修改。

(4)换一个小组成员继续,直至每一小组成员完成为止。

(5)小组成员从刚才的故事中选出一个在课堂上展示。

(6)展示完成后,老师进行总结。整个过程只觉察,不评价、不解释。

二、案例思考

党的二十大代表洪家光:
以心"铸心"的大国工匠

洪家光,1979年12月出生,中共党员,沈阳工业大学数控技术专业毕业,大专学历,1999年以第一名的毕业成绩分配到中航工业沈阳黎明航空发动机(集团)有限责任公司58车间,多次参与辽宁舰舰载机等多项国家重点航空发动机科研项目,2017年获2017年度国家科技进步二等奖。2018年4月28日,获"全国五一劳动奖章"。2020年5月,获得"第二届全国创新争先奖状"。2020年获"全国劳动模范"荣誉称号。2022年3月,荣获2021年"大国工匠年度人物"称号。拥有7项国家发明和实用新型专利,目前为中国航发沈阳黎明航空发动机有限责任公司高

级技师，首席技能专家。

洪家光之所以有今天的成就，就是因为认识到："不是有了梦想才坚持，而是在坚持中让梦想更加清晰。"他不仅是这样说的，也是这样做的。他进入工厂不久，就决定拜全国劳模孟宪新为师。当时，孟宪新师傅既不认识洪家光，也不在同一个车间，如何拜师成为难题。洪家光就用了个最笨的方法——死磨硬泡。连续数天，他都到孟师傅那里请教，主动当起了孟师傅的助手。他发现，切削内螺纹，一般工人加工车床工作速度只能开到600转每分钟，快了就会直接打刀，可孟师傅加工时每分钟开到1200转还不用反转退刀。"我当时真的是惊呆了，也更加坚定了我拜师的信念。"洪家光道出了当时的心情。

接下来的日子里，洪家光将实践与思考并重，在工作中不断学习，在学习中不断积累，加班加点抢着干各种的脏活、难活和累活，手艺也得到了突飞猛进的进步。那时，在别人一年4000个工时就不易的情况下，洪家光一年完成了7000多个工时，比别人整整多出了3000多个工时。

洪家光说："2005年，我成为一名共产党员。在党组织的关怀下，我从一名学徒工成长为大国工匠。作为党员，我和身边的工友们一起，传承发扬务实创新、担当奉献的精神，发挥先锋模范作用，助力完成各项生产任务。"

发动机是飞机的心脏，航空发动机被誉为现代工业"皇冠上的明珠"，是衡量一个国家综合国力的重要标志之一。洪家光团队加工的是用于航空发动机制造的工装工具产品，这些工具主要用来加工航空发动机的零部件。发动机用的零件精度要求非常高，洪家光对每一个微小尺寸都追求精益求精。他一次次观察记录，并比对调整。

优秀共产党员的品格流淌在血脉里，落实在行动上。一次，在加工修正金刚石滚轮工具时，掌握此项技术的师傅生病住院，洪家光主动承担起任务。为了提高工具加工精度，他在当时的车床无法满足加工要求的情况下，开始一项项改进，减小托盘与操作台的间隙，改造传动机构中齿轮间咬合的紧密程度。原有的刀台抗震性不强，他就重做刀台，小托盘与下面的托盘有间隙，他就想办法将小托盘固定……

4年多里，经无数次尝试，洪家光最终研发出一套用于打磨叶片砂轮的滚轮工具。这一砂轮工具被叶片加工厂使用后，加工叶片的质量得到明显提升。

洪家光心中"大国工匠梦"的背后，是"航发人"代代传承的家国情怀——"国为重、家为轻，择一事、终一生"。对党忠诚，对于洪家光来说不是抽象而是具体的，他以一名共产党员的初心和使命，一步一个脚印地走来。

"也有人问我，你这么拼命、这么奋斗苦不苦？我的感受是，奋斗者在旁观人眼里是艰辛的，但其实自身精神世界里因奋斗而充实丰厚、充满快乐。"洪家光说。

（资料来源：中国青年报，有删改）

思考：从上述案例中，我们可以学到些什么？如果想要成为洪家光式的人物，结合我们自身的专业特征，谈谈我们需要形成怎样的认知？

三、实践训练

以小组为单位，确定和社会认知内容相关的任意

"心实践"：刻板
印象项目教学法

项目主题，可自由选择形式进行项目实践，最终以课件或视频的方式展示项目成果。本实践旨在促使同学们学会如何形成正确的社会认知，掌握在他人中留下良好印象的方法。

 【心理拓展】

一、心理书籍

(一)《苏东坡传》

读东坡诗词，大多豪气冲天。然其仕途却历尽艰辛，屡遭迫害，但终不改其乐观的天性："吾上可陪玉皇大帝，下可以陪卑田院乞儿，眼前见天下无一不好人。"这种诗词所体现的进取、正直、慈悲与旷达精神，特别是他的认知方式和境界，都是值得我们学习的。

(林语堂.苏东坡传[M].张振玉，译.长沙：湖南文艺出版社，2018.)

(二)《自在成长》

李子勋老师想通过此书传输一个心态，生活需要的是智慧而不是技巧。任何生活的经历都是构成生命的拼图片段，没有多余的，也没有不恰当的。生命的价值正是人在生命历程中集结的全部体验。

(李子勋.自在成长：所有经历，都是完成自己[M].北京：中国法制出版社，2019.)

(三)《教练式沟通》

沟通是人与人之间最重要，也是最频繁的活动。而以自我为中心是人际沟通中最大的障碍。教练式沟通向读者阐述什么是教练式沟通，这种沟通模式有哪些技巧以及这些技巧在人际沟通中该如何运用，以达到更好的沟通效果。

(邓淼.教练式沟通 直达人心的沟通技巧[M].北京：中国纺织出版社，2019.)

(四)《非暴力沟通》

我们很少将语言与暴力相联系，有的人喜欢说自己是"刀子嘴，豆腐心"，从未想过刀子嘴带给人的暴力与伤害。本书的作者论述了一种沟通方式：非暴力沟通。依照这种沟通方式，可使人与人之间情意相通，和谐相处。

(卢森堡.非暴力沟通[M].阮胤华，译.北京：华夏出版社，2021.)

二、心理影片

(一)《暖春》

影片讲述了孤儿小花被善良的宝柱爹收养以后，面对叔叔和婶娘的反对，她用自己的宽容和善良感动了周围人以及家人，长大成人后选择做一名乡村教师回报家乡的故事。影片较好地体现了人与人之间的互动和相互影响。

(二)《太极张三丰》

影片讲述了青年张君宝与师兄成长于少林，两人情同手足，其师兄为名利而出卖君宝及其朋友，导致君宝的朋友惨死，君宝因此大受打击，精神错乱，幸而在朋友的照顾下能"放下负担，奔向新生命"，从而创建了"太极拳"，开创了武当派。

人们带着各自的态度进行社交互动，形成了有态度的社会心理，社会心理反过来也影响着人们各自的社会态度。社会态度一直都是社会心理研究和实践领域的焦点主题，"态度决定一切"的说法也从侧面反映了人们对社会态度重要性的认识。通过学习社会态度，可以帮助大学生理解自己的态度是如何影响他人的，反过来又是如何受到他人态度和其他社会态度影响的；也可以通过掌握改变态度的方法，抵制从众、屈服和盲从等负面压力；还可以通过日常应用实践，提升自我的社会影响力和个人能力，为推动社会发展贡献力量。

【知识脉络】

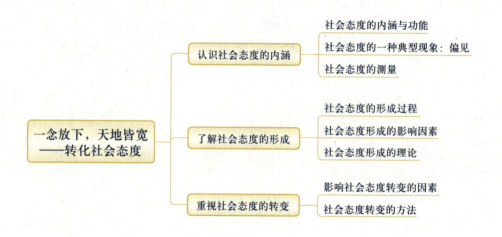

【学习目标】

素养目标：塑造自尊自信、理性平和、开放包容的社会心态，培养促进社会进步的担当精神，培养爱岗敬业的职业精神、乐观向上的生活态度和实事求是的思想作风。

知识目标：理解社会态度的内涵、功能和测量方法，理解社会态度形成的过程和影响因素，初步掌握转变社会态度的方法。

能力目标：提升自我的社会影响力和人际沟通能力。

【情境导入】

社区治理工作态度：三只鹅的故事

王大爷从村里进城照顾孙子。为了让小孙子吃得有营养、玩得有乐趣，住一层的王大爷在窗外圈了块地、养了三只鹅。三只鹅从毛茸茸的小鹅崽长到雄赳赳、气昂昂的大鹅，下了不少鹅蛋，陪伴着小孙子游戏，给一家人的城市生活带来些许田园生活的乐趣。只是随着小鹅变大鹅，这"曲项向天歌"三重叠加、不分昼夜，干扰到左邻右舍的生活。尽管邻居多次提醒，但王大爷为了小孙子的营养和乐趣并没有采取措施。就这样，"三只鹅"和王大爷一家被邻里投诉到社区居委会。于是"管管三只鹅"这件事经历了四轮"社区议事协商"，历时半年之久。

第一轮，出场的是居委会大姐。大姐天天管着这栋楼，跟大爷也算熟悉，接到投诉立即就找到王大爷家里，苦口婆心、好言相劝，但王大爷的态度很坚决：这鹅是畜生，我关不住它的嘴，但咱们邻居都是"高人"，怕吵自己关上窗。

第二轮，出场的是综合执法队。看到综合执法队的三个小伙子，穿着制服、拿着测音器、拿着抓捕圈，王大爷有点懵。执法人员对三只鹅逐一测音量，其中一只的叫声达到 61 分贝。执法队当场宣讲了《中华人民共和国环境噪声污染防治法》，明确解释国家规定以居住、文教机关为主的区域，以昼间 55 分贝、夜间 45 分贝为标准，超过国家规定的环境噪声排放标准，并干扰他人正常生活、工作和学习的界定为环境噪声污染，必须强制处理。在法律和铁证面前，王大爷的态度有所改变，同意执法队帮他抓住那只发出噪音扰民的鹅，但坚决不同意抓那两只当时叫声没超标的鹅。这样，社区里还有两只鹅，大家仍受其扰，不停投诉，王大爷态度鲜明：这俩鹅不

超标。

第三轮，出场的是社区张书记。张书记是社区大家庭的家长，热心、公正，深受居民喜爱。一方面有了上两轮的经历，被这事折腾得有些心烦，另一方面，往后还要在这个小区里常住，免不了有事找社区，于是，王大爷给了张书记一个面子，同意处理一只鹅。王大爷的态度是大家各让一步，这样，社区里还有一只鹅。这只鹅成了邻里的一块心病，大家针对王大爷家也没少冷嘲热讽，邻里关系很紧张。

第四轮，出场的是街道办李主任、社区张书记和居委会干事。半年过去，春节就要到了，王大爷因儿子长期在外出差，和孙子在家很孤单。街道办李主任来慰问王大爷，还送上了米、面、蛋、油等慰问品。李主任与王大爷加了微信，还叮嘱王大爷有事随时联系，大家一句也没提鹅的事情。当天晚上，邻居们再也没有听到鹅叫声，还闻到从王大爷家飘来的炖大鹅的香味。

（资料来源：某市社区治理工作实例，有删改）

情境分析：案例中的情景很常见，社会态度及其转变是我们社会生活中自然而又重要的成分。尝试着换位思考一下：如果你是王大爷，你会怎么想？如果你是邻居你又会怎么想？从这些换位思考中你也许能更深刻地体会到不同的社会态度。接下来想一想，如果你是工作人员你会怎么办？王大爷和邻居们的态度，是如何形成的？又是如何对立起来的？最后是如何改变的？学习社会态度，可以帮助我们理解社会态度的内涵和功能，理解社会态度形成的过程及其影响因素，也可以帮助我们更好地理解自己和社会，对提升自己、适应社会、开展职业活动乃至推动社会进步都有很大的帮助。

社会态度的概念

【心理讲坛】

很多家长不赞成高中阶段子女谈恋爱，却希望孩子一上大学就能有心仪的对象，这中间相隔的时间甚短，家长的态度却出现了大转弯。部分职业院校学生觉得在工厂里上班低人一等，不如当白领来得光鲜亮丽。但是，2022年中国浙江建设技师学院马宏达同学刮腻子刮成了世界技能大赛的冠军，大家纷纷称赞职校人才的技能顶天又能立地，许多人对职业教育的社会态度有了很大转变。以上都是日常生活中有关"社会态度"的例子。在本单元中，我们将学习社会态度的内涵和功能，社会态度的形成过程以及改变社会态度的方法。

一、认识社会态度的内涵

社会态度通常被简称为态度。科学研究者通常将态度界定为对某一目标或对象的评价性（好与坏）判断。

（一）社会态度的内涵与功能

1. 社会态度的内涵

社会态度有以下四个典型内涵特征。

（1）目标性。任何态度都指向特定的目标，可以是对某人、某物、某事、某时、某地等具体事物的指向，如喜欢吃辣椒、反对抽烟；也可以是对观点、情绪、思想、风格、关系模式等抽象存在的指向，例如喜欢弹性工作制、反对家长溺爱儿童等。没有目标指向的态度是不存在的。

（2）评价性。任何态度都涉及对特定目标的评价，具体表现为：个体从需求和经验出发，对特定目标的价值进行评估后会产生不同的体验、认识或倾向，如重视或轻视、肯定或否定、赞同或反对、喜爱或厌恶、趋向或回避、接受或拒绝，以及处于上述两个极端之间的中性状态或看法。

（3）记忆表征性。态度以网络或结构的形式存在于记忆表征中，如将四川人与辣椒、火锅、麻将联系在一起。因为与记忆表征同构，态度提取的难易度和速度也不同，有些态度在阈下或潜意识深层，不容易提取或者提取速度较慢，而有些态度则鲜明、直接且有影响力。

（4）综合性。态度是建立在认知、情绪和行为信息之上，并不断发展着。首先是认知，包括个体对特定态度对象的知觉、理解和评价。构成态度认知的成分，除了各种具体的知识以外，最主要的成分是信念和经验。研究表明，人的态度认知具有一定的组织性，这种组织性会构成一种"头脑中的既定模式"或刻板印象，使人倾向于按照刻板印象的模式来认知对象，因此，态度的认知成分区别于一般的事实认知，通常具有偏见的性质。其次是情感，包括个体对态度对象的情感体验和反应，表现为对某一类社会事物和现象的喜爱或厌恶、同情或排斥等。换句话说，我们对一具体的对象总会有好或不好的评价，这些评价总是和一定的情感联系在一起的。再者是行为，包括我们对态度对象的行为准备状态或反应倾向。例如，因为喜欢数学老师，所以乐意做数学作业，或在数学课堂上积极回答问题。

态度是对认知、情感和行为信息的整合。例如，人们对职业教育的态度越来越积极，可能与"认识"到职业教育与产业就业的密切关联（认知）、在"参与"职业教育或职业培训（行为）后"感受"到职业教育实践育人的"高效实用"（情绪）有关。可见态度的转变是在三种信息相互作用的基础上促成的。

值得注意的是，对某一特定目标的这三种信息并不一定一致。例如，喜欢抽烟的人明知道"抽烟有害健康"（认知），还天天抽烟（行为）；知道蛋糕是高热量食品（认知），仍抵挡不了甜食的诱惑（行为）；知道这个男生脾气暴躁（认知），但很喜欢他英俊的模样（情感）。当三种信息发生矛盾时，情感信息则起主要作用。例如，我们经常听到别人说："我虽然知道这件事该如何处理，但在感情上转不过来"，认知上的转变相对容易，情感上的转变较困难而且缓慢。尽管关于某一目标的三种信息可能并不一致，但态度整合并综合反映了人们对某个目标的认知、情感和行为，这就使得态度成为社会心理学研究和实践中特别重要的课题。

【学海无涯：知识拓展】

新的社会阶层人士社会态度研究

新的社会阶层人士是我国经济社会转型重要时期产生的社会群体，是建设中国特色社会主义事业的重要力量。本文以武汉市为例，通过问卷调查、个别访谈、座谈交流等方式，对新的社会阶层人士的社会态度进行调研分析，调查结果如下：

（1）政治认知与态度。调查显示，77.95%的新的社会阶层人士对中国共产党的历史有了解，73.09%对多党合作的历史有了解，且体制内外比例基本一致，他们中超过85%主要从主流媒体获取信息，普遍认同我国政治制度的优越性和先进性。

（2）时势认知与预期。调查发现，对于重大风险防范，受访的新的社会阶层人士普遍认为未来五年中美对抗加剧风险的可能性最大，"世界经济陷入低迷""国际局势陷入动荡"等一定程度会发生。而他们对于国内经济社会风险的评价均处于中性程度，总体保持乐观，相对而言，他们更担忧物价上涨、外贸萎缩和房地产"泡沫"破灭等特定风险。

（3）社会发展目标与取向。调查显示，超过半数的新的社会阶层人士认为健全的社会保障体系、公平正义的社会环境、安定的社会秩序是社会发展中最为重要的目标，只有5.19%选择"充分的个人自由"，说明西方自由民主思想对新的社会阶层人士造成的负面影响有限。

（4）社会冲突、社会公平和社会安全评价。调查发现，对于社会冲突，新的社会阶层人士认为贫富冲突最为突出；在社会公平方面，财富及收入分配的公平感最低；在效率与公平的比重分配上，"保障社会公平"（54.47%）大于"提升效率"（45.53%），均反映出他们对贫富差异、分配公平的敏感度较高，也体现了他们对于更高水平公平感的期待。55.36%的新的社会阶层人士认为"社会诚信缺失"是最突出的社会问题，显现出他们长期处于市场竞争环境，主观上对健全的社会诚信体系和经济社会保障体系具有更高的敏感性和期待。

（5）社会状态自我评价。调查表明，新的社会阶层人士的子女教育压力最大，其次是养老、职业压力。新的社会阶层人士和体制内党外人士对于个人经济地位、社会地位、政治地位和行业地位的主观评价均处于中等水平且差异不明显。

（资料来源：《新的社会阶层人士社会态度和社会参与研究——以武汉市新的社会阶层人士调查为例》，有删改）

2. 社会态度的功能

社会心理学家卡茨（Katz）提出，社会态度有四个方面的功能。

（1）适应功能。个体倾向于形成能给自己带来利益的态度。换句话说，态度是个体在社会和生活中按照功利原则进行取舍的结果，是个体社会交换或社会适应的产物。例如，可以通过比较买方和卖方对一件商品的态度来理解态度的适应功能：买的人总嫌价格贵、卖家则觉得太便宜。生活中常见的"公说公有理、婆说婆有理"，即是态度适应功能的体现。在社会心理实践中，人们对特定目标的态度分歧甚至冲突大多都源自利益诉求不同。

（2）防御功能。个体倾向选择有利于自我防御的态度，这种防御有利自我形象及自我价值的确立和维持，并能减少焦虑，减少消极情绪。例如，某位成绩落后的同学看到别人获得奖学金的时候，为维护自己的尊严，说对方是"眼里只有学习其他什么都不会"的人，这种"吃不到葡萄说葡萄酸"的行为充分反映了态度的防御功能。

【学海无涯：知识拓展】

球迷如何认知球员的犯规行为？

心理学家哈斯托夫和坎里特尔以球迷为被试，考察他们怎样知觉一场球赛中的犯规行为。他们将两校队足球赛录像分别放给两校学生看，让被试判断己方队员与对方队员的犯规次数。结果，与裁判实判犯规次数相比较，双方球迷判定的己方和对方队员的犯规都有一个共同倾向：对己方队员判定的犯规次数比裁判实判要少，而对对方队员判定的犯规次数远远高于裁判的实判次数。同一场比赛，双方球迷的判断如此对立，显然不是比赛中哪一方的确犯规更多的问题，而是球迷的判断有明显的偏见。

由于球迷被试的态度准备都倾向于己方获胜，因而他们对比赛犯规的知觉受到明显的倾向性的影响。一方面，他们会在己方队员的动作中倾向忽略犯规行为，而对对方队员的犯规动作更敏感。另一方面，他们可能用不同的判断标准对待己方与对方队员：己队的犯规动作会被理解为合理技术动作，而对方的技术动作更多地被视为犯规。有趣的是，球迷被试本人对自己的态度并不自觉，两方面的心理作用都是在无意识状态下发生的。

（3）价值功能。在日常生活中，许多人通过表明自己的态度来显示自己的社会价值。"劳动光荣"已成为我国全社会的价值共识，无论快递小哥、社区工作者还是工厂技师，每个辛勤劳动的劳动者都得到社会的赞扬和尊敬，尊重劳动的社会态度让每一个劳动者都享受劳动、创造价值。

（4）认知功能。态度是我们认识世界的基本框架和基本底色，每个人都是通过态度赋予事物以意义。态度作为行为的心理准备状态，一经形成就会影响到人们注意事物的方式以及对事物的理解。态度能给人提供意义建构的参照框架，能引起意义感。例如"亲其师、信其道"或者"爱屋及乌"，都说明已有态度会影响对新情境的认识，反映了态度的认知功能。

（二）社会态度的一种典型现象：偏见

偏见是人们脱离客观事实而建立起来对人和事物的态度，包含了过多的情感因素。偏见有正面的偏爱，也有负面的偏恶。在这个模块，我们重点介绍负面偏见。

1. 偏见的特征

（1）偏见以有限的或不正确的信息来源为基础。2021年，中央网信办启动"清朗·'饭圈'乱象整治"专项行动，全面清理"饭圈"粉丝拉踩引战、挑动对立、恶意营销等各类有害信息。为什么一些年轻人会陷入饭圈偏见？"饭圈"作为一个封闭的矩阵化组织，因封闭而信息局限，因封闭而信息失真，是一些年轻人逐渐形成偏见而陷入"饭圈"的原因之一。一方面，在"饭圈"内部形成全网络立体化的联结，内部粉丝之间因共同爱好有很强的组织黏性，随之而来的情感投入和心理投射也越来越多，逐步在自己的日常生活中建立意义，形成了对特定偶像的"偏爱"。另一方面，"饭圈"信息封闭性很强，依靠狭隘的信息机制，整个群体有意识地过滤了对群体认同不利的信息，信息的接收具有片面性、选择性和狭隘性，强化了"偏爱"，也形成了对其他人的"偏恶"。

（2）偏见的认知成分是刻板印象 在认知发展的过程中，我们逐渐学会以"类"识物，这样能节省心理资源、简化认知，但过于简单的归类也会损失信息，从而对某类事物及其下的个体形成一种概括固定的看法。"内蒙古的学生骑马上学、新疆的学生骑骆驼上学"是地域刻板印象，"男生擅长数学、女生擅长语文"是性别刻板印象。近年来，"95后"海归硕士做汽修工、清华北大的毕业生入职街道办事处、职业院校学生在清华做老师等消息被广泛讨论，也说明少数人仍然对职业选择存在刻板印象。

（3）偏见有过度类化倾向。这种倾向过分强调了某一类人或事的共性，忽视了个别差异。有人认为衣着不整的人工作也不认真，事实上也有可能因为工作太认真投入而顾不上整理着装。毕业生在寻求工作岗位时可能会因为部分现象而产生的就业偏见，从而影响就业选择。比如脑力劳动高于体力劳动、行政职位优于技术职位、农村发展不如城市发展、民营企业不如国有企业。

（4）偏见含有先入为主的判断。我们对人或事物的认识是逐步深入的，应根据事实而加以修正。然而，有偏见的人往往过早下结论，甚至面对相反的事实，也不愿意修改形成的第一印象，仍旧固执己见。

2. 偏见的产生原因

偏见的产生有主观原因也有客观原因，几个典型的解释理论如下。

（1）团体冲突理论。团体冲突理论认为，为了争得稀有资源，如加薪机会或晋升机会，团体之间会有冲突产生，偏见实际上是团体冲突的表现。该理论用相对剥夺的观点解释偏见的产生：当人们认为自己有权获得某些利益却没有得到时，他们把自己与获得该利益的团体相比较，便会产生相对剥夺感，这种相对剥夺感进而引发对立与偏见。

（2）社会学习理论。社会学习理论认为偏见是习得的，是通过直接或者间接经验获得的。有些儿童会从父母、朋友、老师和周围其他人的言谈举止中，潜移默化地学会用消极的态度来看待某些社会群体，而且这一认同还可能得到重要他人（如老师、同伴和父母等）的赞扬、鼓励等直接强化，如有些家长会说"你现在不好好学习将来就去送快递、扫大街"，容易导致儿童对"快递""清洁工"群体形成负面偏见。

（3）刻板印象。影响偏见的还有刻板印象，包括内隐的和外显的刻板印象。刻板印象作为一种认知框架，对输入的社会刺激性信息加工具有非常强烈的影响。研究者让被试看一张黑人脸部图片后，发现被试对与黑人种族刻板印象相关的词的反应速度，要比与白人脸部图片的相关词的反应速度快得多。反之亦然。这些研究结果表明了内隐的刻板印象的作用。

3. 偏见的消除

列宁曾说过，偏见比无知离真理更远。负面偏见容易导致社会疏离甚至矛盾冲突，因此，消除偏见是社会心理工作的重点。大量的社会心理学研究发现，只要措施适当，便可达到预防和消除偏见的目的。研究者和实践者提出了几种主要的解决措施：

（1）消除刻板印象。偏见和一般的态度一样，也具有认知、情感、行为三种成分。而偏见的认知成分往往是一种社会刻板印象。由偏见对象表现出与刻板印象相异的行为来，有助于偏见的消除。例如，多宣传从山村里走出来的科学家、从城市走进农村的扶贫工作者等，有助于减少人们持有的城乡偏见。

（2）增加平等的个人交流。平等的个人交流有助于真实当事人了解对方独特的能力、性格、兴趣、志向等，避免因为类型概括产生的同类印象，形成先入为主的判断，从而达到预防和消除偏见的目的。

【学海无涯：知识拓展】

群体利害冲突导致偏见

社会心理学家谢里夫和他的同事让一群来自不同地区的男孩参加一次暑期夏令营活动，到营地后，将其分为两组。开始，两组人员互不认识，也不往来，各自从事自己组内的学习与活动，逐渐地在各组成员内部建立了"我们一体"的群体意识感和归属感。随后，研究者安排两组进行各种竞赛活动，竞赛活动的奖励方式为一组之所得必为另一组所失。随着竞赛活动的进行，两个群体间的社会距离越来越大，而且产生了对己有利则对对方不利的看法。每个小组成员都认为自己的群体是勇敢的、坚强的、友善的，而对方群体是卑劣的、狡诈的、邪恶的。即使双方成就差不多，组员也倾向于高估自己的成就而低估对方。进一步的研究发现，两个群体的对立态度不仅出现在竞赛活动中，而且扩散到了其他非竞赛的场合。

（资料来源：乐国安. 社会心理学 [M]. 广州：广东高等教育出版社，2006.）

（3）共同命运与奖励合作。如何消除竞争引发的偏见？社会心理学家谢里夫（Sherif）在暑期夏令营的研究中发现，把营区的供水系统加以破坏，使两个群体都面临缺水的重大困难，这个困难只有依靠两个群体全部成员的共同合作才能消除。结果证明，共同命运与奖励合作是消解群体间偏见的重要途径。

（4）制订有助于消除偏见的社会规范。人们都有服从并认同社会规范的倾向，如果社会规范接纳特定群体，则人们就比较会消除对该群体的偏见。残疾人奥林匹克运动会等设置就是应用社会规范消除偏见的实例。

（三）社会态度的测量

态度是相对稳定的心理结构，可以从人们言语、行为等方面表现出来，因此具有测量的可行性。要想了解人们的社会态度，需要进行测量。态度测量通常聚焦在方向和强度两个方面，常用的测量方法有：自我评定法、投射测验法、行为反应测量法等。

1. 自我评定法

自我评定法是由个体自己报告对某个特定对象的态度，具体可以用总加量表、社会距离量表或者语意量表进行评定和测量。

（1）总加量表。总加量表是由一系列关于某个目标的态度陈述句和等距刻度组成的，李克特（Likert）首创这个方法，因此也叫李克特量表。李克特量表有五级，也有七级的版本，级数越多测量的精度越高，如图4-1。

使用总加量表前，首先编出一套关于目标对象态度的陈述句（尽量使用正、反向交叉描述），设计好相应的评定刻度（如五级或七级）；将分数逐题相加，所得总分作为态度指标，如表4-1所示。

（2）社会距离量表。社会距离量表可以反映不同人群之间在空间、时间和心理方面的亲疏，由鲍格达斯（Bogardus）首创。例如，要求人们就"你与进城务工人员处于什么关系"的问题，选择一个最符合自己态度的量值，如下表4-2，量值越大表示社会距离越近。

（3）语意量表。通过观察人们在多组反义词之间的位置来测量态度的量表是语意量表，如图4-2。实际测量时，研究者会要求被试在一个五点或七点量表上评断自己对某事物的看法。语意量表通常从态度的方向、强度和变化等三个维度进行测量。

(1) 1~5级量表

| 极同意 | 同意 | 中立 | 反对 | 极反对 |

(2) 1~7级量表

| 极同意 | 同意 | 有些同意 | 中立 | 有些反对 | 反对 | 极反对 |

图4-1 李克特量表示例

交流讨论：
测测你的压力态度，与同学们交流你们之间的差异。

主题统觉测验

表4-1 压力态度量表

压力态度量表	0=非常 不同意	1= 不同意	2= 中立	3= 同意	4= 非常同意
（1）压力或应激会带来消极的后果，因此应该尽量避免 压力或应激					
（2）经历压力或应激事件可以促进我的学习和成长					
（3）经历压力或应激事件会损耗我的精力和健康					
（4）经历压力或应激事件可以提高我的工作表现和效率					
（5）经历压力或应激事件会抑制我的学习和成长					
（6）经历压力或应激事件可以改善我的精力和健康					
（7）经历压力或应激事件会降低我的工作表现和效率					
（8）压力或应激会带来积极的后果，因此应该尽可能利 用压力或应激					

表4-2 社会距离量表示例

社会距离陈述	量值
可以在一个国家	1
可以在一个城市	2
可以在一个行业	3
可以做邻居	4
可以做朋友	5
可以结婚	6

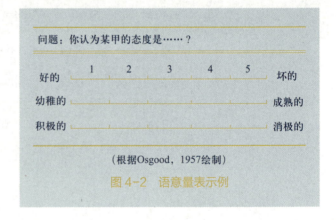

（根据Osgood，1957绘制）

图4-2 语意量表示例

2. 投射测验法

投射测验法提供给被试一种无限制的、模糊的情景，要求其作出反应，即让被试将他的真实态度投射到"模棱两可的刺激"上。常用的投射法包括主题统觉测验、罗夏墨迹法等。

（1）主题统觉测验。主题统觉测验是询问被试图片中发生了什么故事（例如，图中描绘的是什么情境，情境发生的原因，演变下去会有什么结果），被试会在编故事时不知不觉地把自己对某一事物的态度投射进去，展露自己真实的态度，研究者可以通过分析故事内容推测被试的态度。

（2）罗夏墨迹法。罗夏墨迹是常用的投射测验，由墨渍偶然形成的模样刺激作为图版，让被试在观看后说出由此联想到的东西，然后将这些反应用符号进行分类记录，加以分析，进而对被试性格或态度的各种特征进行诊断，示例如图4-3。

图4-3　墨迹测量法示例

3. 行为反应测量法

行为反应测量法是利用外在行为来探究内在态度的一种测量方法。例如，商家可以通过识别消费者面对商品时的面部情绪，来判断消费者对商品的喜好程度。这种方法可以在消费者不知情的情况下采择，相对自然客观。

二、了解社会态度的形成

社会态度的形成需要经历一个过程，其中受到不少因素影响。本节重点分享三个社会态度形成的理论，以帮助大家理解社会态度形成的过程和机制。

（一）社会态度的形成过程

美国社会心理学家凯尔曼（H.C.Kelman）提出了态度形成与变化过程的三个阶段：顺从、同化和内化。

1. 顺从

顺从是指在外部压力下，个体为了达到一个更重要的目标，而改变自己的态度反应或表面行为。韩信"胯下之辱"就是"顺从"的典型例子。

顺从阶段是态度变化的第一阶段，也是最为表面的态度改变，但由于人在心理上具有保持认知一致性的需要，因而长期的顺从有可能导致态度方向和强度的改变。斯德哥尔摩效应中，犯罪者控制着人质的生死，活下来的人质因感激留命反过来会对犯罪者产生好感、认同甚至主动帮助犯罪者，人质的态度方向和强度因受到高度的刺激和紧张而改变。

2. 同化

同化是指个体自愿接受新观点、态度或行为方式，使自己的态度与他人要求相一致，如同新入学的学生会学习并遵守学校规章制度、团队成员会完成领导指派的任务、新手爸妈努力学习照顾孩子。可见，当个体被置于特定的社会位置、赋予特定的社会角色时，其自我同一性需要与社会角色相一致，此时就需要采取与角色相一致的态度。

同化阶段的态度变化是自愿的，而不是被迫的。同化阶段已经超越表面态度的变化，开始涉及态度情感和态度认知的改变，促使态度更加牢固或者彻底转变。

3. 内化

内化是指个体自觉相信并接受新观点，并以此为基准评价自己和他人的态度改变。内化意味着人们把新观点与新思想纳入了自己的价值体系之内，内化性的态度改变是一种新价值观的获得，是态度改变中的最深刻的层次。当一个人内化了"勤劳致富"的价值观，就会更加努力付出，并讨厌人们"好吃懒做"的行为；当一个人内化了"富贵险中求"的价值观，就会冒险寻找机会，也不太认可"岁月静好"。内化性的态度改变不再依赖外部压力及个人与其他人的关系，它已成为一种独立、稳固、持久的态度。

(二) 社会态度形成的影响因素

影响态度形成的因素很多，主要有以下几个方面。

1. 经验的情绪后果

社会心理学家奥尔波特（Allport）发现，创伤性经历，哪怕仅仅是一次，就可以使人形成十分稳固的态度。不仅如此，这种态度还会泛化到相关或相似对象之上，如"一朝被蛇咬，十年怕井绳"。

2. 需求

态度具有情绪体验的成分。我们对能满足自己需要或是有助于实现个人目标的对象，倾向于有积极情绪

【学海无涯：心灵故事】

干一行、爱一行，专一行、精一行

今年35岁的张亮，是中国石油天然气集团有限公司辽河油田分公司施工作业管理中心的一名电焊工，对他而言，一朵朵焊花就是世界上最美的花朵。

22岁的张亮从辽河石油职业技术学院焊接自动化专业毕业后，成为辽河油田原总机械厂锅炉制造厂的一名电焊工——这是行业公认"最不露脸"的工作，但他潜心苦练技能，成为车间第三个能焊接梅花桩的焊工，焊口合格率保持在99%以上。

后来，张亮获得辽河油田焊接比赛第一名，还摘得了中国石油电焊工职业技能竞赛铜牌。

在中俄东线天然气管道施工中，张亮每天工作14个小时，成功在第五天调试出最优焊接参数，早于全线23天。他所在的机组实现连续330道焊口无返修，1 481道焊口一次焊接合格率达98%，创下了单机组日焊接41道、月焊接641道焊口的全国纪录。如果说从一名高职毕业生到一名高级技术工人，张亮靠的是勤学苦练，那么，从高级技术工人到中国石油行业的技能专家，张亮靠的则是创新突破。"几年前，我感觉自己在技能方面，无论是操作熟练度还是方法技巧，都已经到了瓶颈。一次培训启发了我，技能工人的突破不只是靠提升技能纯熟度，还要技术创新！"从那时起，如何进一步缩短焊接时间、节省焊接成本、提升施工效率，成为他思考的课题和技术创新的方向。

2018年，张亮负责攻关"超大口径高强钢管线连头自动焊工艺研究与应用""大口径山段自动焊技术应用"等课题，成功达到国内领先水平，填补辽河油田在全自动焊接施工领域的多项空白。多年创新实践，张亮有效解决现场施工难题220余项，申请国家专利24项，20余项"五小"成果在施工现场推广应用，累计创效近6 000万元。

"焊接技术方面的创新，需要在施工的实践中，多琢磨、多思考，解决实际问题，拿出钻研的劲头儿，反复尝试。"回顾自己技术创新的心路历程，张亮这样总结。

在施工现场，张亮要为多个机组提供技术保障，刚解决完这个机组的问题，就得连忙赶到下个机组。"但越是这样，越需要静下心来，总结施工中的经验教训，争分夺秒为技术创新寻找突破口，为施工降本、提质、增效。"张亮坦言。

(资料来源：《人民日报》，有删改)

体验和肯定态度。反之，对于阻碍自己达到目标或引起挫折的对象，则倾向于产生消极情绪体验和否定态度。

3. 知识

态度包含对目标对象的认知和理解。信息知识可以使人形成一定的态度，也可以使已形成的态度发生转变。对与自己没有直接关联的对象或者事情，信息和知识基本支配了态度的形成和转变。例如，人们学习了心理健康的知识，就会在心理问题出现时减少病耻感并增加求助行为。有些抽烟的人为避免二手烟对家人和孩子造成影响，会选择在车里抽、阳台抽或在油烟机下面抽，这样做对吗？他们不知道烟草残留在衣服、墙壁、地毯、头发、皮肤等上面的固体残留物对家人的健康危害比二手烟更大、更久。有些烟民认为电子烟可以帮助戒烟，殊不知电子烟对人体健康的危害不少于卷烟。这都是信息知识对个体认识和态度的影响。

4. 参照群体

参照群体是个体在价值取向上认同的群体，该群体的态度和行为为人们提供社会同一性和自我评价的标准，通常是个体隶属或者实际有关的群体。首先，参照群体为个体提供了价值和自我同一性，在态度形成上有天然的内化联系，如孩子的生活态度在很大程度上与父母的生活态度相关；其次，与参照群体的共同生活经历和情感联系促使个人自觉同化群体的态度；再者，参照群体的规范和态度可能对群体成员构成压力，群体成员可能依从压力而顺化态度，然后随着时间的推移，顺从进一步影响态度的方向和强度、加固某种态度的形成或转变。

5. 文化

文化作为个体社会化的背景，对态度形成有深刻的影响。在集体主义文化中个体的"家国情怀"再平常不过；与之不同的是，西方个人主义文化下个体更强调个人利益。相比小麦，水稻种植需要更多的合作，研究者以黄河为分界对比了水稻文化和小麦文化，以"火车、公共汽车、火车轨道"为题选出同类项，水稻文化区的人认为"火车与火车轨道"是一类，而小麦文化区的人则认为"火车与公共汽车"是一类，这体现了水稻文化下的个体更注重环境因素，而小麦文化下的个体更注重主体因素。可见，文化会潜移默化地影响个体的态度和行为选择。

6. 遗传因素

态度的形成也与遗传基因有关。研究者发现，同卵双生子比异卵双生子在态度方面更接近，即便双生子的成长环境截然不同，也在态度上呈现出一致的倾向。

（三）社会态度形成的理论

态度的形成与改变分不开，分析态度的形成是为了从源头探寻态度改变的方法。关于社会态度形成的三个理论如下。

1. 认知平衡理论

认知平衡理论认为个体力图保持认知系统的平衡。因此当系统失衡时，会产生压力而使人的态度发生改变，以恢复认知系统的平衡。

认知平衡理论的代表学者海德（Heider），提出了P-O-X模型。其中，P代表一个人对另一个人态度，O代表另一个人对这个人的态度，X代表第三者或事件；当P、O、X的态度一致时系统平衡，例如妈妈、爸爸与女儿的男朋友互相认可；当P、O、X的态度不一致时系统失去平衡，例如妈妈、爸爸、女儿的男朋友互相不认可；这种不平衡具有动力性质，三者会力图调整态度以恢复系统平衡。P-O-X模型的图示如图4-4，其中"+"代表积极态度，用"-"代表消极态度，三者相乘的结果为正则系统平衡，反之失衡。

2. 认知失调理论

认知失调理论赞同人有实现认知一致的动力，着重探讨态度和行为不一致的问题。社会心理学家费斯廷格（L. Festinger）认为一般情况下，个体对于事物的态度以及态度和行为间是相互协调的；当出现不

认知不协调

一致时，就会产生认知不和谐的状态，即认知失调，并会导致心理紧张。个体为了消除紧张会使用改变认知、增加新的认知、改变认知的相对重要性、改变行为等方法来力图重新恢复平衡。

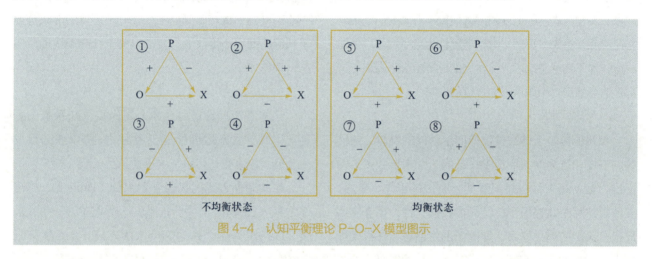

图 4-4　认知平衡理论 P-O-X 模型图示

【学海无涯：知识拓展】

认知失调引起的态度改变

研究者让被试做 1 小时枯燥无味的绕线工作，在其离开实验室时，研究者请他告诉在外面等候参加实验的"被试"（其实是实验助手）：绕线工作很有趣。为此，说谎的被试得到一笔酬金。然后实验者再请他填写一张问卷，以了解他对绕线工作的真实态度。结果发现，高报酬被试对绕线工作仍持有低的态度评价（乏味枯燥）；与之相反，低报酬被试提高了对绕线工作的评价，变得喜欢这个工作了。

为什么低报酬被试"变得"喜欢绕线了呢？从认知失调理论的角度看，被试头脑中有了两个失调的认知因素："我本不喜欢绕线工作"和"我对别人说这活有趣"。为了消除认知失调带来的心理紧张感，高报酬被试以"拿人钱财、替人受灾"来合理化自己的"欺骗行为"，从而达到认知平衡。低报酬被试如何消除自己的认知失调感？因为"欺骗"已经是既成事实、不能改变，相比高报酬者，也无法找寻更多的外部理由来合理化自己的行为，所以低报酬被试只能调整自己对绕线圈工作的态度，最后使得态度"变得喜欢"与行为"告诉别人这活有趣"二者在认知上变得协调了。

3. 期望—效价理论

期望－效价理论假定，在选择态度的时候，个体努力使各种预期结果的效用最大化。这种效用最大化通过数学计算可表达为以下两因素的乘积：期望结果的价值、期望结果发生的可能性。期望—效价理论认为在目标之间有冲突时，个体倾向于选择能让自己的收益最大化的态度立场，强调个体趋利避害、两害取轻或优中择优的理性决策。期望效价理论较好地解释了人们对"双趋"冲突的态度，即两个结果都很好的情况下如何选择。例如，张兰很敬老也很敬业，在明天带老母亲看病和参加一个重要工作会议之间她会如何做选择呢？当亲人需要与成就需要同时存在的情况下，张兰的态度取决于对期望和效价的利弊权衡。

三、重视社会态度的转变

态度具有一定的稳定性与持续性，这是由于态度的形成是基于客体特性和主体已有需要、习惯、经验、理念交互作用，最后建立的较稳定联系。改变态度涉及整个或部分关联系统的改造，不是轻而易举就能够实现的；尽管如此，人们还在竭力寻求改变态度的方法以期待调整人的行为。

（一）影响社会态度转变的因素

社会心理学家霍夫兰与詹尼斯提出了以说服转变态度的模型，从说服者、信息、方式、接收者四方面来分析影响态度转变的因素，如图4-5所示。

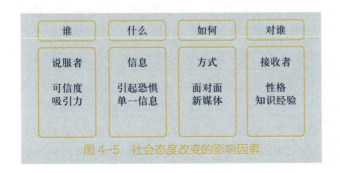

图4-5　社会态度改变的影响因素

1. 说服者

作为信息的来源，说服者的可信度、吸引力会影响说服效果。

（1）可信度。可信度高的说服者更容易改变接收者的态度。可信度有两种独立的成分，即专业性和可靠性。首先，专业的信息来源更有说服力。专业性的指标包括说服者的教育背景、社会地位、职业、年龄等。医院里的特需专家、学校里的资深教授、某领域的权威研究者提供的信息更容易改变接收者的态度。其次，可靠的说服者更容易改变接收者的态度。可靠性是指说服者是否公正和客观。如果接受者意识到说服者出于某种利益试图影响自己时，会怀疑信息的可靠性，不容易改变态度；相反，如果接收者认为信息传达者没有操纵自己的意图，其心理上就不存在抗拒反应，对有关信息的接受性也较高，易于改变态度。

（2）吸引力。一个说服者是否为接收者喜欢，决定了态度能否改变。凯尔曼认为，由于人们倾向听取自己喜欢的传达者给出的信息，进而往往采取那个人的态度、爱好、行为方式和服装式样，所以对传达者的好感能引起态度变化。这种现象普遍体现在商业消费领域。如商业品牌会根据产品的特性和消费人群聘请代言人，通过代言人的吸引力，进而使消费者对产品产生积极态度，明星为商品代言就是利用了信息传达者的吸引力改变消费者对商品的态度。一个人是否为人所喜爱，是由许多因素造成的，如人有无专业能力，外貌有无吸引力，是否与接收者有相似性，是否尊重交谈对象，态度是否友善等。

2. 信息

信息本身的特点对于态度改变有重要的作用。

（1）信息差。影响我们态度改变程度的一个重要因素是信息差，即说服者与接收者之间的信息差距。一般来说，信息差越大个体认知越不协调，心理紧张度越高，态度改变的可能性越两极化，要么很容易改变、要么很容易抗拒。信息差受到说服者权威性的影响，特别在专业性较强的话题上（例如，每晚睡眠需要的时间），对高权威度的说服者（著名医生），高信息差更容易引起接收者的态度转变；而低权威度的说服者（邻居），中等信息差更容易引起接收者的态度转变。

（2）信息角度。如果要劝说朋友一起去海南旅行，单说此行的好处，还是既说可能会耽误工作又说休息好才能更高效率工作两个方面，更有利于说服效果的实现？研究发现，对整体文化程度较低的人群而言，单方面信息更容易引起态度转变；正反双面信息更容易改变整体文化程度较高的人群的态度，特别是在说服者与接收者态度不一致的情况下，先共情理解对方的态度，然后强调自己秉持的观点，这样更容易使接收者改变态度。

（3）信息的恐惧程度。信息令人恐惧的程度越高，越容易引起态度转变。研究者让随机匹配的三组儿童看龋齿的照片，第一组儿童看龋齿很严重的图片，第二组儿童看龋齿中等严重的照片，第三组儿童看龋齿不太严重的照片。看完照片后询问儿童对刷牙的态度，第一组儿童态度转变最大，二组其次，三组最小。需要注意的是，是否使用恐惧性信息要依据态度转变需要的轻重缓急，如果急需要改变，可采用恐惧度比较高的信息，如对在马路上闯红灯的儿童提出警告"不遵守交通规则会有生命危险"。如果态度改变的过程比较缓慢，可采用恐惧度中等或者较低的信息。抽烟致癌是真的，但因为改变过程比较缓慢，很多烟民都觉得再抽一段时间也没关系，因而即使采用恐惧度高的信息，也不容易转变抽烟者的态度。

3. 信息提供的方式

同样的信息会因提供的方式不同而效果不同。如口头传递比印刷途径效果好，面对面的演讲比通过大众传播媒介传达效果好。

提供信息时是否给定结论也很重要。结论给定的方式有两种：一种是只提供信息，由接收者自己去获得结论；另一种是提供信息的同时给出明确结论。研究发现，只提供信息材料，由接收者自己做出结论可以更好地引发态度改变；而命令式地给定结论的方式，易于激活人们自我防卫机制，使态度改变出现困难。

另外，信息重复的次数也影响态度的改变。某个信息如果反复多次地呈现在个体面前，个体对其记忆会得到巩固和加强，导致改变态度。不过，重复也要适可而止，以防个体产生逆反心理。

4. 接收者

（1）接收者原来的态度。一般来说，持续时间比较长的习惯性态度、高强度的态度、有强烈情绪基础的态度以及与个人需要关联密切的态度都不易变化。

（2）接收者的个性特征。研究发现，性格上依赖性强、低自尊的人，对自己的既有态度信任感较低，易于信任权威和接受说服而改变态度。进一步的研究还表明，自尊心不仅会影响人们接收信息的倾向，同时还影响人们如何理解信息。在简单情境中，低自尊的人易于被说服，而当情境变得越来越复杂时，低自尊的人会出现全面理解信息的困难，因而对说服的接受性也相应降低。

（3）自我防卫倾向。研究表明，自我防卫的人倾向于维护自己的既有形象与自尊，较难接受新的信息或易于发生误解，因而不易改变态度。自卫防卫通常在三种情况下出现：第一，当人们感受到自己被别人操纵时，心理上会出现自发的抵抗，维持自我控制。任何明显影响别人的企图，都可能引起人的抗拒反应。第二，人们的心理活动通常遵循费力最小原则。因此，在人们没有感受到改变的必要性时，通常是尽可能少地改变自己，对需要费时费力的改变行为或言语作出防御。第三，人们为了维护自己的尊严，需要保持一个不轻易受影响的形象。除非在特定条件下，必须跟随别人才是唯一正确的选择，通常人们会感到轻易跟随别人是有损自己形象的。

（4）个人同群体的关系。个人对所属群体的认同感越高，就越倾向于维持自己与群体相一致的态度，被说服的可能性也越小。第一，一个人越是重视自己群体成员的身份，就越不易接受反对群体的观点。第二，一个人在群体中的地位越高，维护群体形象，保持与群体一致的责任意识也越强，抗拒与群体规范不一致的劝导的力量也越大，态度遂不易改变。第三，个人越是信赖群体，相信群体规范的合理性与价值，也就越倾向于保持与群体的一致，难于接受说服而改变态度。

（二）社会态度转变的方法

1. 说服宣传

影响说服宣传效果的几个重要因素如下：

（1）信息的客观性。在进行说服宣传时，宣传者所提供的信息要客观。有人将同一型号汽车做了两则广告：第一则强调这种车门内把手因偏右而用起来不顺手，但除此之外，其他方面都很好；另一则广告全都讲优点，结果顾客更加相信第一则广告。这说明客观介绍产品能获得人们的信任，从而使人们容易接受宣传的内容而转变其态度。

（2）说服宣传要有情绪唤醒。社会心理学家斯坦利（Stanley）认为，宣传必须使人们的内心感到有情绪唤醒，情绪会带动态度更大的转变。但要注意情绪唤醒的程度，否则过强的情绪波动可能适得其反。

（3）逐步改变态度。实验社会心理学研究表明，逐步提出小要求，不断缩小态度差距，更容易使人们接受新态度。市场销售人员通常先请客人进门、喝水，然后再逐步介绍产品；最初提出较小要求，后来再提出进一步要求。这种方法比一开始就提出两项要求，容易使人接受而转变态度。

2. 活动参与法

要转变一个人的态度，必须引导其积极参与有关活动。社会心理学家史密斯（Smith）组织学生到黑人社区访问，他要求学生们利用半个月的时间，广泛与黑人中的报刊编辑、外科医生、诗人、画家、音乐家等进行接触，听黑人的演说，参加黑人学生的会议，与黑人交谈等。结果发现，不少学生由以前对黑人的歧视态度，转变为对黑人非常友好，一段时间后，这种友好的态度仍然持续着。除此之外，态度的改变还可以借鉴角色扮演法，利用扮演不同的角色或者体验某一群体的生活来改变态度。

3. 群体讨论法

著名的心理学家勒温（Lewin）进行过这方面的实验研究。被试是美国的一些家庭主妇，当时正是"二战"时期，由于食品缺乏，美国政府希望人们能够利用动物的内脏来做菜。勒温将被试分为两部分，他向其中的一部分讲解用动物内脏做菜的好处：味道鲜美、营养丰富以及对国家有贡献，并无偿赠送每人1份烹调内脏的菜谱。对于第二部分被试，勒温组织他们进行讨论，探讨动物内脏的营养价值和烹调方法，并且分析烹调内脏可能遇到的困难，最后营养专家指导每个人亲自试验烹制。一个星期后检查结果发现，第一部分被试中改变原先态度的人只有3%，而第二部分被试则有32%的人用了动物内脏做菜。群体讨论法为什么能够有这样明显的效果？这主要是因为：第一，参加讨论的人是主动的，容易产生较高程度的自我涉入；第二，参加群体讨论的人得以观察到其他一些人的态度，愿意放弃原来的观点；第三，在群体讨论中领导者对提出异议的人的宽容态度会使成员较愿遵从他的建议；第四，参加群体讨论的人被要求对已经做出的决定作出一定程度的回应，被要求按照决议去行动。

勒温指出，在讨论过程中，个体经历了三个阶段的变化：一是"解冻"了原来抵制改变的群体态度；二是建立了新的态度；三是"凝固"了新的态度。

【学海无涯：心理技能】

接纳与承诺治疗

图 4-6 接纳承诺疗法六边形

接纳与承诺疗法（Acceptance and Commitment Therapy）是新一代认知行为疗法中最为代表性的经验性行为治疗方法，通过接触当下、接纳、解离、以己为景、价值和承诺行动等过程以及灵活多样的治疗技术，帮助来访者增强心理灵活性，投入有价值、有意义的生活（图 4-6）。

接触当下（活在此时此刻）

接触当下是指有意识地与此刻发生的一切建立连接和投入，有意识地对此时此刻的经历保持注意，而不是被自己的念头牵着走或者表现出"自动导航"的行为模式，意味着将个体的意识灵活地置于外部世界和内心世界中。

解离（观察你的念头）

解离是指与自己的各种念头、想象和记忆保持距离。强调后退一步观察念头，而不是与之纠缠，用双手轻柔地捧着它而不是紧紧地抓着不放。

接纳（开放的态度）

接纳是指以开放的态度为各种痛苦情感、感受、冲动和情绪腾出空间，与其同它们战斗、抵抗、逃避或者被它们淹没，倒不如打开心胸，顺其自然。

以己为景（全然觉察）

"以己为景"也叫"全然觉察"，都是观察性自我的另一种表述。当我们走过人生的不同阶段，身体会改变，想法会改变，感受也会改变，角色也会发生变化，但是我们能够注意和观察这变化的一切，在这一点上我们始终没有改变，这是我们一生不变的"观察性自我"。无论我们想了什么，做了什么，感受到了什么，觉察到了什么，观察性自我都能够在任何时候意识到。

价值（知道什么是重要的）

价值勾勒出人们在多大程度上本着持续的态度想要去行动。澄清价值对创造有意义的生活至关重要。在 ACT 中，人们经常用"价值"来选择生活方向，就像指南针给我们指明了方向，指引我们不断前行。你可以思考：在你的内心深处，你想要的生活是什么样的？在生活中你赞成什么？在这世上，凭借这短暂的一生你想做些什么？在更为广阔的背景下，什么对你真正重要？

承诺行动（为所当为）

承诺行动是指在价值的引导下采取有效的行动。如果仅仅盯着手里的指南针，那么我们的旅程便不会取得太多进展，只有通过采取与价值相一致的持续行动，生活才会变得丰富、充实、有意义。承诺行动意味着"为所当为"，即按照我们的价值去生活。任何一种传统的行为干预都可以被用在承诺行动这部分，例如目标设定、暴露、行为激活以及技能训练等。无论是协商谈判和时间管理技巧，还是自信和问题解决技巧，又或者是自我安慰和危机应对技巧，任何一种能改善和丰富生活的技巧都可以被用来服务于承诺行动（使用这些技巧是为了我们过上有价值的生活，而不是为了经验性回避）。

（资料来源：《接纳承诺疗法》，有删改）

🎯 【心理实践】

一、团体活动

（一）职业情境表演

活动目的：了解大家对未来从事职业的思考及态度，帮助大家更好选择合适的职业。

活动时间：30～40分钟。

活动准备：若干职业情境、团体活动室。

活动过程：

（1）让学生进行分组，根据课程需要和班级人数，建议6～8人一组。

（2）每组事先准备一个职业场景，然后分别表演，表演过程中不能说话，让其他组员猜猜看是什么职业。

（3）组内分享：组内成员介绍自己小时候和现在对未来职业的展望分别是什么？

（4）总结与分享：教师带领大家讨论各自的职业态度发生了怎样的变化，以及什么原因促使变化发生。

（二）我们都是局中人

活动目的：通过活动感受压力，了解自己和他人面对压力的态度和应对方式。

活动时间：30～45分钟。

活动准备：抽奖箱1个、若干A4白纸、中性笔若干。

活动过程：

（1）每人匿名在A4纸上将近期压力最大的一件事情写出来，完成后对折两次，将白纸放置"压力箱"内。

（2）教师将"压力箱"的内容打乱，而后每位同学随机抽取一张。

（3）随后以小组为单位对抽到的压力事件如何解

职业情境表演　　我们都是局中人

决进行头脑风暴，并将大家的压力应对方式写在 A4 白纸上的压力问题后面。

（4）小组代表总结组员面对压力的态度和应对方式，学会面对压力。

二、案例思考

百家企业谈信心

"爬坡过坎，关键是提振信心"。2022 年 12 月 15 日至 16 日召开的中央经济工作会议指出，2023 年经济工作千头万绪，要从战略全局出发，从改善社会心理预期、提振发展信心入手，纲举目张做好工作。2023 年 1 月起，人民网《对话企业家》栏目推出"百家企业谈信心"特别策划，对话重点行业领域企业负责人，传递市场声音、提振发展信心、激励使命担当。以下是其中三位企业家的访谈要点：

访谈 1　海尔周云杰：在不确定中成就确定的力量

人民网：经历世界变局加快演变、新冠肺炎疫情冲击、国内经济下行等多重考验，企业获得了什么样的锻炼、积累了什么样的经验？您对未来企业发展有哪些新思考、新感悟？

周云杰：面对反复延宕的疫情和复杂严峻的环境，海尔锚定"世界一流企业"目标，稳中有进，逆势增长。2022 年，海尔集团全球营业收入 3506 亿元，增长 5.4%，生态收入 450 亿元，增长 16.3%，全球利润总额 252 亿元，增长 3.7%，展示出海尔强大的发展韧性。

面向未来，风险与机遇并存，海尔要在机遇中识别风险，在风险中抓住机遇，在"人单合一"模式下，开创新的发展格局，在不确定中成就确定的力量。

第一，海尔利用全球化优势实现更高水平的开放。海尔在"一带一路"沿线等国家持续布局，坚持以全球化服务全球化，在畅通国内国际双循环、构建全国统一大市场中积极有为。

第二，海尔通过数字化转型提升体验、提高效率。一方面，建立以用户体验为中心的智慧场景，通过数字化即时感知到用户需求并进行服务，如智家大脑支持下的智慧家庭场景；另一方面，针对生产运营全流程赋能，基于卡奥斯工业互联网平台，赋能企业转型、园区提质、城市提速，抓住数字经济新机遇，推进高质量发展。

第三，海尔让创客制成为企业自我成长的永动机。"人的价值最大化"是海尔发展不变的主线。海尔通过"创客制"，让创客成为企业持续发展的主人，每位员工都有机会通过创业实现成功，这也是海尔对内充满信心的来源，使平凡的人做出不平凡的事业。2023 年，海尔将聚焦战略，升级"创客制"，使机制完全市场化，激励创客持续创业、与事业共进退；推动"全员参与、全员共治"，发挥每个人的企业家精神，建设卓越的企业文化。

总体而言，企业高质量发展离不开高水平开放、数字化转型和高素质人才。

访谈 2　好医生集团耿福能：中医药不仅大有可为，并且大有作为

人民网：中央经济工作会议再次重申"两个毫不动摇"，您有何新感受？它将如何影响民营企业下一步的发展？

耿福能：民营企业是国民经济的重要组成部分。中央再次重申"两个毫不动摇"，给民营经济发展一颗"定心丸"，一剂"强心剂"，关键是提振了信心。民营企业的信心和活力在哪，我国市场经济的期望和活力就在哪。

企业做产业做品牌，更看重的是稳定性和可持续，更看重法治环境和营商环境。党中央释放政策信号，从制度和法律上、从政策和舆论上鼓励支持民营经济和民营企业发展壮大。我认为这对激发民营企业家敢闯敢干的信心，鼓励支持引导民营经济健康发展将产生积极作用。

访谈3　钟薛高林盛：坚定不移做好产品　展现更好品牌面貌

人民网：去年年底，中央经济工作会议召开，作为二十大之后的首场经济工作会议，您认为此次会议传递出的一个最强的信号是什么？

林盛：本次中央经济工作会议多次提及"信心"，做出了2023年经济运行有望总体回升的预判，尤其是提出"着力扩大国内需求，要把恢复和扩大消费摆在优先位置"，明确将消费作为稳增长抓手，让钟薛高这样的新消费国货企业对2023年以及未来的经济形势充满了信心。

过去几年，虽然整个消费领域都经历了困难与挑战，但我们相信2023年消费将是扩大内需最有空间和潜力的领域，也相信未来将有更多值得期待的政策举措出台。钟薛高也会在2023年继续加大投入，扩大生产，为消费者提供更多更好的产品与服务。

钟薛高也将积极响应号召，以"让消费重新回归价值本质"为核心，积极修炼内功，在新一年消费市场焕发生机之际，立足于产品品质和创新，展现出品牌更好的面貌。

对于2023年的信心，我们不只是嘴上说说，更会是身体力行，倾情投入，全力以赴。

（资料来源：人民网，有删改）

思考：结合社会态度的学习内容，从"百家企业谈信"心中，你发现了哪些改变社会态度的方法，你从中收获了什么？

三、实践训练

以小组为单位，选择一个社会态度相关议题为研究主题，收集资料并探索思考其表现、影响、应用（改善）等，最终以"改变人们对××的社会态度"课件和微电影的方式展示项目成果，促使学生掌握改变社会态度的方法。

【心理拓展】

一、心理书籍

（一）《态度改变与社会影响》

本书系统地总结了心理学研究在态度形成和改变方面的理论和实践，从而帮助读者理解自己是如何影响他人的，反过来又是如何受到他人和其他社会力量影响的。本书涵盖了社会影响的所有内容：说服、服从、从众、认知失调、自我归因、条件作用、社会学习、态度与行为的关系、态度的卷入、偏见、非言语交流等，甚至包括阈下影响。写作风格深入浅出、生动有趣，因其广泛的主题、鲜明的实践特点，适用于从事思想政治工作、教育、新闻、外交、管理、市场营销、文化宣传等工作的职业人。

（津巴多，利佩. 态度改变与社会影响［M］. 邓羽，等，译. 北京：人民邮电出版社，2018.）

（二）《城市居民的职业、生活与社会态度》

本书是国家社科基金重大招标项目《社会分层流

"心"实践：学会说
"不"项目教学法

动的和谐互动研究》的阶段性成果之一，采用"中国大城市社会网络与求职调查"（JSNET）数据（该数据不仅涵盖了中国的一线、二线及三线城市，并且涉及东部、中部和西部城市，因此能够代表不同发达程度地区的基本情况），以上海地区居民的生活和工作状况为研究对象，兼与其他七个城市的情况进行对比，旨在了解和分析中国城市居民的就业、社会交往和家庭生活情况以及对社会问题的态度，为特大城市的社会治理提供基本的数据资料和参考。

（张文宏，等.城市居民的职业、生活与社会态度［M］.北京：社会科学文献出版社，2020.）

（三）《态度：大国工匠和他们的时代》

本书选取 10 位在我国高铁、航天、港口、土木基建、建筑、传统手工业等领域的杰出工匠，通过对话形式，讲述他们的人生态度，揭示他们如何把个人人生理想融入时代需求、国家发展需求当中。在他们的故事中，能看到我国发展壮大的缩影，也能感受到在时代变迁中，普通劳动者应以怎样的态度去奋斗。

（蒋萌.态度：大国工匠和他们的时代［M］.北京：中国工人出版社，2022.）

二、心理影片

（一）《觉醒年代》

《觉醒年代》以 1915 年《青年杂志》问世到 1921 年《新青年》成为中国共产党机关刊物为贯穿，展现了从新文化运动、"五四运动"到中国共产党建立这段波澜壮阔的历史画卷，以李大钊、陈独秀、胡适从相识、相知到分手，走上不同人生道路的传奇故事为基本叙事线，以毛泽东、周恩来、陈延年、陈乔年、邓中夏、赵世炎等革命青年追求真理的坎坷经历为辅助线，艺术地再现了一百年前中国的先进分子和一群热血青年如何追求真理，实现自身价值。演绎出的一段追求真理、燃烧理想的澎湃岁月。通过这部电视剧大家可以深入理解态度和信仰如何形成与坚定。

（二）《长津湖》

《长津湖》全景式展示了长津湖战役的全貌：从美军仁川登陆，悍然越过三八线进犯中朝边境，到志愿军跨过鸭绿江出国作战，抗美援朝保家卫国；从长津湖战役全线爆发，中国志愿军战士重创敌人，到美军兵败后退，撤出兴南港。美军装备之强大、中国志愿军斗志之昂扬，都得到了体现。抗美援朝战争中，武器装备极其落后的志愿军与武装到牙齿的美军形成了鲜明对比，但中国人民志愿军凭借鲜明的态度、坚定的信仰与过人的意志，逐步扭转了抗美援朝战争的局势。电影启发我们：一个觉醒的、敢于为祖国光荣、独立和安全而奋起战斗的民族是不可战胜的，伟大抗美援朝精神必将激励中国人民和中华民族克服一切艰难险阻、战胜一切强大敌人。

皮格马利翁效应——期待和鼓励，拉近彼此的距离

在人际交互中，我们期待被认同、支持和鼓励。当一个人被其他人赞美、信任和期待时，这种力量会激发人的内在动力，获得积极向上的动力，并尽力达到对方的期待，从而增强自我价值感，使人们的行为朝着理想的方向发展。

皮格马利翁
效应

　　人际关系是社会心理学的重要内容，同时也是践行社会主义核心价值观的必然要求及影响个体心理健康的重要因素。在社会主义核心价值观中，友善是公民维系良好人际关系和社会关系的基本道德规范。学习人际关系的内容有助于增长个体的人际知识、提升个体的人际沟通水平和人际处理能力、提高个体的人际心理水平和生活幸福程度，培养健康人格，提升社会适应能力，从而营造和谐稳定的社会环境。

【知识脉络】

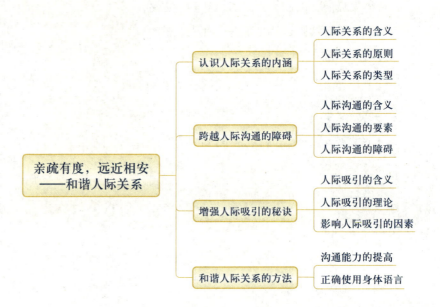

【学习目标】

素养目标：培养尊重、理解、共情、团结互助的品质和素养。

知识目标：掌握人际沟通的含义、要素和类型，人际吸引的理论；熟悉人际吸引的含义和影响因素；了解人际关系的含义、原则和类型，人际关系的建立与发展。

能力目标：提高人际沟通解决实际问题的能力，学会人际关系改善的具体技术，提升改善人际关系的能力。

化解"矛盾"，共筑和谐宿舍

李磊（化名）来到一所远离家乡的省城高职院校读书，临行前在一家企业做人事主管的父亲反复告诫他，"在大学里首先要和寝室的同学搞好关系，这样你的生活环境才会愉快，大学三年心里才有归属感。"进校后，虽然李磊时刻记得父亲的话，但是在与同学的相处中却很难做到。由于和同寝室的张涛同学存在生活习惯上的不同和性格上的差异，两人经常斗嘴，导致彼此不服气，互相看不起，矛盾时有发生。之后，寝室同学关系开始变得紧张起来，同寝室的其他同学都站到了李磊的对立面，其他人都不理解他、不信任他，少数同学甚至奚落他。李磊对他们也充满怨恨和不信任，进而产生猜疑和反感，只要有两位同学当着他的面嘀咕几句，就认为他们是在说

自己的坏话，心里十分苦闷，而张涛却好像整天都过得很开心、很快乐。看到这一切，李磊感到无能为力的同时又十分伤心，敏感多疑，情绪也开始变得闷闷不乐。

后来，李磊寻求学校心理咨询室老师的帮助，经过对李磊进行人际交往技巧的辅导，李磊对张涛开始变得宽容，并试着改变和寝室其他同学的关系，情绪也逐渐好转，慢慢地在李磊的脸上又看到了灿烂的笑容。

情境分析：从李磊的经历可见人际交往对心理健康的重要影响，李磊因人际交往的紧张，使自己的心里充满了猜忌、嫉妒和对他人的不信任。学会正确处理人际关系可以促进我们身心健康发展，同时对提升人际沟通能力及适应环境能力具有极为重要的作用。

一、认识人际关系的内涵

人是社会性的动物。生活在一定的社会环境中的人们，要生存、发展，不可避免地要和周围的人产生形形色色的联系、沟通和交流，于是，就形成了各种类型的人际关系。

（一）人际关系的含义

人际关系与我们每个人都息息相关，那么什么是人际关系呢？

人际关系是伴随着人类社会的出现而产生的，是人与人在交往过程中发生、发展和建立起来的关系。人际关系有广义和狭义之分。从广义来看，人际关系是指人与人之间的各种关系，以及人与人之间关

系的一切方面，包括经济关系、政治关系、法律关系、角色关系、文化关系、心理关系等一切方面。从狭义来看，人际关系是指在现实社会的实际活动中，通过交往而形成的人与人之间的一种心理关系（包括认知、情感）和相应的行为表现。比如进入大学后，我们的人际关系对象不仅涵盖父母、老师、同学、室友，还包括与班级、社团等所在群体之间的关系。

要更为准确地理解人际关系的含义，我们需把握以下几个方面的特征。

（1）人际关系是在人们的实际活动中产生的，是现实社会生活的产物，离开现实的社会生活是不可能产生人际关系的。

（2）人际关系是通过交往形成的，这种交往既有

人际交往的基本
原则

物质的，也有精神的；既有语言的，也有非语言的。各种形式的人际交往是人际关系形成的基础，我们古人所讲究的"礼尚往来"、社团中的集体活动等都是促进人际交往的具体例子，也是形成相应人际关系的基础。

（3）人际关系虽然包括人与人之间的政治关系、经济关系、文化关系等，但主要是指在上述活动中人与人之间微观的心理上的关系和距离，是在一定认知和感情基础上形成的关系。

（4）人际关系反映了个人或群体满足其社会需要的心理状态，它的发展变化决定于双方社会需要满足的程度。它关注的是这种心理关系的亲密性、融洽性和协调性的程度，其构成成分有认知成分、情感成分和行为成分。然而，纵观当下大学校园，受个性、生活习惯等多方因素的影响，各方需要满足的社会需求差异加大，不少寝室间都存在不同程度的人际关系问题，严重的甚至上升为人际冲突。

（二）人际关系的原则

人与人之间的关系较为复杂，不同的人对别人的期待总是各不相同，人际交往动机也会有所差别，却仍能从最普遍的方面总结出帮助人们赢得良好人际关系的原则。人际关系的原则是指根据人际关系发展规律所归纳的，在人际交往过程中应该遵循的人际行为的标准或准则，这些原则和理论可以帮助人们更成功地建立并维持自己所期望的人际关系。

1. 真诚原则

在人际交往中，真诚的品质尤为重要。1968年心理学家安德森（Anderson）对不同个性品质受人们喜爱的水平进行了研究，结果发现，受喜爱程度最高的6个个性品质依次是真诚、诚实、理解、忠诚、真实和可信，而最不受喜爱的品质是说谎、虚伪、不诚实、不真实等。的确，在与同学交往的过程中，真诚说话、真实做人、真心相待总是能赢得他人的喜爱，从而收获真挚的友谊。

何谓真诚原则？真诚原则是指在人际交往过程中关系的双方要以诚相待、彼此坦诚，通过语言及行为，沟通思想、交流感情，以促进人际关系向纵深发展，实现心理的真正交融，使关系主体的双方都能真切地认识到对方的需要。通过真诚交往，可以加深彼此之间的了解，每个人都可以对对方的行为作出正确的估计，同时形成心理上的安全感和信任感，增加彼此之间的交流互动，增强情感沟通和融入，从而形成良好人际关系。个人如此，国家亦然。我们国家始终秉持构建命运共同体的理念，我们永远是发展中国家的真诚朋友和可靠伙伴，始终与发展中国家同呼吸、共命运、齐发展，共同营造友好和谐的国际社会关系。

2. 交互原则

人际关系的基础是彼此之间的相互重视与支持，即人际关系中交往行为的倾向是相互的，而非单向的。前面情境导入中的李磊和张涛的例子就是这一原则的直接体现。人际交往中喜欢与厌恶、接近与疏远往往都是相互的。对于真心接纳、喜欢我们的人，我们也更愿意接纳对方，愿意同他们交往并建立和维持关系；而对于那些排斥、拒绝我们的人，我们也持排斥和拒绝的态度。从某个角度说，如果我们对于别人的排斥和拒绝报之以接纳与喜爱，我们的行为就得不到合理的解释，心理上就会有失衡的感受。反观大学间的寝室关系，往往也是当出现以自我为中心的现象与行为时，会因为缺乏彼此间的换位思考而引发相互之间的疏远或厌恶，从而产生难以调解的矛盾与冲突。

福阿夫妇（U.G.Foa & E.B.Foa）发现，任何人都有着保护自己心理平衡的稳定倾向，都要求自身同他人的关系保持某种适当性、合理性，并能根据这种适当性、合理性使自己的行为及与他人的关系得到解释。例如，当他人对我们作出一个友好的行动，对我们表示接纳和支持时，我们也会感到"应该"对别人报以相应的友好回答。这种"应该"的意识源自心理平衡的需求，会使我们产生相应的心理压力，迫使我们对他人也表示相应的接纳行动。否则，我们的行为就是不合理、不适当的，就会妨碍自己以某种观念为基础的心理平衡。"爱人者，人恒爱之；敬人者，人恒敬之"其实就体现着这一道理。

3. 平等尊重原则

虽然人与人具有个体差异性，但在人格上是绝对平等的。马斯洛的需要层次理论中，尊重的需要是人的基本需要（图5-1）。在人际交往中，平等相待、相互尊重是一条重要的原则。尊重是指敬重、重视，它包括两个方面：自尊和他尊。自尊是在各种场合都要尊重自己，维护自己的尊严，不要自暴自弃。他尊是尊重他人的生活习惯、兴趣爱好、人格和价值，要相信每个人都有他的能力和优势长处，学会向每个人学习，只有尊重他人才能得到他人的尊重。因此，在人际交往中要学会换位思考，平等待人。只有平等待人，才能得到他人的平等对待，同时获得尊重。

4. 功利原则

在日常的人际交往中，人与人之间需要相互付出、相互扶持、互惠互助，从而满足共同的心理需要，实现共同进步，这就是功利原则的体现。根据霍曼斯（George C. Homans）的社会交换理论，人与人之间的交往在本质上是一种社会交换的过程，只有当一种关系对人们来说是值得的，人们的交往行为才会出现，人际关系才可以得以建立和维持。因为在人际交往中总要有一定的付出或投入，同时也会渴望得到一定的报酬或回报，这种付出和回报，不仅涉及物质上的，还包括精神上的。比如说，在人际交往的过程中，同学之间往往总是通过生活与学习上的互帮互助，不断巩固和发展彼此间的友谊。在交往过程中，双方都期待人际交往对自己是有价值的，是一个正的净收益。因此，只有双方等值的、公平的关系才会有助于建立比较稳定和愉快的关系。心理学家强调，按照人际关系的功利原则，我们在同别人交往时必须时时注意他人的利益。在人际关系中，人们会自然地选择给双方带来最大满足的行为，从而达到"双赢"。

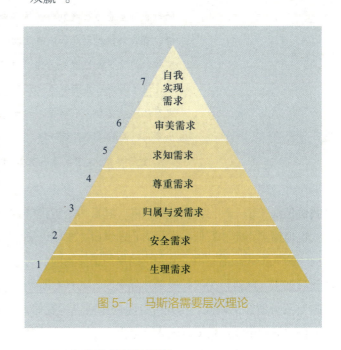

图5-1 马斯洛需要层次理论

5. 自我价值保护原则

自我价值是个体对于自身价值的意识和评价。自

【学海无涯：心灵故事】

在奋斗中坚守初心

　　薛烨，女，中共党员，党的二十大代表。现任海口广播电视台播音员、第十二党支部书记。

　　初到工作岗位，便担任民生服务节目《直播12345》的主持人。这档节目依托海口市12345热线，聚合媒体与政府的力量，为群众帮忙跑腿、解决难题，是本地老百姓与政府之间的"连心桥"。《直播12345》每年跟踪报道大大小小的民生诉求事件，是反映社情民意的重要窗口，小到街坊邻里的矛盾纠纷，大到城市道路的建设改造。据不完全统计，薛烨平均每年在节目中受理老百姓的咨询、求助、投诉、建议等诉求近600件。在节目中，薛烨用真诚亲切的主持风格，认真倾听和传递老百姓的声音，耐心征询和梳理职能部门的答复，建立起百姓与政府间的沟通桥梁，深受观众喜爱。

　　由于这档节目没有提词器，又涉及民生问题的方方面面，需要主持人依靠自身的经验阅历和语言能力在线倾听和传递老百姓的声音，征询和梳理职能局的答复，化解矛盾和纠纷，有效架接起群众和政府之间的桥梁。这样的工作并非每天光鲜亮丽坐在主播台前就能掌控的，除了做好案头工作，薛烨也积极参与到各类民生新闻的采访报道中，以记者的身份走遍了海口的大街小巷。只有"脚下沾满泥土"，心中才能沉淀真情，只有接地气，才能更有底气。在每次采访中，她始终真诚待人、尊重每个受访者，心中时刻怀揣老百姓的大小事儿，因而深受百姓好评。

　　（资料来源：《中国艺术报》，有删改）

我价值保护是一种自我支持的倾向，其目的是防止自我价值遭到否定和贬低。大量的心理学研究发现，任何一个人在人际活动中，从知觉信息的选择到内部的信息加工，从对行为的解释到人际交往，都具有明显的自我价值保护倾向。自我价值保护原则告诉我们，人们更倾向于靠近赞美，远离否定和批评。

　　在知觉方面，我们在生活中可能有体会。在学校运动会中，当我们看到自己所在院系与其他院系比赛失败时，往往会感到裁判对本院系参赛队伍不公平。而事实上，每个裁判都故意刁难本院系参赛队伍是不可理解的。这里显然只有一种解释，那就是我们所看到的现象已不是事物的本来面目，而是已经融入了自己的愿望。由于高度希望与自身荣辱相联系的本院系队员获胜，我们对己方的犯规动作高度宽容，而对对方队员的犯规却很苛刻，甚至是希望对方犯规，这就是知觉出现自我支持的表现。

　　在内部信息加工上，兰伯特（W.E.Lambert）发现，人们总对支持自己观点的信息记得多，忘得慢；而对反对自己观点的信息则记得少，忘得快。因为记忆也是倾向自我保护的。当和他人交流时，如遇对方不同意你的看法，否定你的思想时，你会很自然地认为对方不认同你，不接纳你，从而自觉地为自己的观点和立场进行辩护，在脑中加工信息之时，排除对方对自己贬低和否定的感受。

在对行为的解释上，自我价值保护的倾向更加明显。当我们自己获得成功时，我们会倾向于将成功归因于自身，以显示自己优越于别人。而当别人取得成功，我们在社会比较上处于不利地位时，我们会将别人的成绩归因于外部条件，以说明他们自身条件并不比我们优越。

在人际关系方面，我们已经提到，人际交往中的接纳和拒绝是相互的。人们只接纳那些喜欢自己，支持自己的人，而对否定自己的人则倾向于排斥。从每个人的"交友圈"的选择同样可以看到明显的自我价值保护倾向。

（三）人际关系的类型

关于人际关系的类型，由于依据不同，会产生不同的区分类型。区别不同的人际关系类型，有助于充分描述和准确把握各种人际关系的性质，对处理复杂的人际关系具有一定的指导价值。

1. 按人际反应倾向的差异

舒兹（W. C. Schuts）从人际反应倾向的角度研究了人际关系的类型。他把人际关系的需求分为三类：包容的需求、控制的需求、感情的需求。在人们的交往中，每个人对别人的需求方式不同，因而也就使每个人对他人的基本反应倾向也有所不同，这种基本反应倾向叫作人际反应特质。根据以上三类人际反应需求，舒兹把行为人分为主动的表现者和被动的期待者两类，从而得出六种基本的人际关系倾向，如表5-1所示：

表5-1　人际关系需求类型

需求类型	主动型	被动型
包容需求	主动与别人交往	期待别人接纳自己
控制需求	支配他人	期待别人支配自己
感情需求	对别人表示亲热	期待别人对自己表示亲热

2. 按人际关系的心理联结纽带

按人际关系的心理联结纽带来分，可分为血缘关系、地缘关系、业缘关系和趣缘关系。血缘关系是指以血缘为纽带而结成的人与人之间的关系，如父子（女）关系、母子（女）关系。地缘关系，是指以地缘为纽带而结成的人与人之间的关系，如老乡关系、邻里关系等。业缘关系是指以职业为纽带而结成的人与人之间的关系，如同事关系，上下级关系，师生关系，战友关系等，处在同一行业内的同事、伙伴，由于业务、工作上的关系，在日常生活中接触最多，也因此形成稳定的人际关系。"你身边的人对你最重要""远亲不如近邻"，这两句话都说明，业缘关系可以在工作上、生活上使你受益匪浅；而趣缘关系是指以一定的兴趣、爱好为纽带而结成的人与人之间的关系，如棋友关系、社团关系均属于此类。

3. 按人际关系的心理倾向性

按人际关系的心理倾向性来分，大致可分为主从型、合作型、竞争型人际关系。主从型人际关系是人际关系中最基本的一种，即一方处于主导支配地位，另一方处于服从地位。几乎所有的人际关系都有主从型的因素或痕迹，只不过是程度不同而已，尤其在亲密的人际关系中这种因素或痕迹最为明显。合作型人际关系是指双方为了达到共同的目标而达成的互相配合的人际关系。合作型人际关系是人们推崇的理想型人际关系，如在实践活动中，小组合作伙伴就是这种合作型关系。但是，经过大量的调查研究表明，合作型关系适宜于同事、朋友关系，在夫妻关系中，合作型关系并非一种很理想的关系。竞争型的人际关系是指双方为了各自目标而互相竞赛、互相排斥的人际关系，这是一种既令人兴奋，又使人精疲力竭的关系。

4. 按人际关系的心理目的性

按人际关系的心理目的性来分，可分为情感性关系、工具性关系、混合性关系。情感性关系是为了满足相互之间情感交流、形成良好的心理气氛而建立起来的人际关系，如友谊、爱情。工具性关系是基于某一功利目的而建立的人际关系，如客户关系。但是，在社会交往中，纯粹意义上的情感性关系与工具性关系也是罕见的，大量地表现为兼具情感与工具双重目的的混合性关系。不管如何，在人际关系中，不可能没有一点功利的成分，因为人与人之间需要相互支撑、相互合作，在现实社会中建立在互利基础上的关系也是正当的，无可厚非；同时在人际关系中，也不可能没有情感的色彩，毕竟"人非草木，孰能无情"，既有利益需求又有情感渗透的人际关系，是一种最为稳固持久的关系。当然，要警惕过于功利的势利之交，把人与人之间的关系建于赤裸裸的相互利用基础之上，必然利尽则散，难以持久。正如诸葛亮所言："势利之交，难以经远。士之相知，温不增华，寒不改叶，能四时而不衰，历险夷而益固。"

二、跨越人际沟通的障碍

在人类发展史上，人类主要面临两方面的问题，一是处理人与自然的关系，二是处理人与人之间的关系。可见，生活在现实社会中的人都要进行人际沟通和建立人际关系。南京大学社会学院教授翟学伟通过研究，认为中国人人际关系的本土模式是人缘、人情和人伦三位一体。的确，人们只有在相互依赖、分工合作、互帮互助的关系中才能生存、成长和发展，进而实现个人和组织的目标。因此，人际交往和人际沟通已成为现代社会人生存和发展的不可缺少的重要组成部分。

（一）人际沟通的含义

人际沟通一般是指人与人之间的信息交流过程，即人们借助于语言、书信、表情、通信等沟通方式在事实、思想、情感等信息方面进行交流，以达到对信息的共同理解和认识，相互了解和信任，形成良好的人际关系，从而实现对行为的调节。

人际沟通包括三方面的内容。第一，沟通是对信息的传递。沟通中传递的信息包括语言信息（如口头语言、书面语言）和非语言信息（如副语言和身体语言信息）。如果信息未能传递到既定对象，则没有沟通可言。第二，沟通的关键是沟通双方能准确地理解信息的意义。信息是一种无形的东西，在沟通过程中，沟通者之间传递的只是一些符号，不是信息本身。再加上沟通双方存在利益、价值观、背景等方面的差异，信息的传递并不能保证双方对信息有共同的准确的理解（图5-2），因而必须使接收者感知到的

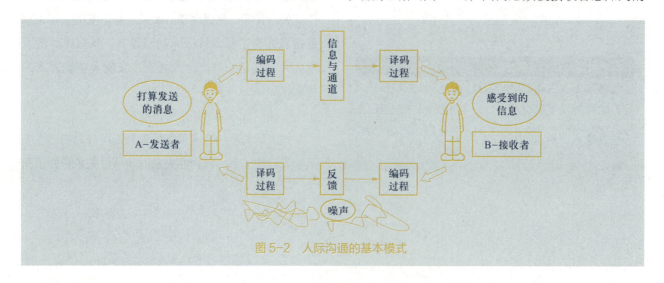

图5-2　人际沟通的基本模式

信息与发送者发出的信息完全一致，才能达到有效沟通的目的。第三，沟通是一种双向的、互动的信息传递和反馈过程。沟通的目的不是沟通本身，而在于结果。沟通要产生预期的结果，需要沟通双方积极参与、共同努力。如果信息接收者对发出的信息不作出适时的反馈，则无沟通可言。

（二）人际沟通的要素

人际沟通的构成要素是相互依赖而非独立存在的，这意味着一旦某一要素发生改变会导致其他要素发生相应变化。完整的沟通过程一般由以下 7 个基本要素构成。

1. 信息源

在人际沟通中，信息源是掌握信息并试图沟通的个体。他选择沟通对象，确定沟通目的，启动沟通过程。以课堂上课为例，信息源就是为我们授课的教师。

2. 信息

信息是沟通者试图传达给他人的观念和情感。个体的感受要为他人接受，就必须将它们转化为各种不同的可以为他人觉察的信号。在人际沟通中，信息是核心环节。同样一句话，怎样有效地表达是很关键的。比如，在询问他人原因时，一句"这怎么回事"，用不同的语音语调说出来，就能反映出不同的态度或情感。

3. 传递途径

传递途径是沟通过程中信息的载体。在科技不断发展的今天，信息的传递途径更为多样化，目前来说主要包括面对面、视频、文字等方式。在各种沟通方式中，影响力最大的还是面对面的沟通。在面对面的沟通中，除了能够传递丰富的信息，通常还伴随着及时的反馈和互动。而在互联网时代，视频交流也是一种很好的方式，它打破了空间地域限制，便于及时有效地沟通与交流。与之相比，文字交流则更为正式也易于保存记录。

4. 信息接收者

当个体在进行听、读、看、闻以及其他动作的时候，便属于信息接收者。个体在接收带有信息的各种音形符号后，会根据自己的已有经验把它"转译"为沟通者试图发送的信息、态度或情感。由于信息源和信息接收者是两个不同的经验主体，所以信息源发送的信息内容，与"转译"和理解后的信息内容是有差异的。比如，教师在授课过程中所举的案例，由于个体经验和理解的差异，可能造成不同学生对同一案例千差万别的解读。"鸡同鸭讲""对牛弹琴"便是典型体现。

5. 反馈

反馈使沟通成为一个双向的交互过程，指信息由接收者返回到信息发出者的过程，即信息接收者对信息发出者的反应。信息发出者根据对方的反应调整自己的信息发送过程，以便达到预期的沟通目的。有效、及时的反馈对沟通成效是极为重要的。在某种意义上，考试便是教师们为了获取教学反馈、学生反馈的一种方法。如果学生成绩普遍较低，说明课堂内容可能太难，或是教师上课没将知识点传授好；如果学生成绩普遍较高，说明教师上课效果比较好，或是学生素质较高，当然也可能是考卷难度太低。教师再根据成绩反馈的信息做出相应的教学调整，以达到理想的教学成果。

6. 障碍

人际沟通常常发生障碍。信息源发出的信息不充分或不明确、信息没有正确转化为沟通信号、误用载体及沟通方式以及信息自然增强与衰减等，都会造成不同程度的沟通障碍。此外，沟通双方的主观因素也可能造成障碍。如果沟通双方缺乏共同经验，接收者对信息存在误解等也会导致难以沟通。

7. 背景

背景是沟通发生时的情境。背景影响沟通的每一要素以及整个沟通过程。沟通中，许多意义是背景提供的，词语和表情等的意义也会随背景不同而改变。比如，在网络论坛中，讨论一件事情的时候，时常会出现讨论方向被"带歪"的情况，称为"歪楼"，即原本讨论的主题被替换成另一个相关甚至无关的事情。这是因为在网络化的背景条件下，人们的注意力不是特别集中，态度也不是特别认真，因此会使沟通产生跑题的情况。

（三）人际沟通的障碍

在现实生活中，某些影响人际沟通的因素会造成沟通必要条件的缺失，致使人际沟通受到阻碍，产生人际沟通障碍。究其原因，除了信息发出者一方可能没有明确地表达自己的意思外，还存在着信息传递过程中、信息接收方的障碍以及交往双方社会心理因素差异等问题。因此揭示信息沟通过程中的各种障碍因素，对于了解、预测、控制团体活动的效果、团体内的人际关系以及处理人际纠纷等具有重要意义。

1. 来自信息发出者的沟通障碍

由信息发出者导致人际沟通障碍的因素可能有：一是沟通动机不正确，对沟通恐惧或逃避；二是沟通目的不明确，不清楚为什么沟通，盲目地夸夸其谈；三是发出的信息不确切，也就是编码出现问题，没能确切表达自己的意思；四是沟通可信度不够，由于身份地位、专业能力、外表形象，或是由于价值观的不同，让信息接收者排斥；五是沟通过于机械，不善于灵活机动地调整沟通方式和进程。

在教育实践中，新教师初当辅导员时，最初面对全体学生讲话时，就难免因为上述因素导致沟通障碍，甚至会出现更糟糕的局面：教师说得昏昏然，学生听得茫茫然。

【学海无涯：知识拓展】

社交恐惧症

不喜欢在酒桌上敬酒、遇到熟人不敢打招呼、不敢在公众面前讲话……近两年，"社恐"这个词频频走进公众视野，越来越多年轻人给自己贴上了"社恐"的标签。据《光明日报》的一项调查显示，参与投票的 2 532 名网友中，97%的参与者存在回避甚至恐惧社交的现象。

有专家表示，具有"社交恐惧症"的人达到一定的数量，能在群体性层面上导致隐患，更进一步可能带来严重的社会问题乃至社会危机，从而导致所谓的"社恐"困局。那么，什么是社交恐惧症？又该怎么破解呢？

"社交恐惧症"，也被称为"社交焦虑症"，是一种常见的精神障碍，表现为在社交场合中感到强烈的不安和害怕。这种不安和害怕通常与担心自己在社交场合中的表现被评价、被拒绝或被嘲笑有关。社交恐惧症的症状包括：担心在社交场合中出丑或犯错；对他人的评价过度关注，担心自己会被别人嘲笑或拒绝；避免社交场合或尽可能少参加；与他人交流时容易出现身体上的不适，如心跳加速、出汗、颤抖等；担心自己会在社交场合中失控，不能自我控制。

"社恐"困局如何解？一般来说，应对社交恐惧症的方法包括：

寻求专业帮助：如果认为自己可能患有社交恐惧症，可以咨询医生或心理医生。他们可以帮助作出确切的诊断，并提供治疗建议和支持。

接受认知行为疗法：认知行为疗法是一种有效的心理治疗方法，有助于学习如何应对社交场合中的不安和害怕。通过认知行为疗法，可以学习如何识别自己的不良思维模式，以及如何更积极地看待自己和社交场合。

学习放松技巧：学习放松技巧，如深呼吸、渐进性肌肉松弛和冥想，有助于在社交场合中更好地控制自己的情绪和身体反应。

寻找支持：家人、朋友或支持团体，可以帮助我们更好地理解自己的情况，并找到应对社交恐惧症的方法。

逐渐面对恐惧：分解自己的恐惧以及在社交场合中逐渐参与交流，可以逐步减轻社交恐惧症的症状。

最重要的是要知道，社交恐惧症是一种常见的精神障碍，可以得到有效的治疗和支持。如果确实认为自己患有社交恐惧症，请及时寻求帮助，接受专业的治疗和支持，不要让社交恐惧症影响我们的生活和幸福。

（资料来源：上观新闻网，有删改）

2. 来自信息接收者的沟通障碍

在沟通过程中，信息接收者不会也不可能对信息全盘照收，总会由于个人动机、需要或经验等心理因素，而对信息有选择地接收，甚至歪曲地接收。其中一个重要的心理因素是选择性注意。选择性注意包括两步心理过程：第一步是选择性地接收信息，只是留意他想接收的部分，对不想接收的部分就视而不见听而不闻。至于选择什么，是由人的主观倾向决定的。第二步是主观性地处理信息，对被选择的信息，进行有主观因素的投入性解释。这种解释自然倾向于与自己的生活经验和主观态度相吻合，因此，可能造成对信息的误解，导致沟通障碍。比如，不同的学生听到同一个老师的讲话，转述给家长的时候，往往会千差万别。

3. 来自交往双方的沟通障碍

信息发出者和信息接收者，总难免在社会文化、年龄阅历、知识经验以及心理特征等方面存在差异，因而对信息就会进行不同编码和译码，也就是对信息做出不同的理解，从而影响沟通效果，造成沟通障碍。其中，情绪状态是影响信息编码和译码的重要因素。

教育实践中常有这样的情况，比如当老师慷慨激昂地给学生上课时，虽然学生热情很高涨，但由于师生之间情绪状态不同往往会导致双方对课堂授课内容的认知与理解出现差异和分歧，从而产生隔阂甚至沟通障碍。

4. 来自信道的沟通障碍

来自信道的沟通障碍，也就是来自沟通媒介的沟通障碍，它包括以下两种类型。

一是选择媒介不当造成的沟通障碍。比如，辅导员要跟学生沟通重要而复杂的问题，就需要面对面的语言沟通，如果采用间接沟通，就容易造成沟通障碍。要强调的是，随着电子沟通技术的应用，传真、电邮、QQ、微信等现代沟通工具，给人际沟通带来便捷的同时，也会造成信息意义失真，影响沟通的效果。

二是中间媒介过多造成的沟通障碍。在间接沟通中，中间媒介环节会造成信息失真，中间环节越多，信息失真度就越大。比如，辅导员的话，如果经过班长、组长、学生甲、学生乙传到最后一个学生，内容也许就面目全非了。

三、增强人际吸引的秘诀

人际吸引力的大小对人际交往的形成、发展和稳固具有重要的影响。

（一）人际吸引的含义

所谓人际吸引，是指人们在交往过程中所形成的彼此接纳和喜爱的程度。它是交往双方在情感方面相互亲近的现象，是人际关系中的一种肯定形式。人际吸引力的高低，对人际交往的形成、发展和稳固具有重要的影响。例如，学识渊博又风趣幽默的老师往往能吸引众多学生的注意力，并使人"亲其师，信其道"。

人际吸引的形成和人际吸引力的提升受到诸多因素的影响。由于人际吸引的形成和感受主体都是人自身，人自身的特性无疑是影响人际吸引力的基础因素。

（二）人际吸引的理论

社会心理学家提出了许多人际吸引的理论，其中比较常见的理论主要有以下三个。

1. 社会交换理论

社会交换理论由霍曼斯提出，他认为，人们如何看待他们的关系主要取决于人们对关系中回报与代价的评价与体验。受经济交易理论的启发，霍曼斯提出了报酬与代价问题。在人际交往过程中，得到是报酬，付出是代价，报酬减去代价就是利润，除非双方都有所得，否则交往就无法进行下去，这就是人们进行交往的动机。在现实生活中，如果交往的代价与报酬是相等的，或者觉得有所收获，那么交往的另一方对个体来说就具有吸引力，就愿意继续交往下去。反之，当有一方觉得付出太多而报酬太少的时候，他就会失去交往的欲望和动机，甚至会中止这种不平衡的关系，人际吸引力也就不存在了。

人际吸引之间的交换是非常复杂的，人们的交往能否继续主要取决于对回报进行比较的结果。当人们感到满意时，就会表现出对交往的积极态度。在交往过程中期望的高低也会影响人们对交往的评价，有的人希望在他们的关系中付出较少代价而获得较多回报，当这种关系无法达到期待中的标准时，他们就会感到不快。相反，那些期望标准较低的人，在同样的关系中会很高兴，因为他们已认为回报更容易达到或者更接近自己的期望值。由此可见，人们对回报与代价的评估是受情感的因素影响很大，具有强烈的主观性。

2. 相互作用理论

该理论强调交往双方之间的相互影响、相互制约对人际吸引的影响，就像中国人常说的"礼尚往来，来而不往非礼也"。这种人际吸引之间的互动关系在生活中是非常普遍的，比如作为刚刚进入职场的"小白"，在面对新领导、新同事和合作伙伴等时，当我们对对方表示友好、热情等积极的交往方式时，如果对方也给予相应的积极反馈，则彼此之间就形成了良好的人际互动关系。相互尊重、相互喜爱、相互称赞、相互报答等这些都是积极的相互影响。与此相反的是，如果一方以冷漠、回避的方式对待另一方，原来的关系就会受到损害。这种消极性反馈就会影响两人之间的继续交往继而导致关系的破裂。心理学家利维格尔和斯洛克把人与人之间的关系用不同等级的吸引力来表示：无接触的人的人际吸引力为零级，表示两个人没有什么关系；相互认识的人其人际吸引力为一级，表明只有单方面的态度或印象而无交往；进行表面接触的人的人际吸引力为二级，表明双方既有印象又有一定程度的交往；相互亲近的人的人际吸引力为三级，表明双方存在一个继续发展的交往过程，随着交往的发展又可分为浅交、深交、莫逆之交等不同水平。这种对吸引力等级的划分对确定人与人之间的人际关系水平具有一定意义。

3. 强化理论

强化理论由拜恩（D. Byrne）和克洛拉（GI. Clore）提出，他们认为，人们交往的结果可以通过反馈来强化。强化有正强化与负强化之分，人际环境的不同刺激借助于奖励、惩罚等强化方式可以增强、减弱或消除某种行为产生的频率。以上课为例，当我们因为上课积极回答问题得到老师的肯定后，就会引发我们产生愉快的情绪体验。这个行为在一定程度上得到了强化，我们在接下来的课堂中就会变得更加积极主动，师生间的人际吸引也在不知不觉中得到提升；相反，如果上课积极回答问题带来的结果是批评，则会产生对老师的厌恶和反感，减弱或失去与老师交往的热情，这种负强化使学生丧失了进一步交往的积极性和主动性，人际吸引变得无影无踪了。实际上，我们一般都会喜欢给予我们奖励的人，而不喜欢给予我们惩罚的人。

（三）影响人际吸引的因素

人是社会性动物，具有合群倾向，人际吸引正是在合群需要的基础上发展起来的。而合群仅仅表明个体愿意与他人相伴随的倾向，并不涉及是否喜欢他人。人们在相互接触过程中，会形成相互喜欢的积极情感。可以说，人们彼此间喜欢的积极情感是人际吸引的核心，而这种相互喜欢的产生受一定因素的影响。心理学研究表明，影响人际吸引的因素主要有以下几个方面。

1. 接近性

接近性是人际吸引早期阶段的重要因素，俗话讲"远亲不如近邻"，空间上的距离越接近，彼此接触的机会越多，就越能够增进相互了解。在大学里，同寝室的同学由于生活在同一空间，交流频繁，一般更有可能成为好朋友。当大家彼此熟悉了之后，在共处的时候就会更多地替对方考虑，也会有意识地避免不愉快的事情发生。因此，彼此接近的人比较容易成为朋友。

心理学研究表明，在陌生人交往的早期阶段，空间距离接近是增进人际交往的重要因素之一。第一，人们由于时空距离接近或因工作需要而相互交往频率高，人们之间能够增加熟悉感，从而容易获得有关对方的某些信息，更好地理解对方，进而能预测对方的某些行为，做出相应的相处反应，所以人际关系密切，相互吸引力增强。第二，空间上的接近可以使人们之间有更多的时间来探讨问题、交换意见，容易形成共同的经验、话题、感受，从而找到共同语言，发现共同的兴趣、爱好和观点等。第三，人们之间物理距离上的接近可以消除彼此的羞怯感和畏惧感，并且从周围的人那里获得信息也比较容易和方便，便于沟通。第四，距离近的人往往成为我们求助的对象。日常生活中总有需要相互帮助的时候，一旦我们有求于人，距离越近就越能节约时间和精力。第五，心理期待作用，人们总是希望自己周围的人际关系友好和睦而且令人愉快。比如在大学中极为重要的室友关系，因为"低头不见抬头见"，室友间往往有交往的积极性和主动性，而且对

人际吸引规则

彼此也易做出积极评价，夸大对方积极品质。随着交往机会的增多，相互熟悉程度会提高，人际吸引就会增加。

但人与人在空间上的彼此接近，只是人际吸引的一个必要条件，而不是充分条件。在接近的条件下，要产生良好的人际关系，彼此之间必须相互悦纳、体谅、宽容、克制，要能够接纳对方的态度和意见，接纳对方的观点和看法，体谅对方的难处，容忍对方的小缺点，在发生冲突的时候要能够克制自己的冲动。否则，在出现严重分歧时不能很好地进行沟通和交流，不能相互体谅和容忍，则接触次数越多，关系就会越紧张，甚至会导致公开的冲突、疏远和决裂。

2. 相似性

亚里士多德曾说过："朋友就是这样的一些人，他们与我们关于善恶的观点一致，他们与我们关于敌友的观点也一致……我们喜欢那些与我们相似的人，以及那些与我们有共同追求的人。"

在个人特性方面，双方若能意识到彼此的相似性，则容易相互吸引，两者越相似则越能相互吸引，

【学海无涯：知识拓展】

名片效应

名片效应是指要让对方接受你的观点、态度，就要向对方传播一些他们所能接受的、熟悉的观点或思想，然后再悄悄地将自己的观点和思想渗透进去，使对方产生同频的印象，从而很快地缩小心理距离，促成良好的人际关系。与陌生人相处，陌生、尴尬的感觉是在所难免的，任何两个陌生人在一起都会有所戒备，而要打破这个戒备，最好的办法就是寻找双方共同熟悉的一面，寻找彼此的契合点。这种契合点可以围绕同乡、同学、同事、同宗、同好、同龄等背景，也可以是穿着打扮、谈吐语言、随身物品等，再或者是时事政策、行业动态、热点事件等的观点互动，要善于捕捉对方的信息，寻找其积极的、可以接受的观点，制作一张有效的心理名片。

图5-3　名片效应

多以开放式话题交谈，探寻对方观点与沟通方式，寻找时机，适时地向对方出示你的心理名片。一旦有了这个契合点，两个人立刻就会觉得亲近很多，彼此之间的话题、热情也就多了许多。交流就好比谈恋爱，多寻找双方的共同语言，和对方发生共鸣，对于闲谈性话题没有必要争论对错，反而可以从另一个角度，认同对方观点，这样和对方的交谈才能够愉快进行（图5-3）。

产生亲密感。个人特性即指年龄、性别、态度等。在其他信息缺乏的情况下，同年龄、同性别的人比较容易相互吸引，如老年人喜欢和老年人交流，女生喜欢和女生聊天。

在相似性因素中，态度是最主要的因素。人们喜欢一起工作的人，同时更喜欢那些态度相似的人。在大学中，往往都有"同乡会"，因为有着相似的文化成长背景，会让同乡之间相互吸引、彼此喜欢，所以会有"老乡见老乡，两眼泪汪汪"的说法。另外，开学初很多学生可能会选择加入各种各样的社团，在社团中我们往往容易结交与自己有着相似的兴趣爱好与特长的同学。因此，持有近似态度的人也就容易成为自己所喜欢的人。研究表明，好朋友之间对重要的价值对象，都有类似的态度。"物以类聚，人以群分"正表明了人际吸引中的相似性作用。

3. 互补性

即使彼此差异较大的人之间也能建立密切的关系，如性格内向与性格外向的人也会成为好朋友。这说明人们在交往中不仅存在认同心理，还存在从对方那里获得自己所缺少东西的需要，这就是互补可以增加人际吸引的道理。"红花绿叶相扶持"就说明了互补因素对人际吸引的影响。人际关系中的互补性是指人际交往双方的需要及对对方的期望所形成的相互补充的关系。它是人际关系在性格、态度、价值观等方面有差异的人相互吸引的基本条件。比如我们不难发现依赖性较强的学生往往会被喜欢照顾别人的学生所吸引，从而彼此间建立较为牢固的友谊。

人无完人，每个人在才能、性格等方面都有各自的特点，并且发展是不均衡的，有所长就必有所短。如果我们在工作和生活中可以找到一个与自己互补的人作为合作的搭档，双方相互取优补差，一起工作和学习，就会促进双方的共同进步，这就是"互补效应"。第谷和开普勒就是对"互补效应"的有力证明。

这些情况表明，当交往双方的需要和满足途径正好成为互补关系时，双方之间的喜爱程度也会增加，

【学海无涯：知识拓展】

互补效应——相互吸引的秘密

丹麦天文学家第谷很有才华。他经过日积月累的努力，最终获得了大量天文观测的资料，但他的理论研究始终摆脱不了托勒密"地心说"的束缚。直到1600年，第谷请了他的第一个助手——德国天文学家开普勒。开普勒虽然在观察力上不及第谷，但是他的理论分析和数学计算能力却非常优秀，与第谷的合作让他在研究中获得了非常丰富的材料。但两人合作不久，第谷就去世了。第谷离世之后，开普勒在第谷原有的研究资料基础上，进行了大量理论研究和分析工作，并根据自己的研究结果，大胆提出了开普勒第一定律——行星轨道是椭圆形的；接着又提出了开普勒第二定律——行星与太阳的连线在相等的时间内扫过的面积是相等的，以及开普勒第三定律——所有行星轨道半长轴的三次方与公转周期的二次方比值都相等。这就是开普勒关于行星运动的三大定律，同时这三大定律也有力地证实了第谷的观察才能和开普勒的理论研究、超乎寻常的计算才能，两人的互补产生了巨大的收益。

当双方朝向一个目标努力时，互补效应会让彼此取长补短，促进目标的实现。与互补性相似的一种现象是补偿作用，当别人所拥有的正是我们所缺少的时候，我们会增加对这个人的喜欢程度。

一般情况下，人际交往双方社会地位平等或接近、社会角色作用相同时，决定人际吸引的主要因素是相似性；当交往双方社会地位不平等或不完全平等、社会角色作用不同时（如上下级关系、夫妻关系、父子关系等），决定人际关系吸引力的主要因素是双方的互补性。但是相似和互补对人际吸引的作用并非截然分开，相似是决定人们彼此喜欢的潜在因素，而互补则是在相似的基础上的互补，是在价值观或目标一致下的互补。

4. 外貌

外表和容貌对初次交往的人来说，是个重要的吸引因素。特别是在与异性交往时表现尤为显著。两个人在进行交谈以前，往往是根据交往者的外貌特征来估价对方，形成肯定或否定的第一印象，从而影响或左右了以后相互之间关系的发展。

人们常常不自觉地"以貌取人"，原因主要有两方面：第一，爱美是人的本质力量的一种表现，"爱美之心人皆有之"，是人类在不断地追求美、探索美、创造美的过程中发展起来的。第二，美能使人产生"晕轮效应"，即以点带面、以偏概全。例如，很多学生在进行人际交往时，往往会认为外貌超凡的同学往往还具有一系列的优秀品质，如学习好、性格好、品质好等。

事实上，容貌美与心灵美并不存在相关，一个长相有魅力的人，可能有一颗丑陋的灵魂；而一个相貌平庸，也可能有一颗金子般的心。随着交往时间的增长，人们会越来越注重交往对象的内在品质，因此，外貌只在人们交往初期成为人际吸引的主要因素。

我们都有对美好事物的追求，美是纯洁道德、丰富精神的重要源泉。没有美的滋养的人生是单调的、干涸的人生，于个人如此，国家亦然。我国作为历史悠久的文明古国，拥有着博大精深的传统文化，各地区各民族都有着独具特色的文化历史，具体表现在传统服饰、饮食文化、风俗习惯等，无不展示着我们的大国情怀，体现了多元化的"中国之美"。

那么美的标准是什么呢？我们都在天空下大地上度过自己的人生，但并非所有人都能感受到水中游鱼的快乐与天边浮云的悠闲，领悟到阶前青草的勃勃

【学海无涯：知识拓展】

外貌的辐射效应

社会心理学实验表明，外貌的魅力会引发明显的"辐射效应"（radiation effect）。心理学家兰迪（D.Landy）等人进行了一项研究。他们让男性被试评价有关电视影响社会的短文。被试被告知短文的作者都是女性。论文的客观质量有好坏两种。实验分为有魅力组、无魅力组和控制组。有魅力组接到的短文附有作者照片，照片为一个公认有魅力的女性。无魅力组所附的照片则是没有魅力的女性。控制组所读的短文没有附照片。

结果表明，由于辐射效应的作用，同样的文章当被认为是有魅力的作者所写的时候，得到的评价更高，文章本身质量并不好时尤其如此。

生机及窗外南山的蕴藉，体会到先贤的贫贱不移和英雄的威武不屈，因为敏锐的审美耳目、充沛的审美情感和健康的审美灵魂，需要培养和陶冶。美是一种自信，当每个人都拥有发掘美好的眼睛与心灵，拥有完善的性格、更富情趣的人生和更高的精神境界之时，不仅是个人之福，也是国家之幸。

5. 个性品质

一般来说，我们总是愿意与具有优良品质的人进行交往。在其他方面一样的情况下，我们更愿意和诚实、正直、乐于助人、友好和善的人进行交往。与这种人交往使我们具有安全感，同时可以得到适当甚至更好的回报。具有良好个性特征的人的吸引力是持久、稳定和深刻的。

习近平总书记在党的二十大报告中寄语广大青年，"要坚定不移听党话、跟党走，怀抱梦想又脚踏实地，敢想敢为又善作善成，立志做有理想、敢担当、能吃苦、肯奋斗的新时代好青年。"这些话语在广大高校大学生中引发强烈反响。学生们表示，党的二十大报告鼓舞人心、催人奋进，鼓励青年学子树立良好的品质，引领广大青年在广阔舞台施展才干，让青春在全面建设社会主义现代化国家的火热实践中绽放绚丽之花。

社会心理学家柯莱于 1950 年进行了一个现场试验，以经济系的学生为被试，告诉学生，经济学教授今天因事请假不能来上课，今天的课由一名研究生来上。同时给每位大学生一份关于该研究生的资料，并要求课后填写问卷说明对该代课老师的印象。所发的资料有两种，一种是"他是经济学研究所的研究生，曾有一年半的教学经验，现年 26 岁，服过兵役，已婚，认识他的人都说他是一个热忱、勤奋、敏锐、实际而又果断的人"。另一份资料保留了上面资料的大部分内容，只是把"热忱"改换成了"冷淡"，其他文字未动，研究结果显示，凡是见过第一种资料的人都认为代课老师具有体谅人、不拘小节、富有幽默

感、好脾气等好的品质，课堂上也积极与老师配合；而看了另外一份资料的学生对该代课教师的评价则出现的多是贬义词。可见教师的个性品质影响了学生对他的印象，进而影响到了人际交往。

我国黄希庭教授等人采用社会测量、访问与观察等方法对大学生的研究发现，在各个班级中都有极少数的人缘型学生和嫌弃型学生。从班集体其他成员对本班人缘型学生及嫌弃型学生的评价中可以看出，两类人物各自具有类似的个性特征。具体见表 5-2：

个性品质对人们交往的影响与前面提到的外貌的吸引并不矛盾，外貌的因素主要是在交往的初期具有强烈的影响。随着时间的延长，吸引力的决定因素将从外在的仪表逐渐转为人们内在的个性品质。平时我们经常说外表美是一时的，而心灵美是长期的，实际上这里的心灵美有一部分内容就是指人们的个性品质。

6. 能力

个人的能力与特长方面如果比较突出，与众不同，其本身就有一种吸引力，使他人钦佩并欣赏其才能，愿意与他接近。常言说"宁为贤者仆，不为愚者师""宁给智者背行李，不给愚者当军师""你若盛开，蝴蝶自来"，这些都说明了人们对个人才能的关注。求知欲、名人崇拜意识和虚荣心驱使人们愿意与有才能的人交往，期望从中增长见识与才干。在一定限度内，一个人的才能与被人喜欢的程度呈正相关，但超出一定的范围，超凡的才能形成的压力会使人们倾向于逃避或拒绝它。

一些研究表明，现实生活中，群体中最有能力、最有思想的人往往不是最受欢迎的人。出现这种现象的原因可能是与人们在与具有超凡才能的人交往时会不自觉地产生一种压力，所以当一个人被描述成在能力和人格上都达到完美到普通人可望不可即的程度时，人们就只好对他敬而远之。尽管人们希望自己周围的人是有才能的，但谁也不可能选择一个总是提醒自己无能和低劣的对象来喜欢。

表5-2 "人缘型"和"嫌弃型"大学生人格特质

"人缘型"大学生的人格特质

次序	令人喜欢的人格特质	喜欢比例（%）
1	尊重他人，关心他人，对人一视同仁，富于同情心	100
2	热爱班集体活动，对工作非常负责	94
3	持重，耐心，忠厚老实	94
4	热情，开朗，喜爱交往，待人真诚	92
5	聪颖，爱独立思考，成绩优良，乐于助人	89
6	重视自己的独立性和自治，并且有谦逊的品质	89
7	有多方面的兴趣和爱好	51
8	有审美的眼光和幽默感，但不尖酸、刻薄	38
9	温文尔雅，端庄，仪表美	12

"嫌弃型"大学生的人格特质

次序	令人讨厌的人格品质	讨厌比例（%）
1	自我中心，只关心自己。不为他人的处境和利益着想，有极强的嫉妒心	100
2	对班集体的工作，或敷衍了事缺乏责任感，或浮夸不诚实，或完全置身于集体之外	100
3	虚伪，固执，爱吹毛求疵	90.9
4	不尊重他人，操纵欲、支配欲强	81.8
5	对人淡漠，孤僻，不合群	81.8
6	有敌对、猜疑和报复的性格	78.2
7	行为古怪，喜怒无常，粗鲁，粗暴，神经质	70.9
8	狂妄自大，自命不凡	69.1
9	学习成绩好，但不肯帮助他人甚至小视他人	63.6
10	自我期望很高，小气，对人际关系过分敏感	54.5
11	势利眼，想方设法巴结领导而不听取群众意见	54.5
12	学习不努力，无组织无纪律，不求上进	43.6
13	兴趣贫乏	32.7
14	生活放荡	14.5

才能出众但有一些小错的人最有人际吸引力，是人们最喜欢的交往对象，这种现象在心理学上称为犯错误效应。阿伦森（Eliot Aroson）等人用实验证明了这一现象的存在，他们安排大学生被试听4种不同的录音，告诉被试这些录音是有关大学生演讲比赛候选人的。在实验中提供了4种条件：①才能出众而犯了错误的人；②才能出众而未犯错误的人；③才能平庸而又犯了错误的人；④才能平庸未犯错误的人。才能出众的表现是正确回答了难度很大的许多问题，回答正确率达到92%，才能平庸的表现是只

回答对了30%的难题，犯错误的表现是不小心把咖啡洒到新衣服上。然后让被试评价哪一种人最有吸引力，对哪种人的喜欢程度最高。结果表明，才能出众但有错误的人被评为最有吸引力；才能平庸而犯同样错误的人被认为是最缺乏吸引力；才能出众而没有犯错误的完美者吸引力为第二位；平庸但没有犯错误的人吸引力居第三位。

由此可见，能力非凡的人富有吸引力，但易给人不真实和距离感。难免犯错误而又能力非凡的人更具吸引力，原因就在于有才能的人的小小错误使其更加接近于现实生活中的普通人，拉近了他和普通人的距离，会使人们感觉更加亲切，进而增加了人们对他的喜爱程度。这种现象叫犯错误效应。

四、改善人际关系的方法

尽管人们喜欢与他人建立并维持亲密关系，但实际上并非所有的亲密关系都以圆满结束，在我们的周围有许多亲密关系在发展的不同阶段出现破裂，因此，人们应该努力改善自己的人际关系，以利于长久人际交往和社会适应。

（一）沟通能力的自我提高

生活的丰富、事业的成功、与别人稳定情感关系的建立和维持，都离不开沟通。心理学家经过反复研究，确认以下程序是提高个人沟通能力，使沟通状况得以改善的有效的步骤和途径。

1. 正确评价自己的沟通状况

每一个人可以根据自己独特的生活范围和交往对象来评价自己的沟通状况。这个自我评价分为三步。

（1）评价自己的沟通情境和沟通对象。沟通情境是指沟通的场合，通常包括家庭、学校、工作单位、朋友聚会、开会及郊游、购物、跳舞、伤亡、看病等场合中的沟通。沟通对象通常分为两方面，即经常性的沟通对象（包括同事、同学、领导、父母、同胞、配偶、孩子、朋友、亲戚、邻居等）和偶然沟通对象（如购物、看病、问路过程中的沟通对象等）。不同的人有不同的沟通情境和沟通对象，每个人可以根据自己的实际情况把他们用表格分别列出来，从而对自己的沟通范围和对象建立一个明确的概念。

（2）准确评价自己沟通的状况。在自己和别人进行沟通交流时，通过问下列问题来了解自己的沟通状况。如在哪些情境的沟通感到愉快，对哪些情境的沟通感到有心理压力，最愿意与谁保持沟通，能否与多数人保持愉快的沟通，最不喜欢与哪些人进行沟通，是否常感到自己的意思没有表达清楚，与朋友是否保持经常性的联系等。通过对这些问题的回答，明确自己的沟通状态，喜欢交往的对象，进而明确自己的社交状况。

（3）评价自己的沟通方式。沟通状况直接决定于沟通的方式。一般情况下，对沟通方式的评价从两个维度进行——沟通主动性和沟通注意水平。沟通主动性评价我们在与别人进行沟通时，究竟是主动始发沟通还是被动接受沟通。主动沟通者与被动沟通者的沟通状况往往有明显的差异。主动沟通者沟通对象广泛，沟通内容不拘一格，很容易与别人建立并维持广泛的人际关系，与他人的沟通比较充分、及时有效。而被动沟通者的沟通状况正好与此相反。

（4）沟通注意水平的评价。沟通者对沟通的注意

人际交往技巧

投入程度，有高低之分。注意水平高的沟通者，不仅注意自己发出信息的指向性、准确性和对方的可接受性，而且时刻关注对方的反馈过程，具有较高的敏感性。他们能够及时调节自己的沟通过程，在沟通中形成良好的支持，始终保持较好的对应性，使沟通得以顺利延续。相反，注意水平低的沟通者，注意力经常分散，发出的信息往往不能与自己的沟通意图很好地对应起来，尤其是不能很好地注意到对方的反馈，不能对对方的沟通给予充分的反馈支持。因此，他们与别人的沟通时常缺乏应有的对应性，沟通的过程也很难顺利、自然地继续下去。

2. 提高沟通的准确性

准确是沟通成功的前提，误解对沟通具有极大的破坏性。很多情况下，沟通发生误解比不发生沟通更让人难以接受。一个人只有用明确通畅的语言将自己的意思很好地表达出来，别人才能准确地理解和把握。心理学家研究发现，有相当比例的人由于不能准确的进行语言表达而使他人无法理解自己的意思由此可能发生人际关系问题，因而提高表达能力是必须且要的。提高它的一个较好方式就是练习复述故事，能够将一件自己知道的事情详细地描述出来是准确表达的一个重要标志。许多著名作家在进行基本功训练时，都是练习准确描述某一个特定情境或特定的人。

提高沟通的准确性遵循这样一个原则——站在信息接收者的角度来提供信息。我们知道，由于人们的经验背景不同，对于同一种符号，不同的人在理解上可能存在差异。而我们提供信息是为了被理解，只有当我们站在别人的角度，体会别人理解所依赖的情绪与经验的背景时，才能选择出最能够使别人准确理解我们的语词或其他符号。此外，我们还要注意对方的各种反馈信息，据此及时调整自己的沟通内容和方式。

(二) 正确使用身体语言

身体语言指非词语性的身体符号（图5-4），包括目光与面部表情、身体运动与触摸、姿势与外貌、身体间的空间距离等。我们在与人交流沟通时，即使不说话，也可以通过身体语言来探索对方的内心秘密，对方也可以通过身体语言了解我们的真实想法。心理学家研究发现，在两个人面对面的沟通过程中，55%以上的信息交流是通过无声的身体语言实现的。因而恰当、自觉、主动地运用身体语言是沟通中让对方准确理解表达者意思必不可少的。

- 捏面部的任何部位——没有把握
- 看表——缺乏耐心
- 玩弄圆珠笔或其他物品——心不在焉
- 正视前方——感兴趣、注意力集中和自信
- 姿势放松——没有什么好隐瞒
- 身体前后摆动——紧张和有疑虑
- 舒心和真诚的微笑——积极向上
- 搓手——不耐心
- 手臂交叉——采取守势

图 5-4 身体语言解析

（1）对自己的各种身体语言信号与整体的身体语言状况进行准确的了解。如自己在各种不同的情绪，如高兴、愤怒、悲哀和恐惧等状态下和沟通需要下，都出现了哪些身体语言行为，这些身体语言行为之间又有怎样的关系。我们每个人都可以对自己的身体语言及其伴随关系进行记录，根据不同的心理状态建立起各种整体语言模型。通过这一过程，我们可以总结出自己在各种情绪状态下的身体各部位的身体语言状况及其相伴随的规律。

（2）对自己的各种身体语言行为和整体模型进行自我体验。在日常生活中，我们可能都有这样的体验，有的人在沟通中运用了大量的身体语言，但我们却觉得他的动作做作不自然，原因在于这个人缺乏对自己身体语言的自我体验，因此在运用时过于僵硬和机械。经过自我体验的过程，人们既可以将各种身体语言经历与自己的真实情绪状态和沟通过程更自然、更充分地联系到一起，也可以使自己对在第一步骤中

建立起来的各种身体语言概念和整体模型进行自我检验，并进行必要的修正。

（3）在实际的人际沟通过程中对身体各种语言行为和整体模型进行有效的反馈。反馈的目的是检验出身体各种语言行为和整体模型的有效性，考查别人的理解与我们自己的表达是否具有一致性。在日常生活中，由于不同的人经验不同，因此完全有可能在对身体语言行为与整体模型的解释上存在一定的差异。当差异超出一定限度时，就会导致误解。要想避免误解，就需要检验自己的身体语言行为的有效性。如果更多的人对我们身体语言行为的理解与我们的自我理解都存在着高度的不一致，那就意味着我们需要修正自己的自我定义，从而避免沟通中误解的加深。

🎯 【心理实践】

一、团体活动

（一）人椅游戏

活动目的：培养学生对团体的信任感和归属感，提升人际交往能力及团队合作能力。

活动时间：15分钟。

活动准备：多媒体教室或操场。

活动过程：

（1）分组。全体成员围成一个圈，"1、2""1、2"报数，将全体成员分成两组，组与组之间以比赛的形式进行。

（2）教师让各组所有成员围成一个圈。

（3）宣布所有人向右转（或向左转），双脚并拢（这点对于安全很重要），所有人的脚尖抵住前面一位同学的脚后跟（此时圆圈会缩小），教师注意检查各位成员的动作是否规范（确保安全），每组每位成员将双手放在前面一位成员的双肩上，感受在人际交往中如何拉近彼此的关系。

（4）教师确定了所有成员都按照规则做了之后，宣布："所有人听从指挥，待会儿我数3下，123之后，大家就一起（注意强调"一起"）往下坐。"

（5）看哪组可以坚持的时间更长，胜利的小组给予奖励，失败的小组接受惩罚。

（6）分享总结。活动完毕后，教师引导学生分享总结活动感受，询问获胜小组成功的秘诀，促进学生对人际互动的思考，提升人际交往能力及团队合作能力。

注意事项：整个活动期间请注意安全。

（二）同舟共济

活动目的：增强团队合作意识，营造团结和谐的人际氛围；通过身体接触，消除人际阻力，促进人际沟通。

活动时间：30分钟。

活动准备：若干报纸，计时器，多媒体教室或操场。

活动过程：

宣布游戏规则：将一定面积的报纸看作本小组在

人椅游戏

同舟共济

落水时唯一的救生艇，请小组想办法让更多的人站到救生艇上获救，每个人都必须踩到报纸上作为支点。看哪一组获救的人最多，哪组获胜。具体分为以下步骤：

（1）以2分钟为时限，第一轮比赛开始，各个小组开始往一定面积的报纸（每组人数开始时如果超过20人则用两张报纸）上站，站成后举手示意。

（2）如果在限定时间内没有站好，则以站在报纸上的人数为准计算人数。

（3）救生艇上的同学必须在救生艇上持续10秒钟，期间离开报纸者不予计数。

（4）各组清点站在救生艇上的人数，站在救生艇上的人数越多，分数越高。

（5）以此类推，进行第二、三轮比赛，在第二轮比赛中，只取原来报纸面积的一半，第三轮比赛，只取原来报纸面积的1/3，其他操作同上。游戏进行三轮，救生艇上累计人数最多组获胜。

（6）分享总结。活动完毕后，教师带领大家积极讨论并分享感受，加以总结，促进学生思考消除人际阻力的方法，学会营造团结和谐的人际氛围。

注意事项：整个活动期间请注意安全。

二、案例思考

做好贴心人，连起千万家

2023年3月4日晚，感动中国2022年度人物颁奖盛典在中央广播电视总台央视综合频道播出，广西壮族自治区柳州市融水苗族自治县安陲乡江门村党总支书记、村委会主任杨宁获评"感动中国2022年度人物"。常年穿着一件套头衫，脚蹬一双解放鞋，她是一个质朴得像山花一样的"85后"苗家妹子。2010年大学毕业后她毅然回到家乡，当起了大学生村官，13年来，始终扎根苗寨，坚守初心，用心为村里人解决生活中的种种困难，带领江门村95户贫困户、327名贫困人口全部成功脱贫，用青春与汗水书写时代答卷，赢得了群众的真情拥护。这些年，她先后荣获"全国脱贫攻坚奖奋进奖""全国脱贫攻坚先进个人""全国三八红旗手""全国优秀党务工作者"等荣誉称号。

广西壮族自治区融水苗族自治县安陲乡江门村，坐落于广西第三高峰元宝山下，这里山清水秀，民风淳朴，有着深厚的苗族文化底蕴。2010年，杨宁从广西大学工商管理专业毕业，回到家乡江门村当起了村支书助理，当时村集体经济为负数，大多数年轻人外出打工，留在家里的基本都是老人和孩子。起初她听过最多的一句话是："山里的大学生都往外跑，你倒好，从山外跑回来！"面对"镀金"的质疑，她丝毫没有动摇留在大山里干一番事业的决心。

十余年来，杨宁用实际行动践行着自己的心声。她将江门村的贫困发生率从20%降至0.05%。村庄巨变的背后，镌刻着这位返乡大学生与乡亲们共同创业的奋斗故事。

江门村空巢老人多。为了给符合条件的老人申请低保，杨宁在村委会从上午8点一直忙到晚上6点，帮老人填写申请资料。第二天，一位老人拿着两个皱巴巴的橘子，一定要送给她吃，以示感谢。朴素真挚的民风感动着杨宁。她带领村民发展了竹片加工、高山生态种植产业，一步一步地将苗寨里的"特产"推到全国各地，赚到了钱，赢得了苗寨乡亲们的肯定和信任。

贫困妇女沈美花一家三口，丈夫遭遇意外丧失劳动能力，家里除了两亩粮食，西瓜便是最主要的经济来源。为了卖瓜，沈美花常常挑着一担担西瓜下山，坐车到乡里街道挨家挨户叫卖。杨宁看着心疼，就把沈美花挑西瓜下山的照片加上文字一起发到了朋友圈，义务帮她卖完了当年所种的西瓜。

杨宁意识到，单打独斗抗衡不了市场风险。于是，她把村里守家的妇女组织起来，成立了苗阿嫂种植专业合作社，统一了高山泉水西瓜、高山黄金百香果、高山生态水稻等特色作物的种植标准，统一销售。成立合作社头一年，西瓜销量增加了10倍。抱团发展产业，激发了江门村妇女的内生动力，在脱贫攻坚的主战场上发挥着半边天作用。2020年年底，全村全部脱贫，村民人均纯收入从1 000多元增长到7 000多元。

《感动中国》组委会给予杨宁的颁奖词是：连就连，连上书记结对子，莫看女娃年纪小，敢卖婚房种新田。连要牢，担子虽重娃敢挑，苗乡今年多喜事，紫了糯米撑荷包。牢又牢，党和乡亲我作桥，后有党员千千万，不怕弯多山又高。

漫漫征途，唯有奋斗。十余载青春，数千日奋斗，厚积而薄发，杨宁将自己的人生理想与人民幸福的伟业融合在了一起。群众心中，感念着她的无私奉献；脱贫路上，活跃着她的奋斗身影。获奖后，杨宁表示，她将以党的二十大精神为指引，继续扎根苗寨，继续为乡村振兴贡献自己的力量，跟乡亲们一起建设宜居宜业和美乡村，让苗山更美、苗寨更富、苗家人更幸福。

（资料来源：学习强国学习平台，有删改）

思考：结合人际关系的相关学习内容，从村支书杨宁的故事中，你发现了哪些人际关系的相关知识，又有怎样的思考和启示呢？

三、实践训练

以小组为单位，自主选择某一种感兴趣的人际关系，以身边人身边事为参考，收集素材并探究其来源、具体表现、存在问题、如何改善等，最终以编写好的心理剧剧本及心理剧表演微电影的方式展示项目成果。本实践旨在引导学生对当下所处人际关系的思考与探索，引导学生学会换位思考，提升适应环境的能力从而建立良好的人际关系，营造和谐友善的人际环境。

【心理拓展】

一、心理书籍

(一)《积极心理学》

本书汇总了近20年关于美好生活的心理科学发现，力求覆盖21世纪前20年积极心理学的进展，包括重要的理论模型、研究发现和生活启示。与同类书籍相比，这本书的主要特点是：第一，知识覆盖面比较广；第二，实操性强；第三，重视知识呈现形式；第四，适用面广；第五，有配套的视频课程。除了通俗易懂、言简意赅的科普讲解，本书每一章都为读者设计了形式多样的课堂模拟演练和课后实践作业。借助本书，读者可以提升自己的心理生活品质，学会用令人舒适的方式与人相处，有助于读者在实际运用中提升心理素养与人际关系处理能力。

（盖笑松，林东慧，吴晓靓. 积极心理学［M］. 上海：上海教育出版社，2020.）

(二)《方与圆》

方圆智慧是为人处世的永恒智慧，是洞明世事的至高学问。本书是以理论联系实际、系统阐释方与圆

"心"实践：人际关系项目教学法

大智慧的作品；是从浅显到深奥、完整展现方与圆哲学的经典。全书共分二十章，在内容上涵盖了社会生活的方方面面，从"方之道"与"圆之法"的方圆哲学讲起，讲述了为人之道、处世之道、商海之道以及谋略之道等，并以事例为佐证，说明如何在生活中、职场中、商海中恰当地应用方圆哲学和方圆智慧，教你圆润为人、圆融处世的技巧和学问，正确面对商海谋略中的博弈和竞争，学会在社会上、职场中管人驭人的绝招和策略等，让你占尽先机，步步为营，早一步窥得成功的秘密。

（宿文渊、龚雪莲．方与圆［M］.北京：中国华侨出版社，2013.）

（三）《人际关系与沟通技巧》

人际关系与沟通对任何人来说都是十分重要的课题。本书以人际关系、人际交往、人际沟通过程为主线，逐一介绍了认识自我和他人、基本人际关系、互相交流的原因、互相交流的方法、人际沟通的技巧，以及职场中与同事、上司、下属、客户的沟通方法等内容。本书及配套资料中有大量的案例分析、游戏训练、情境训练等内容，希望以此帮助读者在"做中学，学中做"的过程中将知识内化。本书以二维码链接视频片段、案例原文、拓展性知识等内容，进一步拓展读者视野、拓宽学习渠道。

（龙璇．人际关系与沟通技巧［M］.2版.北京：人民邮电出版社，2020.）

二、心理影片

（一）《幸福马上来》

该片讲述重庆一位奔走于大街小巷的基层调解员马尚来，面对花样百出的碰瓷事件、夫妻间的日常争吵、邻里家庭间的矛盾等，处处挥洒调解的智慧与艺术的故事。主人公马尚来被称为调解超人，但就在他的调解工作室挂牌仪式上，却与调解界新秀茅雪旺为分出谁是山城调解第一人，率领各自的调解天团拼颜值、比机智、论口才、赛人气，在几件纠纷的解决过程中奇招尽出，一幕幕喜感的 PK 大战激烈上演；面对茅雪旺的花式阴招，老马带领徒弟们展开爆笑大作战，用其独有的调解艺术将难题一一化解，同时真心实意为百姓服务的老马也用自己的智慧和真诚温暖了众人。

（二）《念书的孩子》

《念书的孩子》以直面现实生活、关注弱势群体、表达人性关怀为主题。电影讲述的是一个和爷爷在一起生活的孩子，在爷爷死后和一条小狗相依为命的故事。影片以真挚的感情、丰富的细节、自然朴实的叙事手法，牢牢抓住了观众。该片采用了自然朴实、近乎白描的叙事手法，不以复杂的线索和激烈的冲突来吸引人，而是以丰富的细节和真挚的感情来打动人。通过细节刻画出开开善良和富有同情心的留守儿童形象，让观众真切感受到留守儿童的处境及纯真心理。

（三）《游子吟》

这是一部国产动画片，故事讲的是在一个大雪纷飞的日子，父亲给孩子们讲起自己小时候的故事：家境贫寒的男孩要参加"童子试"，他很想去赶考的时候能有一件新衣服。赶考前一天，他做了一个美梦，梦里有温暖绵软的白云，还有大大的织布机。男孩醒来的时候，真的有了一件新衣服，那是母亲彻夜未眠赶制出来的。这部短片是唯美的中国风，配乐也十分浪漫飘逸，故事温情简单，动人心弦。

人类社会是男女两性并存的斑斓世界，男女两性是人类繁衍生殖的生物实体，也是拥有丰富精神活动的社会实体，两性生活中存在丰富的社会现象，同时也引起社会心理学家的广泛关注，成为热点心理议题。性别角色是社会心理学的重要组成部分，通过学习性别角色，可以塑造良好的性别意识，增强性别认同，优化人格发展，守望性别平等，服务美好生活，推动社会进步。

【知识脉络】

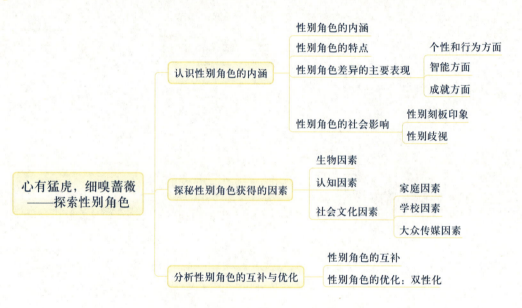

【学习目标】

素养目标：培养学生男女平等的观念和自尊自爱的品质，培养学生乐观向上的生活态度和实事求是的思想作风。

知识目标：掌握性别角色的含义，理解性别差异的原因、表现及影响，熟悉角色互补与优化的相关知识。

能力目标：提升学生的自我认识与性别优化能力，以及团体合作和人际沟通能力。

蜕变与超越：一名工科女生的求职之路

又到一年毕业季，学习机械工程的高职应届毕业生王丽（化名）已经投了三四十份简历，即使她的专业成绩连续三年排名年级前三，得到的面试机会却寥寥无几。难得有面试机会，她也很容易被男生比下去，而同班的男同学们大都已经顺利就业。

"很多用人单位认为女生娇气，我们专业的工作比较辛苦，还是男孩子更容易胜任"，王丽说，"其实学习机械工程这个专业的学生，没有人有多娇气，毕竟学习加实习共三年时间，男生该做的我们都完成了，质量也一点不差。"也有用人单位会明确询问"是否谈恋爱""多久准备结婚"等问题，异地恋的王丽明显不占优势，她的一位做人力资源的朋友说道，"你这样的女孩子工作几年就会结婚，结了婚可能会辞职和爱人团聚，即使不辞职，生孩子也是很快的事，生了孩子又要专心带孩子，单位如果找了你，很可能忙到最后只有一场空"。

虽然屡次碰壁，王丽却越挫越勇，"求职路本来就很难，我不会轻言放弃的，我热爱这个专业，也有

长远的专业发展规划，我相信会有伯乐出现，更相信自己的实力"。她一方面向学长学姐请教，广泛搜集岗位信息，继续投递简历，同时利用课余时间参加各种社会实践，争取为自己的履历增光添彩，还积极与男友协商沟通，为未来发展做好准备。功夫不负有心人，最终凭借卓越的专业能力和坚持不懈的努力，王丽得到了一份满意的工作。

情境分析：王丽的经历也许是部分高职生正在面临的困境，女性求职之路的初期常常不易。除了因为"女性怀孕生子"等理由直接在第一步被淘汰出局，不少单位招聘条件中附有的"出差""经常加班"等要求，也让一些女性望而却步，经常受到性别的有色眼镜歧视。其实，职场中的优秀女性不计其数，女科学家、女工程师、女宇航员、女总裁……还有部分职位，如幼教、护理师等，女性的优势远远高于男性。女性顶起半边天，需要大家一同努力。学习性别角色，可以帮助我们一起了解性别角色的内涵，理解性别角色的差异，走近性别角色的互补与优化，学会更好地认识自己、提升性别认同、尊重异性、实现个性成长，更好地适应社会。

从猿人的雌雄两性，转变成人类社会中的男女两性，这不仅仅是生物进化的变迁，也是个人社会化和社会进步的体现。性别角色，无论其内容、影响还是应用，都反映了人类群体内部的相互作用和相互关系，体现了特定的历史条件和一定的社会发展文明发展水平，是社会心理学的重要课题之一。性别角色是如何形成的？男女之间的差异有多大？如何结合自身性别，更好实现个性成长和社会适应？这些都是我们在学习性别角色时要予以明确的问题。

一、认识性别角色的内涵

(一) 性别角色的内涵

1. 性与性别

性主要指男性和女性之间的生物学差异，性别倾向于表示在特定社会中每种性别的社会和文化角色。吉登斯（Giddens）认为性别有两个含义：一为性，指男女活动中生物学的或解剖学的差异，是生理上的差异；二为性别，指男女心理的、社会的差异。

前者把男女分别称之为男人和女人，后者则分别称之为男性和女性。世界卫生组织（WHO）将性别定义为："由社会建构的男女特征，例如规范、角色以及男女和男女群体之间彼此的关系。它因社会而异，并且可以改变。"总之，无论是男是女，只要是一个人，他（她）总是生物因素与社会因素相互作用的结果。

2. 性别角色的定义

性别角色是指属于一定性别的个体在一定社会和群体中占有的适当位置，以及被该社会和群体规定了的行为模式，这一定义有以下几点含义。

（1）以性别为标准所划分的社会角色。当个体从母体分娩出来之时，凭其性器官就能鉴别性别。由于性器官的不同，婴儿被明确地划分为男孩或女孩。随着时间的推移，男孩在身高、体重、力量和运动技能逐渐优于女孩，女孩在言语表达、阅读和情绪敏感性方面表现出优势，社会对性别不同的孩子予以不同的角色期望，遂形成男性角色或女性角色。

（2）以性别决定个体的社会化定向。性别角色的划分一定程度上决定某一个人的社会化定向，如在传统观念的专业选择中，男生更倾向于选择理工科专业，女生更倾向于选择人文社科类专业。不同的社会化定向导致男女有选择地接受不同的社会影响，并形成与其特定的性别角色相适应的不同的心理内容和人格倾向。

（3）社会群体为男女制定的一套行为规范。性别角色使得我们对个体的行为进行性别的标定，如大家评论某位同学为"假小子"或"假姑娘"的时候，就是按照公认的社会角色对此人的行为进行标定的，另一方面，性别角色也指个体的性别角色规范行为，个体在社会化过程中一旦将性别角色规范内化，就会自动地按照适合自己性别的行为方式来认识、思考、行动，造成性别角色的心理差异。如女生在生活中常常

考虑自己的行为是否符合"温柔体贴"的标准，男生会在意自己的"阳刚之气"。

（二）性别角色的特点

1. 文化制约性

性别角色是社会历史文化的产物，受社会文化的深刻影响，呈现出一定的文化特点。在不同社会与文化之中，人们对"女人"或"男人"的期望与规范不一样，也就造成了不同社会与文化当中性别角色的差异。在古代男权思想的影响下，男生常被认为是理性的、更具攻击性的，女生则被认为是感性的、顺从的。但居住在我国川滇边境泸沽湖畔的摩梭人，他们的性别角色因其母系氏族社会形态的痕迹而别具特色。在他们的社会中，女性把握着经济大权，享有家庭继承权和子女监护权，女性角色与权力、独立性联系在一起，男性角色则具有依附性。因而与其他文化中男尊女卑的传统恰恰相反，在他们的社会中，女性角色往往享有较高的评价。

2. 相对稳定性

在一定历史条件下所形成的性别角色，作为一种社会规范，具有一定的稳定性。

案例： 大二的男生柯晨（化名）一入校就立志入伍，他记得自幼年期自己的梦想就是当兵，在他心中，"迷彩服＋作战头盔＋保家卫国"才是真正的男子汉（图6-1）。这种稳定性是个体人格发展的基础，也是社会结构相对稳定性的反映。

现代社会，虽说人的体力在社会生活中已不再占有重要地位，但是建立在体力基础上，因性别差异决定任务分配的情况却依然存在。造成这种状况的原因有二：一是人们通过世代相传的性别角色社会化，已经从心理上习惯了这种角色分配，任何改变都可能造成社会心理适应不良；二是性别角色本身作为一种社会规范，仍可以在纷繁复杂的生存现象中建立和维持一种性别间长久的秩序。

图6-1 "迷彩服+作战头盔+保家卫国"

3. 多样性

（1）性别角色中包含着各式各样的亚角色。比如高职院校大学男生的身上，存在儿子、孙子、室友、同学等角色。

（2）性别角色有无限的多样性，米德（Mead）曾列举了11种她所研究过的性别角色，其中包括生育过孩子的已婚妇女；生育过并供养过子女的成年男子；不打算结婚和生育的，履行包括独身、禁欲、节制生育这样一些约定的社会职责的成年男子；扮演女性角色的成年男子；利用性关系维持经济来源的成年女子；扮演男性角色，包括有异性模仿癖的女子等。在米德列出的性别角色当中，还有很多跨性别角色，这说明男女性别角色并不是任何时候都非此即彼，性别角色具有无限多样性。

（3）性别角色也有一定的变化性。一个特定的个体在生命的不同阶段，有时甚至在同一阶段，也可能表现出性别角色的多种内容；而在后一种情况

中，往往会出现性别角色冲突。在现代职业女性的身上，职业角色与传统女性角色的冲突表现得十分明显。

（4）性别角色之间的关系随情境表现出多样化。在高职院校女生比重较大、能力更突出的外语类专业中，男生更容易失去自信心，表现出更多的配合的态度。

（三）性别角色差异的主要表现

性别角色差异主要表现在个性和行为方面、智能方面、成就方面（表6-1）。

表6-1 性别角色差异的表现方面

个性和行为方面	智能方面	成就方面
侵犯行为	语言能力	学业成就
支配行为	运动能力	职业成就
自信心	空间能力	
人际交往	知觉速度	
心理健康		

1. 个性和行为方面的差异

（1）侵犯行为。男性的侵犯倾向强于女性，这与生物学因素、社会因素和性格因素有关。第一，生物学因素。侵犯行为受先天生理因素的影响最深，主要来自雄性激素的作用，研究表明男性的雄性激素是女性的6倍。第二，社会因素。在传统文化中，侵犯好斗被认为是男性角色的重要特征，而柔弱温顺是女性角色的重要特征。第三，性格因素。男生一般更加外

性别角色差异

向，喜好结交朋友，但经常忽略细节，容易与他人产生冲突；女生情感比较细腻，在遇到令自己愤怒的事件更多表现为抱怨，与男生相比，产生直接侵犯行为的可能性较低。

（2）支配行为。一是个体支配他人，获得别人的顺从并以此为满足；二是个人对他人施予的影响予以抗拒，这种抗拒实际上是从相反的方向体现了一个人的支配感。一般而言，男性比女性具有更强的支配性。一项针对大学生的研究发现，针对异议，男生坚持自己的看法不动摇的次数比女生高三分之一左右。

（3）自信心。一般认为女孩的自信心低于男孩，与此相对应，她们的自我评价也低于男性，因此女孩往往表现出胆小、敏感、多虑；而男孩则表现出自负、勇敢、富有竞争力。在一项对高职学生的研究中发现，男女生在自信心各维度上存在显著差异，男生在才智自信、人际自信、品质自信、应对自信、成就自信五个维度上得分显著高于女生。这可能与男性从小被给予的角色期待和角色光环有关，男性从小就被灌输要为家庭争光、成为杰出人才，促使他们拥有较高的自我期待，在学习、生活、工作中也会更加积极主动、勇往直前。同时，有资料表明，对成功的自我期望偏低的人往往害怕介入竞争性活动，从而失去锻炼机会，尝试不到成功的喜悦体验。对女性来说，由于自信心相对低于男性，往往影响她们的事业和成就，从而陷入"死循环"。

（4）人际交往。主要表现在人际交往方式和交谈时的空间距离方面。一般来讲，在高职学生所处的年龄阶段，女生交往的范围较小，感情色彩更浓，她们更看重亲密的人际关系，喜欢与一两个好朋友互诉衷肠、相互支持，交往的互助性较强；而男生交往的范围较大，感情色彩较淡，他们常常成帮结伙，形成较大的团体，大部分都属于"泛泛之交"，交往的娱乐性较强。女孩在与密友交往时空间距离小，而与一般

朋友交往时的空间距离大，但是男性在交往时，在这方面并无明显差别。

（5）心理健康。有很多针对青年人的研究表明，男性和女性的心理健康水平呈现显著差异。一项专门针对高职生的研究发现，高职女生的心理健康水平均低于男生，集中表现在抑郁、焦虑、恐怖等方面。这可能与传统文化对女性的要求更为严苛，影响了女生心理有关。同时，因为广泛存在的性别偏见，女生在人际、生活、就业等方面比男生面临更多的困难，这也增加她们的心理压力。从人格特质来看，和男大学生相比，女大学生的人格倾向大多具有忧虑性、怀疑性等特征，更容易出现焦虑、抑郁、恐惧等不健康的心理和行为表现。从生理条件来看，女生的身体体质相对较弱，在生理周期等方面有诸多不适，而且在生理周期情绪波动比较大，这些都会影响心理健康水平。

2. 智能方面的差异

智能可以分为一般能力和特殊能力。一般能力又称为智力，是指在人们所从事的不同类型的活动中表现出来的通用能力。它是个体有效地掌握知识和顺利地完成各项活动所不可缺少的心理条件。特殊能力是指从事具体活动所需具备的能力，如语言能力。两性在智能方面的差异主要有。

（1）语言能力。女性的语言能力强于男性，这是一个得到多数研究普遍支持的结论，女性的语言能力比男性发育得早，发展水平也更高。我们会发现，在从小到大的学生时期中，女生的英语成绩往往比男生好，高职院校里也是如此，英语专业或者其他小语种专业的学生大都是女生，男生数量寥寥。

（2）运动能力。男性的运动技能多优于女性，具体来看，在握力、投掷、短跑、长跑、往返跑和仰卧起坐上，男孩比女孩更占优势，且随着青春期的到来，男女间差异加大，这与男女两性肌肉发展差异有关。在灵活性和手眼协调上，女孩一直优于男孩。在

高职院校体育选修课中，男生选择篮球、田径等运动项目者居多，女生则更多选择健美操、体育舞蹈等项目。在运动强度方面也存在性别差异，女生日常锻炼多选择中等及以下强度的锻炼项目，如散步、慢跑、乒乓球等，男生则喜欢选择羽毛球、篮球、足球等高强度项目。

（3）空间能力。一般认为，在空间能力上男性优于女性，这主要受生理因素的影响。进化研究表明，空间能力对于男性的生存与适应有着非常重要的意义，在人类漫长的进化过程中，男性更多从事狩猎活动，而女性更多从事采集活动，这种分化导致男性进化出更强的空间能力。从高职学生的专业选择来看，女性更多地集中在教育、艺术、语言等人文社会科学领域，男性则集中在自然科学、工程技术等领域。

（4）知觉速度。知觉速度是指能准确地把握细节，并能迅速将注意力从一个注意客体上转移到另一个注意客体上的速度。在知觉速度方面，女性明显优于男性，这可能是生物因素造成的。

3. 成就方面的差异

现代社会的主要成就可以分为学业成就和职业成就。学业成就标志着一个人接受学校教育时所取得的成绩，而职业成就则标志着个人在职业领域所取得社会成就的高低。

大量研究表明，在学业成就上并不存在明显的性别差异，女孩的平均学习成绩并不低于男孩，有时甚至比男孩略强。针对高职学生群体，有研究发现高职院校的男生女生在学习成绩排名方面有显著差异，高分段女生人数显著高于男性，具体来看，女生在排名

前 25% 的比例高出男生约 16 个百分点；男生在排名 25%～50%、50%～75% 和后 25% 的比例分别高出女生约 5 个百分点、6 个百分点和 5 个百分点。同时女生比男生能更加主动解决问题，具备更加坚定解决问题的信念、比男生更具有时间观念、学习努力程度更高、更加遵守学校规章制度、目标完成度更高、具有更加和谐融洽的同学关系、对待同学更加公平、具有对班级更高的绩效贡献率。

在职业成就方面，两性表现出巨大差异，2021年《财富》杂志公布的 500 强企业的女性掌门人数量有 23 名，比例仅为 8.2%，这与性别刻板印象、性别歧视等社会和文化因素有着密不可分的联系。在现实生活中，男性在科学和数学界的比例远高于女性，导致人们产生数学和科学是男性学科的刻板印象，其实，这种刻板印象的影响在专业选择方面已表现出来，高职院校里，女生更多选择文科、艺术类专业，男生更多选择理科类专业。同时这种刻板印象又会反过来影响女性参与到这些领域的比例，使女性在这些领域里面没有归属感，这种相互影响会加剧职业成就的性别差异。

（四）性别角色的社会影响

1. 性别刻板印象

（1）性别刻板印象的表现。性别刻板印象即性别角色的分化和正当化。社会初始的许多分工是根据性别进行的，渐渐地，社会也适应了分工造成的男女性别角色的分化。如女性对照料孩子负有主要责任，人们就很容易确信她们具有亲切、温柔、耐心、体谅等特征。如男人常常作为武士和猎人，人们也很容易确

性别刻板印象

交流讨论：
结合自身经历，谈谈你所感受到的性别差异。

交流讨论：
谈谈生活中有哪些性别角色刻板化现象？

性别歧视

信他们具有冒险、攻击、勇敢、独立、精力充沛等特征。这种"正当化"的印象已经成为约定俗成。在高职院校中，性别刻板印象也随处可见，如护理、教育类等专业通常被认为更适合女生，因为"女生更加细腻认真"，而机械、汽车类专业则被认为更适合男生，因为"男生动手能力更强"。刻板印象在社会生活中有丰富功能，一是具有管理的功能，那些享有权力的人通过刻板印象对权力较少的人进行控制。二是具有描述的功能，可以给某一群体的人赋予总体的看法。例如女人是多愁善感的、男人擅长分析等。三是具有规范的功能，它可以为特定的群体成员提供行为的指南，例如女人应该说话轻柔、男人应该铿锵有力等。通过描述和规范这两个功能，刻板印象可用来对人们实施控制。男性往往拥有更多的权力和更高的地位，因此他们就有更多的机会把刻板印象用作控制的手段。女性更容易受刻板印象的控制，女性对自我的描述比男性更易受刻板印象的控制。

（2）性别刻板印象的发展。随着妇女运动的发展，男女平等的概念开始深入人心，性别刻板印象已逐渐松动。研究人员发现，现在的男人较少用坚韧和具有攻击性来描述自己，大家认为新时代女性不仅具有和善、温柔、细心等典型女性特征，还应形成独立、勇敢等典型的男性特征。社会生活中，男性可以选择回归家庭，女性也越来越多地走上领导岗位，成为职场精英。

案例：2022 年全国村"两委"换届完成，妇女在村班子中占比 28.1%，提高了 7.1 个百分点。我们也看到越来越多的女性科学家、女性航天员和女性成为"大国工匠"（图 6-2）。

2. 性别歧视

性别歧视指因性与性别而对其个人或群体采取区别或不平等对待，尤其是男性对女性的不平等对待。

图 6-2　女性大国工匠

性别歧视有很多表现，如女性较少享有公共的或人际关系的决策能力；女性较少获得有威望的角色，如群体的首领；女性较少获得晋升和成长的机会；女性较少有正式的权力；女性较少拥有丰厚的资金和财产等。戈夫曼（Goffman）对杂志、报纸、建筑物广告中的各种各样的人头像进行系统研究后发现，广告中无论有无工作背景，男性常常以管理者的角色出现，如在医生和护士角色的分配上，男性常常以医生的形象出现而女性则以护士的形象出现，即使在非工作情境中，男性仍处于管理者的位置。联合国人口基金会 2017 年发表的《世界人口状况》报告显示，世界妇女人口中只有一半在从事带薪的工作；在全球范围内，妇女做同一份工作，却只能拿到男性 77% 的工资。

案例：大三的毕业生李萌（化名）发现在求职时，女同学们经常被问及是否谈恋爱、未来三年是否有婚育计划，近期有婚育计划的女生可能遭遇更高的淘汰率。

作为一种主观偏见，性别歧视影响了社会公平和效率，影响了社会文明程度。随着各级政府的努力和妇女解放运动的发展，性别歧视状况正在逐步改善。

（1）完善推进男女平等的法律建设。《中华人民共和国义务教育法》《中华人民共和国教育法》的实施，有效保证了女性的受教育权。2011年国家颁布实施《中国妇女发展纲要（2011—2020）》，旨在保障妇女权益，促进妇女发展和男女平等，2022年10月新修订的《中华人民共和国妇女权益保障法》将男女平等确定为国家的基本国策，党的二十大报告又一次强调了"坚持男女平等基本国策，保障妇女儿童合法权益"，共同推动性别平等的发展。

（2）提高女性素质，提升核心竞争力。一是加强女性独立意识、法律意识，树立全新性别观。在高职校园中，女生可以通过各种途径加强对相关法律的了解，增强法律意识和维权意识，在有需求时及时寻找法律援助。二是提高个人能力素质，提升竞争力。女生应培养独立意识，积极参与教育培训，不断提升个人素质和实际工作能力，加强核心竞争力。

（3）健全支持女性发展的保障体系。一是可以根据女性特点健全生育保险、失业保险等制度，建立健全女性就业保障体系，改善女性就业环境。二是要完善家庭支持政策，通过增加儿童津贴、父母津贴等方式，缓解家庭育儿压力，减轻生育成本，也可以加强婴幼儿照护、幼托服务和家政服务建设，确保女性能够兼顾多种角色，平衡家庭与工作。还可以鼓励企事业单位建立托儿所和幼儿园，予以财政补贴或政策优惠。三是实行男女同休产假、错休育儿假制度，保留生育女性的岗位，对于有育儿需求的父母，企业应给予从业者短暂假期并予以一定工资补贴，以便父母双方都能够更好地承担家庭责任，创造男性帮助女性分担家庭责任的客观条件。

近些年，女性越来越多走入历史舞台。随着女性受教育程度和就业率不断上升，各行各业都涌现出高成就的女性，我们看到了屠呦呦、胡海岚等一个个女科学家，见证刘洋和王亚平进入太空。也有一些女性登上了政治权力的顶峰，例如英国前首相撒切尔夫人，巴基斯坦前女总理贝·布托，德国前任总理默克尔，中国外交部新闻司司长华春莹等都是能力超群、受人敬仰的女性风云人物。越来越多的事实证明，女性的潜力很大，可以与男性并肩创造奇迹。

二、探秘性别角色获得的因素

（一）生物因素

1. 遗传基因

从遗传学的角度来看，男性与女性遗传物质的不同首先表现为染色体的不同。遗传学家勒威廷（Lewontin）研究发现，第23对染色体中的Y染色体的有无，像开关一样对男女性别起着作用。它直接影响着早期发育的胚胎，决定着胚胎的外部器官是沿着男性还是沿着女性的身体发展。

2. 性激素

一般说来，性激素是形成性别差异和性别角色的另一生理因素。激素是内分泌腺分泌的化学元素物质，其中性腺分泌女性激素或男性激素，即雌激素或雄激素，影响性发育和性行为。男性的性腺是睾丸，女性的性腺是卵巢。肾上腺激素也参与青春期第二性征的发展。这些激素联合作用，决定婴儿的生理及心理特征，影响性别差异。

例如，进入青春期后，随着睾丸和卵巢的生长和发育带来的性激素分泌增多，学生的性成熟水平不断提高，开始出现第二性征。他们的生殖系统器官有了明显的变化，外生殖器官从原来的幼稚型逐渐变为成人型，男生遗精现象和女生月经开始出现。同时，第二性征开始发展。第二性征指生殖器以外男性和女性所特有的特征，如男性开始长胡须，喉结突出，声音变粗；女性声调变高，乳房饱满，骨盆变宽大，胸肩、臀部的脂肪更加丰满等。从年龄阶段来看，高职学生还处于青春发育后期到基本发育成熟期之间，身体形态还在发展，只是速度相对慢些。

3. 大脑

现代科学研究表明，男女之间在大脑的结构和功能上的确存在差异，包括大脑两个半球的组织、脑内神经的连接方式、杏仁核等。

哈尔朋（Halpern）研究发现，男性大脑的偏侧化程度较女性更为明显。大脑分为两个大脑半球，即左半球和右半球，一般认为左脑主要负责语言和推理式学习，右脑在推理空间和图像认知上占优势。男性大脑的偏侧化程度更为明显，这意味着他们左右大脑的专门化程度更高，相比之下，女性却可以同时使用左脑和右脑，这可能与女性大脑的胼胝体要大于男性有关。胼胝体是连接左右半球，帮助信息在两侧间传递的纤维组织。同样是左侧大脑损伤，男性比女性更可能产生语言障碍，而右侧大脑损伤的男性，其空间能力的障碍也表现得更加严重。具体见图 6-3。

案例： 某高职男生很羡慕身边的女生可以"一心多用"，而自己常常只能"一心一用"。

有研究者发现大脑内部的神经连接的确存在性别差异，男性的连接更多地出现在大脑半球的内部，而女性的连接则更多出现在两边大脑的连接上，如图 6-4 所示。

大脑的性别差异还表现在杏仁核领域，杏仁核是进行情绪加工的主要结构，研究发现，虽然男性的杏仁核占大脑的比例比女性更大，但女性传递信息给杏仁核的区域更大，这意味着女性拥有更多的大脑皮层来调整情绪性信息的输入，从而能高效处理情绪信息，所以我们常常看到男生生气时常常拍案而起、大吼大叫，女生则更多默默生闷气。

关于人类大脑与性别差异关系的研究还在继续，一些研究者提出大脑具有高度的可塑性，我们所能观察到的大脑性别差异，往往是由经验和环境塑造的。

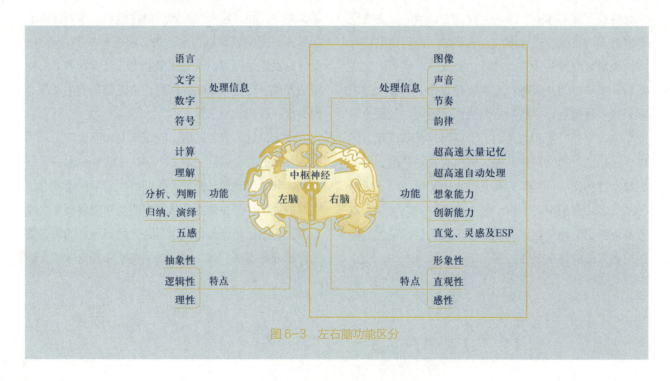

图 6-3 左右脑功能区分

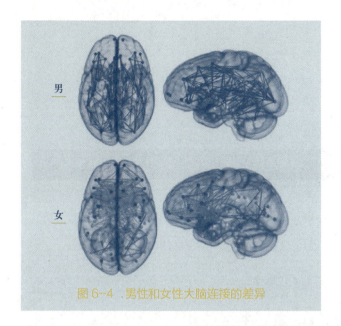

图 6-4 男性和女性大脑连接的差异

（二）认知因素

科尔伯格（Kohlberg）等心理学家认为，性别角色的获得是认知发展的一个重要方面。他认为性别角色的获得是内部认知过程的结果。随着智力的成熟与发展，儿童主动选择与自身生物性别相适应的行为进行学习和生活实践，达到自我的社会化。一旦一个男生把自己当作一个"男性"，他就会更倾向于肯定和参与具有男子气概的活动，如踢足球、跑步，而不是芭蕾舞、厨艺。认知心理学家贝姆（Bem）认为性别角色的形成来源于个体成长中习得的与性别有关的概念和符号所组成的复杂的网络结构，如"柔顺"和"暗紫色"被看成是跟女生有关的，而"侵犯""雄赳赳"被认为是男生特质。

（三）社会文化因素

家庭、学校和大众传媒等社会文化因素发挥着榜样、塑造者、鼓励者和强化者的作用，也会影响儿童性别特征的发展。

1. 家庭因素

家庭对性别社会化的影响是通过强化、模仿的机制实现的。一方面，父母带着自己的性别刻板印象，对儿童合乎期待的行为进行强化，使子女朝着父母预期的性别角色方向发展。例如，当女儿做出女性行为（如温柔可爱）时，家长会做出积极的反应，而当女儿做出男性行为（如敢说敢为）时，会被做出消极的反应。实际上，家长在鼓励女儿的女性行为，惩罚女儿的男性行为。另一方面，儿童会通过模仿父母的言谈举止，习得性别角色。女孩从妈妈身上学到"女人味儿"，男孩从爸爸身上学到"阳刚之气"（图 6-5）。

图 6-5 儿童的模仿行为

兄弟姐妹也能影响儿童的性别角色。追溯自身成长经历时，不少大学生都提到兄弟姐妹对自身性别因素的影响，女生刘美说"我姐姐很温柔，我一直视她为榜样，从小到大都是大人眼中的乖乖女"，女生王云则说"我从小跟着哥哥玩球、玩枪、疯跑，大家都叫我'假小子'"。

表 6-2 展示了儿童的性别角色发展及父母对其进行的性别角色社会化。

2. 学校因素

儿童进入学龄期以后，学校教育强化了男女两性的角色差异，成为传递社会性别规范的正式场所。学校对个体性别角色社会化发生重要影响的渠道主要有教师和同伴群体。

表 6-2　性别特征行为和性别角色发展[1]

年龄	性别特征
婴儿	父母为婴儿选择粉色或蓝色的衣服，并把育儿室装饰成同样的颜色 他们用"强壮""活跃"形容男孩，用"甜美"形容女孩 父亲用"嘿！小老虎"和男孩打招呼，而用"你，小宝贝"和女孩打招呼
1~3岁	父母选择适合孩子性别的玩具，促进其与同性玩伴的交流，对不符合孩子性别角色的行为表现出否定态度 相比母亲，父亲更可能强化孩子的性别行为特征 儿童能够将男性与女性面孔归类为两个不同的类型 儿童能够正确认识自身的性别，但是对性别身份及其意义的理解仍相当有限 在接近3岁时，儿童开始获得性别身份的概念
3~5岁	儿童能够将自己和别的孩子进行性别归类 儿童明显表现出对符合性别特征玩具的偏爱 女孩和婴儿的交流更多，并且比男孩更加积极主动 儿童表现出比成人更强的性别刻板倾向 儿童开始理解性别稳定性概念
5~7岁	相比女孩，男孩更喜欢和同性别群体一起玩 儿童和同性玩伴一起玩的时间多于异性玩伴 儿童理解性别稳定性和性别恒常性（在7岁时）
7~11岁	儿童对与文化性别刻板印象一致的活动产生兴趣 大多数儿童表现出关于性别特质的知识

注：上述发展性事件为研究得出的总体趋势。儿童表现出这些行为的年龄可能存在很大的个体差异。

教师带着自身的性别角色观念，通过不同的对待学生的方式向学生传递着性别刻板印象。不少高职教师会认为男生在聪明程度、求知欲和创造能力上都超过女生，因此在课堂提问和对难题的解决上，往往给男生的机会要大于女生。他们对女生的印象则是学习刻苦和认真，更愿意表扬她们的品行和作业的整洁。在班级管理中，辅导员对待男生一般比女生更严格，并鼓励他们从事更困难的任务，因为他们"坚强粗糙"，而

---

① 资料来源：Beal, 1994；Leaper & Friedman, 2007；Maccoby, 1998；Paserski et al, 2010；Rubles et al, 2006.

对待女生则会更耐心，因为她们"细腻敏感"。

同伴关系对性别社会化有着不可忽视的影响。儿童到了七八岁以后，强烈的心理需求是渴望与同性伙伴交往，并获得其认同。在不同的性别群体中，男女两性的角色规范被整合进群体规范之中，使之成为性别群体所遵循的行为准则。为了得到同伴的赞赏，孩子们会调整自己的行为，使之更符合其性别角色规范。在高职学生生活中，女生以一起谈话、聊天显示彼此的亲密，谈话主题多涉及偶像、化妆、购物等，而男生则通过共同的行动如踢足球、打篮球等活动建立友谊。

3. 大众传媒因素

在现代社会里，电视、电影、广播、书籍、报刊、互联网等大众传播媒介是人们娱乐和获取信息的重要渠道，因此，大众传媒所表现的男女两性形象对人们的性别社会化产生了重要影响。

回溯广告中的性别形象，女性形象多出现与家居生活用品、服装、化妆品等与外貌和家庭角色相关的广告之中，一些家电的品牌直接选用"好太太""巧媳妇""好妈妈"等字眼，男性形象则多出现于科技产品、通信设备、尖端药品、汽车等与经济实力相关的广告上。

【学海无涯：知识拓展】

波波玩偶实验

1961年，阿尔伯特·班杜拉实施了一项和攻击性行为有关的实验研究：波波玩偶实验。波波玩偶是与儿童体形接近的一种充气玩具，实验对象是斯坦福大学幼儿园年龄介于3~6岁之间的36名男孩和36名女孩，平均年龄4岁4个月。

实验中，孩子分成三个组，分别被带进不同的游戏室。在那里，他们可以看到成人模特展示出的不同的行为。第一组被试看到成人模特对玩偶实施各种攻击行为。比如，用脚去踩它，用手捶打它的脸部，把它举起来之后重重摔在地上，用锤子敲打它的头部，把它放在地上踢来踢去。在攻击的过程中还夹杂着侮辱性的语音，如"踢死你""你个讨厌的家伙"等。第二组被试看到成人模特在和玩偶玩耍。第三组是对照组，被试没有看成人模特的示范。10分钟之后，孩子们被带进另一个房间，那里摆放着一些吸引人的玩具，其中包括洋娃娃、消防车模型和飞机模型等。但是孩子们被告知，不允许他们去玩这些玩具，目的是让儿童产生一种挫败感。最后，每个孩子被带到同一个房间，房间里有锤子、标枪、球等攻击性的工具，也有蜡笔、纸张、波波玩偶、小汽车等非攻击性玩具。孩子们被告知可以在这个房间里玩20分钟，然后实验人员通过单面镜观察到每个孩子的行为。实验最后，第一组和第二组会再次按性别分组，观看同性榜样和异性榜样实施实验操作。

研究发现，攻击组的孩子看到波波玩偶之后，会对它进行摔打，表现出明显的攻击性行为。而控制组的孩子则不太在意玩偶的存在，他们更多地会把注意力放在其他非攻击性的玩具上面，研究还发现攻击性行为呈现出一定的性别差异。由此，班杜拉和他的同事得出结论，孩子一些特定的行为有时是通过观察和模仿而形成的，男孩子更易于表现出攻击性行为，尤其是观察到具有攻击性的男性成人的行为之后（图6-6）。

图6-6 波波玩偶实验

三、分析性别角色的互补与优化

在大多数情况下，男女两性在气质、性格、能力、行为等方面都存在一定差距，由此形成的刻板印象也不利于女性的彻底解放，因此，如何实现性别角色互补显得很有意义。同时，现在越来越多的心理学家认为，传统性别角色概念略显狭窄，事实上很多人都会表现为男性特质和女性特质的组合，即男女双性化，目前，人格双性化已成为社会化发展的主要趋势。

（一）性别角色的互补

俗话说"男女搭配，干活不累"，在高职课堂进行分组学习时，很多老师会特意安排男女合作，不仅满足了异性间心理接近的需要，也可以实现两性角色的互补，激发其内在的积极性和创造力。

首先，智力方面。男女的智力类型是存在差异的。男生女生在一起学习，互相影响，可以取长补短，差异互补，提高智力活动水平和学习效率。

其次，情感方面。因为两性情绪情感的不同，在异性交往中获得的情感体验，往往是在同性朋友身上感受不到的。女生的情感比较细腻温和，富于同情心，情感中富有使人宁静的力量。这样，男生的苦恼、挫折感可以在女生平和的心绪与同情的目光中找到安慰；而男生情感外露、粗犷、热烈而有力，可以消除女生的愁苦与不安全感。

最后，个性方面。男生相比女生有更强的心理活动强度和速度，因而他们往往活力强，活动面大，交际广，显得粗犷、奔放、豪爽、豁达、刚毅、勇猛；而女生的活动面相对较窄，交际圈狭小，在社会化过程中渐渐形成细腻、稳重、耐心、认真、温柔、刻苦的性格。只在同性范围内交往，心理发展往往会狭隘，与异性的多交往能丰富我们的个性。

舞动治疗

图6-7　舞动治疗

舞动治疗，也被称作舞蹈动作治疗或舞蹈心理治疗，是表达性艺术治疗的重要分支。它通过将身体动作融入舞蹈当中，借由创造性的方式来表达人的内在精神，使人达到身体、情绪和认知三者的社会性整合（图6-7）。

前期准备：宽敞安静的环境，配有木地板或适宜平躺的地面，如舞蹈教室、团体活动室；音响、彩笔、丝带和球类等；参加者着装需宽松舒适；签订保密协议。

活动流程：（1）热身。所有同学随意在活动室走动，老师提醒大家去寻找安全舒适的角落，熟悉空间里的物体，触摸所看见的物体，用身体部位和遇见的同学打招呼，例如用手掌、手肘或脚尖等。（2）木偶之舞。大家围成圆圈，感受身体，假设手里有一个金属球，金属球可以滑行到身体的各个关节，带动自己去运动，感受关节是以什么样子的方式带动身体，跟随音乐随心舞动。感受平时被我们忽视的身体，例如平时身体哪里会出现不舒服地方，去感知它，安抚它。（3）分享交流。老师邀请大家分享活动感受，"感觉怎么样？""有什么新的体验？"等，帮助大家增进了解信任，提升活动参与度。（4）性别之舞。10人一组围成圆圈，每个人根据自己的性别创编1个舞蹈动作，展示性别之美，当一个人在舞动时，其他人可模仿。所有人结束后，可自由点名进行舞动，最后每组将组员的动作创编成一个完整的舞蹈，配上合适的音乐，向大家展示。旨在拓展性别认识，感受性别差异和性别魅力，培养团队精神和协调合作的能力。（5）圆圈之舞。所有人围成一个大圆圈，每个人学习同样的动作，跟随老师在音乐的带动下进行舞动。最后，互相捏捏肩膀，捶捶背，放松身体。（6）总结分享。成员分享此次舞动治疗活动感受以及成长点。

（二）性别角色的优化：双性化

1. 双性化的含义

高职校园中，我们常能看到一些既坚强独立又温柔细腻的学生，他们性格宜人、自信刚毅，能恰当地处理好学习、生活、学生工作的关系，不仅成绩优异，且兴趣爱好广泛，舞台上、辩论竞赛中和运动场上常常看到他们的英姿，这就是我们称为的"双性化"。

双性化（androgyny）指同时具有男性气质和女性气质的心理特征，这个词根源于希腊语，意为男子（andro）和女子（gyny）的组合。在我国文化中，对双性化的描述也不鲜见，有"静如淑女，动若英豪""绵里藏针，柔中有刚""刚柔并济"等。

心理学家安妮（Anne）提出男性化和女性化并非

双性化教育

简单的一根数轴（非男即女）的一维观点，而是两个
独立的维度，即一个人在拥有某些男性化特征的同时
也可以拥有女性化特征。后来心理学家桑德拉·贝姆
（Bem）对安妮的理论进行了完善，提出双性化模型，
这既包括具有男女双性化气质的人，即女性气质和男
性气质都很强的人，也包括仅仅一方面气质突出的人
和两方面特质都不明显的人，如图6-8所示。

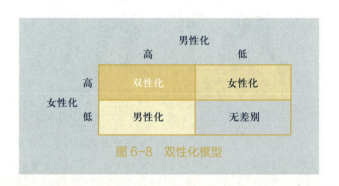

图6-8　双性化模型

【学海无涯：心灵故事】

邢小颖：我是高职生，在清华教铸造

　　2022年5月24日，教育部2022年第三场"教育这十年"新闻发布会上，清华大学基
础工业训练中心实践课教师邢小颖分享了成长故事，她原是高职毕业生，目前在清华大学
担任实践课老师，8年来带过上万名学生，获得多项专利和教学奖项。

　　邢小颖出生于一个普通农村家庭，成长过程中，身为农民的父亲的敢拼敢闯和坚韧
不拔深深影响了她。高考发挥失常后，她步入职业院校学习材料成型与控制技术。邢小
颖刚开始有点吃不消，铸造、钳工等实操对体力要求高，但她骨子里不服输：男生能做
到的，她也能做到。每次实训课，她都第一个到，提前做准备，向老师请教操作要点和
注意事项，课上埋头练习，遇到问题时，她就拿出书本研究再继续操练。在校3年，邢
小颖待得最多的地方就是实训基地，毕业时获得综合成绩专业第一的成绩，这也助力她
成了清华大学基础工业训练中心实验师。实验师的主要工作是设备操作和讲解等，清华
大学选择高职生是看中他们"较强的实践动手能力和扎实的理论基础"。为了做好清华
大学的教学工作，邢小颖苦练普通话，一遍遍试讲教案、做研究、发表论文、申请专
利，还在工作之余顺利通过专升本考试，获取本科学历，2021年获评工程师职称，成长
为"双师型"教师。在邢小颖眼里，不论起点高低，努力就能带来希望，进步的意义更
胜于成功，她最想对年轻人说的是："我努力不是说非要成功，而是相信努力了就能变得
更好。"

　　（资料来源：学习强国学习平台，有删改）

2. 培养高职学生双性化特质的意义

（1）改变传统的性别刻板印象。在激烈的市场竞争中，任何个体都必须具备坚强、自立、勇敢、自信等一系列传统男性角色的品格，而不管从事什么职业，细致、温和、善解人意等女性气质也必不可少。培养高职学生的双性化人格，有助于破除性别刻板印象，帮助学生改变传统的性别角色观念，促进人格全面健康发展。

（2）提高高职学生的综合素质。高职教育以培养高素质技能型人才为目标，是发展社会生产力最直接、最有效的职业教育模式。很多高职生都渴望拥有一技之长，却遭遇影响个人成长的障碍，如觉得自己只考了高职院校，档次低，在别人面前抬不起头，自卑而不敢与人交往，或者毅力薄弱，遭受挫折时容易情绪低落、消极被动。贝姆的实验研究证明，对双性化个体来说，没有严格性别角色概念的限制，因此培育双性化特质，有助于高职生灵活处理各种困难，同时有助于提高他们的心理素质，摆正心态，客观分析自己，确定合理的社会立足点和发展空间，在此基础上，独立自信地面对环境，勇于实践，全面提高自己的综合素质。

（3）增强高职学生的就业能力。国外学者对双性化人格者在职场中的工作表现进行了研究，认为双性化管理者的业绩更高，双性化人格的个体和其他单一性别角色类型的个体相比，体验到更低的工作压力、更高的工作满意度。具有双性化特质的高职学生有更强的可塑性和适应力，既能胜任一般认为需要男性特质的工作，也能胜任适合女性的工作，表现出更有竞争力的就业能力和职场表现。

3. 培养高职学生双性化特质的途径

"双性化"性别特质有利于高职学生拥有更好的适应水平、更高的主观幸福感。我们可以从以下几个方面着手培养高职院校学生的双性化特质。

（1）完善法律法规与社会宣传。《中华人民共和国义务教育法》《中华人民共和国教育法》《妇女权益保障法》等法律的实施，保证了女生的受教育权，扩大了女生受教育的机会，解决了在受教育权、受教育的机会、享有教育资源等方面的性别差异问题。2022年10月修订的《妇女权益保障法》将男女平等基本国策纳入国民教育体系。同时，采用政策鼓励、宣传教育、社会舆论支持等多管齐下的方式，鼓励男性适当回归家庭，鼓励更多的女性积极参与社会活动，营造男女协作、守望互助的氛围。

（2）优化教育教学活动。一方面，学校要通过宣传教育，营造优化双性化特质的校园文化。可以通过开设相关课程或讲座引导学生从性别角色刻板印象的束缚中解放出来，日常教学中列举案例或组织讲座时，可考虑主人公性别平衡，也可多邀请兼具男性和女性特质的"大国工匠"作为学习榜样。另一方面，教师应破除性别刻板印象的束缚，对男女同学给予平等的成就期望，营造性别平等的教育环境。还可以给予学生发展异性特质的机会，如支持女生投身到带有顽强性、充满竞争性的活动中，同时激励男生去从事富于情感、充满温情的活动，使高职学生逐渐改变性格弱势。此外，要鼓励和引导高职学生参与异性交往。可以组织一些男女同学共同参与的活动，也可在教学分组时考虑不同性别搭配，鼓励男女同学交流、交往，并引导他们尝试扮演各种角色，尤其是那些挑战自身性别刻板印象、能够帮助他们体会异性人格特征的角色，帮助学生在发挥自身优势的同时，学习异性的一些长处，克服自己性格中的"软肋"。

（3）积极参与校内外社会实践。有研究表明，具备双性化特质的高职学生，在班级和院系学生会干部群体中表现突出，同时学生工作除了需要较高自律性和坚韧性外，还要重视细节、处理好与同学的关系，

认识我们的性别　　魅力男女

这些经验都反过来会推动高职学生形成双性化特质。其他社会实践也是如此。通过校内外社会实践，女生可以发展果断、领导、独立等特质，男生在实践锻炼中也更加富于感情、温和细腻。

【心理实践】

一、团体活动

（一）认识我们的性别

活动目的：帮助学生理解性别差异，增强性别认同感，提升人际交往能力。

活动时间：45 分钟。

活动准备：每组 A3 彩色卡纸 1 张、彩笔 1 盒，眼罩 20 个，多媒体教室。

活动过程：

（1）分组。让学生进行分组，根据课程需要和班级人数，建议 6～8 人一组。

（2）性别探索。每组成员围坐一起进行活动"男女有别"，讨论并在卡纸上记录"我眼中的男生和女生"，以小组为单位分享讨论结果。教师邀请学生分享活动感受，"在刚刚的交流中大家有什么发现呢?""是不是真的有这样一些差别呢"引导其客观认识性别差异，觉察生活中的性别刻板印象，学会理解异性。

（3）盲行。男女搭配，一人扮演盲人，一人扮演哑巴，共同完成一段路程，感受在人际交往中如何发挥自己的性别优势。

（4）分享总结。活动完毕后，教师再次带领分享总结活动感受，加深学生对性别差异的正确理解，增强性别认同感。

注意事项："盲行"活动期间，需要提醒同学们注意安全。

（二）魅力男女

活动目的：帮助学生提升人际交往能力，实现人格优化。

活动时间：45 分钟。

活动准备：每人"性别脸谱"材料纸 1 张，水性笔若干，水彩笔若干。

活动过程：

（1）热身活动"松鼠与大树"。全体学生自由分组，三人一组，两人扮成大树，双手举高做成树洞的样子，一人扮成松鼠，蹲在树洞下面，并安排 1 位自由人。由教师发布口令进行活动，口令有三种：松鼠、大树和地震。教师喊"松鼠"，大树不动，松鼠必须离开原来的大树，重新选择其他的大树；教师喊"大树"，松鼠不动，扮演大树的人必须离开原先的同伴重新组合成大树；教师喊"地震"，扮演大树和松鼠的人全部打散并重新组合，扮演大树的人可以选择扮演松鼠，扮演松鼠的人也可以选择扮演大树。第一次口令时，自由人趁机进入活动，落单的人会成为下一轮的自由人。由于涉及性别话题较为敏感，本活动旨在活跃气氛，打消学生顾虑，提升学生的参与积极性。

（2）分组。让学生进行分组，根据课程需要和班级人数，建议 6～8 人一组。

（3）性别脸谱。制作性别脸谱，将自己身上具备的不同的男、女性特质写在对应的位置，制作完成后，组内讨论分享，并探讨以下问题："我的男性、女性特质分别有哪些?""我满意的特质有哪些?""我想培养的特质有哪些?"等。

（4）分享总结。活动完毕后，教师带领大家分享活动感受并进行总结，推动学生深刻认识双性化的特点及应用，优化人格成长。

二、案例思考

屠呦呦：坚守求索的巾帼力量

2019年9月17日，中国中医科学院中药研究所青蒿素研究中心主任、中国中医科学院研究员屠呦呦荣获中华人民共和国最高荣誉勋章——"共和国勋章"。她出生于1930年12月，浙江宁波人，60多年致力于中医药研究实践，带领团队攻坚克难，研究发现了青蒿素，解决了抗疟治疗失效难题，获颁2015年诺贝尔生理学或医学奖，这是中国医学界和中医药成果迄今为止获得的最高奖项。

20世纪60年代，屠呦呦接受了国家疟疾防治研究项目"523"办公室艰巨的抗疟研究任务，担任中药抗疟研究组组长。现实的研究挑战重重，为了找到抗疟良方，她和团队广泛收集整理历代医籍，走访民间，请教老中医药专家，仅用3个月的时间就收集了2 000多个方药，在此基础上精选编辑了640个方药。接着，她又带领同事们夜以继日地筛选了380余种中药提取物。在经历了上百次失败之后，得到了对疟疾抑制率达到100%的青蒿乙醚提取物。青蒿素发现最为关键的一步，屠呦呦用百折不挠的韧性撑过了。她经常没有星期天，加班到深夜，每天接触大量化学试剂，通风条件又不好，一天下来头晕眼胀，鼻子出血、皮肤过敏等反应陆续出现，甚至以身试药，年轻时代的身体

"心"实践：性别
角色项目教学法

透支，让现在的屠呦呦健康状况不佳，但她无怨无悔。现在，高龄的她虽已无法直接实验，她的日常"休闲爱好"就是看专业报刊、上网查阅跟踪最新学术进展，记录自己的思考，保证有效每月为后辈提供工作指导。

工作之外，屠呦呦心无旁骛，不爱打扮，是个实打实的"粗线条"，因为不善整理，还被同事戏称"完全不像女生"。为了工作，她放弃了很多家庭角色。为了不影响工作，她曾把不到4岁的大女儿送去异地的爱人李廷钊处寄养，把尚在襁褓中的小女儿送回老家由老人照顾。长时间的分离，让大女儿再被接回来时都不愿叫妈，小女儿长大后，甚至一度不想回北京与屠呦呦夫妻一起生活。虽有不忍，但屠呦呦还是把工作放首位。其实，屠呦呦连自己也照顾不好，曾因工作忙碌患上病毒性肝炎，屠呦呦坦言，"成家后，买菜、买东西之类的事情，基本上都是我家老李做。"她口中的"老李"，是丈夫李廷钊，用奉献和理解一直成为她的后盾。

从40多年默默无闻的坚守，到近些年来步入人生的荣耀时刻，无论身处的环境有着怎样的变化，屠呦呦始终是那个不变的自己，坚持研究上下求索，严格谨慎但热情、乐见同道进步，踏实但推崇创新。

（资料来源：学习强国学习平台，有删改）

思考：结合性别角色的学习内容，从女科学家屠呦呦的故事中，你发现了哪些相关性别角色现象？又有什么收获呢？

三、实践训练

以小组为单位，选择一个性别角色相关议题为研究主题，收集资料并探索思考其表现、影响、应用

（改善）等，最终以"性别角色"课件和微电影的方式展示项目成果。本实践旨在促使学生养成性别平等

的信念和严谨求实的思想作风，掌握社会心理学的学习方法。

【心理拓展】

一、心理书籍

（一）《透过性别看世界》

作者在社会性别研究领域深耕二十载，身体力行地倡导性别平等的理念。该书引导人们知晓并清楚被加之于身的性别文化，觉察被预先设定为男女二元对立的世界，发现那些针对性别出现的看起来天生的、自然的、不可动摇的观念与歧视，带来更多思考和行动，换个视角看世界，突破性别框架，拓宽生活的领域，更加自由、自我地拥有人生，感受人生，享受人生。

（沈奕斐.透过性别看世界［M］.上海：上海人民出版社，2019.）

（二）《男人的声音——16位性别平等男讲故事》

作品包含16篇精彩的高校演讲实录，16位与传统"大男子汉"不一样的男人，分享他们的生命历程和性别思考。他们都不认同于传统的男性角色，不认同父权体制下二元划分的性别角色，或从理论，或从实践，或从自身做起，反思、颠覆传统的性别角色，重新构筑与女人的关系，挑战性别不平等的父权社会。

（方刚，朱雪琴.男人的声音—16位性别平等男讲故事［M］.北京：中国社会科学出版社，2015.）

（三）《开场：女性学者访谈》

本书聚焦性别身份困境，试图看见女性，看见女性学者。作者对上野千鹤子、戴锦华、贺桂梅、梁鸿、张莉等11名国别不同、领域各异、代际参差不

齐的业界翘楚女性展开深度访谈，了解她们心中的"女性主义"，以及性别身份带给她们的束缚与壁垒、成就与自由。本书以一问一答的形式，回溯她们的思想脉络，盘点她们心中的不满与困惑，野心与梦想，带领大家感受大部分现代女性所共同拥有的痛与快乐的生命体验，从而打破性别刻板印象，破除学术圈性别壁垒。

（新京报书评周刊.开场：女性学者访谈［M］.北京：新星出版社，2022.）

二、心理影片

（一）《半边天》

《半边天》是一部由5个金砖国家的女导演创作完成的女性题材影片，它以"当代女性情感与社会"为主题，用五个风格迥异却同样精彩的故事，呈现出女性群体在职业发展、原生家庭、婚姻爱情中面临的一些问题，呈现不同国家女性面对生活的艰辛，更展现了当下女性在现代社会中不服输，追求自我价值的风采。

（二）《花木兰》

影片讲述了一位无所畏惧的年轻女子义无反顾为家国而战，成为中国历史上最著名的伟大勇士之一的故事。当皇帝下令境内每个家庭必须有一位男丁应召出征，抵御北方来犯者入侵，花木兰挺身而出，女扮男装替病痛缠身的父亲应征入伍，一路历经磨炼，驾驭自己内心的力量，激发真正的潜能，成为一名光荣的勇士。

利他行为在人类社会中无处不在，是社会公益和社会责任的象征，是社会和谐发展与建构的基石。学习和践行利他行为，有利于提升个体的自我价值感、给予他人支持和帮助、增强社会群体的合作与凝聚力、建设和谐社会。

【知识脉络】

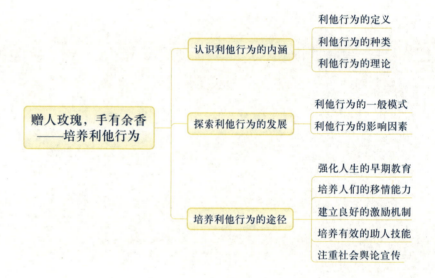

【学习目标】

素养目标：培养学生乐于助人、甘愿奉献的品质和素养，引导学生提升社会责任感、自觉践行社会主义核心价值观。

知识目标：掌握利他行为的概念、影响因素、培养等相关理论知识与内容。

能力目标：提升学生移情能力，培养助人技能。

在志愿实践中实现青春梦想

韦武沙来自布依族，在大学就读会计学专业，后来考上学校社会工作专业硕士研究生。她在大学期间担任学校青年志愿者联合会负责人，参加志愿服务活动百余次，个人累计志愿服务时长达 540 小时，获得贵州省暑期"三下乡"社会实践活动"优秀个人"，校级"优秀共青团员""三好学生"，以实际行动弘扬了奉献、友爱、互助、进步的志愿精神。

2020 年暑假，韦武沙和同学们一行十几人，去镇远县两路口易地扶贫搬迁点的社区课堂支教。他们把 3D 打印机、无人机介绍给当地的小朋友，在那里举办了科普展，带着小朋友们用废旧报纸做手工等。搬迁的社区里有一对五六岁的兄妹，非常喜欢去社区课堂听课。兄妹俩的妈妈为此专门找到志愿者并表示感谢："他俩现在每天一起床就要来找大哥哥大姐姐上课，我从来没见过他们这么积极，这么高兴。"韦武沙深有感触地说："我自己也是从老家易地搬迁到社区的，知道他们刚搬来肯定会有不适应，社区课堂做得好，也能让居民们在这里住得更安稳。"

正是这件事让韦武沙决心学习与社会志愿服务相关的专业，在她的眼里，这些小朋友和当初的她一样，需要的不仅仅是物质上的帮助，更重要的是精神上的肯定和鼓励。"我很开心现在的我可以给别人带去温暖和帮助，这也是我想学习社工专业的一个初衷吧"，韦武沙说。

大学阶段的韦武沙一直保持着优异的成绩，多次获得国家级、省级、校级表彰，荣获校级"优秀共青团员""三好学生"的称号，荣获国家励志奖学金、校级奖学金等奖励。尽管会计本专业成绩优秀，但韦武沙还是决定跨考社会工作专业研究生。她坦言：跨专业考研对自己来说是一个不小的挑战，选专业的时候自己曾在社会学和社会工作之间犹豫。但最终认为社会工作助人自助的基本原则和自己的初心更为接近。凭着对社会志愿工作较为深入的了解和丰富的实践经验，经过一年多的勤奋备考，韦武沙终于实现了心中所愿，成为一名社会工作专业研究生。韦武沙说，"好心人帮助过我，我现在也要力所能及去帮助别人。"

（资料来源：人民网，有删减）

情境分析：作为新一代大学生的韦武沙，用行动践行了志愿精神，她的这种无私付出，正是利他为的体现。她之前因为别人对她的帮助，于是把利他行为深深烙在了心里，并在自己力所能及时伸出助人之手，用实际行动给别人送去温暖和帮助，是大学生学习的榜样。

【心理讲坛】 ···

在我们的社会生活中，有很多美好暖心的瞬间，人们彼此之间的关心与帮助、无私忘我的奉献，让人高兴，为之骄傲。在人类社会发展过程中，利他行为一直存在，无论是过马路的一次帮扶、公交车上的一次让座，还是无偿献血、见义勇为，都为创建和谐社会，促进社会发展做出了应有的贡献。在本单元，我们一起来探讨利他行为的定义、利他行为的种类与相关理论、利他行为的影响因素以及利他行为的培养。

一、认识利他行为的内涵

（一）利他行为定义

不同的理论流派往往对利他行为持有不同的定义。一般而言，利他行为（altruism）是指一个人所

利他行为概述

做出的行为对他人是有利的，而对自己则并没有明显的利益，或者是一种无私的行为，只是为了他人的利益。利他行为是指以任何形式实现的、在主观上并不期待得到报答的有益于他人的行为。利他行为有以下几个特征。

1. 自愿性

利他行为是一种出自自觉自愿的、不期待得到报答的行为。如每年春节前，春运"暖冬行动"在全国范围内开展，各地青年志愿者主动参与，为广大旅客提供行李托运、购票引导等服务。在人流密集路段，随处可见身着显眼马甲的青年志愿者，他们贴心周到的服务，温暖着旅客们的返乡过年回家路。这种无偿的志愿活动体现了利他行为的自愿性。

2. 助人性

利他行为的目标是帮助他人，是一种有益于他人的行为。当别人处于困境甚至是危险中时，人们通过利他行为帮助其摆脱困境，化险为夷，而如果没有这些帮助，受助者将会遭遇严重的后果。有些学生主观上具有良好愿望，但在具体的操作过程中"帮了倒忙"，这种行为因为不具有"助人性"，不属于利他行为。

3. 无偿性

利他行为不期望任何外部的酬谢，也不期望有日后的报答。如在公交车上学生帮助另一个人抓住小偷，追回失去的钱物，随后默默转身离开，有同学把拾到的失物交还给失主不求报酬，这些都是利他行为。

4. 损失性

对于利他者而言，利他行为具有损失性的特征，如在时间、精力、金钱等方面蒙受损失，有的甚至会为此而献出宝贵的生命。当行为发生时，没有无私的付出，那就不是利他行为。

案例："南通好人"徐德林看到菜场卖菜的老人可怜，他将菜全部买回家；见到路边有老人独自慢行，他就捎上一程；驾车路过车祸现场，他主动将伤者送去医院，多次向需要帮助的人们伸出援手，捐助对象包括贫困学生、困难家庭以及灾区。这种自己损失时间、精力和金钱帮助他人的行为，是典型的利他行为。

5. 多样性

利他行为的发生无处不在，具有多样性的特点。如发生大的自然灾害（地震、洪涝灾害等）时，一方有难，八方支援，大家不计报酬，捐钱捐物，一心只想让灾民早日过上正常生活，这些行为是利他行为。高考时，公交车公司、出租车公司以及一些私人车主都纷纷为高考学生着想，派出"爱心送考车"，免费接送考生，这种行为也是利他行为。利他行为是不计大小的，并不因为帮助别人的难度小，受助者受益小，就不是利他行为了。大到像罗盛教舍身救人，小到像雷锋带盲人过马路，只要是主观自愿、不期待得到报答的，都是利他行为。

（二）利他行为的种类

现实生活中的利他行为随处可见，其表现形式更是丰富多样。根据不同的划分标准可以对利他行为进行不同的分类。

1. 紧急情境利他行为与非紧急情境利他行为

按照利他行为发生的情境的紧迫程度，可以将利他行为分为紧急情境利他行为与非紧急情境利他行为。

紧急情境利他行为是指在突然发生威胁生命财产

安全的情境下产生的利他行为。比如忽然发生火灾，小孩在熊熊燃烧的房间里大声哭叫，不马上施救小孩就将失去生命。反之，施救者本人可能有生命危险。在这种情境下冲入火海救小孩的行为就是典型的紧急情境利他行为。紧急情境利他往往让人措手不及，常需要采取紧急措施或特殊手段，需要施助者极大的勇气，相应的知识经验与技能，因而这种利他行为较多地受到人们的推崇与传媒的关注，所以影响较大。

案例： 湖南中医药高等专科学校学生印白杨与弟弟在河里钓鱼时，突遇老人轻生，印白杨两度入水救人，由于施救及时，老人顺利得救。像突然触电、发生抢劫、忽然病倒、失火等情况下出手相助，都是紧急性利他行为。

在日常生活中更为常见的是非紧急情境利他行为。这种利他行为主要是在生活中常见的、一般的、可以预见并且没有严重的生命财产威胁的情境下发生的。比如高职学生在公交车上让座，扶老人过马路（图7-1）等都是非紧急情境利他行为。这种利他行为通常不需要施助者付出很大代价，实施的过程相对不是很复杂、危险，只是"举手之劳"，因而不易产生很大的社会影响。非紧急情境利他行为做一次两次容易，但要持之以恒，也颇为不易。

2. 同情性利他行为与偿还性利他行为

根据利他行为发生的动机，可以将利他行为分为同情性利他行为与偿还性利他行为。

同情性利他行为是出于对他人的同情、关心、爱心而产生利他行为。比如资助贫困儿童上学。偿还性利他行为也叫报答性利他行为，指出于对援助或恩惠的报答而产生的利他行为，或由于自己的过错使别人

蒙受损失，受良心驱使而产生的利他行为。比如因之前受到过别人的无私帮助，今后倾其所有去帮助他人的行为。

图7-1 扶老人过马路

偿还性利他行为又可分为回报性利他行为和补偿性利他行为两类。回报性利他行为是指为了回报以往曾经得到过他人好处而产生的利他行为，其目的是回报他人的恩惠，以求达到心理的慰藉。比如"受人滴水之恩"而对助人者的"涌泉相报"。补偿性利他行为是指为补偿自己曾经使人蒙受过的损失而产生的利他行为，这种行为的目的是"立功赎罪""将功补过"。

（三）利他行为的理论

利他行为的理论主要有先天论、社会交换论、动

利他行为理论

机论及社会规范论等几种。这些理论从不同的侧面解释与分析了利他行为产生的基础。

1. 先天论

生物学家威尔逊（E. Wilson）在1975年出版的著作《社会生物学：新的综合》一书中主张人的利他行为是先天决定的，它通过遗传得来，是人类的本性，是不学而能的人类先天行为。

威尔逊研究了大量的动物利他行为，发现动物存在以自我牺牲换取其他个体与群体生存机会的本能。如白蚁为保卫巢穴、抵御入侵者，可以为保护其他白蚁的生存献出生命；在紧急情境下，居支配地位的雄性狒狒站在群体最显眼处，准备冲向入侵者，而当群体安全撤离时，居支配地位的雄性狒狒才最后撤离。几乎所有的动物都存在着这样的利他行为，为了帮助自己的同类脱离危险，它们不惜牺牲自己的生命。他比较了动物的利他行为与人类的利他行为后进一步得出结论：人类的利他行为也是由本能所决定的，是通过遗传基因传递下来的一种人类本能。

2. 社会交换论

心理学家霍曼斯（G. C. Homans）在经济学交换理论和心理学行为原理的基础上提出了社会交换论（图7-2）。他认为，人与人之间的相互作用，本质上是个人试图尽可能获得最大收益，同时又尽可能少地付出代价的社会交换过程。因此，人在决定行为之前，往往先对自己、别人以及社会背景做出估价，考虑行为是否能够给自己带来更大的收益或者能够减少付出的代价。

社会交换论者所强调的收益与代价，并不单纯指物质性的外在奖励或惩罚，在重要的社会交换过程中自己价值的满足也是一种收益。因此，即使不存在外在收益，人们也有可能自发地实施利他行为。这从某种程度上解释了同情性利他行为发生的原因。而对于偿还性利他行为，社会交换理论也试图提供解释。古尔德纳（A. W. Gouldner）认为，社会上有一种互惠性规范，应该帮助曾经帮助过自己的对方，更不应该给对方造成伤害。因此，自己在助人的时候如果期待将来得到报答，那么在他自己受益的时候，也必须报答对方。所以一旦对自己付出过代价的人需要帮助时，人们就会倾向于实施偿还性利他行为。威尔逊曾经把他的社会交换论概括成一个公式：

$$行动 = 价值 \times 概率$$

所谓价值就是完成某一行动所得报酬的价值高低；概率是指完成某一行动时获得上述价值的可能性大小。如果报酬的价值大，但得到它的概率小，便

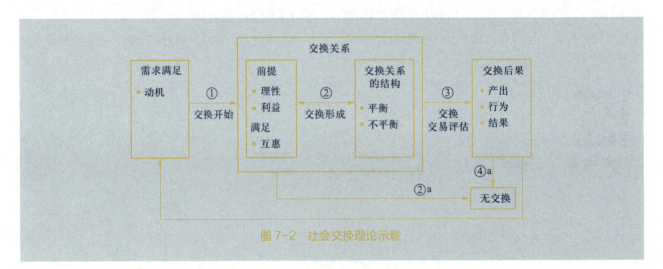

图7-2 社会交换理论示意

会降低报酬的吸引力；相反，如果报酬的价值小，但得到的可能性大，则会提高报酬的吸引力。人们总是选择价值与概率之积最大的行动。如果施助者认为帮助别人这一行动本身价值就很高，而且自己又有能力完成，那么他就会实施利他行为。

3. 动机论

斯陶布（Staub）提出了动机理论来解释利他行为的产生。个体在社会化过程中，受外界影响而慢慢发展起来的价值取向，特别是利他行为的价值取向是人们做出利他行为的主要动机。

动机论认为，人们在发展中形成了多种动机，使其行为的目的在于追求某种期望。人们的动机是潜在的，在一定条件下可以被激活，被唤醒。当这些动机处于潜在状态时，根据它们对个人的价值或重要性大小而依次排列，外界情境可以同时激活一个或多个动机，如果被激活的动机不止一个，动机之间就会产生冲突。而利他行为价值取向则是助人与不伤害他人的动机。斯陶布研究发现，利他行为价值取向越强，人们做出的助人行为就越多。

动机论认为，利他行为价值取向体现为两种性质的动机，一是作为利他行为的无私动机，其目的在于帮助他人，是以他人为中心的；二是以规则为中心的道德取向为特征的动机，其目的在于坚持行为规范。由于这两种动机性质不同，故对于行为产生不同影响。另外，移情也是利他行为的动机因素之一。

同时，动机论认为，动机转化为利他行为，除了动机之间的冲突与竞争外，还会受到其他因素的影响。其中，能力是很重要的因素，个体如果看不到自己完成助人目的的可能性，动机就不可能被激活。是否做出利他行为，有三种能力非常重要，一是对于有关事件和成功是否能达到助人目的能力的一般态度；二是在特定条件下制定行动计划而产生助人行为的指导能力；三是以某种方式行动的特殊能力。例如，会游泳是抢救落水者的一项特殊能力。如果要抓住救助别人的时机，或当他人需要救助的情境不明时，迅速决策能力和认知他人需要救助的能力也是重要的因素。当然，上述这些能力都是服务于动机的，动机未被激活，即使具备这些能力也不会产生利他行为。

4. 社会规范论

社会规范是社会团体所赞许的正式或非正式形成的行为、态度、信念的总称。如果个人行为违反或脱离规范就会受到团体的排斥和社会的非难；如果利他行为被社会规范内化，即使没有外在的奖赏，遵从规范也会带来满足，相反违反规则就会产生罪恶感。人们为了追求外在的奖赏、内部满足或者避免外在惩罚、内部罪恶感，会遵循一定的社会规范，从而产生利他行为。具体而言，关于利他行为的社会规范有如下几种。

（1）交互性规范。古尔德纳认为，社会对人们的行为都有一个共同的期望：人应当帮助那些曾经帮助过自己的人，而不是伤害他们。这是人类道德准则中最普遍的成分，这叫交互性规范。按照这一规范，别人对我们的帮助或善意，会在我们心理上激起回报的压力，迫使我们也以同样的方式对待对方，从而表现出利他行为。

（2）社会责任规范。社会责任规范要求人们去帮助那些需要他们、依赖他们的人。如成年人应该照顾儿童和残疾人，青年人应该为老人让座。因为人们有责任帮助需要帮助的人。贝科威兹等人提出，把这类社会规范内化的人，即使没有外来的奖赏，看见别人有困难也会主动地进行帮助。此时，由于社会责任感的实现，满足感和喜悦心情就起到了内部酬赏的作用。因此，根据社会责任的规范来考虑人是否产生利他行为，取决于认识到他人的命运在多大程度上依赖于自己的行动。如果他人的命运较多地依赖于自己的行为，人们就会产生一种较强的社会责任感，从而表现出利他行为。

由于个体发展水平与文化背景不同，对社会责任规范的理解也就不同。许多人对社会责任规范的理解有很强的选择性，受到其所担负的社会角色的影响。比如警察在工作之外的生活中不一定会比普通人有更多利他行为，但在执勤时，却会更多地表现出利他行为，这就是受到其扮演的社会角色的影响。

总之，社会责任规范把利他行为放到一个整体的社会中加以理解，认为它是一定社会规范的产物，这对从宏观上理解利他行为的产生确有好处，但这种理论把利他行为当作一种纯粹的社会责任规范的体现，过分强调社会文化的作用，忽视了人的主观能动性，其理论的合理性有待商榷。

二、探索利他行为的发展

（一）利他行为的作用过程模式

利他行为受个体的心理活动的影响。在大量研究基础上，社会心理学家们提出了"利他行为决定过程一般模式"。这个模式类似拉塔内与达利的行为干预模式（图7-3）。

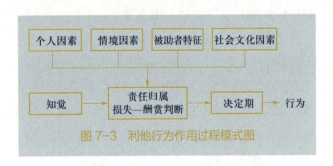

图7-3　利他行为作用过程模式图

任何一种利他行为都要经历知觉（注意和解释）、判断（决定和选择）、行动五个步骤，而判断又受个人因素、情境因素、被助者特征、社会文化因素等方面的影响。拉塔内和达利通过研究发现，人们的利他行为都会经过一个复杂的决策过程。

（1）注意环节。采取帮助他人的行为，首先必须注意到事件的发生。注意到事件的方式有几种，一种

是助人者自己发现。但是，当个体有急事要办，心里也关注着这件事时，往往容易忽略对周围事件的注意。当个体置身于群体背景时，对同样的事件的注意要比独自一人时缓慢得多。另一种是被助者本人主动、直接求救，引起帮助者的注意，如遇险者的呼救。

（2）解释环节。即是否将注意的事件理解为应急事件。同样一件事，人们的理解与解释不同，会影响到他们最后的行动。例如看到一位妇女摔倒了有人可能认为摔跤是常有之事，不会很严重，她自己可以爬起来；而有人可能理解为是什么病或意外使她倒下了，情况紧急必须马上扶助。对事件的解释，受个体性格的影响，也受在场其他人的态度的影响，理解的结果也会影响行为的产生。

（3）决定过程。即确定自己有没有责任去帮助他人。如果确定自己有责任干预，就会有利于采取助人行动。在这个环节上，受在场他人的影响更大，他人无动于衷，有可能导致观察者也无动于衷，认为自己没有责任，或责任很小，或认为对方是自找的、自讨烦恼，别人对此不负任何责任。

（4）选择环节。当个体注意到事件并判断为应急事件，他人确实需要帮助，且自己有这个责任后，便会对帮助方式做出选择。人们愿意进行干预后，还会考虑自己的能力，是采取直接方式帮助还是间接方式帮助。当确认自己有能力帮助，且在现场可找到合适的助人方式时，容易发出直接干预；当自己决定帮助但现实又不可能时，可寻找其他途径来帮助。如遇到歹徒行凶时挺身而出，或及时报警，或寻找更多合作者共同帮助，都是不同的帮助方式。

（5）付诸行动。当以上四个环节都满足时，个体就会产生利他行为。他会综合考虑自己的干预能力，采取直接帮助需要帮助的人的行为，利他行为由此产生。

（二）利他行为的影响因素

在现实生活中，人们并不是遇到所有的求助情境

都会产生利他行为。面对求助者，有些人乐于助人，毫不犹豫；有些人冷漠无情、熟视无睹；还有些人甚至幸灾乐祸、趁火打劫。那么在什么情境中人们会产生利他行为呢？是哪些因素推动或抑制了人们利他行为呢？要回答这些问题，有必要对利他行为的发生情境、影响因素等进行详细分析，以发现其中的规律，为培养与促进人们的利他行为提供理论基础。

1. 个人因素

对于个人而言，影响利他行为的个人因素包括其认知、情绪、移情以及其他个人因素。利他行为之所以会产生，个人因素起着决定性作用。在同样的情境下，由于个人因素不同，有人会做出利他行为，而有人则不会做出利他行为。

（1）认知。认知因素包括认知归因和公平动机等方面。心理学家韦纳（Weiner）指出，面对需要帮助的人，人们是否会帮助主要通过认知归因而做出决定。例如，人们更乐意帮助一位病人而不是醉汉，因为生病是无法自己控制，而喝酒是可以自己控制的。因此，一般助人行为的中介因素是认识到他人的困难是不是不可控制的。如果他人的困难是由于自我放松而造成的（如喝酒过多），则利他行为会受到抑制。反之，他人困难若是不可控制的（如生病），则人们就更愿意去帮助别人。韦纳（Weiner）用书面形式设计了两个具体的场景。

一是下午地铁的车厢有许多乘客，其中有一位抱着车厢的柱子前后晃动，最后倒在了地上。这个人显然是一个醉汉，因为他的口袋里有一瓶酒，还散发着酒气。

二是地铁车厢里有许多许多乘客，其中有个人挂着拐杖，突然倒在地上，显然是病了。

他让被试阅读上面这两段文字，再让他们评定，两个情境中的人，他们更愿意去帮助哪一个，结果被试对后者产生了同情，认为应该给予帮助。而对前者产生了愤怒，认为不应该给予帮助，研究结果表明，同情与利他行为呈正相关，愤怒与利他行为呈负相关。后来有研究重复了这个实验，也得到了相同结果。

后来，韦纳（Weiner）运用归因理论在教室里又进行了一项实验，他请学生判定在多大程度上愿意把自己的笔记借给一位没有笔记的同学阅读。他假设没有笔记的原因有三种：一是该同学不想记笔记；二是该同学由于自身原因没有能力记笔记；三是该同学无法记笔记，因为教师讲课太差。研究结果如表 7-1。

表 7-1　认知归因与助人行为

因果关系	可控	不可控
内部	3.17	6.74
外部	7.35	6.98

注：表中数字越大，表明愿意借阅笔记的可能性也越大。

表 7-1 表明，助人倾向受到因果关系中内部而又可控因素的干扰最为显著。也就是说，若该学生不想记笔记，那么他能得到帮助的可能性最小。韦纳的研究表明，人们是否对他人进行帮助，首先会考虑事件发生时当事人自我控制的责任。

个人公平互补认知也会影响其助人行为。学生们往往有这样一种心态，即从长远的观点看，一切都是公平互补的。现在别人能获得他为之奋斗的东西，不久后自己也会获得自己所需要的东西，彼此的机会都是公平的，所以现在帮助别人，日后别人也会帮助自

利他行为的影响
因素

己。如果现在别人有困难自己能帮助他，说不定日后自己有困难，也能够得到别人的帮助。人们在这样的认识下就会做出利他行为。

（2）情绪。有研究表明，个体的情绪会影响自己的利他行为。个体如果心情愉快，往往容易产生利他行为。艾森（Isen）以中学教师为研究对象，先让其中的一半人获得愉快情绪，另一半人获得沮丧情绪，再比较两组被试所发生的利他行为的多少。具体实验过程如下：请教师制作一项测量运动技能的仪器。工作结束后，实验者让一半教师知道自己做成功了（成功组），让另一半教师知道自己失败了（失败组），由此造成他们两种不同的情绪体验。最后实验者的合作者请两组教师捐款，目的是把捐来的钱用来给一所中学安装实验设备，结果成功的教师组由于心情愉悦而平均每人都捐了 4 元，而失败组教师由于心情不好而平均只捐了 0.7 元。实验结果表明，成功经验会提高人们的愉悦感，这种愉悦感有扩散作用，所以比较愿意去帮助他人。

（3）移情。移情是指设身处地以别人的立场去体会当事人的心境（当事人的感受、需要、痛苦等）的心理历程。学者巴特森（Batson）设计了一个实验，让被试有机会代替一位害怕电击妇女去接受电击，比较在两种不同情境下被试代替妇女接受电击的比例。一是让被试直接观看妇女接受电击；二是不让被试观看妇女接受电击。同时实验者控制移情的条件，告诉被试，其中一些妇女和他具有相似的兴趣、爱好及价值观（高移情条件），另一些妇女则不具有相应情况（低移情条件）。

实验结果证明移情对助人行为的作用：① 两组被试在高移情的条件之下，代人受过的比例均很高；② 不得不观看妇女接受电击的被试在两种移情条件下都较愿意代替那位妇女受过；③ 在不观看妇女接受电击的情况下，只有"高移情"的被试才愿意代人受过。研究者认为，前一种被试可能认为这是唯一可

以减少自己内心焦虑的办法，而后种被试由于未目睹妇女所受痛苦，他们代人受过的原因不仅是减少自己的焦虑，更主要的是考虑那位妇女的幸福。

内疚也往往会导致赎罪，为了赎罪就可能产生利他行为，即内疚→赎罪→利他行为。研究表明，感到内疚的人比没有这种感受的，更有可能产生助人行为。卡尔史密斯（Carlsmith）让一组被试电击他人（实验者的同伙）而产生高度内疚，让另一组被试发出噪音影响他人而产生低度内疚，然后要求两组被试作助人行为。结果表明，高度内疚被试（电击他人）作出的助人行为多于低度内疚被试。见表 7-2。有其他研究者也得到了同样的结果。

表 7-2 内疚与助人行为

条件	做出助人行为	未做出助人行为
高度内疚（电击他人）	75%	25%
低度内疚（发出噪音）	25%	75%

2. 环境因素

（1）自然环境对利他行为的影响。一般来说，令人厌恶的环境（例如，烟雾弥漫或天气闷热）条件会使侵犯倾向增强。那么，舒适的气候和环境会增加利他行为吗？一位社会心理学家在研究中发现，人们较有可能在晴朗的天气里帮助他人，而较少在寒冷和刮风的天气里帮助别人。这种微妙的联系是由于天气好坏而造成的人们心情好坏呢，还是由于天气的不同而使利他行为的代价不同呢？此外，噪音会使利他行为减少，原因可能是噪音破坏了一个人的心境，也可能是噪音分散了人们对他人需求的注意力，或者噪音是一种人们难以承受的刺激。我们知道，人们在一定的时间内只能对一定数量的刺激做出反应，过多的刺激会使一个人无法每次都精确做出利他反应。由此可以推断，生活在大城市的人之所以比生活在小城镇或农

影响利他行为的其他个人因素

个体身份特点会影响利他行为，身份特点包括性别、年龄与个性品质。有研究表明，一些需要较大体力的助人行为，女性不如男性那样主动，在其他方面的助人行为没有性别差异。

利他行为与年龄也有一定的关系。厄盖赖尔（Egner）让4~16岁儿童分核桃，核桃是单数，分别为5、7、7、11、13、15个。实验中要被试和另一儿童分食核桃，并告诉他们有三种分法：丢掉一个成偶数后两人平分；给自己多分一个；给对方多分一个。研究结果表明：自私行为随年龄的增长而减少，4~6岁儿童有67%是给自己多分一个，9岁左右只有23%的儿童是自私的，12岁以后没有一个儿童表现出自私行为。这说明儿童的利他行为与年龄成正相关。

也有不同的研究结果，如斯陶布（Staub）通过实验发现，儿童的利他行为随年龄增长而下降。他的实验以幼儿园儿童及小学1、2、4、6年级学生为研究对象，让他们分别单独一个或两人在实验室内画图，实验者均不在场。当时设置了新的情境，实验者用录音机在隔壁屋子里放出女孩子摔倒的哭叫声，然后观察被试是否出去报告，相隔多少时间去报告，结果是二年级学生出去报告的人最多，六年级的最少。

初看起来，这一结果与前一实验结果似乎有分歧，实验者对自己的研究结果做了分析，因为年龄大的孩子接受社会规范教育多些，其行为往往受到社会规范的约束，虽然他们都听到女孩子的哭叫声，但不敢马上放下手中的工作而随便行动，因此不能认为年龄越大，利他行为越少。可以认为，这一分析也有一定的道理。总体说来，利他行为与年龄成正比，随着年龄的增长，其人际关系也日趋复杂，彼此间的相互影响也日益增多，更了解帮助他人是合乎社会规范的道理。

不过，从另一角度来看，年龄增长不一定会使利他行为相应增多。因为年龄越大，心理活动更加复杂，不像小孩那么单纯，影响利他行为产生的因素也就越多。

个体的个性品质与利他行为之间存在着一定的关系。个性是个体在一定的社会条件和教育影响下形成的比较稳定的特性，这些特性决定着个体在各种不同情况下的行为表现。性格开朗外向的人与利他主义行为的数量有正相关，而焦虑神经过敏性与利他主义行为有较弱相关。以亲社会价值取向为特征的人更可能做出利他行为。

村的人有较少的利他行为，其原因之一可能是大城市喧嚣的噪声和过多的刺激。某些生活在大城市里的人反映说，他们不可能对环境中的所有刺激和要求都做出反应，因此，他们往往对寻求帮助的人漠然视之。

（2）媒体对利他行为的影响。电视是环境因素中的一个重要因素。电视不仅能助长侵犯行为，也能助

利他行为决策机制　利他行为培养

长利他行为。国外学者 Sprafkin 的实验证明，观看利他行为电视的儿童比未观看利他行为电视的儿童更多地表现利他行为。在当代社会，学生在刷短视频、浏览网络时，媒体传递的内容都会影响到利他行为的产生。

3. 社会文化因素

生活在一定社会环境中的人们所表现的任何行为，都受到当时社会文化背景下各种规范与价值观的影响。一般来说，属于同一文化背景下的人通常具有相同的价值观，遵守相同的社会规范。利他行为属于一种社会行为，因此人们的利他行为也会受当地社会文化的价值观与行为规范所影响，而不同文化背景下的人们，他们发生利他行为的原因、过程、概率等都会有一定程度的区别。

斯帝文森（Stevenson）指出，中国文化强调群体和谐，因而赞扬利他行为，这与西方的个人主义形成鲜明的对比。人们会向后代传递关于群体忠诚与群体参与的积极态度，传递关于利他行为在群体进步中扮演重要角色的信念。比如"舍己为人""与人为善""赠人玫瑰手有余香"，都会体现文化对利他行为的影响。

此外，影响利他行为的因素还有被帮助者的特点。研究发现，女性被帮助的机会多于男性，原因可能是男子在体力上比女子强，而且社会规范也强调身强力壮的人应该帮助弱者。另外，老年人和幼儿都会比较多地得到别人的帮助。摩尔根（Morgan）发现，人们的穿着、仪表也是影响别人是否愿意帮助他们的因素。如果一个人穿了奇装异服，招摇过市，当他发生困难时，就较少得到别人的帮助与同情。

三、培养利他行为的途径

目前，社会利他行为弱化的现象普遍存在，它不仅危及社会凝聚力和民族凝聚力，而且损害社会的价值系统和评判机制。要促进个体的利他行为，就要通过各种教育与环境的影响力，积极强化利他行为。

（一）强化早期教育

心理学家们发现，个体在幼儿早期就具有移情能力，即把自己的感情转移运用到他人身上。如果注意爱护和培养，这种单纯而又可贵的同情心就会发展成为利他主义的意识。对于青少年来说，他们具有很强的观察与模仿能力，当看到他人的利他行为时，青少年可能去模仿，学习利他行为。家庭、学校、社会舆论、大众传播媒介等在青少年早期社会化过程中发挥着很重要的作用，在青少年人格形成的过程中，对其人格中有利于利他动机形成的部分加以塑造，就会实现使他们长大成人后表现出利他行为的目的。

（二）培养移情能力

移情是利他行为的重要促进因素。一方面，它表现为能站在他人的立场设想，能比较准确地明白他人的感受；另一方面表现为感情支持与助人，愿意主动付出和给予，而不期望得到任何回报。许多心理学家认为，利他行为的形成是以某种程度的认知能力的发展和与他人的情绪共鸣反应发展为前提的。学校和家庭需要培养学生的移情能力，老师和家长作为年长者，应担任榜样角色，多多赞扬利他行为，与学生一同分析别人产生利他行为时的感受，鼓励学生多站在他人角度看待问题。老师和家长也应多与学生感同身受，在他们犯错误时，尽量多地使用非惩罚性的方式，劝导学生为自己的错误行为承担责任，并督促学生安慰和帮助由于他的错误行为而被伤害到的第三方。

【学海无涯：心灵故事】

用水火丈量人生——记党的二十大代表李胜利

江西省消防救援总队指挥中心李胜利是一个不苟言笑的人，黝黑的脸庞上，总是一副严肃的表情。但熟悉他的人都知道，这个有着26年党龄的老党员，有颗滚烫的赤子之心。

荣誉——在烈火中照亮

入队30余年，李胜利参加战斗11 000多场，每次出生入死、险象环生，但他从未退缩。他说，消防员的荣誉是在烈火中照亮的！

1993年5月31日21时30分，南昌市最大的小商品市场万寿宫商城发生火灾，消防指战员赶到现场时，浓烟与烈火已把居民下撤的通道全部封死，楼上几百户居民的生命危在旦夕。冲在最前面的李胜利，迎着浓烟和烈焰，利用曲臂登高车，与战友们在20多米的高处奋力疏散、营救群众。就在最后一名群众被疏散时，这栋8层楼房呈垂直方向轰然倒塌……李胜利与死神擦肩而过。

凶猛的火势仍在蔓延，李胜利紧握水枪又冲了上去。为了降温，他每隔10分钟就必须将全身淋湿一遍。由于长时间、高强度的战斗，李胜利突然感到脚底一软，直接晕倒在现场。当他清醒后，又再次冲进了火场，一直坚持到大火被扑灭的那一刻。

危险面前，害怕是一种本能，不退缩是一种担当。李胜利选择了后者："你不在那个场合，你感受不到，真的是十万火急。那么多人等着救，我不能怕，更不能退！"

30多年来，李胜利闯禁区、排险情、救危难，参加过"万寿宫商城火灾""赣江邮轮火灾""油脂化工厂氯气泄漏""京九高速路液化气槽罐车泄漏"等重大灭火救援战斗，营救疏散被困群众3万余人，抢救财产损失数十亿元。

使命——在奉献中升华

2021年7月，李胜利的家乡河南遭遇百年一遇特大洪灾，听到援豫集结的号召后，他毫不犹豫主动请缨加入。郑州白沙镇受灾严重，在一次转运群众的救援任务中，冲锋舟突然失去动力，在水面上打转。看着一船刚刚痛别家园的老人、孩子，50岁的李胜利没有犹豫，抓起绳子"扑通"一声跳入水中，像老水牛一样，用尽全身力气将船拖到几百米外的安全地带。

一趟、两趟、三趟……深夜休整时，队员们才发现李胜利的腿肿了，脚被水泡得脱了一层皮。

在增援河南的十多天里，李胜利带领"胜利攻坚队"，辗转多地营救疏散被困群众，不断进行防疫消杀，始终没有时间回家看一眼。

坚持、专注，是李胜利的标签。有年轻的队员问李胜利："队长，你都50多岁了，难道不累么，你的初心是什么？"

那一刻，李胜利想起了自己刚下新兵连的时候，班长问他："李胜利，你为什么当消防员？""想帮助人，救人，救很多人。"

30多年，李胜利坚持干好了这一件事，这就是李胜利的初心。

（资料来源：党建网，有删减）

（三）建立良好的激励机制

政府要在法律、规章制度中充分体现对利他主义行为的支持，利他行为施助者在实施行为后有回报，获得心理上的愉悦，具有光荣感，在物质利益上更不要有缺失。政府建立的"见义勇为基金会"就是一个好的例子。同时，对损人不利己、损人利己的行为要严厉打击，既要有物质打击，更要有精神打击。要多树立和宣传利他行为的英雄和榜样，尤其要多宣传健在的英雄模范，不仅激励当事人，更重要的是激励他人。当利他行为受到表扬或奖励后，这种行为就更有可能再次发生。

近年来，国家很重视大学生的种种利他行为，尤其是志愿服务的倡导，近几年都有高校毕业生志愿服务乡村振兴行动志愿者的招募。例如，2022年广东省就出台了相关政策，志愿者将根据实际服务年限享受机关事业单位考录（招聘）、就业、创业、升学等优惠政策，并按照每人每月2 300元的标准发放生活补贴、每人每年1 000元的标准发放交通补贴（分两次发放）、每人每年500元的标准发放节日补贴。该政策旨在激励广大高校毕业生到乡村振兴一线建功立业、成长成才，推进乡村振兴落地生效，激励大学生践行助人行为。

【学海无涯：心理技能】

代币制

代币制（token program）又称标记奖酬法（token economy），是用象征钱币、奖状、奖品等标记物为奖励手段来强化良好行为的一种行为治疗方法。我们可以通过代币制培养孩子的利他行为，实施步骤如下。

明确目标行为

代币制的实施目的是增加实施者的良好期望行为，代币制的第一个过程是确定在实施过程中需要强化的期望行为。目标行为的确定在很大程度上取决于所要处理的特定行为问题、被实施者的特点、实施者对被实施者的期望值等。

确定代币

代币应根据被实施者的特点来确定。

确定后援强化物

确定后援强化物的强度和价值对被实施者的影响，还要考虑后援强化物的种类。

（四）培养有效的助人技能

许多技能不是天生就有的，而是需要后天培养和学习的。学校怎样开展助人意识和技巧的教育呢？比如学长学姐在新生报到时提供志愿服务、开学后组织开展团建引导新生适应新环境、引导协助新生学习生活问题处理、组织学生慰问敬老院老人（图7-4）等，都有助于新生在别人遇到危险的情境时懂得并有技能进行援助。

图7-4　学生到养老院献爱心

家长和老师要以身作则，媒体要传播利他行为的信息，给新生提供最真实的有关利他行为的榜样，让他们的头脑中对利他行为有形象记忆。

（五）注重社会舆论宣传

要注重社会舆论和宣传的作用，调动全社会的力量，对利他行为形成导向作用。社会舆论起着一种评论和监督的作用，反映了大多数人的意见，宣传是一种有意识地控制社会心理的活动，是一种控制社会环境以养成个人的某种特殊行动倾向的方法。加大对利他行为的宣传力度、创新宣传方式是培育青少年利他行为的重要途径，其中榜样宣传是最为常见的宣传方式之一。

培育利他行为，要重视先进人物的引领作用，通过先进个体或群体示范效应，引起学生的情感共鸣。必须加强对富有利他精神、实施道德利他的先进楷模的表彰，尤其是持续推进"感动中国""道德楷模"评选活动，以榜样力量引领社会风范。

改革开放以来，从党员干部孔繁森到人民警察任长霞，再到鞍钢工人郭明义，这一批批改革先锋默默付出的身影记录着时代变迁，推动着社会发展。今天，新时代正在呼唤更多的先进楷模，更多的先进楷模正辉映着新时代。在普通岗位上，一代代劳动者正在前赴后继、为国奉献。

案例：一辈子深藏功名、初心不改的张富清，把青春和生命献给脱贫事业的黄文秀，为救火而捐躯的四川木里31名勇士，用自己身体保护战友的杜富国……许许多多无怨无悔、倾情奉献的无名英雄，他们以普通人的平凡书写了不平凡的人生。社会需要先进楷模引领，需要高尚精神激励。当社会出现较多富有利他精神的道德楷模、先进榜样时，人们会受到其感染，在实际行为中也可能促使自身做出利他行为，从而提升整个社会的道德风气。

同时，在开展榜样宣传、示范教育的过程中，需

集思广益　　风雨同行团体活动

注意所选道德楷模的典型性，既要有代表性又要贴切生活实际，假如选取的道德楷模脱离了人们的日常生活，就会变成道德教条，也难以引起大学生的共鸣。

大学生终归要离开校园，走入社会，成为一名光荣的劳动者。这些道德模范、先进楷模中展现的事迹以及人格光芒，能帮助大学生意识到自身所担负的责任与使命，能够提升学生的精神力量，增强他们对社会、国家、民族的真挚情怀，从而表现出更多的利他行为。

【心理实践】

一、团体活动

（一）集思广益

活动目的：让学生树立求助意识，借助他人的智慧解决自己的问题，培养学生的关爱之心，乐意帮助别人解决问题。

活动时间：30分钟。

活动准备：瓶子，信封，白纸若干，多媒体教室。

活动过程：

（1）让学生进行分组，根据课程需要和班级人数，建议6～8人一组。

（2）献计献策，过程如下。

① 每位同学可以自由选择自己是使用瓶子还是信封，把瓶子、信封和白纸发给每一位学生。

② 每位同学在白纸上写下自己最头痛、最想解决的问题（可以是学习问题、交往中的问题等），写完后把白纸装在准备好的漂流瓶或信封里。

③ 以小组为单位，把每个小组同学的求助信在小组范围内"漂流"，每位同学负责对漂到自己手里的"求助信"献策，并在策略上签上自己的名字。传完后，物归原主，每人可以多写几条计策。

④ 全班交流。

（3）感谢。每位同学向为自己提供可行又有效的方法的同学表示感谢。走过去握手并说谢谢或其他表达方式。

（4）评奖。活动最后，主持人可以请同学们在自己收到的方法中评出最佳创意奖、卓越奖等奖项。

（5）分享讨论，主持人就以上方法与建议进行讨论，让大学生能更好地知道帮助别人解决问题时要注意哪些方面，如何使自己的建议与方法更为有效。

（二）风雨同行团体活动

活动目的：（1）通过游戏，让学生学会接纳他人的长处，取长补短。（2）培养学生在体验团队合作中的扬长避短。

活动时间：30分钟。

活动道具：眼罩、口罩、短绳、篮球、雨伞、椅子、书包、水桶、抱枕等物品。

活动场地：室内或室外均可，但需要有一定的活动空间。

活动程序：

（1）按7人一组分组，在7人中规定有2个"盲人"、2个"无脚人"、2个"无手人"、1个"哑巴"。

（2）在角色分配完成后，按要求"盲人"戴上眼罩、"哑巴"戴上口罩、"无脚人"捆绑双脚、"无手人"捆绑双手。

（3）主持人把他们带到比赛起点，让小组成员把所有物品搬运到终点，以用时最少的组为胜。

（4）全班交流分享感受。

注意事项

（1）比赛计时从主持人宣布完游戏规则开始，包括角色分配、扮演、合作等全过程。

（2）设计的起点与终点间的距离应该大于20米，并且设置障碍提高难度。

（3）每个组的所有物品，要求集体配合、共同承担、一次搬运完毕。

二、案例思考

张新江：做好每一件平凡小事

2022年2月4日（大年初四）16时许，油井巡检员张新江巡检至马7-15井附近。眼看还有两口井就巡完了，自行车链条却不争气地断了，张新江只得疲惫地推着车走在小路上。

突然，一阵若隐若现的求救声引起了张新江的注意。他循声找去，发现路旁河渠里有一名小男孩在水中挣扎呼救。

虽然会游泳，但已多年没有下过水的张新江，一边呼喊"救人"，一边三两下脱掉棉衣棉裤，一头扎进冰冷的河水里。在水中挣扎了多时的小男孩见到张新江，立即紧紧抓住他不松手。

"再这样下去，两人都会有危险！"张新江宽慰孩子说，"别急，我一定会带你上岸。现在听我的，你放手，我来带你！"

随后，他将孩子夹在腋下，缓缓向岸边游去。到了岸边，他先把孩子推上岸，自己随后才上岸。见孩子神志清醒、已无大碍，张新江才拖着湿漉漉的身体回到站里。等洗完澡换衣服时，张新江才发现腿上被扎伤了好几处。

张新江是个"油二代"，父亲是一名特种车司机。他小时候体弱多病，上学"三天打鱼两天晒网"，因此在同龄人面前有些自卑。"干不了大事就把身边的每一件小事做好。"渐渐地，这句话成了张新江的座右铭。

工作后，同事们有事找到张新江，他总是毫不犹豫地答应。在他看来，"能找我的人都是把我当朋友，我能做到的也都是小事，没啥。"站里有重体力活，只要张新江在，他总是抢着干。前不久，管线穿孔抢修，这并不属于张新江的岗位职责，但他知道后，立即和抢修队员一起铲地皮、收油、装蛇皮袋。

张新江的爱人王菊华去年退休前一直和他一起在马25站工作。站里位置偏远、生活单调，夫妻二人就开垦了空地种菜。夫妻俩习惯在他们的一亩三分地上劳作，种上各种时令蔬菜以及花生、红薯等，作物成熟后，他们总是往食堂送，工友和邻居们都没少吃他们种的菜。"看到大家吃上我们自己种的菜很开心，能帮助他人，感觉特别幸福。"张新江朴实地说。

（来源：《工人日报》，有删减）

思考：从张新江的案例可以看出他的助人行为的哪些特点？

三、实践训练

以小组为单位，采用调查访谈的方式对有助人

"心"实践：利他行为项目教学法

行为的个人或团体进行采访调研，对调研结果进行分析，总结利他行为的动机、特点、类型。最终以课件和视频的方式展示成果。

 【心理拓展】

一、心理书籍

（一）《另一个你：在利他中找到第二个自己》

本书通过170多个案例和作者自己的视角，真真切切展现了利他的奇妙世界和神奇力量。书中告诉我们一个道理：利他就是利己，是实现另一个层面成功的更好可能方式。做到了利他，就能实现内心平衡，找到另一个自己；就能发现更多可能，就有更多可能来成就更多可能。而这后面的一切，就是自然而然的了。

（张汉阳. 另一个你：在利他中找到第二个自己 [M]. 北京：中国经济出版社，2019.）

（二）《好人365故事（青少版第二季）》

"好人365故事"（青少版）系列，是用慧眼发现生活中的平凡人，在平凡中发现伟大。这些好人就是身具美德的人，他们助人为乐、见义勇为、诚实守信、敬业奉献、孝老爱亲，这些美德将给青少年带来励志进取的精神力量，这些好人将成为青少年的人生楷模。本书为《助人为乐》卷，书中的30个人物个个都是乐于助人的典范，他们在为他人、为社会服务中真正尝到了快乐。

（中央文明办中国文明网. 好人365故事（青少版第二季）[M]. 石家庄：河北少年儿童出版社，2016.）

（三）《时间金钱化与利他行为》

对于时间和幸福，具有不同人生观、价值观的人会有不同的理解，关键在于人生追求的是什么。我们所理解的幸福是建立在人生的意义之上的愉悦的心理状态。这方面可以举出许多实例来加以说明，例如许多学者、艺术家的作品，都是呕心沥血，甚至是用生命来完成的。读者能通过这本书，更多地思考生命与时间的意义，让正念之树茁壮成长，也让生命多一分宽容和平和。

（李继波. 时间金钱化与利他行为 [M]. 北京：中央编译出版社，2019.）

二、心理影片

（一）《青春雷锋》

该剧讲述了雷锋从小学毕业到牺牲的成长经历，影片着力描写雷锋平凡的生活经历，用生动的影像和鲜活的细节展示其"感恩社会、热爱生活，自强不息、艰苦奋斗，助人为乐、服务人民"的精神。

（二）《秀美人生》

这是一部通过影像表达呈现了无私奉献之精神行为的影视佳作，通过多个有关主人公黄文秀的经历事件去进行展现的。在众多进行呈现的事件经历当中，帮助阿芬、开导银匠以及支持桂平等事件的刻画，向我们表现了主人公乐于助人和无私奉献的高尚精神。

　　侵犯行为是人类常见的社会行为之一，在人际互动中常常带来破坏性影响。本单元通过了解什么是侵犯行为，侵犯行为的成因与调节机制，帮助学习者更好地理解自我和他人的侵犯行为，以便在面临潜在侵犯行为的时候能更好地自我控制和自我调节，将自我的攻击冲动转化为更具有建设性的力量，成功实现个人发展与社会进步的和谐统一。

【知识脉络】

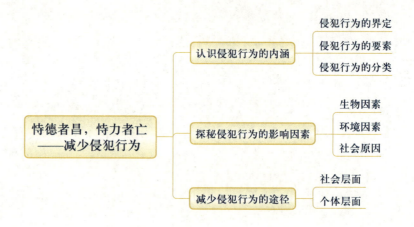

【学习目标】

素养目标：使学生养成自知自省、理性平和、健康积极的社会心态和素质，树立法治观念、增强法治意识。

知识目标：掌握侵犯行为的含义、侵犯行为的成因和调节侵犯行为的常见策略。

能力目标：发展学生调节情绪的能力、控制攻击行为的能力、在人际互动中与他人建立和谐关系的能力。

小帅的"爱情保卫战"

小帅是某高职院校的一名大二学生，也是艺术设计学院的一名学生干部。小帅学业成绩优秀，而且在大一时就交往了一个漂亮的女朋友，是同伴眼中令人羡慕的对象。

但是最近小帅的生活出现了变化。一次偶然的机会，他发现女朋友好像使用社交软件在和某个人聊天，当小帅问起的时候，女朋友神色不自然地顾左右而言他。小帅起了疑心，逐渐发现女朋友好像跟她所在专业的一个学长交往比较密切，还有同学看到女朋友好像和那位学长共同在学校餐厅吃饭。

小帅的妒火迅速燃烧起来了，他非常爱自己的女朋友，无法忍受女朋友和其他异性接触，于是打算教训这个学长。有天下课后，小帅找到学长，并且约学长晚上9点到操场，计划到时候对学长采取暴力行为，以威胁他不要靠近自己的女朋友。

小帅的反常行为被女朋友发现了，女朋友不知所措，于是求助辅导员。辅导员找到小帅，邀请他跟心理咨询老师聊一聊。经过一番交流之后，心理老师询问小帅，他希望用武力解决问题的原因是什么？小帅回答是希望能够挽回自己的爱情。

心理咨询师和小帅一起分析了他产生反常举动的前因后果，让小帅认识到攻击行为并不能解决问题，反而让自己与女朋友的关系陷入更糟糕的境地。于是小帅打算和女朋友好好聊一聊，看看两个人之间是否真的存在误会，如果是，那就努力解决矛盾，如果女朋友真的已经移情别恋，自己也要学着去接受，等待真正属于自己的爱情。

情境分析：小帅的"爱情保卫战"生动地呈现了个体侵犯行为的背景、发展和转换过程。因为嫉妒和感情的挫折，小帅产生了强烈的愤怒，进而产生了侵犯的意图。侵犯行为的形成包含生物因素，小帅身为一名男性，荷尔蒙的分泌带来更强的攻击性；也有社会因素，部分文学作品和影视作品中，呈现了当两性关系遭遇第三方的威胁的时，使用暴力解决问题的方式；还有心理因素，小帅作为一名年轻人，一方面面对问题的时候敏感性偏高，很容易把一些可能的中性线索当作威胁，另一方面自我控制能力较弱，更多地依据情绪解决问题。最终小帅和心理咨询师的讨论促使小帅的侵犯行为得到调节，以一种更有建设性的方式去面对情感的危机。

小帅遇到问题和解决问题的过程，正是本单元学习的重点。对侵犯行为的系统了解，可以帮助我们更好地理解、控制和转换侵犯行为。

【心理讲坛】

侵犯行为和利他行为一样，是社会心理学中的一个重要的研究课题。如果说利他行为代表了社会发展中的一个建设性的方向，那么侵犯行为则代表了一个破坏性的方向。侵犯行为意味着某个个体或者群体对另外一个个体或者群体的攻击和伤害。这常常会引发人与人之间的内耗，是社会的不安定因素。侵犯者和被侵犯者都会因为处在冲突之中受到损失，严重的时候还有生命的危险。

侵犯行为在我们人类的行为中如影随形，小到幼儿之间的互相推搡，大到国家与国家之间的战争，人类社会中的侵犯行为连绵不绝。这就对我们社会心理学的学习者提出了一个重要的课题，我们需要更深

侵犯行为概述

入地去理解什么是侵犯行为、侵犯行为是怎样被激发的，以及如何通过努力让侵犯行为减少或者转换到更有建设性的方向上。

一、认识侵犯行为的内涵

（一）侵犯行为的界定

　　侵犯行为，又称攻击行为。它包括有意伤害他人身心健康的任何行为，一般分为两方面的情况：一是实际的伤害，如对他人身体方面的伤害；二是心理的伤害，如对他人施以谩骂、诋毁、诽谤、讽刺、挖苦等伤及个人尊严、名誉、人格的行为或言语。

　　如何界定侵害行为？行为主义心理学家从行为所导致的后果出发，把侵犯行为看成对其他人造成伤害后果的行为。根据这种说法，只要一种行为伤害了他人，即可称为侵犯行为，而行为者即可称为攻击者。

　　但是这种对侵犯行为的界定，和我们的日常经验不符，也会给我们在使用概念时带来很多困惑。例如，护理专业的实习生，在为病人进行辅助治疗的时候，皮下注射会让病人感到痛苦，但是病人通常不会把实习生的行为看作侵犯行为，病人也不会觉得自己是在受伤害，反而更多地会觉得自己是在被帮助。反之，一个蓄意杀害他人的人，在仓皇中未能将刀子扎在谋害对象身上，尽管其行为没有伤及任何人，但是人们仍会把此行为看成严重攻击的表现。因此，对侵犯行为概念的界定，应将行为的意图、动机和行为的后果联系起来。

　　社会学习论者班杜拉进行了十多年的研究后，认为侵犯行为是一个十分复杂的事件，它包括造成伤害的行为、意图以及社会标定三个要素，让人们在理解侵犯行为的时候有了一个可靠的概念框架，以此为基础我们总结了构成侵犯行为的要素。

（二）侵犯行为的要素

　　侵犯行为的要素有三个，分别是侵犯行为、侵犯意图和社会标定。

1. 侵犯行为

　　侵犯首先是一个行为，行为的基本特征就是一个外显的过程，一个可以被观察、被感知的能够对另外一个个体造成伤害的外在表现和结果。这个行为可以是身体的暴力，也可以是言语的暴力，甚至可以是冷暴力，如孤立、疏离。

　　案例：电子商务专业的张力（化名）花了一周的时间精心设计了一个产品策划案，准备作为营销课程的期末作业。同学王建（化名）借用张同学的电脑时，故意彻底删除张力的策划案文稿，让他无法按时完成作业。这个行为不仅给张力带来现实的损失，还让他产生了受伤害的感觉，所以也是侵犯行为的一种。

　　如果没有外显的侵犯行为，那么就失去了界定侵犯行为的基础。在这个意义上，哪怕一个人在幻想中已经对另一个人产生了暴力行为，或者侮辱谩骂，但是如果这个个体没有表达出任何真实的行为，都不能认定为侵犯行为的发生。

　　这个界定也为我们下一步调节侵犯行为，提供了一些有趣的灵感。有研究发现，在幻想中表达自己的攻击性冲动，或者精神层面上象征性地表达而不是见诸行动，能够和真正的侵犯行为起到类似的释放负面情绪的功能，在减少现实伤害的同时有助于恢复心理健康。

2. 侵犯意图

侵犯意图是侵犯者在主观上是有意的，甚至是出于故意的目的施行的伤害他人的行为。在这个过程中，有的情况是比较容易判断的，就像护理专业的实习生扎针时紧张手抖，几次都没有扎进血管。这个过程中，有人受到伤害，但是我们知道对于新手实习生而言这是正常的，她并没有侵犯意图。

但是侵犯意图的界定并不总是这么清晰，意图作为一个内在的心智过程，常常会因为谎言，让侵犯意图的认定变得尤为复杂。人们经常面临的困境是，一个人驾车撞另一个人，是一种有意图的谋杀还是情绪紧张、驾驶行为不规范带来的感知范围变窄而引发的交通事故。或者一个精神病患者，当他伤人的时候，是处在失去意识的精神病发作期，还是处在意识清晰的情境下的有意图的侵犯行为。以伤害他人为目标的攻击行为和没有任何意图的误伤对认定侵犯行为有本质的影响。

3. 社会标定

社会标定是对攻击行为和侵犯意图的补充。当我们在谈论侵犯行为的时候，已经谈到了攻击行为和侵犯意图，但是在这样前提下，我们会看到有些行为是社会所认可甚至肯定的行为，而有些行为则是被社会反对和拒绝的行为，如果统一都称之为侵犯行为，就会让我们在对待和调节侵犯行为等方面带来一些态度上的混乱，因此我们可以借助社会规范对侵犯行为进行进一步的标定。

为了研究和调节的方便，我们把某些被社会认可的攻击性行为不界定为侵犯行为。比如士兵面对外敌的攻击，警察抓捕犯人的时候为保护群众安全而发生的攻击行为、青少年在遭遇校园欺凌时采取的自卫行为，这些行为中都包含了攻击行为和侵犯意图，但是因为是被社会所认可、甚至赞许的，所以不会被列入社会心理学侵犯行为的范畴。本书讨论的侵犯行为指的都是那些违背社会规则的侵犯行为，如家庭暴力、父母对子女的虐待、人际中的攻击行为等。

（三）侵犯行为的分类

社会心理学家对各种侵犯行为进行了广泛研究，他们试图制定一个统一的标准，将侵犯行为予以整理、分类。侵犯行为根据不同的标准可以分为以下几类。

1. 依据侵犯行为的强度分类

根据侵犯行为强度的大小可分为轻微、中度与极端的侵犯。轻微程度的侵犯常见于学校运动场上近乎游戏性质的学生混战；中等程度的侵犯伤害了受侵犯者，但不至于使对方残疾或丧失生命；极端强度的侵犯则很可能剥夺对方的生命或致残。

2. 依据侵犯行为的目的性分类

根据侵犯行为不同的目的，可以将其分为工具性侵犯和敌意性侵犯。工具性侵犯是攻击者以攻击为手段来达到满足自己私利的目的。例如，强盗拦路抢劫，为了成功获取财物而拔刀威胁，这种侵犯行为的目的，不是让对方身心健康受到伤害，而是把侵犯行为作为达到其他目的的手段；敌意性侵犯是以伤害他人，使之蒙受痛苦和不快为主要目标的攻击。如弄哭正在玩耍的小孩的行为就是一种敌意性侵犯。

此外，独断与敌意在某种情况下也可以看作为一种侵犯行为。因为独断地坚持自己的主张可能会伤害到他人的尊严。敌意与攻击性的关系非常密切，只是敌意的表现非常隐蔽，可能是一种间接侵犯行为，有别于身体和口头的直接侵犯。

3. 依据侵犯行为的对象分类

依据侵犯行为的对象分类可以分为个体侵犯和群体侵犯。

个体侵犯行为的发生指单独的个体对另一个个体发生侵犯的行为。个体侵犯行为的发生常常和侵犯者个人特征密切相关，如欲望的唤醒、挫折与失败的体验、自我概念受到威胁、为了攫取更多的利益等。个

影响侵犯行为
的因素

人侵犯行为的发生常常具有易发性、冲动性、短时性等特征，更容易被社会所反对，也更有可能被制止。

在本单元情境导入案例中，小帅试图攻击学长的行为就是一种个体侵犯，它来源于小帅的感情生活受到了挫折，因此他试图通过对学长的侵犯来挽回自己的尊严。

群体性侵犯则指的是群体对个体或者群体对群体的侵犯行为。群体性侵犯常常具有更明确的目标、有一定的组织度，而且群体因素的存在让去个性化更容易发生，所以群体侵犯行为的发生常常持续时间长、危害程度大，侵犯行为更加恶劣，且由于人数众多，如果没有政府层面的参与则很难被制止。

在目前我们知道的校园欺凌事件中，重度侵犯行为常常和群体性侵犯有关。在一些校园欺凌新闻中，我们常常看到一群问题青少年围攻一个受侵害者，有人动手，有人起哄，还有人拍视频上传互联网。出现这样的情形一是多人对一人，受侵害者很难反抗，二是侵害者因为群体引发的去个性化，更容易无视受害者的痛苦，做出极端的伤害行为。

二、探秘侵犯行为的影响因素

侵犯行为的发生也是个体和社会交互作用的结果之一。理解个体、环境、文化各自在侵犯行为的发生和发展中扮演着怎样的角色，对于我们更好地调节和转化侵犯行为具有重要的意义。

(一) 生物因素

1. 遗传与侵犯行为

虽然大多数科学家不再接受弗洛伊德所认为的侵犯源自死亡本能，但都一致认为侵犯的确是人类与其他很多物种所共有的一致的遗传倾向。生物在进化的过程中，比较有优势的生物打败弱小或是附属的个体，其优势基因就会传给下一代，甚至代代相传。

【学海无涯：心灵故事】

少年周处的故事

少年周处的故事
（白话文）

周处年少时，凶强侠气，为乡里所患。又义兴水中有蛟，山中有白额虎，并皆暴犯百姓。义兴人谓为三横，而处尤剧。或说处杀虎斩蛟，实冀三横唯余其一。处即刺杀虎，又入水击蛟。蛟或浮或没，行数十里，处与之俱。经三日三夜，乡里皆谓已死，更相庆。竟杀蛟而出，闻里人相庆，始知为人情所患，有自改意。乃入吴寻二陆。平原不在，正见清河，具以情告，并云欲自修改，而年已蹉跎，终无所成。清河曰："古人贵朝闻夕死，况君前途尚可。且人患志之不立，何忧令名不彰邪（yé）？"处遂改励，终为忠臣孝子。

（资料来源：《世说新语》）

所以那些具有高侵犯特征的父母，他们的子女具有侵犯行为的概率也更高。当然子女的侵犯行为的成因比较复杂，基因的传递只是因素之一。高侵犯性父母和子女的互动方式也可能是造成父母在侵犯行为上，和子女高一致性的重要因素。

2. 生物化学因素与侵犯

到目前为止，已经有足够的证据表明侵犯行为受到雄性激素与其他生物化学因素的影响。

雄性激素睾酮与侵犯有关。尽管我们没有证据表明睾酮水平和侵犯行为之间的直接关系，但是哈里森（Harrison）在他的研究中发现，如果给正常男性服用超过生理剂量的睾酮，和安慰剂组相对比，用药组显著增加了在攻击和躁狂量表上的得分。这也可以解释为什么青春期的青少年具有更强的攻击性。

肾上腺髓质分泌的激素有肾上腺素和去甲肾上腺素两种，它们都能使机体产生应激反应，如愤怒、暴跳如雷等。实验发现，侵犯型精神病人在自然发作期的去甲肾上腺素水平比平静期要高得多。

血糖含量的高低也会影响侵犯的发生。低血糖被认为会降低中枢神经元的功能，从而导致认知过程和判断的削弱，从而增加攻击的风险。

3. 大脑与侵犯行为

随着神经科学的发展，我们对大脑活动的理解也日益增多。研究者把人类的大脑分成三层，古爬行动物脑、古哺乳动物脑和新皮质。研究发现人类的侵犯行为和古哺乳动物脑的脑区部分密切相关。古哺乳动物脑又被称为边缘系统，主要由杏仁核、下丘脑和海马等构成。杏仁核是大脑的情绪中枢，一旦杏仁核受到刺激，情绪被激活，攻击行为就会被唤起。

不过杏仁核的唤起并不总是引发攻击行为。人们对猴子的研究发现，当杏仁核受到刺激的时候，猴子会攻击其他猴子，但是当另一只猴子更强大的时候，它也不会选择攻击对方而是逃之夭夭。后来的研究进一步揭示了新皮质对边缘系统的调节作用。新皮质的额叶作为一个和意志有关的脑区，对边缘系统的情绪唤起具有调节的功能，当情绪被唤醒，新皮质会对攻击行为的后果做出判断，从而决定是否发起攻击行为。

这是人类控制攻击行为的一个重要的神经基础，也就是说我们之所以有能力在攻击冲动出现的时候不做出侵犯行为，就是因为我们具有自我调节的能力。

不过最新的神经科学研究也揭示了，如果个体承受重大的创伤，导致边缘系统的海马受损，新皮质在调节边缘系统时会出现困难。

对脑科学的研究，也对我们更好地控制侵犯行为具有重要的启发，如何让新皮质更好发挥调节机制是我们的一个重要课题。

（二）环境因素

环境因素又分为物理环境和社会环境。物理环境主要指噪声、高温等对个体在侵犯行为唤醒中有影响的外在真实环境，而社会环境则包括了家庭与学校教育、社会文化、群体亚文化等对个体侵犯行为唤起有影响的各种因素。

1. 物理环境

（1）噪声。强烈的噪声与侵犯行为密切相关。然而，噪声一般不会成为侵犯的直接原因，只会促进其他的因素发挥作用。例如，有人通过实验发现，只有先前被他人伤害过的被试，才会在强烈的噪声中侵犯对方。在校园生活中，宿舍中的侵犯行为也常常是一个让人困扰的焦点。有些同学恰逢心情不好，会因为舍友制造的噪音而感到烦躁，从而引发对室友的攻击。因此，控制噪声非常重要，它虽然难以单独消除侵犯行为，但可以减少侵犯的发生。

高温环境中的人更容易烦躁，大多数人都有这样的体会。在南非，科学家们发现，气温每升高一度，谋杀案的数量就会增加 1.5%。希腊的一项研究表明，在部分地区报告的 137 起凶杀案中，其中超过 30% 发生在平均气温超过 25 摄氏度的天气。在撒哈拉以南的非洲地区、美国、芬兰、西班牙、英国（图 8-1）等地也显示出类似的暴力犯罪与高温天气之间的联系。

（2）拥挤。拥挤是一种没有足够空间的主观体验。社会心理学家很早就开始研究拥挤对人类行为的影响，特别是对侵犯行为的影响。例如，道路不畅通时，如果长时间被挤在空间有限的公共汽车车厢里，会使人容易感到沉闷、烦躁，从而更容易导致侵犯行为。

学生宿舍如果过于拥挤也常常会成为冲突的一个背景因素，所以宽敞明亮的宿舍环境对于舍友之间的友好相处具有重要的意义。如果学校能够提供宽敞明亮的宿舍，减少同学们在宿舍停留的时间，也有助于降低环境因素对于侵犯行为的影响。

2. 社会环境

（1）大众传媒。大众传媒包括书籍、广播、电影与电视、互联网等媒体。大众传播媒介，将各种含有思想、内容的信息，传播给读者、听众或观众，人们可能以此来学习侵犯行为。这种情况在儿童、青少年中表现得非常突出。

尤其是近些年来互联网的普及，让人们有更多的机会接触到媒体中的暴力节目、暴力游戏。这些暴力节目和暴力游戏对儿童、青少年影响甚大。

除了国外已有的研究之外，我国学者张学民等在《青少年媒体使用习惯与暴力行为倾向调查》一文中指出，青少年媒体接触时间、媒体接触暴力和暴力的偏好与总体攻击呈正相关。也就是说媒体暴力接触时间越长，暴力偏好程度越高，出现的暴力和攻击行为就越多。

然而，目前关于媒体暴力和暴力游戏和攻击行为之间的关系研究，大部分为相关研究。有的研究者认为可能不是暴力节目和暴力游戏增加了暴力行为，而是有暴力倾向的个体更可能会观看暴力节目和玩暴力游戏。

由此看来，要回答这个问题不能够一概而论，而应该结合观察者各方面的状况，如经历、心理状态等加以具体的研究与分析。由于个体差异的存在，大众传媒对人们侵犯行为的影响也会存在差异，所以对大众传媒与侵犯行为的关系还需要进一步的研究。

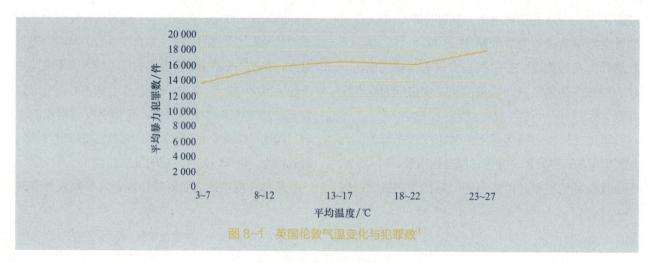

图 8-1 英国伦敦气温变化与犯罪数[1]

---

① 资料来源译言网，《气温每升高一度，谋杀案就会增加 1.5%》

（2）家庭文化与群体文化。研究发现，人格受遗传和环境两个因素共同影响，遗传来自父母基因的传递，而环境中父母的教养方式则是人格形成的重要组成部分。

一个崇尚暴力，常常把攻击和暴力行为视为解决问题方式的家庭，子女习得暴力行为后，在人际互动中发展出侵犯行为的概率常常更大。也有研究显示，在学校里对同龄人有更多攻击行为的孩子，在家庭中遭受暴力和虐待的概率也更高。

家庭之外，社区、民族以及性别群体特征也会对我们的侵犯行为产生影响。

除此之外，性别文化也对塑造侵犯行为具有重要影响。比如在我们的主流文化中，通常鼓励男孩更具有攻击性。在受到伤害的时候，采取报复行动被看作男子气概的表现，在这种文化背景下，男性的攻击性冲动更强，暴力行为相应也就更多。

（3）竞争。竞争是引发侵犯行为的一个潜在因素。竞争作为一个对抗情境，会引发个体强烈的情绪，进而促进侵犯行为的产生。

从神经科学的角度来看，竞争出现的时候会引发个体心跳加快、血压升高、睾酮水平提高、肾上腺素大量分泌，这些都会导致个体战斗的欲望更加强烈，而且过度的兴奋会导致新皮质额叶对边缘系统的调节作用下降，从而造成个体在面临冲突的时候，控制攻击行为的能力降低。

这可以解释在学校举行体育比赛的时候，不同的球队甚至不同的啦啦队之间出现激烈对抗，甚至产生暴力侵犯行为的原因。这也是我们在举行校园赛事的时候，要反复强调友谊第一、比赛第二的原因，我们需要把规则范围内的竞争和真正的对敌战斗进行区分，避免产生不必要的侵害。

（4）挫折。挫折也被人认为是引发侵犯的重要因素。当个体在和外部世界互动的时候，如果一切顺利，就会更加放松，也对他人更加地包容。反之，如果事情发展遇到了挫折，就更容易引发愤怒和敌意，从而进一步引发侵犯行为。

【学海无涯：知识拓展】

无情感参与的侵犯

多伊奇（Deutsch）提出了"无情感参与的侵犯"，也就是说，与情绪状态无关的侵犯性可以在竞争情境中产生的。例如，他认为竞争性的环境常常是发怒、争吵以及侵犯等破坏性模式的诱因。而当环境是合作性的时候，不容易产生侵犯行为。安德森和莫罗（Anderson & Morrow）于1995年为检验该理论进行了一项实验研究，他们把被试首先引入一个具有模棱两可侵犯性的竞争环境中。然后，当被试玩一个被称为"马里奥兄弟"的电视游戏时，相对于被引导认为该情境是合作性的被试来说，那些被引导认为该情境是具有竞争性的被试消灭的不是必须要杀掉的游戏角色要更多一些。该实验印证了多伊奇提出的"无情感参与的侵犯"，表明侵犯可以由情境引发，与被试的情绪状态可以完全无关。情境中的侵犯线索对那些倾向于有外显侵犯行为的人来说可能是很重要的。

（资料来源：S.E.Taylor 等. 社会心理学［M］. 6版. 谢晓非，等，译. 北京：北京大学出版社，2004.）

社会心理学家多拉德认为，侵犯都是挫折引发的。后来社会心理学家贝克威兹（L. Berkowitz）对多拉德提出的挫折—侵犯理论提出了修正，被称为"侵犯线索理论"。他认为，人在遭受挫折以后，仅引起一种唤起状态，也即侵犯行为的准备状态。如果在个体所处的环境之内不存在给人以引导的认识线索，挫折不一定能导向特定形式的反应。换句话说，个体在遭受挫折之后将做出什么样的反应，表现怎样的行为，是由环境内在的线索或者说环境提供的刺激来引导的。而反应或行为的强度，则决定于挫折引发的唤起程度。

作为外部因素，我们知道挫折确实和侵犯行为有一定的相关性，但是同时我们也可以看到挫折和侵犯行为之间并不是必然的关系。侵犯行为可能发生在挫折之后，但是并没有充分的证据证明挫折和侵犯之间有一个清晰的因果关系。像前面提到的很多因素一样，挫折也只是和侵犯相关的因素之一，侵犯行为的发生更可能是多种因素交互作用的结果。

（三）心理因素

作为人类而言，我们不是一个单纯的刺激和反应的接收器。自从人类发展出自我以来，我们作为行为的主体就不只是被动地对环境的刺激做出反应，而是有一个主动的选择、调节和创造性解决问题的过程。因此理解侵犯行为就必须理解作为主体的人类，在面临内部和外在的刺激时，我们的精神世界中发生了什么，从而导致了侵犯行为的发生和抑制。

下文主要围绕情绪和认知对于个体行为的调节作用来探讨影响侵犯行为的心理因素。

（1）去个性化与侵犯。去个性化是指在个体与他人互动的时候，是否把他人当作一个活生生的人去看待。

一般而言，导致去个性化的情境有以下三点。

① 匿名。该状态下个体受群体规模及气氛的影响，会部分丧失自我意识。许多群体事件的当事人就是在这种情景的驱使下，做出过激的行为的。

② 药物、酒精等。多数个体在药物及酒精的作用下，自我意识及控制水平都会降低，进而引发过激行为。

③ 极端自我卷入。许多传销组织就是利用这一点，让许多参与者深度卷入到他们所宣扬的精神世界里，再利用这一点达到最终目的。

（2）归因与侵犯。归因风格对于侵犯行为的发生也具有重要的作用。

个体的归因风格是挫折产生的第一个调节器。如果个体习惯于外归因，把自己所受到的挫折归结为外部世界，尤其是归因为互动中的他人，个体的愤怒常常会指向带来挫折的对象，从而增加侵犯行为。个体的基本假设在于，摧毁了给我带来挫折的对象，挫折就会消失，从而愿望得到满足。

相反，内归因则会让我们有能力自我反省和承担责任。如果个体能够认识到自己在本次挫折中所扮演的角色，致力于通过提升自身的能力来战胜挫折，那么个体发生侵犯行为的概率就会大大降低（图8-2）。

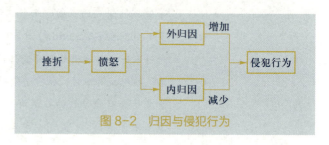

图8-2 归因与侵犯行为

（3）自恋与侵犯。自恋被弗洛伊德正式引申为一个精神分析概念之后，逐渐进入了人们的视野。最初弗洛伊德将自恋视为个体将爱的能量投注向自己，后来的心理学家们不断地拓展这个概念，自恋一度被看作具有一个夸大的理想化自我，并且无法和真实的他人建立真实的联系。自体心理学家科胡特则提出了健康自恋的说法，承认了自恋作为一种自我肯定、自我价值的组成部分对于个体的意义。

我们这里讨论的自恋指的是作为一种人格障碍水平的自恋表达。我们把自恋分为显性自恋和隐性自恋。显性自恋表现为自大、夸张，而隐性自恋则表现为自卑、高焦虑和不安全感。

显性自恋的个体，由于具有夸大的自我，当夸大的自我遭遇现实的贬低，自我就会感知到威胁，这会让个体试图通过攻击他人来让自己恢复安全。这种攻击由于在自我的掌控中进行，所以常常是有预谋地发生。

而隐性自恋的个体，由于自卑和安全感的缺乏，当个体遭到威胁的时候，更容易产生暴怒、不信任和抑郁等情绪。在这种情形下，个体更可能因为冲动和失去控制而产生攻击行为（图8-3）。

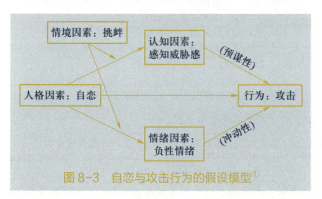

图8-3　自恋与攻击行为的假设模型[①]

健康的自恋建立在开放的自我概念的基础上，个体对外部世界的信息持接纳的态度。当个体遭遇挫折时能够更理性地看待挫折的发生，当个体遭遇负面评价时能够更坚定地信任自己，对自身的感受或者态度做出改变。这样的个体情绪更加稳定、面对威胁更加理性，对互动中的双方都能够有更充分的理解，不容易攻击对方或者自我攻击。

而病态的自恋则更容易让个体感觉到安全受到威胁，产生自恋性暴怒，从而爆发侵犯行为。

案例： 张江（化名）和李旦（化名）是某高职院校应用电子专业的大二学生，他们本来是一对好朋友，但是某天两个人吃饭的时候却发生了肢体冲突。原因竟然在于两个人一起吃饭之后，李旦说要请客，但是张江却把钱付了，张江跟李旦说好朋友不用这么计较的，我家里条件好一些，多付点是应该的。李旦听完之后，觉得自己受到了侮辱，于是就生气了，与张江发生激烈冲突。还好有同学及时制止，最终没有酿成悲剧。

在这个案例里，李旦身上便存在着过于病态的自恋，当自恋受损的时候，产生了强烈的愤怒情绪，以至于失去了判断，做出侵犯行为。

【学海无涯：心理技能】

空椅子技术

空椅子技术是完形疗法常用的一种技术，是使来访者的内射外显的方式之一，经常应用在学校心理辅导、社区心理卫生、司法等领域，以此来处理来访者内在不同部分的冲突以及自我和他人的冲突。

这种技术常常运用两张椅子，要求来访者坐在其中的一张上，扮演一个角色。这个角色可以是自己内心的一部分，也可以是外部一个真实的他人。然后再换坐到另一张椅子上，扮演另一个角色，以此让来访者所扮演的两方持续进行对话。

心理学上，将空椅子技术分为三种形式：倾诉宣泄式、自我对话式和他人对话式。

我们下面以本单元情境导入的案例中男主小帅为例，来演示他人对话式的空椅子技术的运用。

---

① 图片来源：刘宇平，李姗姗，等，消除威胁或无能狂怒？自恋对暴力犯攻击的影响机制 [J]. 心理学报，2021，53（03）：244-258.

第八单元　恃德者昌，恃力者亡
——减少侵犯行为

175

我们知道小帅虽然想要攻击学长，但是小帅真正面临的是他和女朋友之间的关系的问题。空椅子技术可以帮助小帅处理一下他和女朋友之间因学长介入带来的冲突。

第一步：将两张椅子放在小帅的面前，让小帅坐在其中的一张椅子上，就扮演自己，如果坐在另一张椅子上就扮演小帅的女朋友。

第二步：让小帅坐在自己的椅子上，表达对于女朋友和学长事件发生之后自己的感受。

示例1：

小帅：当我知道你和学长交往密切的时候，我非常生气，觉得你要离开我了，我完全无法接受这样的事情发生。你跟我说，你是不是喜欢上他了？

第三步：让小帅坐在另一张椅子上，想象自己如果扮演女朋友的角色，会怎么回应自己。

示例2：

小帅女朋友：我知道你很生气，其实我也没想到你反应那么大，我只是最近有些事情要咨询学长，所以交往得多了一些，但是你的反应以及激烈的表情吓到我了，让我不敢跟你说这些。

第四步：让小帅重新回到自己的椅子上，以自己的身份表达自己的感受。

示例3：

小帅：如果我早知道你是被我吓到了，可能就不会有那么激烈的反应。你的犹豫不决让我产生了更大的怀疑，我觉得我可能要失去你了，一想到这个我就怒火中烧。

第五步：让小帅重新坐在女朋友的位置上。

······

依此类推，直到小帅能够对两个人的冲突有一个更清晰和完整的认识。

（资料来源：《空椅子技术的应用：以特殊社交恐怖症个案咨询为例》，有删改）

三、减少侵犯行为的途径

无论是个体侵犯还是群体侵犯都会对健康和谐的社会造成损坏，所以我们需要发展出更好的策略来发展良好的人际环境，构建和谐社会。

上文从生物、环境、心理三个层面谈论了侵犯行为发生的原因，鉴于生物因素的先天性特征，下文将从社会和个体心理两个层面来讨论如何调节侵犯行为。

（一）社会层面

1. 创造良好的生存环境

我们前面已经讨论过，噪音、拥挤、温度都和侵犯行为的发生密切相关，那么为个体创造一个健康舒适的生存环境，让个体的生命安全得到保障，减少环境带来的不良刺激对降低侵犯行为的发生具有重要的意义。

政府层面要创造良好的人居环境，治理雾霾、改善空气质量、减少噪声污染。

企业层面要为员工提供良好的工作环境，适宜的温度，安静的场所，这些对于减少侵犯行为都具有重要的意义。

对于学校来说就是要为同学们创造宽敞明亮的学习环境和居住环境，让同学们免受拥挤、噪音和高温的袭扰。我们知道目前国内的很多高校，都在不断改善宿舍、餐厅和教室的环境，增加制冷和取暖设施，让学生身处一个干净整洁、放松舒适的环境中，极大地降低了学校侵犯行为发生的概率（图8-4）。

图8-4　宽敞舒适的校园环境

2. 创造公平、公正的生活环境

公平公正的生活环境，意味着个体有机会平等地参与到社会财富的创造与分配的过程中。

早在古代，古人就提出了"居者有其屋，耕者有其田"的朴素理想，中华人民共和国成立以后，在中国共产党的领导下，我们更是把消灭贫困，消除两极分化，实现共同富裕作为我们的重要目标。2021年2月25日，经过全党全国各族人民共同努力，我国脱贫攻坚战取得了全面胜利，中华民族在几千年发展历史上首次整体消除绝对贫困，实现了中国人民的百年夙愿。

创造公平公正的环境，意味着减少个人在社会生活中的挫折感，让个人减少受到侵害的机会，降低愤怒，增加幸福感，最终有效减少侵犯行为的发生。在党的二十大报告中也多次提到了公平正义，强调"司法公正"，要求"促进平等就业，消除影响平等就业的不合理限制和就业歧视"，可以看到中国共产党为我国民众创造公平公正的生活环境所付出的巨大努力和坚定的决心。

3. 创造积极和谐的文化氛围

鉴于文化在侵犯行为中扮演着重要的角色，致力于降低侵犯行为，就要创造积极和谐的文化氛围。在社会生活中，要让暴力和侵犯者受到惩罚，使受害者能够得到有效的帮助和公正的对待；在媒体和舆论宣传上，以积极、建设性地解决问题作为成熟健康的标志，并给予充分的肯定和赞扬，而对暴力和冲动行为给予否定和批评；同时，电影、电视和文学作品要积极弘扬反暴力文化，推崇和平、文明的生活方式。

家庭中要推动《中华人民共和国反家庭暴力法》和《中华人民共和国未成年人保护法》的完善和落地实施，让家庭中的恶意侵犯行为得到有效的遏制，使少年儿童生活在文明、温暖的家庭氛围中，使受到虐待和欺凌的孩子们有机会得到有效的救助。

（二）个体层面

除了社会层面的运作，如果要更好地掌控侵犯行为，就要在个体层面发展出更好的处理侵犯行为的方法和策略。

1. 宣泄

实际的侵犯行动或在想象中实施的侵犯行为都可以使侵犯的精神能量得到释放，使被激起的愤怒得到宣泄，达到减少侵犯行为的目的。该观点的支持性研究包括实际侵犯行动的宣泄作用、想象攻击行为的宣泄作用以及观察别人攻击行为的宣泄作用三种情境。

基于以上理由，我们可以发展出一系列的宣泄策略，帮助个体遏制侵犯行为。

（1）运动。运动是最便捷也是极其容易实现的一种宣泄方式。当个体的攻击冲动被唤醒，侵犯行为可能出现的时候，可以选择慢跑、爬山或者游泳等运动方式来宣泄不良能量。

（2）呐喊。呐喊是另一种宣泄压力，释放攻击性冲动的方式（图8-5）。当愤怒被激活的时候，人的心跳加快、血压升高、肾上腺素大量分泌，怨气无处发泄。而呐喊则是攻击性行为的一种表达方式，它不太具有破坏性，能够部分地实现攻击性的释放。

如果我们要通过呐喊来宣泄攻击性冲动，最好选择一个无人的房间或者一个空旷的场所，把自己的愤怒喊出来，也可以是无意义的吼叫，这些都会起到释放情绪的作用。

图8-5 呐喊

（3）象征性攻击。很多高职院校都建立了自己的宣泄室，宣泄室中提供有假人、沙袋等供同学们发泄自己的愤怒情绪。同学们可以把沙袋和假人假想为自己的攻击对象，然后毫无保留地发出攻击，通过殴打沙袋和假人起到宣泄情绪，释放攻击性冲动的

作用。

当然宣泄室的使用，需要在教师或辅导员的陪伴下，避免没有侵犯冲动的情况下使用反而被激活侵犯动机等情况出现。

2. 转化

如果说宣泄是释放攻击性冲动，从而降低侵犯行为发生的策略，那么转化则是一种引导攻击性冲动的方式，它将攻击性冲动引导到一些更被社会认可、更有建设性的行为方式上，从而实现攻击性冲动的转换，降低侵犯行为发生的可能。常见的转化策略有以下几类。

（1）竞技类体育运动。竞技类体育运动由于其对抗性的特征，除了能够释放压力之外，还能够把个体内在的攻击性冲动转换为社会认可的方式去表达。

（2）文学和艺术。转换的另一种形式，则是将自己的敌意和攻击性冲动通过文学和艺术进行象征性的表达。

自古以来就有"愤怒出诗人"的说法，司马迁遭宫刑而作《史记》，而把《史记》评价为"史家之绝唱、无韵之离骚"的鲁迅先生，在民国时期也是忧愤于山河破碎，以笔做枪写出了《呐喊》《狂人日记》等优秀作品，以表达自己心中的愤懑，同时唤醒国人的精神。

3. 提高个人的能力

提高个人的能力是有效面对侵犯行为的最优解。

（1）提升建设性解决问题的能力。在面对人际冲突或者挫折时，个体是否有力量去解决冲突，是个体挫折感能否得到消解的关键点。

很多时候，如果个体缺乏劳动技能，就会在参与社会财富创造中更容易遇到挫折；如果缺乏和异性交往技能，就会在婚姻恋爱中遇到挫折；如果缺乏育儿技巧，则更多会在和孩子相处的过程中遇到挫折。所以个体提升在遇到上述问题时候相应的

知识、能力和技巧，对于解决相应冲突具有重要的意义。

在大学校园里，面对无法解决的问题而产生的挫折和愤怒时，有以下几个途径可以参考。

一是观察周围那些问题解决能力好的同学。观察学习是个体学习的一种重要方式，我们通过观看他人是如何解决问题的，可以起到提升自我解决问题能力的作用。

二是参加一些训练。比如在很多高职院校中，心理咨询中心都会提供一些人际关系训练（图8-6），提升同学们人际交往能力，帮助同学们更好地发展

图8-6　人际关系训练

对自我和他人的理解。大家可以有意识地参加这些训练。

（2）提高自我调节能力。提高自我调节能力最简单的方式是自我反思和觉察。心智化理论告诉我们，如果想要调整自己的心智，最好的方式是提升对自身心智的观察力。

自我反思和自我觉察是发展观察能力的基础。通过自我反思，进一步觉察在人际关系中个人的行为扮演了什么样的角色，有助于我们明辨是非、准确识人，从而提升克制或应对侵犯行为的能力。

另外，脑科学的理论也告诉我们，让自己的头脑放松下来，也有助于我们更好地对自己的情绪进行觉察和调节。如果有同学想要让头脑放松，简单的呼吸训练就会让自己的头脑处在更有力量的状态中。

（3）提高个人道德修养和法治意识。提升个人道德修养有助于减少个人与他人的冲突，让个人具有更好的体谅他人和理解他人的能力。

提升法治意识则有助于个人更好地理解自己的行为可能带来的后果，在面对问题的时候用清醒的理智更好地掌控自己的行为。

提升个人道德修养和法治意识是一个日积月累的

【学海无涯：心理技能】

深呼吸放松法

深呼吸放松法是让我们的头脑放松，更好地进行自我觉察和自我反思的一种有效方法，因其简单，容易操作而广受欢迎。具体操作步骤如下。

（1）身体放松，选一个安静的地方，端坐或者躺下皆可。

（2）可以睁眼，但是最好能够闭上眼睛，更容易集中注意力。

（3）开始有意识地调节自己的呼吸。深深地，慢慢地，大吸一口气，尽可能让气流向下，感觉小腹微微的隆起。3秒钟后，慢慢地，轻轻地呼出来，然后，重复上面的步骤3~5次。

过程，我们可以积极向他人学习，也可以不断参加学校组织的相关课程和讲座。让学习成为一种习惯，在学习中不断提升自己。

上述几种控制侵犯行为的手段，都会部分程度地降低侵犯行为及其危害。实践中，无论是家庭、公司还是社会，只要有群体的环境，就有发生侵犯行为的可能。但不同情境下，适用的方法会有所不同，要具体问题具体分析，灵活运用。

【学海无涯：知识拓展】

奥林匹克运动为人类和平注入爱的力量

2022 年国际奥林匹克委员会主席托马斯·巴赫日前向在中国举办的首届"天坛文明对话暨世界文明与奥林匹克论坛"发来贺信。巴赫在贺信中说，奥林匹克运动会是唯一一个能够使世界各国在一起以和平方式竞争的盛会。"各种社会需要更加团结，国与国、民族与民族之间需要更加团结。因为没有团结就没有和平。"

130 年前，即 1892 年 11 月 25 日，29 岁的皮埃尔·德·顾拜旦在巴黎索邦大学发表演讲，提出了复兴奥林匹克运动会的理念。这次演讲为他两年后创立国际奥林匹克委员会奠定了基础，也成了现代奥林匹克运动的起点。因此他也被誉为"现代奥林匹克之父"。顾拜旦的具有历史意义的演讲即《奥林匹克宣言》指出，奥林匹克运动的宗旨是体育应为人类和平发展服务。

一部人类历史，就是战争与和平交替出现的历史。和平是人类的共同诉求，财富、发展、安宁、幸福，只有在和平的环境下才能实现。非正义战争是人类社会的怪胎，掠夺、侵略、瓜分、奴役，就是它出生的温床。

中华民族有饱受侵略、惨遭践踏的痛苦记忆，因而对和平格外珍惜。本次论坛在中国发起，与中华民族的基因禀赋、理念主张直接有关。

追求和平，体育是一个独具优长的路径。回溯古代奥林匹克运动，就是源自古希腊人民厌恶连年不断的城邦战争，渴望和平，希望在奥运会举办期间实行休战，以达到减少战争、摆脱灾难的目的。现代奥运会之所以自 1896 年起每四年举办一届，一直延续至今，追求和平是一个十分重要的原因。奥运会积淀的奥运精神，深度融入了人类对和平的呼唤、对团结的向往之中。

2022 年北京冬奥会，是弘扬奥林匹克精神、展示体育文明的生动范例。在场内，世界顶级冰雪健儿同场较量、展现技艺；在场外，运动员在奥运村共同生活、友好相处。他们用实际行动向世界诠释"更快、更高、更强——更团结"奥运口号的丰富内涵。巴赫在 2021 年新年致辞中说："奥运盛会将成为黑暗隧道尽头的光芒，它们将把斑斓多姿的人类文明汇聚在一起，庆祝自己的团结与坚韧。"北京冬奥正是如此。

（资料来源：中国网，有删减）

一、团体活动

（一）印第安棒练习

活动目的：通过创造无序竞争和有序竞争两种环境，让团体参与者体会有序竞争对于降低个体的攻击性，发展有效沟通之间的价值，培养团体成员有序竞争的意识和降低侵犯行为发生概率的技巧。

活动时间：30 分钟。

活动准备：四根小木棍，一个辩论题目。

活动过程：

（1）让学生进行分组，根据课程需要和班级人数，建议 8～10 人一组。

（2）每个组再分成两队，分别挑选辩论题目的正反方。

（3）组内两队自由展开辩论，获胜者将获得本节课的优秀评价，而失败组则获评良好。

（4）辩论 15 分钟后暂停，两队交换辩题正反方，加入新的规则，辩论中只有手持小木棍的同学发言，下一个发言的同学拿到小木棍之后必须重复上一个同学的发言要点之后，再继续自己的发言。

（5）活动结束后，组内分享讨论，第一阶段的辩论和第二阶段的辩论有什么不同。让学生体会加入新的规则之后对彼此的辩论和组内气氛带来了怎样的变化。

（二）发现我的"雷区"

活动目的：帮助团体成员更好地自我觉察自己的归因方式和认知风格，了解自己的愤怒与个人的思维模式之间的因果关系。从而能够更好地承担起行为改变的责任，减少侵犯行为的发生。

活动时间：30 分钟。

活动准备：团体成员各自准备纸笔。

活动过程：

（1）团体成员按照往常的小组活动形式分组。

（2）展开纸笔练习，要求在纸上完成三个，我会因为某某（事件）生气，是因为我是这样想的（自己的思维过程）。

（3）完成之后组内分享，当一个团体组员分享完其中的一个的时候，其他的团体组员可以反馈，我觉得你说得对，或者我有不同的看法。

（4）对于那些写出了生气的事件，但是无法说出自己的思维过程的同学，其他同学可以一起帮助他补充完成。

（5）活动结束后，组内集体分享，在刚才的过程中听到大家对自己赞成和反对有什么感受，是否对自己愤怒的发生有新的理解。

二、案例思考

正视过去，积极转变

某高职院校心理咨询师第一次在咨询室里看到李武（化名），很惊讶。李武个子不高，而且有点瘦弱，但是表情却又显得很凶狠，身体绷得紧紧的，双手还会不自主地握拳。之所以惊讶，是因为他在班级里威胁同学，甚至要使用尖锐武器伤害他人，因此，被班主任要求来和咨询师谈一谈。心理咨询师本以为他是个彪悍的孩子，看到真人才知道是一个柔弱的少年。

印第安棒练习　　发现我的"雷区"

"心"实践：侵犯
行为项目教学法

咨询师没有直接问他为什么要这么做，而是跟他聊起了他目前表现出的紧张。看咨询师不像要兴师问罪的样子，他慢慢告诉咨询师，他以为班主任让他来，是为了找理由把他赶出学校。

咨询师跟他解释了学校心理咨询师和学校管理之间的关系。告诉他咨询师的工作更多的是在帮助他适应学校的学习和生活，而不是决定是否驱逐他离开学校。而且只要不是他真的遇到什么危险，双方交流的内容也是保密的。

李武讲述了自己的故事：他是学生干部，但是班里总有同学不听话，挑衅他的权威，这让他非常愤怒，又无奈。他无法接受，自己作为班干部，在班级里如此不受尊重。

听起来好像是班级同学的不尊重，让他对自己的良好的感觉受到了威胁。也让他在作为一个班干部的工作遭遇了重要的挫折。

咨询师对这种状态表达了理解，如果一个人在一件自己很看重的事情上无法完成，的确是一件让人很焦虑的事情，而如果这种焦虑不能指向自己的话，自然就是那些不够配合的同学的错。

继续交流时，咨询师再次表达了好奇："我能够知道当自己的工作遇到挫折时候的那种不开心，但是为什么就至于到了要动刀子的程度，看班主任的表现，明显你的行为已经不仅仅是口嗨，而是真的让同学感到了不安。"

他告诉咨询师说是的，在那个时刻，他是真的已经失控了，脑子不再考虑后果，眼前一片模糊，只有那个自己愤恨的对象在等着自己。

听起来很像是一个应激状态，咨询师问他，这种情形在以前出现过吗？然后他告诉咨询师他在中学的时候，曾经被几个同学围殴过，由于他个子比较小，

完全无力反抗。所以那时候就发誓，一定不让自己再处在那样的情形中。后来再遇到被欺负的情境的时候，就会眼前一黑，进入拼命状态。

咨询师提醒他：好像那次的经历让你的头脑对于被欺负的线索变得更加敏感了，所以把同学之间的一般冲突理解为生死战斗。

李武同意了咨询师的说法，觉得那个被激活的应激状态可能影响了他的判断。

在后续的咨询中，咨询师带着他做了一些放松的练习，让他逐渐可以和那种应激的状态拉开一定距离。并且也讨论了，他作为一个班干部，同学们有不同意见时，除了是欺负他，还有其他的可能。也交流了一些遇到不同意见时，如何更好应对的策略。

在结束咨询之前的时候，他告诉咨询师，虽然他现在不是班干部了，但是他和班级同学的关系却更好了，也不像以前那么紧张害怕自己被欺负，尽管有时候还是会生气，但是基本也都能够控制了。他开始能够真正感觉到这个班级同学们的友好和善意。

（资料来源：根据咨询案例改编，文中个人资料均经过保密处理）

思考：结合本单元学习的侵犯行为的成因及干预策略，分析案例中李武产生侵犯行为的影响因素，并根据案例总结李武侵犯行为的抑制是如何实现的。

三、实践训练

以小组为单位，视频采访3~5名同学，采访内容为这些同学遇到冲突的时候，是如何创造性解决冲突的，他们解决冲突的方式有什么相似和不同。最终做成一个短视频上传到相应网络平台。

一、心理书籍

(一)《遇见幸福》

本书通过34篇有关积极心理学的文章详细阐述了积极心理学的研究历程、研究背景及相关概念与理论。喻丰教授阐述了自己对幸福、对人生意义的思考，他认为，积极心理学预设了一颗主动（能动）的人心。人能够控制自己、调节自己，发挥自己的能动性、自主性、自由意志，这是人之为人的初始状态。积极心理学想让人们去追求的无非在于此，我们可以通过自己的"知情意行"，主动地或策略性地改变自己主观的体验，以幸福为人生目标。

（喻丰.遇见幸福[M].北京：中信出版集团，2020.）

(二)《焦虑是一种能量》

焦虑是我们抗拒的，但是焦虑也有好的一面。常见的心理问题，如脆弱、敏感、内向、创伤等，会引起焦虑，但这些焦虑中也都蕴含能量，对个人成长有着非凡的意义。

作者剖析真实个案，揭示焦虑也能使人具备超强的预判力、专注力和执行力，给读者支持和力量、舒适和自由。本书是写给深受焦虑困扰的人，是一本治愈之书。

（尹依依.焦虑是一种能量[M].上海：上海文艺出版社，2020.）

(三)《为何你总是会受伤 伤口是勇气和动力的来源》

作者以心理学微观角度，从当事人的童年家庭关系中找到深层答案：一个人之所以会出现绝望、愤怒，多数都是因为他受伤太重。而心理治疗中发挥作用的，主要是爱的力量。我们必须自己去寻找人生的答案，我们首先要将自己当成一个人，也要将别人当成一个人。

你必须从自己开始。假如你自己不以积极的爱去深入生存，假如你不以自己的方式去为自己揭示生存的意义，那么对你来说，生存就依然是没有意义的。我们必须找到一条新的道路，能激发"促进生命的"热情，比以前更能感觉到生命活力与人格完整，觉得活得更有意义。

（武志红.为何你总是会受伤 伤口是勇气和动力的来源[M].北京：民主与建设出版社，2018.）

二、心理影片

(一)《少年的你》

影片讲述了高中生在面对校园欺凌时候的孤独和挣扎。一场高考前夕的校园意外，改变了两个少年的命运。陈念性格内向，是学校里的优等生，努力复习、考上好大学是高三的她唯一的念头。同班同学的意外坠楼牵扯出一连串不为人知的故事，陈念也被一点点卷入其中。

在她最孤独的时刻，一个叫"小北"的少年闯入了她的世界。大多数人的18岁都是明媚、快乐的，而他们却在18岁这个夏天提前尝到了成人世界的漠然。一场秘而不宣的"战斗"正在上演，他们将一起守护少年的尊严。

(二)《桔梗花开》

曾经获全国两项奖项的微电影，由中山法院制作。以学生早恋和校园欺凌为题材，讲述中学生因早恋引发两女生间感情纠葛，进而引发校园欺凌伤害事件的故事。害人者也成了受害者，两名情窦初开的少女之间的情感纠葛，让她们走上"铁窗"路。法庭上，母亲反省后与女儿相约："花开时节，等女儿回家。"合卷深思后，法官以案释法，发出司法建议，齐抓共管，各尽其责，让校园欺凌的悲剧不再重演。

党的二十大报告指出，要弘扬中华传统美德，加强家庭家教家风建设。婚姻是家庭的基础，家庭是社会的基本细胞，是人生的第一所学校。婚姻家庭和谐是社会稳定的基础和前提。以社会主义核心价值观为引领，以传承中华优秀婚姻家庭文化为重点，提高个体营造幸福婚姻、建设美满家庭的能力，建立和维护平等、和睦、文明的婚姻家庭关系是婚恋咨询和指导的原则、目标。

【知识脉络】

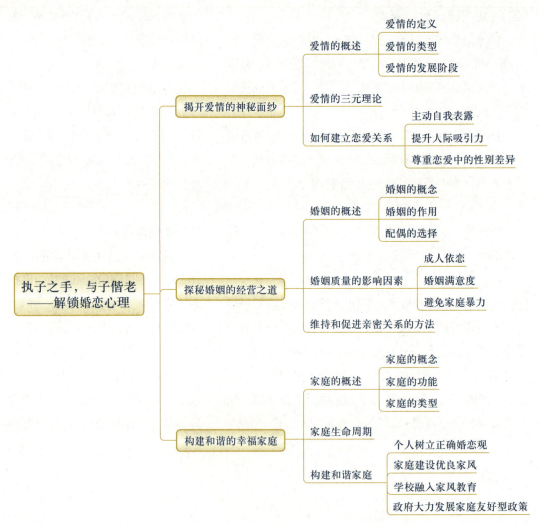

素养目标：培育包容心和责任感，树立正确的爱情观、婚恋观和家庭观。

知识目标：了解家庭功能的概念和影响因素；熟悉影响婚姻质量的因素；熟悉婚姻中的暴力的种类和原因；掌握建立和维持亲密关系的知识。

能力目标：培育建立恋爱关系、维持和谐亲密关系的能力；提升处理婚姻家庭问题的能力，努力维护平等、和睦、文明的家庭关系。

【情境导入】

婚姻非儿戏，且行且珍惜

大学开学后不久，高职生张霞和李毅在学校同一社团活动中相识，两人对对方的长相、性格都很满意，互生好感。经过多次一起完成社团任务，他们经过一定时间的了解后，关系逐步深入，开始了恋爱关系。但一个学期后，两人在一起的激情慢慢褪去，取而代之的是各自的繁忙，见面越来越少，争吵埋怨越来越多，甚至经常因为一些小事而发生争吵，甚至气愤得要分手。经过激烈的内心挣扎，两人也多次静下来沟通交流。最后两人并没有和有些大学生恋情一样有始无终，而是相约进入了婚姻殿堂。

婚姻初期他们相处甜蜜融洽。随着时间的推移，两人亲密相处的时间减少，各自忙着自己的事情，因为琐事争吵的次数增多，再次发生了与恋爱期相似的情景。终于，张霞在结婚三周年的纪念日时提出离婚……

情境分析：爱情之路不总是康庄大道，也有磕磕绊绊。在恋爱或婚姻中经常出现这样那样的危机：心理落差、缺乏沟通、互相埋怨等。学习婚恋心理知识，理解爱情发生与变化的规律，认识影响婚恋关系的内外部因素，掌握维护和促进婚恋关系的技巧和方法，有利于我们更好经营两性关系。

【心理讲坛】

爱情是人类永恒的主题，恋爱也是一门必修课。那什么是爱情？如何恋爱？爱情在婚恋中发生着怎样的变化？如何维持和促进婚姻中的亲密关系？如何构建和谐家庭？本章将解答这些令人关注的问题。

一、揭开爱情的神秘面纱

(一) 爱情的概述

每个人对爱的理解不同，当人们说"我爱你"的时候，他们所表达的意思可能完全不同。那"爱情"

爱情心理学

交流讨论：
你认为爱情是什么？

到底是什么呢？

1. 爱情的定义

关于爱情，每个人的理解不同。心理学家指出，广义的爱情是指存在于各种亲近关系中的爱，意味着人际关系中的接近、悦纳、共存的需要及持续和深刻的同情、共鸣的亲密感情。狭义的爱情是指心理成熟到一定程度的异性个体之间强烈的人际吸引。

心理学家鲁宾（Ruben）把爱情定义为一个人对另一个人的某种特殊的想法与态度，不仅包括审美、激情等心理因素，还包括生理唤醒与共同生活的愿望等复杂因素。马克思指出，爱情是基于一定的客观物质条件和共同的生活理想，人在各自心中形成的真挚的爱慕，并渴望对方成为终身伴侣的一种最强烈、最专一的感情。

2. 爱情的类型

最典型的爱情模式包括同伴式的爱情和激情式的爱情。

（1）同伴式的爱情。指向他人的亲切和关爱的情感，不带有生理唤醒和激情。这种爱一般出现在非性关系的友谊中，以及恋爱久了之后的亲密关系中。

（2）激情式的爱情。指对爱侣的强烈渴望，伴随着生理唤醒的冲动，当所爱的人出现时，会感到心跳加速，呼吸急促等。

根据人们在恋爱情感上的强烈程度、对爱人的承诺程度、期待的爱人特征以及得到对方回报的期望上的不同表现，学者们区分了六种不同的爱情类型，具体可见下表 9-1。

3. 爱情发展的阶段

（1）基于社会交换理论的爱情四阶段。社会交换理论认为，人们在人际关系中所付出的成本及获得的酬赏是决定人际关系发展的重要条件。也就是说，人们在发展与他人的关系时，会选择能给自己带来最大酬赏的人，同时，为了获得酬赏还必须付出一定的成本。社会交换理论认为在爱情中，求爱者是理性主义者，他们选择能给自己带来更多幸福的人做伴侣；而所有导致爱情的因素均可归结为利益和价值，其中既有物质的、经济的因素，也包括社会的、心理的因素。据此理论，爱情的发展大致经历四个阶段。

表 9-1 爱情的风格

类型	特征	表现
浪漫式爱情	爱是强烈的情绪体验，一见钟情是这种爱的典型，外表吸引力则是关键	"我和他（她）之间有那种奇妙的生物化学反应。"
占有式爱情	对爱人有一份狂热，容易紧张忌妒，完全被对方迷住。完全依赖于自己的伴侣，所以害怕被拒绝	"如果他（她）不注意我的话，那么我会感到整个人没有活力。"
友谊式爱情	经由友谊、共同爱好及逐步自我展露而慢慢成长起来的令人愉快的亲密关系，这种爱是深思熟虑的、温暖的、富于同情心的	"我最满意的爱情关系是从友谊中发展出来的。"
实用式爱情	彼此都感到合适，并能满足对方的基本需求，追求满足而非刺激	"我在选择男/女朋友时，会考察对方的工作、金钱和对待事业的态度。"
利他式爱情	这种爱是无条件的关怀、付出及谅解	"如果我不把他（她）的幸福放在我自己的幸福之前考虑，我就不会快活。"
游戏式爱情	对待爱情就像其他人打网球或下棋一样，享受"爱情游戏"并在其中取胜	"我喜欢与不同的人享受'爱情游戏'。"

【学海无涯：知识拓展】

吊桥实验

1974 年，著名心理学家阿瑟·阿伦（Arthur Aron）做了一个非常有趣的实验，他通过一个精确的实验设计，把"爱情"凭空制造了出来。阿伦分别在摇晃、水流湍急的吊桥上和稳固低矮的溪流小桥上做实验。他请了一位女性作为研究助手，并让她站在吊桥的中央。她的任务就是在过桥的人中，截住那些没有女性同伴的男性青年，并请求这些男性协助她完成一个问卷调查，同时根据女助手所出示的照片，编一则简短的小故事。当然，编故事的过程是"一问一答"的聊天形式，气氛也是非常轻松。等到这些男性被试的任务完成后，女助手会给每位参加实验的男性被试留下自己的电话，并告诉他们，如果对实验结果感兴趣，可以拨打她的电话。

你猜，两个实验中的男性青年，有给女助理打电话的吗？当然有了。而且，走过湍急吊桥的男性中，有大概一半的人，后来都给女助手打来了电话，而通过坚固而低矮石桥的 16 位男性中，只有 2 位给她打过电话。更夸张的是，参加吊桥实验的男性青年中，居然有不少人向女助手提出了约会请求，表达了爱慕之意，并希望能够再次与女助手见面。

这个实验给了阿伦很大的启示：爱情的出现，跟我们大脑如何解释自己的身体和所处的环境有着密切关系。当被试站在晃晃悠悠、左摇右摆并且横跨在崇山峻岭的吊桥上时，人们会本能地感受到恐惧，而恐惧则会本能性地激发人体的肾上腺素分泌增加，并导致人们出现心跳加速、呼吸急促等症状。然而，我们的大脑皮层却没闲着，它们无时无刻不在解读分析着周围的环境，理解着身体的变化。就在这时，一位年轻漂亮的女性出现在了男性被试面前，被试也会本能性地被漂亮女性吸引过去，但与此同时，被试的身体却还处于应激状态，他们还能感觉到自己心跳加速、呼吸急促、手心冒汗。这个时候，我们的大脑晕了：到底是什么情况？突然，大脑从自己的情绪记忆库里调取出，自己曾经在面对喜欢的女孩时也会这样，于是大脑做出判断：我喜欢对方，我被她打动了。

（资料来源：《世界博览》，有删改）

第一阶段：取样与评估。互不相识的双方在某一群体中选择愿意交往的对象，所考虑的主要因素是交往的利益与成本及其相互抵消后的盈余。如果收益与盈余超过自己的期待值，对方则成为追求的目标。比如，某男性大学生看到班上一位漂亮的女生，会产生心动的感觉，但如果要其成为自己的女朋友，他会先了解她的性格特点、兴趣爱好、有没有共同语言等方面，以评估她是否值得交往。

第二阶段：互惠。在此阶段，双方尽可能交换收益，既为对方提供收益，也从对方处获得收益，同时力求降低成本。如一起聊天、互赠礼品、共同讨论有兴趣的问题等，但避免进入对方的私密性领域。在交换过程中，双方互惠，两个人亲密感不断加强。

第三阶段：承诺。双方认为从对方得到的收益大于从其他异性得到的，因此停止与其他异性的交往，双方关系相对固定，开始一对一频繁交往。比如，交往的对象情绪稳定，每次在我烦躁、难过、焦虑时，TA都能陪伴我，陪我一起解决和面对问题，只有他能做到如此细致入微地关心和照顾我，因此TA在我心中的地位就变得特殊，自然其他人无法企及。

第四阶段：制度化。亲密感的加强，双方都觉得离不开对方，又担心对方离开自己，希望能通过契约形式将双方关系制度化，如订婚，办理结婚手续。契约使双方关系具有排他性，保持彼此忠实。

（2）基于刺激—价值—角色理论的爱情三阶段。亲密关系的形成不是一蹴而就，而是恋爱的双方在不断的自我表露和反馈之中建立、加深的。伯纳德·穆尔斯坦（Bernard Murstein）提出爱情发展的刺激－价值－角色理论，他认为亲密关系沿着三个顺序固定的阶段不断推进。

第一阶段：刺激阶段。通常，这是最初的相遇。此时关系建立在表面的、身体方面的特征上，外貌长相、社会地位等扮演着重要角色。这时人们关心的是：这个人的外貌长相、经济地位、举手投足和自己是否相配。

第二阶段：价值阶段。这一阶段通常发生在双方第二次到第七次相遇过程中。此时关系的特征是双方价值观和信念方面的相似性不断增加。这时候人们关心的是：这个人对性、金钱等方面的价值观是否和自己相配。

第三阶段：角色阶段。此时关系是建立在双方所扮演的特定角色的基础上。比如，双方可能会把自己界定为男女朋友关系或夫妻关系。这时候人们关心的是：这个人对人际关系、沟通方法、性别角色等看法是否与自己相配。

（二）爱情三元理论

大二学生张霞因为恋爱问题感到很苦恼走进学校心理咨询室。她描述刚谈恋爱时，男朋友对自己体贴入微，每天陪自己一起去图书馆，一起吃饭，一起享受快乐的时光，让她倍感幸福。交往半年后，她发现男朋友对自己的爱渐渐减弱了，男朋友不再和她腻在一起，并且也没有了之前的节日仪式感，浪漫的踪迹无处可寻。张霞原以为她经历的是"执子之手、与子偕老"的浪漫爱情，现在却觉得"这并不是真正的爱情，只不过是一对性腺的相互吸引"。

什么是浪漫的爱情，浪漫爱情和疯狂痴恋之间是否有差别？罗伯特·斯滕伯格（Robert·J·Sternberg）提出了爱情三元理论（图9-1），他认为各种不同的爱情都能由三种成分组合而成。

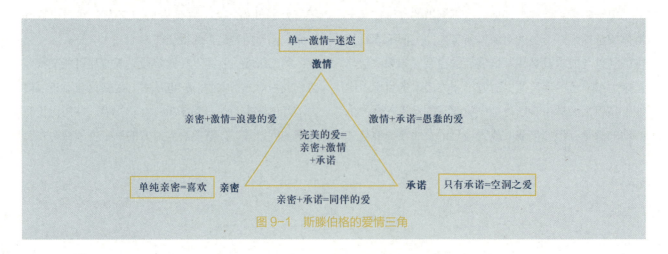

图9-1 斯滕伯格的爱情三角

爱情的第一个成分是亲密，包括热情、理解、沟通、支持和分享等爱情关系中常见的特征。第二个成分是激情，其主要特征为性的唤醒和欲望。激情常以性渴望的形式出现，但任何能使伴侣感到满足的强烈情感需要都可以归入此类。爱情的最后一个成分是承诺，指投身于爱情和努力维护爱情的决心。承诺在本质上主要是认知性的，而亲密是情感性的，激情则是一种动机或者驱力。恋爱关系的"火热"来自激情，温情则来自亲密；相比之下，承诺反映的则是完全与情感或性情无关的决策。

这三种爱的成分每一种都有助于维持爱的关系。只不过，每一种成分的表现程度，决定了人们拥有的爱情是什么样的爱情。三种爱情成分的组合构成了七种爱，再加上一种没有任何亲密、激情和承诺的关系，总计八种形态（表9-2）。

完美的爱看起来是"最理想的"爱，但实际上很多持久的、双方都满意的爱情却并非基于此。而且，双方关系中占主导地位的爱的类型也会随着时间推移

而改变。在关系的发展过程中，爱的三个成分（亲密、激情、承诺）的强度会有所变化。比如，在坚定的爱情中，爱的承诺会达到顶点，并且一直保持稳定状态；而在恋爱关系的早期，爱的激情成分会很快达到顶峰，但是最后会逐渐下降，趋于平缓；此外，爱的亲密成分会持续快速增长，并随时间继续保持增长态势。

（三）如何建立恋爱关系

1. 主动自我表露

要想建立恋爱关系，对话是必不可少的一个部分。当一个室友主动找到你，并跟你分享她的恋爱经历，说最近失恋了，心情不好，你会感到她对你的信任和坦诚，并会试着去理解她。当别人向我们表露内心的秘密时，我们会在情感上体验到亲近和信任感。社会心理学家将这一人际互动的过程称之为自我表（暴）露。自我表露是个体与另一个人分享私密信息和感情的特殊对话。这种对话能增强对话者间的情感联系。

表9-2　爱情的8种形态

类型	特征
没有爱	爱情的三个成分都没有，这指的是普通的人际关系，彼此之间只是偶尔联系
喜欢	亲密是唯一表现出来的成分。关系中有理解、情绪支持、感情、牵挂、温情，但激情和承诺都没出现
痴迷的爱	激情是唯一出现的成分。这就是"一见钟情"，一种强烈的身体吸引和性唤起，没有亲密或承诺。痴迷的爱来去匆匆，当然，某些条件下，它会持续很长时间
空洞的爱	承诺是唯一出现的成分。它通常反映在已经失去亲密和激情的长期关系中，或者是指腹为婚这样的包办婚姻
浪漫的爱	亲密和激情都会出现。浪漫的爱情中，双方身体上相互吸引，情感上彼此牵挂。然而，他们彼此没有承诺
伴侣的爱	亲密和承诺都会出现。这是一种长期的、有承诺的友谊，通常反映在已经失去身体吸引力的婚姻中，但是伴侣双方觉得彼此亲密，决定长相厮守
愚昧的爱	有激情和承诺，但是没有亲密。这种爱会使人旋风般结婚，双方在激情的基础上做出承诺，却未给自己时间发展亲密。这种爱通常会昙花一现，而不管最初有什么承诺
完美的爱	在这种完美的爱中，三种成分都会见到，这是很多人，尤其是处于浪漫关系中的人孜孜以求的。这种爱得之不难，但失之也易。双方希望从关系中获得的东西可能会变化。如果另一方也随之变化，关系可能会以另一种形式继续。如果另一方不做改变，那么关系就可能会破裂

在恋爱的进展中，个体会越来越多地向对方展现自我；他们彼此的了解越发深入，直到一个适当的水平为止。在每一段良好的关系中，自我表露都起到了很大作用，并且在好的事情上的自我表露能够给彼此带来喜悦感。如果一个平时很内向的人说我们身上的某些特质让他觉得"愿意敞开心扉"，并分享他的秘密，那么大部分人在这种情况下都会感到十分高兴。被他人挑选为自我表露的对象，也是很令人高兴的事情。我们不仅喜欢那些敞开胸怀的人，也会向自己喜欢的人敞开我们的胸怀，而且在自我表露之后，我们会更加喜欢这些人。如果缺乏发展这种亲密关系的机会，我们就会有类似孤独的痛苦感受。

一个人的自我表露会引发对方的自我表露，人们会对那些向其敞开胸怀的人表露更多。亲密关系的发展过程就像跳舞一样：我表露一点，你表露一点——但不是太多。然后你再表露一些，而我也会做出进一步的回应。"扔掉我们的面具，真实地表现自己"是培植爱情的方式。对他人敞开自我，同时将他人的自我表露当作对自己的信任，可以使人们之间的交往更加愉快。人们在表露了关于自己的重要信息后会感觉更好。

2. 提升人际吸引力

（1）制造物理距离的接近。接近是建立恋爱关系的重要因素，所谓近水楼台先得月。两个人能否成为朋友并建立恋爱关系，两人之间的物理距离是最好预示。多数情况下，爱情源于身边人，比如本单元情境描述中案例的主人公张霞和李毅，就是在同一个社团中认识的。一旦我们确定了居住、工作或上学的准确地点，那么大体上也就决定了哪些人将会成为我们生命中最重要的人。物理距离近的人比远的人更容易接触，且更容易平衡交往中的付出和回报。比如当你需要对方陪伴你时，他就可以立即来到你身边。

那么如何制造物理距离的接近？一是在校内或同城中寻找恋人；二是通过勤打电话、勤视频、勤发信息等方式制造恋人随时在身边的感觉。

（2）制造常见面的机会。只是经常接触某人就能够增加我们对他的好感度。班上比较活跃的、经常展示自己的学生，往往比较受同学欢迎，这被称之为简单暴露效应。进化心理学家推测，人类可能有一种天生的对陌生的恐惧感，因为陌生的人或物体可能代表了一种威胁。相反，熟悉的人和事物给人以舒适感。另外研究者还指出，反复曝光提高了我们对一个人的认识，而认识的提高是我们走向喜欢这个人的有益的一步。

那么如何提升你在心仪对象面前的曝光度？一是多观察对方的需要，适时提供帮助；二是常去对方去的地方，比如对方常去的自习室、运动馆、图书馆等；三是主动邀请对方吃饭、散步、上自习等。

（3）发现自己和追求对象的共同点。我们倾向于喜欢那些和自己有着相似的态度、兴趣、价值观、背景以及个性特征的人。古话"物以类聚人以群分"颇有道理。很多人会认同选对象要"门当户对"，这种选择相似性配偶的做法被称作匹配原则。"门当户对"的好处是，两人在一起交流不用太费劲，日常争吵也会更少，比如不用因为鞋子买贵了、去餐馆吃饭太费钱等生活小事而争吵。约会的恋人不仅在价值观和态度上匹配，而且在他们的身体外貌、社会背景和个性上都是相对匹配的。一项对约会情人的研究发现，恋人在年龄、智力、学习规划、价值观、外表吸引力甚至身高上都趋于与对方相似。

那么如何找到有共同语言的恋人？一是通过观察对方的举手投足和消费习惯等行为来判断，一般来说，每个人都具备判断他人是否适合自己的本能直觉。二是通过自我表露来获得，比如和对方分享发生在自己身上的事情及情感或看法等，来引发对方法的分享，然后找到共同认知点。三是主动参与对方感兴趣的活动。比如对方喜欢的运动，便经常约对方一起跑步等。

（4）展现个人魅力。热情和能力是两种特别招人喜欢的品质。我们对在交往中表现出热情的人有好感，而且敬佩那些我们认为有能力的人。因此，在面对追求的对象时，展现出积极的态度是关键。如果你喜欢对方，就要多多地赞扬对方，认可对方，你会给对方留下热情的好印象。相反，当你贬低对方，说对方的缺点，总是吹毛求疵时，你会显得冷漠，因此推开对方。

另外，我们喜欢拥有社会技能、聪明和有能力的人。善于交谈、善于动手解决问题、知识渊博的人比较受欢迎。为了展现能力，我们需要在学校多参与活动，参与实践，一方面展现自己的魅力，另一方面锻炼自己的能力。

（5）提升外表吸引力。人们喜欢漂亮的人。在其他情况相同时，我们倾向于喜欢那些比同龄人更漂亮的人。原因是刻板印象的存在：漂亮的人也拥有其他优秀的品质，面容姣好的人具有更好的社交技能而且对人友好。人们也相信漂亮的人拥有一些看似和外貌好看无关的品质，比如心理健康、自律和智慧。

在一项经典研究中，研究者举行了一个"计算机舞会"，大学生被随机分配为当晚彼此的约会对象。研究者暗中为每位男性和女性被试的外表吸引度做了评分。晚会结束时，要求学生回答他们有多喜欢分配的舞伴。结果是外表越有吸引力的人得到越多的好感。

因此，要想进入一段恋爱关系，先把自己收拾干净，提升外貌吸引力，比如女生学会化一点淡妆，穿着干净、整洁、阳光、充满活力；男生也要把头发、衣服收拾干净，穿着干净、阳光、帅气。

3. 尊重恋爱中的性别差异

研究表明，爱情中存在性别差异：更多男性喜欢浪漫式爱情（一见钟情）与游戏式爱情（追求异性的快感）；更多女性喜欢好朋友式的爱情与实用式爱情。男性更难从一段爱情中解脱出来，而且，相比于女性，男性更不会轻易结束一段即将迈向婚姻的爱情关系。在大多数异性恋关系中，最常先说出"我爱你"的是男性。但是，热恋中的女性一般会投入很深的情感，甚至会比对方投入得更多，比如体验到愉悦和"无忧的眩晕感"，就像"在云中飘浮"一样。同样，女性比男性更加注重恋爱中的亲密感，也会更多地关心她们的伴侣。男性则比女性更多地想到恋爱中的嬉戏以及性的方面。

那么在恋爱中如何尊重性别差异呢？一是接纳不同，彼此尊重。男女在思维方式和需求表达方面有差异，所以要努力让对方理解自己现在的感受是什么，同时尽量站在对方的角度，体会对方正在感受的一切。二是立足边界，表达需求。沟通之前，回到自己的边界里，先往内看这件事对自己来说意味着什么，自己在这件事里面的感受和需要是什么。如果自己不舒服，那么引发不舒服的原因是什么。三是悦纳自己，提升自尊。无论男女，如果自我价值感较低，都容易在相互关系中受到贬低和控制；因此你要清楚地知道，好的恋爱是会让人越来越自信；一旦你在恋爱中感到卑微和被控制，你要远离对方并肯定自己的价值，或寻求亲人朋友或专业人士的支持和帮助。

二、探秘婚姻的经营之道

（一）婚姻的概述

婚姻生活的成败不仅关系到个人与家庭的幸福，也影响到国家发展与社会的和谐稳定。什么是婚姻？

婚姻心理学

婚姻有什么作用？如何选择配偶？如何经营婚姻？以下知识或许可以给你解答。

1. 婚姻的概念

从社会学角度来说，婚姻是人与人之间一种特殊的社会关系，是男女两性关系的社会组织形式，即为当时的社会制度所确认的或法律或社会风俗习惯所承认的、以永久共同生活为目的的、男女两性结合为夫妻关系的社会组织形式。

2. 婚姻的作用

婚姻能满足人类归属的需要。与他人建立亲密关系的普遍且强烈的内驱力是人类的一种本性。研究发现，如果我们要正常地生活，保持身心健康，就要在长久而关爱的亲密关系中经常与伴侣愉快地交往。亲密关系中包含了人的归属需要，如果这种需要得不到满足，就会发生各种各样的问题。研究显示，具有亲密关系的人较之单身生活的人更幸福、健康、长寿。握住爱人的手就能减弱人们面对威胁情境时的恐惧。只要看看爱侣的照片，疼痛就好像不再那么强烈。有人接纳和支持我们时，甚至伤口都能更快地愈合。反之，缺乏亲密关系可能会导致各种健康问题。研究者对确诊的充血性心力衰竭的中年患者开展追踪研究，

发现48个月之后，婚姻不太满意的患者大部分都已死亡，而婚姻幸福的患者大部分仍健在（图9-2）。

3. 配偶的选择

找到一位合适的人分享自己的人生对每位成人来说都非常重要，对个体的自我认识和幸福感有着重要影响。通常，对伴侣产生最大影响的是相似性，人们会选择与自己在许多方面相似的伴侣，其中包括态度、教育、人格、智力、身体吸引力，甚至是身高。在相似性确认之后，他们可能会寻找互补性，即伴侣彼此之间不同但有助于补偿对方弱点的优势。所以有时，他们也会有一些互补的特质，只不过这些差异不可妨碍个人爱好和目标实现，这样才能获得相容性。伴侣之间的相似性越高，其对关系的满意度也越高，关系也越可能持续。有趣的是，伴侣相似性可能并非出于主动选择，而仅仅是基于伴侣可得性，即他们往往有着交叉重叠的背景，比如工作场所、大专院校、俱乐部或活动、同伴团体以及社区，因此，他们认识并成为伴侣的可能性大大增加。

男女在配偶选择过程中有不同的关注点。表9-3显示出男女两性在选择伴侣时所关注的各种特征的排序。

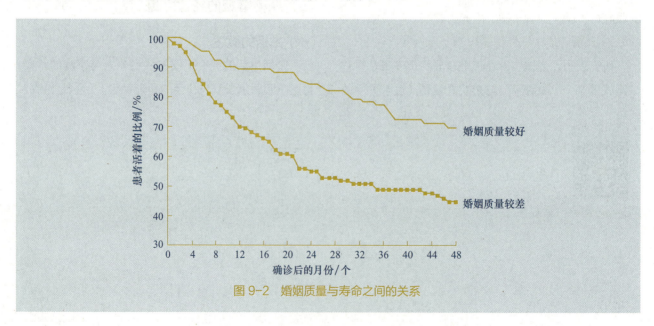

图 9-2　婚姻质量与寿命之间的关系

表9-3 全世界配偶选择中各种特征的重要性	
男性的排序	**女性的排序**
1. 彼此相互吸引（爱）	1. 彼此相互吸引（爱）
2. 性格特点可靠	2. 性格特点可靠
3. 情绪稳定成熟	3. 情绪稳定成熟
4. 素质令人愉快	4. 素质令人愉快
5. 健康状况良好	5. 教育以及智力
6. 教育以及智力	6. 容易与之相处
7. 容易与之相处	7. 健康状况良好
8. 渴望家和孩子	8. 渴望家和孩子
9. 举止文雅整洁	9. 有雄心及勤奋
10. 长相外貌较好	10. 举止文雅整洁
11. 有雄心及勤奋	11. 教育程度相似
12. 厨艺好善持家	12. 财务前景良好
13. 财务前景良好	13. 长相外貌较好
14. 教育程度相似	14. 社会地位有利
15. 社会地位有利	15. 厨艺好善持家
16. 童贞（无性经验）	16. 宗教背景相似
17. 宗教背景相似	17. 政治背景相似
18. 政治背景相似	18. 童贞（无性经验）

当然，现实中也会有人择偶困难，一直找不到可以结婚的对象，究其原因，一是自我认识不清，不知道自己择偶标准；二是要求太高，既要对方长相出众、身材好，又要高学历、高工资、家庭条件好等。

（二）婚姻质量的影响因素

1. 成人依恋

婚姻是两个人的亲密相处，不同个体在亲密关系中的行为模式各不相同，比如对亲密、激情、承诺以及关爱行为的要求和反应不同。这种模式的不同可能来源于依恋。依恋是个体在婴儿期与主要照料者（一般是母亲或母亲的替代者）之间形成的特殊而强烈的情感联系。婴儿首先通过一系列先天信号（比如哭、

微笑、咿呀学语、抬手臂）召唤父母，然后父母读懂婴儿的需要并回应婴儿，这种互动使得婴儿构建起一种与父母（照料者）的持久情感联系。婴儿会把这种联系当作父母不在时的安全纽带，即在面对压力时，对依恋对象及其可能提供的支持产生期望。玛丽·安斯沃斯（Mary Ainsworth）通过记录和分析婴儿的探索活动、对陌生人及分离的反应、与依恋对象的重聚行为，梳理出4种依恋类型：安全型依恋、回避型依恋、反抗型依恋和混乱型依恋，后面三种依恋类型又称为不安全型依恋。

成年人对恋爱对象的爱与婴儿依恋有相似之处。如同婴儿对父母有着依恋一样，婚姻中的成年人也对伴侣有着强烈的情感联结，容易受到分离的困扰，觉得伴侣无可替代。从对自我的看法和对他人的看法两个维度可以将成人依恋类型划分为四类：安全型依恋、痴迷型依恋、拒绝型依恋和恐惧型依恋，见图9-3。

		自我模式	
		积极	**消极**
他人模式	**积极**	**安全型依恋** 安全型依恋史 依恋和自主之间健康的平衡，在婚姻中自由探索两人的相处模式 低焦虑、低回避	**痴迷型依恋** 反抗型依恋史 对自己作为有价值的人所需要的爱感到绝望，担心被抛弃，公开表达焦虑和危险 高焦虑、低回避
	消极	**拒绝型依恋** 回避型依恋史 不让自己表现情绪，通过回避亲密、不理会关系的重要性以及"强迫性地自力更生"来抵抗伤害 低焦虑、高回避	**恐惧型依恋** 混乱型依恋史 需要关系但是怀疑自己的价值并恐惧亲密感，缺少满足依恋需要的一致性策略 高焦虑、高回避

图9-3 成人依恋风格

个体在早期经历中体验到的亲密关系的质量可以预测其成年期的依恋风格，而成人的依恋风格与其婚姻关系的质量相关。安全型的个体会信任自己的伴侣，有能力维持良好的婚姻关系；拒绝型的个体会和

自己的伴侣保持一定的距离，缺乏对伴侣的信任；痴迷型个体容易出现对对方过度痴迷的心理，恐惧被抛弃而陷入焦虑；恐惧型的个体渴望并愿意与伴侣亲近但担心对方对这段关系的看法。依恋焦虑和回避程度低的个体对婚姻关系的信心较高，在出现婚姻障碍的时候会高度重视和积极探索，从而提高婚姻的互动过程和婚姻质量。

2. 婚姻满意度

新婚的生活是热烈的，夫妻双方都会沉浸在极度的幸福中。不过，随着时间的流逝，他们对婚姻的满意度也会发生变化。婚姻和其他的任何关系一样，也会有起伏。对大多数夫妻而言，新婚燕尔之际的婚姻满意度总体上是最高的，之后下滑，直到孩子长大成人、离家独立生活为止，进入晚年又会上升（图9-4）。

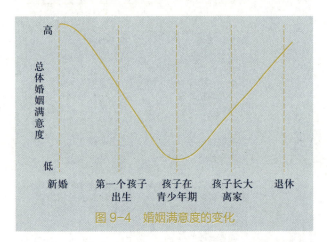

图 9-4　婚姻满意度的变化

婚姻满意度的起落模式取决于夫妻双方相互依赖的性质。如果这种依赖是相互的、平等的，婚姻就会是牢固的、亲密的。如果一方的依赖明显地高过另一方，那么婚姻就可能充满压力和冲突。此外，夫妻双方在怀孕之前是否快乐、怀孕是否属于意料之外，也可能会对第一个孩子出生后的婚姻满意度产生影响。

婚姻满意度的起伏模式在不同的夫妻身上存在很多差异，婚姻质量是一个动态过程，会经历一个"弱点－压力－适应"的过程。婚姻质量取决于夫妻双方处理压力事件的能力。比如，当夫妻双方处理压力

情境的能力随着时间的流逝而变得游刃有余时，婚姻质量可能就会改善。

婚姻满意度受多方面因素的影响。正如托尔斯泰所言："幸福的家庭都是相似的，不幸的家庭各有各的不幸。"稳固持久的婚姻有其共同的决定因素。

（1）两个人结婚时的相对成熟度是关键。双方越年轻，婚姻持久的可能性越小，尤其是20岁刚出头就结婚的。年龄也会对个体的价值观等产生影响，未稳固的价值观在婚姻中更易产生冲突，冲击婚姻的稳定性。

（2）从婚姻过程来看，关系中的平等感有着重要影响。如果双方从婚姻关系中的各方面都感到一种公平交换或平等，就会觉得婚姻是快乐的。而承诺感也是成功婚姻中非常重要的一个因素，它一方面来自夫妻双方的相互依赖，另一方面是对配偶的义务感。婚姻成败也与双方如何沟通、做决定、处理冲突密切联系。新婚夫妇的共情、确认及关爱与其对亲密的感受和良好的关系质量相联系。

（3）结婚多年仍然能够愉快相处的伴侣都具有包容和适应环境变化的能力。成功的夫妻也会找到让关系保持浪漫的方式，从长远来看这是婚姻满意度非常重要的决定因素。主动迎合伴侣的性需求似乎就是一个关键因素。此外，相比受教育少、收入低的夫妻，受过良好教育、家庭收入较高的夫妻离婚的可能性更小一些，因为其经济基础具有更高的适应环境变化的客观条件。进行过婚前心理辅导的夫妻更可能对自己的婚姻感到满意、有承诺感，他们的婚姻不太可能以离婚来画上句号。

3. 避免家庭暴力

夫妻可能因争吵、愤怒、冲动而出现暴力行为。婚姻中一旦出现暴力行为，就往往会再次发生。一项对新婚夫妻的研究发现，男子如果在订婚时进行过身体攻击，在婚后30个月里有76%的人会再施加暴力，而且暴力行为还很严重。偶尔发生亲密暴力是孤

立事件，但一旦发生，更多情况下会持续，至少会零星地再发。

那么如何避免家庭暴力？第一，预防暴力的发生。择偶时，个体要远离对暴力持有认可态度的男性／女性；同时通过媒体广泛宣传《中华人民共和国反家庭暴力法》和文明和谐家庭观，社区组织开展反家暴的知识教育等，使每个人认识到家暴带来的危害和后果，并自觉远离家暴。第二，如果不幸发生了家暴，我们应该尽一切努力援助和保护那些试图逃离家暴的人。当受到伴侣施暴，受害人可以立马报警，由民警介入处理，也可以请求居民委员会、村民委员会予以劝阻和制止。在遭遇暴力时，如果能用手机将过程拍下来，也是一种证据来源。受害人也可以向法院申请人身安全保护令。第三，组织针对受害者的个体心理咨询和团体心理辅导。比如在社区开展"铿锵玫瑰"受暴妇女团体心理辅导。

（三）维持和促进亲密关系的方法

爱的每一种成分都有助于维系关系的发展，不过，并不是所有的爱情都能够海枯石烂。激情能够让爱情更加长久，但是，如果没有恬静的亲密感、缺乏伴侣的爱所包含的共享态度及价值感，大多数的爱情最终只会以分道扬镳收场。如同在友谊中一样，亲密在夫妻关系中变得比恋爱初期更加重要。持久的关系要求伴侣双方都付出努力。双方倾心谈天的时间大幅减少，无暇给对方带来快乐，面对冲突时未能准确读懂对方的思想情感，总之，未尽力去理解对方，而是沉默或退缩，就会让人感到爱情正在随风而去。

恋爱关系持久的人会认为他们的爱比过去更加深

如何维护亲密
关系

厚。激情的爱转化为伴侣的爱，其中，承诺可能决定了一段关系是否能够继续发展。而通过温情、注意、共情、关怀、接受、尊重等来传递承诺，能起到最好的效果。经常表达自己承诺的亲密伴侣，其关系质量更高，持续时间更久。沟通过程中重要的一个特征是建设性地解决冲突，包括：直接表达自己的愿望和需要，耐心地倾听，感到含糊时要求澄清，妥协让步，承担责任，避免以批评指责、轻蔑轻视、狡辩防御、矢口否认的方式火上浇油。因此，如果要保持爱情之树常青，可以尝试做到以下几个方面。

（1）要为爱情付出时间。要想保持"恋爱中"的感觉，就应该规划出固定的时间，以便两个人可以共度时光。

（2）向伴侣表达自己的爱意。要在适当的时候表达感情和关怀，比如温柔而专注的眼神、一个拥抱，说出"我爱你"等。这些信息会增强对承诺的知觉，并鼓励你的伴侣投桃报李。

（3）伴侣需要时如影随形。当伴侣悲伤的时候，要给予情绪支持，你自己就是最好的安慰和支持。

（4）出问题时要恰当沟通。当自己或伴侣感到不满时，可以共同商讨出一些克服困难的方法，和伴侣一起来挑选，并通力合作。此时要避开亲密关系的"四大敌人"：批评指责、轻蔑藐视、狡辩防御和矢口否认。沟通的关键是允许对方充分表达看法和感受。比如在做家务问题上，妻子做得多，丈夫做得少，那么妻子心中不满，时有抱怨，此时丈夫要认真倾听妻子说话，让其表达内心不满，并肯定其为家庭做的贡献。

（5）关注伴侣的喜好与实际情况。询问伴侣的工作、朋友、家庭和爱好等方面的情况，对其特殊的能力和成就表示欣赏，多用肯定、赞美的语言表达出来，这样做会使伴侣获得价值感。

（6）给予伴侣足够的信任。和伴侣分享内心的感受，保持亲密感。

（7）忘记小错并体谅大错。任何时候，只要可能，就要克制愤怒，给予原谅，这样做虽然表明自己承认了不当行为，但是也可以避免无意义的争吵。

三、构建和谐的幸福家庭

家是我们的温暖港湾，中国人特别注重家庭观念，构建和谐家庭是人们的共同追求。

（一）家庭的概述

1. 家庭的概念

家庭是由婚姻、血缘或收养关系而产生的亲属间的共同生活组织。婚姻构成最初的家庭关系。由于出生事实，又产生父母、子女等其他家庭成员之间的关系。家庭也可因收养建立拟制血亲关系。

2. 家庭的功能

所有家庭都有其特定的功能以满足个体的需求、维护家庭的和谐。家庭的主要功能可以归纳为以下六种。

（1）情感交往功能。家庭必须满足成员的感情需求，以维持家庭的整体性。对于每个家庭成员而言，各种心理态度的形成、个性的发展、感情的激起与发

【学海无涯：心灵故事】

"中国好人"姚元珍：背妻扫街 6 年　谱写"马路爱情故事"

姚元珍将妻子从背上轻轻放下，挽起电动三轮车两边的布绳牢牢地系在妻子腰间，然后转身开始一天的环卫工作。这一系列动作姚元珍已经做了 6 年。

姚元珍是一位环卫工人，2007 年他从农村来到城市，几年后，妻子郭克芳从老家赶来城里照顾他，顺便分担一些生活压力。然天有不测风云，2015 年郭克芳不幸发生车祸，长期无法运动加上药物使用让她身体机能损害和退化严重，身体逐步瘫痪。"子女都在外打工，照顾不到。只要是晴天，我就把她带在身边，看着她，也放心一点。"妻子患病以来姚元珍便一直将其"绑"在身边，他在一旁扫地，妻子就靠在三轮车上等着他。偶尔下雨或者天气寒冷，姚元珍便只能将妻子留在家里，每隔一个小时就往家里跑一趟帮妻子翻身，扶她喝水。电动三轮车两边的布绳是姚元珍专门为妻子安置的。"其实以前也不绑的，谁舍得绑自己老婆啊，但是不绑住她老摔，她身体没力气，坐不住。"来市里 10 多年，姚元珍感受到了很多温暖，社区的工作人员、公司同事还有身边的人，经常帮助他们。每逢节日还会来探望他们，大家都被这对夫妻的情谊打动。"老伴老伴，老来相伴嘛，我在照顾她，她也在陪伴我。"日复一日地照顾妻子，姚元珍没有怨言"有时候是会觉得累，但一想到她以前身体那么好，现在翻个身都要我帮忙，我就只剩心疼了。""去哪里都要带着她！"6 年，2 190 天，52 560 个小时为她洗衣做饭，带她逛公园一句承诺谱写"马路爱情故事"。

（资料来源：学习强国，有删改）

泄、品德和情操的锤炼、爱的培植和表现以及精神的安慰和寄托都离不开家庭。

（2）社会化功能。社会化是指一个人通过学习群体文化，承担社会角色，把自己融于群体中的过程。家庭正是孩子社会化的主要场所。孩子从家庭成员中学会语言、社会行为和技巧、对正确和错误的理解等，从而能适应社会，正确扮演社会角色。

（3）生殖功能。家庭是生育子女、繁衍后代的基本单位。正是这一功能的存在，人类和社会才得以延续。

（4）抚养和赡养功能。抚养指父母对未成年子女的供养，以及夫妻之间的相互供养和帮助。赡养则指子女对年老父母的供养和照顾。家庭的抚养和赡养功能是人类和社会延续的保证。

（5）经济功能。家庭提供和分配物质资源，以满足家庭成员对衣、食、住、行、育、乐等各方面的需求。

（6）卫生保健功能。家庭为保护家庭成员的健康而提供各种照顾、卫生及保健资源等。

3. 家庭的类型

家庭结构分为以下几类：

（1）核心家庭。指夫妇及其未婚子女组成的家庭。

（2）直系家庭。可细分为：①二代直系家庭，指夫妇同一个已婚儿子及儿媳组成的家庭；②三代直系家庭，指夫妇同一个已婚子女及孙子女组成的家庭。

（3）复合家庭。复合家庭是指父母和两个及以上已婚子女及其孙子女组成的家庭。

（4）单人家庭。只有户主一人独立生活所形成的家庭。

（5）残缺家庭。可分为两类：①没有父母只有两个以上兄弟姐妹组成的家庭。②兄弟姐妹之外再加上其他有血缘、无血缘关系成员组成的家庭。

（二）家庭生命周期

家庭生命周期是一个家庭形成、发展直至消亡的过程，反映家庭从形成到解体呈循环运动的变化

规律，最初由人类学家格里克（Glick）于1947年提出。家庭生命周期这个概念涵盖了婚姻、生育、教育和死亡等一系列生命课题。

格里克从核心家庭（一对夫妇和其共同生活的未婚子女构成的家庭）角度定义了家庭生命周期，即依照家庭发生的生命事件（如婚姻、生育、子女离家、死亡等），一个典型的、完整的家庭生命周期要依次经历形成、扩展、稳定、收缩、空巢和解体6个阶段（表9-4）。

表9-4　家庭生命周期的阶段

阶段	起始	结束
形成	结婚	第一个孩子出生
扩展	第一个孩子出生	最后一个孩子出生
稳定	最后一个孩子出生	第一个孩子离开父母
收缩	第一个孩子离开父母	最后一个孩子离开父母
空巢	最后一个孩子离开父母	配偶一方死亡
解体	配偶一方死亡或离婚	配偶另一方死亡

空巢家庭，是以"鸟儿长大，离巢飞去，鸟巢空留"为比喻，意指子女长大成人后纷纷离去（离家求学或外出工作），只剩下父母留守"空巢"的家庭。空巢家庭经历了从有子女阶段过渡到无子女阶段，其各个方面都会发生重大的变化。比如受中国传统文化的影响，家庭一般重亲子关系，轻夫妻关系，孩子的健康成长几乎是夫妻生活的全部，孩子不仅是夫妻间的情感纽带，也是整个家庭的重心，因孩子的存在，夫妻之间一些矛盾可以暂时淡化或隐藏，而孩子一旦离家，保持近二十年的家庭生活模式也随之打破，父母面临着新的交流话题和生活方式，夫妻之间的一些矛盾就重新暴露出来了。如果夫妻双方没有调整好关系，欠缺调解矛盾的知识和手段，便会造成夫妻关系的不和谐，甚至导致家庭破裂。例如，有些父母等到孩子高考结束就离婚。

那么如何应对空巢，使夫妻关系重归和谐？一是

正视并接受空巢期，认识到孩子离家是其发展自己，走向独立的必经之路。二是夫妻双方要培养新的兴趣爱好，把目光焦点从孩子转移到自己的生活上来，找到新的精神寄托，从而缓解孩子离开后产生的空虚感和失落感，做回自己。三是利用空出的时间多陪伴自己年老的父母。

【学海无涯：心理技能】

家庭治疗中的资源取向

家庭治疗是以家庭为治疗对象的心理治疗方法。它利用对标签病人的症状行为观察、扰动家庭固有的结构、情感等级、行为模式，以帮助家庭扩大沟通、建立有效的互动方式，降低内部张力，促进家庭功能。家庭治疗中的一个重要技术是资源取向。所谓资源取向就是认为病人已具备解决问题的资源，只是资源尚未被使用和发现，通过资源取向的积极暗示，使病人相信自己具有解决问题的能力。

生活中，我们习惯于缺陷取向，比如你在课堂上汇报一个作业任务，其他同学在下面看手机，你便习惯认为自己没讲好。我们该如何做到资源取向呢？

（1）关注积极和想要的。比如，当一个厌学的学生不愿意去学校的原因是他没有勇气，这个时候，我们告诉他："你有勇气不上学，这也是一种勇气！这件事不是所有的人都敢做的！"

（2）强调自主性。比如，有些父母抱怨孩子做作业太拖拉了，本来十几分钟就可以完成的作业能拖一两个小时。资源取向观点会认为，孩子写作业用了一两个小时才能完成，虽然时间比父母预设得多了很多，但是用一两个小时完成作业仍是孩子自主的呈现，对于所有人来说，自主性比速度更重要。

（3）找到起作用的因素。比如，学生想让自己自律起来，做作业不拖拉。如果我们能够找到对于学习起作用的因素，比如愉悦的心情、好的人际关系，然后让这些因素出现的频率增加，那么最终结果就会向我们希望的方向靠近。

（4）专注于能力与技能。比如，一个学生学习不好，但是游戏打得不错，那么我们可以将游戏玩好也看成一种能力。

（5）探索愿望与梦想。比如，我们可以问一个学生未来想过什么样的生活，想要成为一个什么样的人。然后，我们就可以和他一起继续倒推，想要做什么工作、想要上什么大学、想要读什么专业、想要获得什么技能等。通过这样的方式，他就会看到自己的目标、愿望或梦想，那么他内在的动力也会出来。

（6）专注于个人的长处。比如，一个学生虽然喜欢丢三落四，但我们发现他其实对人是很宽容的，看待事情是比较积极的，那么这些就是他的长处和优势。

（7）发展积极的目标。积极的目标可以让人关注更有利于自己的部分，从而促进自己或生活往更想要的方向发展。

（三）构建和谐家庭

和谐家庭为在外打拼的人们提供了温馨的港湾，是人们坚强的依靠，家庭和谐有利于家庭成员的身心健康，是个体发展的基础和前提，为个人自我价值的实现提供支撑，和谐家庭是和谐社会的基础。

1. 个人树立正确婚恋观

婚恋观是价值观在婚姻、恋爱问题上的体现，是家庭道德观的重要内容。婚恋观指人们对恋爱、婚姻生活的基本看法。婚恋观不但直接影响个体对配偶的选择，还会影响个体对婚姻、家庭的责任和义务的承担。研究显示，绝大多数当代大学生的择偶标准主要强调内在因素，尤其是性格、气质、品德、感情、共同语言以及健康状况等，而不太看重家庭背景、职业、学历等外在因素。大部分当代大学生对婚外性行为持否定态度，重视恋爱与婚姻中的忠贞，认为在选择婚恋对象时有必要征求家人意见；但同时也对他人的婚前性行为、离婚和独身状态等持宽容态度。

正确的婚恋观主要有以下几点：

（1）提倡志同道合的爱情和婚姻。在婚姻和爱情的世界里，志同道合应为前提条件。只要双方的思想品德、生活情趣、事业理想等方面的观念相似，就可以一起承受艰难困苦，最终获得一段幸福的爱情或者婚姻。

（2）对待婚姻严肃认真、感情专一。不管是爱情还是婚姻，都容不得第三个人的插足。因为婚姻和爱情都不是儿戏，所以彼此都要真诚对待、实事求是。事实证明，用欺骗的手段和对方相处是无法收获幸福的。所以，当双方一旦建立了婚姻或者恋爱的关系时，就要严肃认真、一心一意，不能见异思迁、三心二意。

（3）明白婚姻是责任和奉献。其实爱不仅仅是得到，更重要的是彼此付出。日常生活中，每个人都具有两个方面的责任：一是对社会的责任，二是对家庭的责任。正是有了这样的责任，才体现出一个人的人格魅力，从而有了浓郁的奉献精神和强烈的责任感，最终造就了幸福的爱情和婚姻。

2. 家庭建设优良家风

中宣部等联合印发的《关于进一步加强家庭家教家风建设的实施意见》提到，要以建设文明家庭、实施科学家教、传承优良家风为重点，推动家庭家教家风建设高质量发展。家风又称门风，是一个家族在长期发展中形成的一种规矩、一种共识、一种向心力，主要包含着一个家族的精神风貌、家族品质。古人很重视家风门楣，讲究"国有国法，家有家规"。俗话说："人必有家，家必有训。"每个家庭都有自己的家风，大多数家风是通过父母的言传身教潜移默化地影响后代的。

中国传统节日是传承家风的好时机，例如，在春节家人团聚之时，邀请家里的长辈说说家族的故事，体会家族品质；清明时节，家庭成员一起扫墓，缅怀亲人，增强家庭凝聚力。另外，中国传统文化中有不少好家风传承下来，古有颜之推《颜氏家训》、诸葛亮《诫子书》、朱柏庐《治家格言》等，近有《梁启超家书》《曾国藩家书》《傅雷家书》等。学校可以通过读书会形式，让大学生研读一本著名家书，感受优良家风对后代的积极作用。

3. 学校融入家风教育

学校是道德教育的主阵地之一。职业院校可制订政策，鼓励教师在课堂中融入中国优良家风元素，如孝悌观（内睦家昌）、教子观（耕读传家）、做人观（忠厚传家久）和勤俭观（日勤与俭）。鼓励学生积极参与"学习家风、践行家风、宣传家风"的活动中，开展一系列丰富多彩的家风教育活动，如《颜氏家训》朗诵比赛、经典家书学习心得征文比赛、红色家风故事演讲比赛等，提升学生的家庭道德观。

4. 政府大力发展家庭友好型政策

发展家庭政策旨在提高家庭发展能力和福利水平。回应与支持家庭抚幼、养老等是家庭政策的核心内容。伴随着现代家庭结构的变化，儿童和老人照料需求显著增长，缓解家庭育儿和养老压力，增强代际支持，建立健全家庭友好支持政策是国际社会共识。近年来，

学会说情话　　　情境表演

中国在家庭政策领域也取得了积极的进展，一些政策也在强调对家庭变化的回应，关注家庭功能变迁对社会福利和社会服务的需求。比如国家卫生健康委、中央政法委、中宣部等10部门联合印发的《全国社会心理服务体系建设试点工作方案》，要求在社区建立心理咨询室，为家庭开展心理健康服务，促进家庭幸福。

【心理实践】

一、团体活动

（一）学会说情话

活动目的：学会表达爱意，学会接受爱意。即学会说情话，学会听情话。

活动时间：20分钟。

活动准备：笔、折飞机的纸张（最好事先折好，每个飞机都一样，以免被认出）。

活动过程：

（1）请大家在纸上写下自己平常不会说的亲密话语，尽量多写，注意不要让别人看到纸上的内容。几分钟后，请大家将纸折成飞机，在纸上做下记号。注意：飞机头不宜折得太尖，以免误伤。

（2）主持人："请大家围大圈站好，现在每只飞机内有一位乘客，就是你的另一半。请大家合上眼，我喊'1、2、3、起飞！'每个人把手中的飞机抛上天；'接机！'大家马上张开眼，捉住任何一只飞机。""1、2、3、起飞！"在飞机着陆之前，命令："接机！"

（3）主持人："拆开纸飞机，各人按纸上的内容作出'回应'，写好回应后我会把飞机收起来。大家依次到我这里把自己的纸飞机拿回去，查看纸飞机上的内容。"

（4）分享环节：当你收到别人的甜言蜜语时有什么感受？你在回应对方的时候是怎样的心情？当你收到别人的回应时，又是什么样的心情？你会尝试着在今后的生活中经常对你的亲密伴侣表达爱意吗？

（二）情境表演

活动目的：体验爱情道路上可能出现的冲突、矛盾，学会积极应对。

活动时间：30分钟。

活动准备：录音机、音乐带、奖品。

活动过程：

（1）设置一些具体情境，让成员置身其中，通过抽签组队，进行表演。

（2）情境内容有：被迫分手、一方无理取闹、因意见不合产生矛盾、前女（男）友要求复合、冷淡另一方。

（3）评出最佳问题处理奖、最佳表演奖、最佳默契奖。

（4）请获奖同学分享感悟。

二、案例思考

王占平家庭：夫妻相互扶持　双双岗位建功

王占平是北京市公安局西城分局二龙路派出所一级警长，妻子王秋是北京大学附属人民医院急诊科护士长。结婚20多年来，他们共同构建了"温馨和睦传家风、携手并进讲奉献"的最美家庭。

医警家庭加班多、值班多，特别是重大活动安保期间，王占平、王秋夫妇总是聚少离多，但是爱党爱国、忠于事业的共同信仰和为人民服务的共同追求始终把他们牢牢拴在一起，组成了温暖和睦的幸福之家。

"非典"期间，王秋荣奋战在抗疫一线70多个日夜，王占平则在做好抗疫外勤工作的同时，悉心照顾母亲和孩子。2020年新冠肺炎疫情袭来，王占平、王秋再次舍小家为大家，并肩奋战在抗疫一线。从除夕夜一直到4月初，王占平始终坚守在岗位上，执行安保任务，投身疫情防控，默默守护着辖区群众。王秋主动报名参加第一批国家医疗队，大年初二驰援湖北武汉抗疫一线。这个年，他们一家没能一起吃顿团圆饭。

王占平、王秋结婚后，一直同王占平的老母亲共同生活。多年来，王占平大部分时间在外勤岗位工作，每天站岗时间长、各类勤务多。为了让王占平安心工作，照顾家庭的重任更多地落在了王秋肩上。做家务、孝顺婆婆、教导孩子，里里外外、事无巨细，王秋梳理得井井有条。94岁高龄的老母亲时常满脸笑容地对王占平说："你小子真有福气啊，给我娶了这么个好媳妇。"王秋对家庭的点滴付出，王占平一直铭记于心，每年的情人节、结婚纪念日，他都会提前准备好各种精美的小礼物送给妻子。2020年，他们一家被评为"首都公安最美家庭"。

二十余载携手同心、相濡以沫，王占平、王秋不仅用爱、用心构建了一个令人羡慕的最美家庭，还在各自工作岗位上作出了应有贡献。他们懂得，幸福其实很简单，因为有爱，所以幸福，因为奉献，人生才精彩！

（资料来源：学习强国学习平台，有删改）

思考：王占平和王秋的爱情故事对你有什么启发？一段良好的婚姻是如何经营出来的？请结合本章内容思考回答。

三、实践训练

以小组为单位，确定和爱情、婚姻、家庭内容相关的任意项目主题，采用调查访谈的方式收集资料，最终以课件和视频的方式展示项目成果。本实践旨在促使同学们进一步熟悉爱情、婚姻和家庭的影响因素以及如何提升亲密关系，建立和谐的家庭。

【心理拓展】

一、心理书籍

（一）《我们仨》

该书讲述了一个单纯温馨的家庭几十年平淡无奇、相守相助、相聚相失的经历。作者杨绛以简洁而沉重的语言，回忆了先后离她而去的女儿钱瑗、丈夫钱锺书，以及一家三口那些快乐而艰难、爱与痛的日子。

（杨绛. 我们仨 [M]. 北京：生活·读书·新知三联书店，2003）

（二）《好的爱情，要有敢要的底气》

该书以"唤醒、疗愈、创造"为叙述主线，作

"心"实践：婚恋
关系项目教学法

者分享了自己这些年来的情感体悟，更深入地探讨不同的人生主题，并且提供了很多实操练习，让读者能够把学到的知识、道理应用在生活中，从不同的角度再次抽丝剥茧地探讨人性、个人意识，以及我们的情感、思想、能量的各个层面，深度思考我们究竟怎么做才能拥有一个更好的人生。

（张德芬. 好的爱情，要有敢要的底气［M］. 杭州：浙江人民出版社，2020）

（三）《过好一个你说了不算的人生》

此书凝结作者多年的临床经验和反思，融独家理论干货、典型临床案例、沉浸式互动体验于一体，帮助读者追根溯源，多视角剖析心理问题的症结所在，有安抚人心、疏通心理堵塞之效，实用性强。直指原生家庭、情绪管理、人际交往等每个人都必须面对的人生问题。作者把西方精神分析学、中国传统文化与当代中国人心理结合起来，并提出破局之法，其解读尤为契合中国人的心理状况。

（张沛超. 过好一个你说了不算的人生［M］. 广东：花城出版社，2020）

二、心理影片

（一）《中国式爱情》

影片是一部观察纪录片，全长 120 分钟，跟踪记录了片中的华人和澳人，在面临中国文化中最重要的婚姻大事之前，对于爱、家庭和自我追求的思考。纪录片的主角是一家婚庆公司的老板，另一主角是在国外留学工作的中国女生 Viona，带着未婚夫回到中国拍摄完美的公主梦幻风格婚纱照。影片表达了 Viona 夹在传统中国妻子和现代成功女性两层身份之间的挣扎。

（二）《乡村里的中国》

影片是一部纪录片，导演和摄制组在杓峪村里待了整整 373 天。该片以 24 个节气为点，以沂源县中庄镇杓峪村的三个农民家庭为线，记录了其一年中生活的点点滴滴。影片以一个小村庄为切入点，展现了中国农村的巨大变迁、环境保护、农民的精神追求和物质追求等诸多社会现实话题，既生动有趣，又深刻感人。

模块三
团体社会心理学

多米诺骨牌效应——影响，本身就是一种力量

　　人离不开团体，团体维系人们的社会生活，使人们获得社会支持，支撑社会的发展。团体中一个微小的初始能量就可能产生"牵一发而动全身"的连锁反应。团体的力量在不断的传递中影响置身其中的每一个人。"近朱者赤、近墨者黑"，每个人既会受到他人的影响，也会影响到身边的其他人。

多米诺骨牌
效应

第十单元 一人行善，万人可激——引领大众心理

　　大众心理是社会心理学的重要内容之一。人们在社会交往中，总会自觉或不自觉地传递着各种各样的信息，这些信息交互作用，影响人们的心理、行为和思维方式。流行与时尚、暗示与模仿、流言与谣言、舆论与政治，引起大众心理的一系列连锁反应。学习大众心理，有助于人们准确把握"新潮""时髦"的实质，培育敏锐的洞察认知能力和科学严谨的分析能力。

【知识脉络】

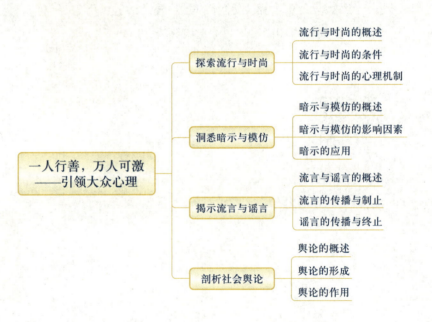

【学习目标】

素养目标：培养独立思考、坚定自励、明辨是非的能力，训练科学思维的良好习惯和素质，提高文化自信。

知识目标：掌握大众心理的主要表现形式和影响因素。

能力目标：提升避免盲目从众、制止流言蜚语、终止谣言传播的能力。

【情境导入】

"潮"像风，跟风之后的醒悟

杨光（化名）生活在小县城，父亲是家乡小有名气的木匠，杨光从小跟着父亲做木匠活，练就了一些"小手艺"。从县城高中毕业后，杨光考入省会城市上大学学习木业智能装备应用技术专业。进入大学后，杨光早早规划好了自己的大学生活，希望自己在大学校园认真学习专业技能，能让自己的"小手艺"长成"大本事"。与杨光同住的是几位家庭条件较优越的男生，他们每天讨论的话题更多的是名牌鞋、衣服、手机、计算机等高端消费产品，比颜色、比款式、比价格。起初杨光觉得很无趣，心想：不是应该比谁的学习成绩更好吗？不过随后他发现自己无法融入室友们的话题，室友们对他品头论足，偶尔也会发出"刺耳"的笑声，班级中也开始凭空流传着他不懂"时髦"的各种笑话，于是他与同学们的关系渐行渐远。为了加入室友们的话题，拉近同学关系，他开始购买各种潮牌，频繁更换手机……一段时间之后，他渐渐发现自己的攀比心明显增强了，更加注重所谓的"潮牌效应"，还开通了蚂蚁花呗等各种网络贷，导致自己的经济压力逐渐变大，学习也明显不如以前，期末的时候面临多门学科挂科的风险。

冷静下来之后，杨光回顾了自己上大一上学期的表现，深深感觉自己已经陷入了盲目跟风的攀比陷阱，几个月下来，自己不仅没有在学校学到更多的知识与技能，得到显著提升，反而陷入了学业与经济的双重危机。他深刻反省后，踏实学习、自律向上，学习能力得到老师和同学的认可。他认为大学生与其攀比外在的潮牌，不如将心思放在学习成绩上，因为只有掌握完备的知识体系和专业的技术技能，才会在未来就业时拥有更多选择，塑造更完美的人生。

情境分析： 目前，社会上各种潮牌之风盛行，大学校园虽说是"象牙塔"，但也没能摆脱这股强劲之风的影响。杨光在步入大学校园后，由于受到"潮牌"效应、班级子虚乌有的谣言等影响，有了"不加入就是不合群"的想法，盲目跟随所谓的潮流。流行与时尚是什么？流言与谣言为什么能传播？我们应该如何积极应对？学习大众心理可以帮助我们提升自我认知、自我调控、独立思考等能力，形成社会事物有正确的认知，对是非曲直有公正的判断，做一个有强烈责任意识，对自己负责的人。

【心理讲坛】

大众心理（mass psychology）就是以大众身份出现的无组织群体的心理状态与心理特点。流行是一种大众心理现象，主要给人们的生活方式带来新异的刺激，引起暗示与模仿等心理活动。流言与谣言是一种语言化的大众心理现象。流言和社会的危机状态有密切关系，每遇巨大的社会动荡或自然界出现罕见的变化都会引起社会大众的危机感，于是流言四起。舆论也是一种语言化的大众心理现象，它是在人们意见分歧情况下出现的多数人意见的总和，反映了人们普遍的要求和共同的希望，或对某个事件的一致评价，代表了人们对社会重大事件的一致态度。舆论作为一种社会力量能对个体的心理与行为进行控制与引导。

流行的概述

一、探索流行与时尚

（一）流行与时尚的概述

1. 流行与时尚的定义

时尚是在大众内部产生的一种非常规的流行行为方式，它是指一段时期内相当多的人对特定趣味、语言、思想和行为等的随从与追求。时尚的传播、普及和发展所依靠的主要手段是流行，所以流行与时尚实际上是同一事物不可分割的两个方面。时尚不单纯表现为外在行为的模仿，还可表现为对于具有时代特征的文化、审美的追求。近年来，国风、国潮不断掀起热浪，传统节日的街道上、大学校园内、文化古迹等景点都能见到汉服的身影，国风、古风的造型审美也深刻影响着当下人们的穿着或产品要素的选取，千年古韵再流行。通过流行，时尚才可能称之为时尚；有了时尚，流行才可能发生。正是因为流行与时尚的关系如此密切，在日常生活中乃至在社会学和社会心理学的研究中，人们对这两个概念往往是混用的，在英语中这两个词实际上并未作区分，都写作"fashion"。

在有关时尚的话题讨论中，中国学者孙本文认为"流行与时尚是一定时期内在社会上或某个群体中普遍流行的生活方式"，它们是社会影响的宏观表现。美国社会学家布卢默（Blumer）认为，时尚是一种"流行的或被接受的风格"。日本学者藤竹晓认为："时尚不仅是某种思潮、行为方式渗透于社会的过程，而且，通过这种渗透过程，时尚队伍的扩大，还包括不断改变人们的价值判断过程。"在形形色色的有关时尚的讨论中，最有代表性的有这样两类：其一侧重时尚是一种流行的行为模式，即时尚是一种单纯的行为模仿；其二则侧重时尚所富含的文化内涵，即强调时尚体现了一定的价值观及文化内涵。

【学海无涯：心灵故事】

向世界呈现中国文化之美需要更多李子柒

知名短视频博主李子柒"火"到了国外。她制作的中国传统美食、工艺等内容，不仅在国内拥有大量观众，在海外社交媒体上拥有的各国粉丝数量也多达700多万人。她发布的视频引发广大外国网友对中国文化的浓厚兴趣，成为中国文化对外传播的一个现象级话题。

李子柒的视频之所以能深入人心，是因为她用心呈现原汁原味的中国传统文化和工艺。无论是桃花酒、琵琶酥等美食，还是文房四宝、缫丝、刺绣等工艺，都按照古法流程，一步步精心制作。因为要亲自学习掌握一些工艺过程，一段几分钟的视频常常要拍数月甚至一年。

李子柒用她的视频，让很多只存留在中国人记忆中的非物质文化遗产，生动地呈现在人们面前。我们需要对传统文化进行创新性继承，李子柒做的正是这样的事。她的视频，没有过多高深讲解，只是通过中国式衣食住行，体现生活之美好和中国传统文化之精致。正因如此，她的作品能跨越地域、超越语言，引发外国观众广泛共鸣。外国网友评论说："这简直像是在看国家地理＋迪士尼＋厨神当道""她正在教我们认识我们所不了解的中国"。有网友看了她的视频后表示，很想去中国看看。

民族的才是世界的。李子柒的视频对外国观众来说，展现了浓浓的"中国味""中国风"，展现了勤劳、朴实、与自然和谐相处这些中国人传统品质，展现了一个美好、亲和的中国形象。李子柒自己或许并没有对外进行文化传播的本意，但她不经意成了这方面的"高手"。

随着中国经济愈加发展，世界各地民众对中国文化的兴趣愈加高涨。以生动的形式呈现优秀的文化，以真实的情感打通各国民众共通的心灵，是最好的对外文化传播。向世界有效地呈现中国文化之美，我们需要更多的李子柒。

（资料来源：新华社，有删改）

2. 时尚的演变

从某一事物或行为流行范围的大小、持续时间的长短、追求者的身心投入程度的高低来看，时尚可以区分为时髦、时热、时狂三种类型（图10-1）。

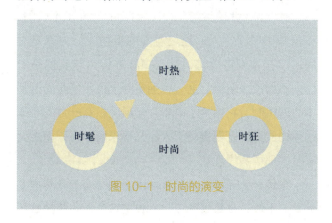

图 10-1　时尚的演变

时髦是时尚的初始阶段，是一种"零散的、短暂的时尚"，它是指少数人采取一种新的、引人注意的生活方式，或是引起人们的欣赏，或是引起讽刺与反对。当人们欣赏这种生活方式并纷纷模仿时就出现了"赶时髦"现象。

许多人都来追赶时髦，时髦就形成了"时热"。"热"是一种短期流行的生活方式，对于为什么要采取这种方式，要达到什么目的，人们并没有经过仔细思考，只是受到他人行为的影响，采取了单纯的模仿。《韩非子》上曾有一则记载：齐桓公喜欢穿紫色的衣服，故而全国的老百姓也都开始效仿穿紫色的衣服。目前据教育部消息，全国教师资格考试报名人数由2012年的17.2万人，跃升至2022年的1 144.2万人，10年间翻了66倍，人数的不断增长体现了"考证热"。

"时狂"，是时尚发展的极端形式，指对时尚的追求已达到了非理智的程度，与前两者最大的不同就在于参与者的身心投入程度。17世纪荷兰出现的"郁金香时狂"就是一个典型例子。当时，荷兰人突然对郁金香产生了浓烈的兴趣，于是郁金香的价格骤增，社会各阶层都纷纷投资生产郁金香，有许多投机商人

交流讨论：
大学生如何避免自己盲目追求流行？

借此赚得盆满钵满。但是没过多久，似乎大家都同时认识到郁金香只是一种普通的花卉，于是竞相抛售，结果致使花价大降，一大批无法卖掉手中重金购进的花和球根的花主们，顷刻间破产成了"穷光蛋"。

（二）流行与时尚的条件

流行与时尚的产生有其主观与客观条件。尽管人们追求时尚在某种程度上是天性使然，但时尚与其出现的时代背景是密切关联的。在不同的时代、在不同的生活状态中，不同的人对制造和追求时尚的兴趣和表现迥然不同。即便追求时尚是人的天性，但这种天性是否能够顺乎自然地出现以及以什么方式出现，仍然取决于其他前提条件。

在时尚得以出现的各种前提条件中，最基本的是社会物质生活条件的丰裕或相对丰裕。一方面，对物质生活条件窘迫来说解决温饱胜于追求时尚，基本的生理需要得不到满足的情境下他们是无心他顾的；另一方面，要追求一种流行的行为模式，大多要凭借某种物质形式。所以，古往今来，那些经济发达、物质生活条件丰裕的国家和地区，向来是时尚的发源地，是流行的生活与行为方式的集中地。唐朝经济繁荣、社会稳定、文化先进，是历史上中国向周边国家文化与技术的一个大输出时期，众多国家前来效仿，唐文化不仅影响当代也影响后世。

艺术和科学的产生都离不开闲暇。物质生活的丰裕必然会给一部分人带来足够的闲暇来关注时尚，同时也必然会刺激一些生活窘迫的人对于闲暇和时尚的追求与向往。当然，在时尚流行的客观条件方面，除了富裕和闲暇外，社会的大众传播媒介的发达程度也与时尚的兴起和流行密切相关。大众媒介与时尚的关系是两方面的：一方面，有些传播媒介尤其是电子媒介，如互联网、数字、智能手机、电视机以及CD随身听、蓝牙耳机、智能穿戴设备等本身就是时尚的代言品；另一方面，这些物品的出现和普及促成了相应

的时尚的兴起、传播与流行（图10-2）。

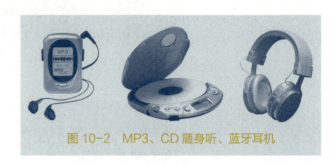

图10-2　MP3、CD随身听、蓝牙耳机

就时尚出现的主观条件而言，除了人类天性，在一个或多或少具备了上述客观条件的社会中，能否出现以及能够普及某种时尚，还与该社会中一般大众时尚意识的强弱密切相关。

（三）流行与时尚的心理机制

对领潮者和赶潮者而言，时尚的意义是不同的。在赶潮者眼里，人们趋之若鹜的事物或行为就是时尚；但在领潮者看来，这类事物或行为与其说是时尚，不如说是庸俗。这一区别实际上揭示了时尚的基本心理机制，它由两个既相互矛盾又相互一致的心理过程构成即：既要树异于人，又要求同于人，满足大家心中那群假想观众。

案例：大学毕业后的朱炳杰逆潮流而行毅然回乡种起了水稻，他通过学习，不但掌握了农作物种植技术，还引进先进的农机设备，为农业生产插上了腾飞的翅膀。2021年，朱炳杰被农业农村部评为全国粮食生产先进个人。

1. 立异

树异于人，是时尚心理机制的一个方面。为了追求新奇，为了立异于他人、标新于旧制，时尚的倡导者和领潮者会千方百计地在各个方面表现出差别、体现出个性。他们通过与众不同的服饰、色彩、谈吐等生活方式和行为模式来标榜自我。对一般的领潮者来说，他们要实现树异于人的愿望，既无法凭借令人敬畏的权力，也无法依靠让人羡慕的财富。他们能够求

助的，除了对时尚现象的过度敏感以及在丰富想象力基础上体现出自己的别出心裁，还有敢于标新立异，承受他人非议的勇气。

中国女作家张爱玲能够在号称"十里洋场"的上海出尽风头，就常常得益于这几方面的优势。张爱玲敏感、富于想象力，她不但穿着时髦，而且能凭借细致的观察，写出为人称道的《更衣记》；在追逐时髦方面张爱玲更胆大出格，以至整个上海滩不单单折服于她显赫的文名，也常常惊诧于她独标孤高的外表。据说曾有人问过张爱玲，何以要做奇装异服的打扮，她答道："我既不是美女，又没有什么特点，不用这些来招摇，怎么引起别人的注意？"这虽说是戏言，但也道出了一名时尚领潮者不拘一格的追求。

2. 求同

由于一种流行的时尚总是要表现出特定的珍贵性，表现出时尚参与者的某种特殊与优越感，它便为众人的效仿制造了一种无形的压力：如果不加入时尚的行列，不仅在众人面前显示出自己对新鲜事物的麻木，而且表现了自己在某些方面明显劣于他人。因此，当流行的时尚卷进越来越多的迎合者时，在公众中便产生了一种求同于人的心理需要。这是时尚的心理机制的另一方面。赶潮者纷纷模仿那些领潮人，这种模仿一方面可以是单纯的行为模式、生活模式的效仿，但对此种行为模式所代表的意义并不了解；另一方面也可以是通过生活方式、服饰、语言、生活态度等模仿来自我宣言，宣告自己的价值观、世界观、审美观。

树异于人、求同于人，是人们追求时尚的心理动机。每一个具体的人在追求时尚时，一般总是同时受着两种相互对立的心理的支配：即一方面是为了树异于人，树异于不如己者；另一方面也是为了求同于人，求同于胜己者。近期高校大思政课火在掌上云端："中国空间站等你来出差"系列思政课、与专业知识相结合的"中国系列"等，以有趣的栏目吸引

人、以鲜活的内容感召人、以向上向善的力量影响人，不仅异于传统的思政课形式，而且将国家热点、前沿科技与课堂内容结合，在网络上圈粉无数，非常受欢迎（图10-3）。

图 10-3 "中国系列"思政课

二、洞悉暗示与模仿

（一）暗示与模仿概述

1. 暗示的定义

暗示乃是在无对抗条件下，用某种间接的方法对人们的心理和行为产生影响，从而使人们按照一定的方式去行动或接受一定的意见、思想。

暗示是一种被主观意愿肯定了的假说，不一定有根据，但由于主观上已经肯定了它的存在，就会促使其心理尽量趋向于主观假说。例如，一个人生了病，一时查不出病因，自己怀疑是患上了癌症。这时，如果有位医生说他可能患有癌症，这个病人会更加确信。

暗示有其自身的特征：第一，暗示是一种刺激，但并不是任何刺激都能成为暗示，只有那些能够引起

暗示反应的刺激才是暗示。例如，街上的广告如果没有引起我们适当的反应，那么这些广告则没有对我们发生暗示作用。如果我们接受了广告的建议，购买了它宣传的商品，那么，这种刺激就可以称之为暗示。第二，暗示不是说服，无须讲道理，而是一种直接或间接的提示。第三，暗示不同于模仿和感染。模仿主要是产生与他人一样的动作、行为，但并不包括对他人心境的体验和仿效，感染的主要内容是感受者接受他人的情绪。暗示与两者都不同，它是让人接受某种观念，并按此种观念行事。

2. 暗示的类型

人们根据不同的标准将暗示分为不同的类别。最常见的是社会心理学家孙本文的四分类法（图10-4）。

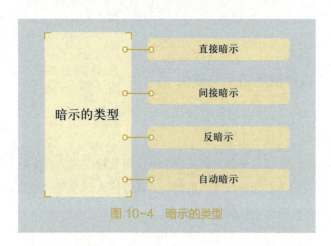

直接暗示

间接暗示

暗示的类型

反暗示

自动暗示

图10-4 暗示的类型

（1）直接暗示。又称为提示，是指暗示者给予受暗示者面对面的暗示。在直接暗示过程中，受暗示者对暗示者的信仰和服从是相当重要的，可以说这是直接暗示发生作用的先决条件。1908年，罗斯在《社会心理学》一书中曾以1899年史劳生所进行的一项实验说明直接暗示的作用。实验者以化学教授的身份告诉学生，他手中的瓶子里装有一种恶臭的气体，他试图测试该气体在空气中散布的速度。他告诉学生等瓶盖一开启后，一闻到该气味，即举手。说完，他一边将瓶盖开启，一边看着手表计时15秒后，前排多数学生都举起了手；一分钟后，有75%的学生都

"感到"了气味，但实际上瓶子里并没有恶臭气体的存在，只是一个空瓶子而已。在这里，化学教授将"瓶子装有恶臭气体"的暗示提供给学生，由于教师身份的缘故，学生们便迅速而无意识地接受了，这样便发生了暗示作用。

（2）间接暗示。指用委婉曲折的表示或刺激对他人发生暗示作用。这是主要的暗示手法，通常暗示者都凭借其他事物或行为为其中介，将一事物的意义间接提供给受暗示者，使人迅速而无意识地接受一种暗示。间接暗示常常具有潜移默化的作用，对人的控制作用往往大于直接暗示，原因在于受暗示者并未意识到自己的观念是由暗示形成的，所以一般不会产生心理抗拒或逆反心理。医院工作人员身着"白大褂"能营造干净整洁的氛围让患者们安心，而产科、儿科的护士身着粉色制服能体现温暖和谐的氛围。

（3）反暗示。暗示刺激引起与暗示者的预期相反的反应就是反暗示。中国古代的一则笑话是反暗示的绝好例证。某人偷埋银子后怕被人窃去，于是在地上插牌直书："此地无银三百两"。结果，本来怕人偷而做的暗示却起到了指路的效果，银子反被邻居阿二偷走。但是笨蛋阿二却在牌子的后面写上："隔壁阿二未曾偷"，结果不打自招。二者行为都起到了反暗示的作用。

（4）自动暗示。也就是自我暗示。或者说暗示刺激不是来自外界而来自受暗示者自身内部，如"杯弓蛇影""草木皆兵"等。自动暗示实际是过去经验在适当情况下的复现，与个人先前的知识、经验联系在一起。

3. 模仿的定义

模仿就是对暗示的反应，也就是由暗示刺激而引发的类似的心理及行为的过程。所以，暗示与模仿是一种行为过程的两个方面，即从刺激的方面看是暗示，而从反应的方面看则是模仿。有一种观点认为，模仿仅仅限于行为动作方面，在思想方面叫作"暗

示"，而在感情方面则叫作"同情"。所以，艾尔伍德将模仿称之为"模仿行为"，以区别于暗示与同情。一般来讲，模仿并不仅限于行为，思想、情感方面同样可以模仿，这里主要取决于暗示刺激，行为的暗示产生行为的模仿，思想、情感的暗示产生思想、情感的模仿。模仿的关键不在于暗示对象的性质，而在于能否对此暗示做出类似的反应。

4. 模仿的种类

与暗示一样，模仿也有不同的种类。通常根据模仿过程中是否具有主动、自觉意识的加入，将模仿分为两类，即自动模仿与有意模仿。自动模仿是指对他人的思想、行为等自然而然的模仿过程。而有意模仿则是对他人的有意仿效，校园中的高职生在职业技能训练过程就是有意模仿。有意模仿又分为非合理模仿与合理模仿两种情况，非合理模仿是指那些只对行为的表面进行刻意的模仿但不理解模仿的意义，如一些时尚模仿即属此种情况。合理模仿则是出于对模仿对象的深刻理解，经过了模仿者的理性思考而选择进行

的模仿，如我们吸收其他民族的独特文化就是一种合理模仿。

（二）暗示与模仿的影响因素

1. 暗示的条件

暗示虽然是人类普遍的心理现象，但它的发生也是有条件的，具体来说，暗示的产生取决于主观心理状态和客观刺激的状况两个方面的条件。从主观方面看，产生暗示反应的条件主要有如下几种：

（1）具有接受暗示刺激的经验和习惯系统。一种刺激能够发生暗示作用并能引起反应，那么，这种刺激与受暗示者的习惯系统往往具有某种特定的联系。也就是说，受暗示者在具有了与暗示刺激相适应的先前经验时，暗示作用才能发生。

（2）不存在与暗示刺激相冲突的行为习惯和心理状态。受暗示者如果存在着与暗示刺激相互冲突的经验与行为习惯，对暗示刺激便会产生抵抗，这样，暗示刺激也就不能引起适当的行为反应。

【学海无涯：知识拓展】

模仿学习实验

班杜拉两难故事法的模仿学习实验步骤：（1）让被试判断两难问题中人物的行为是否正确，就此了解他先前的判断能力。（2）把被试分为三组，通过控制实验情景，让他们进行道德判断。第一组为强化组，第二组为榜样强化组，第三组为榜样不强化组。（3）给三组被试呈现12个两难故事，让他们进行道德判断。结果表明，第二组与第三组的成绩远远超过第一组。这表明，模仿的作用是很大的，第二组和第三组被试是以成人的道德判断个体为榜样作出自己的反应的。

两难故事法

暗示

（3）态度、价值观念等内在系统处于尚不稳固或不成熟状态。涉世不深、经验不多、缺乏独立见解的人，更容易接受他人的暗示，产生与暗示刺激相一致的行为。

（4）极端的情绪状态。如精神状态极端疲乏、情绪极端旺盛、精神变态等，都会使暗示"乘虚而入"。

主观的心理状态是产生暗示的一个方面，而适当有效的刺激则是产生暗示的另一不可或缺的条件。比如：有节奏或单纯的刺激，如诗歌、韵语、国旗、商标等容易使人集中注意力；反复持久的刺激；具有特殊暗示潜力的刺激，如神圣性、较高的社会地位及暗示者的丰富常识等，都容易使他人接受暗示。

2. 影响模仿的因素

影响模仿行为的因素也很多，有年龄、威信、类似等因素。下面分别作简单介绍。

（1）年龄。一般来说，儿童的模仿性大于成年人，这是比较容易观察到的。儿童的模仿行为是个人社会化不可缺少的环节。儿童关心、喜欢接触的人和事物，往往首先成为他们的模仿对象。所以，父母总是儿女模仿的榜样（图 10-5），而年龄越大，模仿的行为就越少。

（2）威信。构成威信的因素很多，比如年龄、权力地位、名望、才能、知识，等等。只要在某方面占有优势，就会获得相应的威信，从而有可能成为他人模仿的对象。

案例：2022 年"大国工匠年度人物"提名人选柳祥国每年不定期到大中专院校进行公益宣讲，弘扬劳模精神、工匠精神，培养大学生吃苦耐劳的精神，鼓励他们立足岗位、用责任、忠诚报效祖国，同学们纷纷表示，近距离地领略了"匠人"风采，领悟了新时代的"工匠精神"的内涵，会学习大师爱岗敬业、精益求精、开拓创新的新时代工匠精神，并将这种精神转化为今后前行的动力。

图 10-5　儿童的模仿行为

（3）类似。模仿的对象往往是类似自己又高于自己的人。

案例：有 70 名女大学生参加了某个实验。首先，她们被带到一个个单间欣赏唱片，然后和隔壁的实验者的助手（假被试）交换意见，第一次假被试听完真被试的意见后附和了她，再次重复这个过程后，假被试先发表意见，结果，真被试作了同样的选择。可见，特质相似者之间容易产生模仿。

（三）暗示的应用

暗示对人们的心理与行为产生着很大的影响。积极的心理暗示能够帮助人们构建更好的心理状态，达成良好的生活目标。那么通过哪些途径可以给自己输入积极的心理暗示呢?

（1）心理暗示的语言要简明积极。因为潜意识没有是非感，所以向它输入信息时，应该使用简明有力、积极向上的语言。比如，"我的生活在一天天变好""我心情愉快""我一定能成功""我是个积极的人""只要努力就能成功"等，语句简洁有力，不要含糊、脱离实际。语言暗示既可以在心里默不作声地进行，也可以大声地喊叫出来，还可以写在纸上，只要能够每天坚持练习几分钟，就能抵消我们许多年的思想习惯，创造出一个积极的现实来。

（2）心理暗示的语言要反复强化。一种刺激经过多次反复，更易产生效果。为了让潜意识记住我们的"指示"，就不能只进行一两次的心理暗示，而要不断反复强化这种心理暗示。社会工作是一个以"助人自助"为宗旨的专业，当它作为专业标语、座右铭等经常出现时，就会发生暗示作用。因此，每当提及"助人自助"时，人们就会想起社会工作人员形象，而当提及"救死扶伤"时，就会想起医生的形象。总之，任何暗示刺激，其表现的范围愈广、区域愈大、分量愈多而又不断反复，其暗示效果必然愈大。

【学海无涯：心理技能】

合理情绪疗法

积极的心理暗示可以帮助我们更好地达成愿望，而消极的心理暗示也时有发生，影响我们的情绪和行为。合理情绪疗法可以帮助我们调整情绪、改变行为。

合理情绪疗法又称为 ABC 理论（ABC Theory of Emotion），是认知行为疗法的核心思想来源，它是由美国心理学家艾利斯（Ellis）创建的。在情绪 ABC 理论中艾利斯深入阐述了认知与情绪及行为反应之间的相互关系，通常人们会认为人的情绪和行为反应 C（consequence）是直接由诱发事件 A（activating event）引起的，即 A 引起了 C。ABC 理论则指出，诱发事件 A 只是引起情绪及行为反应的间接原因，人们对诱发事件所持的信念、看法、解释 B（belief）才是引起人的情绪及行为反应的更直接的原因（图 10-6）。

小明和小刚是邻居，两个人都是足球迷，到新学校报到的第一天回家时候他们都走错了路，导致错过了精彩的球赛。小明回到家后很难受，觉得自己真是太倒霉了，整晚都闷闷不乐，对球赛的录像也提不起兴趣。小刚回到家后，向父母讲述自己开学第一天的经历，提到虽然自己今天走错了路，也错过了精彩的球赛，但是发现离家不远竟然有一条风景很好的林间小道，看到了美丽的风景，心情也变得愉悦了。小刚带着看到美景的愉悦心情重新观看了球赛，即使看到自己喜欢的球队输球，也没有影响他今天的心情。

事件 a：小明和小刚是邻居，也都是球迷，两人第一次到新学校报到后回家的时候他们都走错了路，都因为回家太晚，导致错过了精彩的球赛。

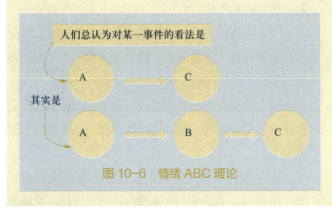

图 10-6　情绪 ABC 理论

信念 b：小明回到家之后很难受，觉得自己真是太倒霉了，整晚都闷闷不乐，对球赛的录像也提不起兴趣。

小刚回到家之后觉得虽然走错路，错过了球赛，但是发现了一条风景很好的小路，美丽的风景让自己的心情变得愉悦了。

结果 c：小明沉浸在错过球赛的难过中，对球赛的录像也提不起兴趣。

小刚带着看到美景的愉悦心情重新观看了球赛，即使看到自己喜欢的球队输球，也没有影响他当天的心情。

三、揭示流言与谣言

（一）流言与谣言的概述

1. 流言的定义

流言是一种缺乏事实根据的、相互传播的有关某种社会现实问题的不确切消息。

"流言"一词最早见于《尚书·金藤》，"武王既丧，管叔及其群弟，乃流言于国，曰：'公将不利于孺子。'"后经蔡沈做了注解："流言，无根之言，如水之流自彼而止此。"这就是说流言是一种无根据的假消息。

流言与人们的日常生活关系非常密切，在人类生活的任何时代任何地域，都发生过或正发生着这样或那样的流言。尤其是在科技发展迅速的现代社会，随着互联网的普及，地球上任何一个地方发生的一件事都可能在网络上出现许多不同的流传版本。

流言作为一种常见的大众心理现象，在意识形态领域发生着非常重要作用，就其本身而言，主要具备以下几个特点。

（1）缺乏充分的事实根据，在传播过程中发生失真。

（2）传播内容具有吸引力，易于引起人们的关注。

（3）经多人传播而成，传播速度迅速。

（4）具体传播的内容不定型，传播者往往有意或无意地修饰、夸张传播内容。

2. 流言的类型

在英国著名心理学家奥尔波特（Floyd H. Allport）的领导下，研究员纳普（Nape）从《读者文摘》以及《美国信使》这两家大杂志社得到流言方面的详细资料。通过对这些流言的分析，纳普把流言分为愿望流言、恐怖流言和攻击流言三类（图 10-7）。

图 10-7　流言的类型

（1）愿望流言反映了人们某种要求、期望、未实现的梦想以及未满足的需求。愿望流言是凭常识就能推测到这些流言将被有目的地、故意地传播给宣传对象。

（2）恐怖流言反映出人们内心的恐怖情绪，常见于社会紧张时（自然灾害、战争、政变）以及人们对某些事物产生明显的恐怖和悲观绝望的时候。

（3）攻击流言与恐怖流言相似，均产生于社会紧张时期，通常起因于群体之间的矛盾，其作用在于制造分裂。

在纳普调查的 1 089 个流言中，攻击流言占多数，达 66%，攻击流言大都指向政府和军队，愿望流言只占 2%，恐怖流言为 25%，其余 7% 无法分类。

3. 谣言的定义

谣言是没有事实根据的传闻，它或者通过闲言碎语，或者通过书面形式传播。几乎所有的谣言都带有恶意攻击的性质。

制造谣言的目的有两种：一是要打击特定的社会对象，如通过造谣惑众，从而使得许多人对某个人、某个团体、某项政策产生不满、怨恨甚至攻击情绪。二是为摄取某种实际利益，如通过制造谣言而混淆视听、转移视线，趁机获得一定物质利益、名誉地位或意中人。

案例：某年1月，被洛南县公安局依法行政拘留七日的高某，在自己组建的微信群内，故意制造社会恐慌，发布未经核实、没有明确来源的疫情信息，引发微信群友转发，严重扰乱疫情防控秩序。

此外，谣言也是一种信息传播的过程，它是以未经证实的信息作为建构的基础，同样也会因证实的信息而消失，但就其本身来说，都是偏离社会正常规范的。

谣言与流言虽然有诸多共同之处，比如都是建立在不确切的信息上，都能广泛地传播，会起到较大的社会影响，但二者也有很大的不同，具体来说，主要表现在以下几点。

（1）从动机来说，流言通常都不带恶意，主要是形成于信息缺乏或是不确切的情况中；而谣言则是带有很强的不良目的性，谣言的制造者很明确事情的真相，但他在大众缺乏信息的情况下，为了达到某种目的而传播谣言。

（2）从传播过程来看，传播过程中流言的内容会因为部分信息的获得、传播者个人传播方式的不同而发生变化；而谣言的制造者为了达到自己的目的而不断制造或收集与原谣言一致的信息，从而扩大谣言的内容和影响力。

4. 谣言的类型

谣言的产生都有其强烈的动机，因此，根据谣言动机的不同可将其分为以下几种类型。

（1）申诉型谣言。如在高压的环境下，组织成员对团体、下级对上级、群众对领导、民间对官方有意见，但又无法申诉说明，于是就利用谣言，以宣泄怨恨不满的情绪。

（2）诽谤型谣言。这种谣言主要是个别人因强烈的嫉妒心理，为了自身利益的提高不惜造谣贬低他人，以抬高自己。比如在西方国家的领导人竞选中，竞选双方都会制造一些对对方不利的谣言打击对手，提高自己的支持率。

（3）浑水摸鱼型谣言。这种谣言出自某些心术不正，企图制造混乱局面以达到某种个人目的的人。如社会政治生活中的野心家，故意捏造谣言，扰乱时局，以便从中获利。

（4）填私欲型谣言。有些人对某一事物（人）具有强烈的占有欲望，为了满足物欲，往往会捏造自己与欲占有之物（人）之间的必然联系或事实，以创造将该物据为己有的条件。

（二）流言的传播与制止

1. 流言产生的心理因素

流言不是空穴来风，它总是在特定的时刻、特殊的背景下产生的。纵观上面提到的流言的种类，我们发现，无论何种流言，就其本身而言，都是信息量少，单凭个人的力量无法解决的事件，所以流言对人们来说，首先就是一个困难情境。

人们在面对这些困难情境的时候，就会产生一种

谣言

从众

交流讨论：
网络谣言是如何产生、发酵、传播的？

强烈的焦虑感，个人的认知结构就会失衡，为了迅速达到心理平衡，人们就会做出一种马上接受其他信息的心理期待。人们在焦虑的情况下，情绪往往是动荡不安的，这势必减弱对事件的忍受力和判断力，从而容易引起流言。

人是具有社会性的个体，有从众的倾向性，许多人认为跟随潮流、人云亦云是安全的，所以一旦认为其他人都接受了流言，自己也会坦然接受。即使是假消息，重复的人多了，也会信以为真。此外，人们有强烈的好奇心，也期待生活中出现一些不同寻常的情况，而流言有时就与人们的这些"猎奇"心理有关，它常常披上传说与神话的外衣，使得本来极为普通的事情，变为骇人听闻的流言。

此外，流言也由人的记忆偏差所致。人们在记忆事物的时候，往往是特征化自己感兴趣的东西，而把其他的内容扭曲化或是遗漏，致使一些外界的信息失真、失实，这也会导致流言的产生。

2. 流言传播中的心理因素

流言的内容会在传播过程中发生变化。这也由人的记忆偏差所致。一般来说，流言内容的变化会经过一般化、强调和同化三个阶段：

一般化是将流言内容压缩到只剩下有价值的若干具体细节，使流言越传越简略扼要，遗漏掉许多其他细节。

强调是指突出某些具体细节。听到流言的人，由于对其中有些内容比较注意和感兴趣，留下较为深刻的印象。再次传播的时候，他就会强调其印象深刻的地方。

同化是指流言的接受者以自己的知识经验、需要及态度等主观因素来理解流言的内容，凡是他认为合乎逻辑的部分就接受下来，同时凭自己的想象对它进一步加工。最后往往把流言套到某一群体或某一人身上，使流言内容与后来的事实相距甚远。

3. 流言制止中的心理因素

流言的产生虽然不一定是恶意的，但是由于它传播广泛且迅速，容易造成社会以及民众的恐慌，因而我们应当根据人们的心理特点，采用一些有效的方法，制止流言。

古人云"流言止于智者"，也就是说一个学识渊博、品格高尚、信息灵通的人不会相信流言，所以制止流言的第一步就是要保持信息的流通性和培养个人的判断力。高校校园中加大防范电信网络诈骗的宣传力度，普及反诈知识，有助于大学生们提高反诈骗意识，增强防范意识。

针对人们的从众心理和英雄崇拜心理，应该适时请有影响的权威人士出席公共场合，做出与流言相反的言论与行为，稳定大众的情绪，也就是说要通过权威人士、权威机构对正确信息的多次强化，使大众形成稳定的社会态度，增强对流言的警惕心理。

（三）谣言的传播与终止

1. 谣言产生的心理因素

谣言产生的直接原因是某些人或是某些组织的个人目的，但是既然它是一种普遍的社会心理现象，必有它深层次的原因，为此心理学家分析了许多有关谣言产生的心理基础。

奥尔波特和波特斯曼认为谣言的两个重要基础在于与谣言有关事件的重要性和模糊性。从认知的角度讲，人总要不断了解自己所处的社会环境，对环境越了解，人就越感到自己有确定性，这样就会减轻生活的紧张和焦虑。但在大多数的情况下，人对有关事件的信息常常不能准确获知或无法获知，而这些事件通常又是关系人们生活的重大事件，于是就只好想方法通过各种渠道去收集。这种情况下，谣言就有了传播的空间。

荣格则认为，谣言的传播乃是以宣泄和表示焦虑和仇恨为基础。他认为，谣言可以被视为一种防御机制，它可以帮助人们宣泄过度焦虑所形成的心理压力，从而使人获得较好的调适。也就是说，个人的焦虑经由谣言的传播而得以转化。荣格还根据其著名的集体无意识理论来讨论幻想式的谣言，认为许多谣言只不过是原型臆想的再现。例如，关于鬼的传说和谣言，在世界上很多地方都存在，荣格认为鬼的故事的延续不断乃是人们内心深处的集体原型的重现。

费斯廷格则以他著名的社会认知不协调理论来解释谣言现象。他认为在信息不全的情况下，人们的认知结构会发生不平衡，所以人们试图通过谣言来减轻认知失调所产生的焦虑。

2. 谣言传播的心理因素

一般来说，无论何种性质的谣言，均大致经过如下传播过程：偏听偏信，贸然接受；不求甚解，人云亦云；牵强附会，以己度人；添枝加叶，以讹传讹；传播神速，风雨满城。从谣言传播过程中，我们可以总结其中的一些心理因素。

（1）人都会对自己的盲目自信。我们都知道"盲人摸象"的故事，故事中的盲人因为他们都只摸到了大象的一部分而无法正确说出大象的样子，但他们都坚信自己的结论是正确的。这就是人的盲目自信，人们会根据自己以往的经验，想当然地对事物作出判断，并且坚信自己是正确的，所以一旦谣言符合个人的经验，人们就会很容易地接受它并广为传播，而不去考察其真实的缘由。

（2）与流言一样，谣言的内容在传播的过程中也会发生一些变化，也是在转述中往往能或多或少地使内心某种隐蔽的情感得以表露或满足，或者是表现传播者对信息不同加工的方式。

3. 谣言的终止

谣言是可以终止的，因为它缺乏事实的根据。我们可以通过各方面的调查，根据群众提供的确切信息，减少不确定性，有效地制止谣言的散播。同时，每个社会成员如果能够保持清醒的头脑、明智的态度，就可以辨别真伪，并劝说他人不要参与谣言的传播。

四、剖析社会舆论

（一）舆论的概述

1. 舆论的定义

舆论一词最早见于《左传》，"僖公二十八年，晋文公听舆人之诵。"所谓舆人之诵，即众人之论。舆论作为一种大众社会心理现象，受到社会学、心理学、政治学等多个学科的关注。这些不同的学科赋予了舆论不同的含义。社会学家帕克（R. E. Park）认为舆论不是大众或大多数人的意见，也不是特殊人物的个人意见，而是全体公众一般倾向的集中体现。而心理学家奥尔波特（Allport）则认为舆论应是个体相同的综合。政治学家又从政治的观点出发提出舆论以社会流行的见解、信仰和偏见为基础而表现了关于社会事务的强有力的意见。

在综合众多学者研究的基础上，我们认为，舆论是指群体绝大多数人在特定时间里所共同拥有的见解

交流讨论：
信息化社会中，各种资讯铺天盖地，大学生如何在信息浪潮中保持正确的判断？请谈谈你的看法。

与信念，也可以说是大众信息沟通后出现的一种思想上的共鸣。在互联网时代，微信、QQ、抖音等新媒体的出现，使得人们沟通更加便利，信息传递更为快速，体现出新时代舆情的发展趋势。

2. 舆论的特点

（1）社会的广泛赞同与支持。舆论作为一种公众意见，当然是为大多数人所赞同，受到社会的广泛支持，因为舆论代表着大众对某一件事的态度，表达了大众的需要和期望，体现了大众的价值观和信仰。反之，若社会上的某种意见，即使有人尽力宣传与提倡，但它不符合大众的期望和需求，那么，这些意见也不能取得大众的赞同与支持，毫无疑问也就无法成为舆论。

（2）舆论所关心的是社会有关的问题。舆论总是针对社会上出现的某些特殊现象，当人们在意识里觉得此种现象与社会规范有悖，甚至不利于社会的安宁和幸福时，就会对此发表看法（化名），做出议论最后形成舆论。社会工作专业的实习生张举，在实习中关注了老年人的社会保障问题，毕业后创办相关机构服务老年人，因其社区老年人众多，关爱老人是社区居民关心的重要事件，所在社区逐渐形成关心老年人的舆论，帮助老年人解决问题、摆脱困境。

（3）大多数情况下舆论是一种合理的、有效的判断。和其他的心理现象不同，舆论总是带有理性的色彩。一方面，大众讨论的结果即形成的舆论，是大家经过认真比较后的理性选择，是大众能够接受的结论；另一方面，讨论本身就是一种理性思考。一般说来，这种讨论思考后形成的合理的结果都会产生一定的社会影响，即能够推动或阻碍社会上的某种行为的发生。但并不是说，所有的舆论都是合理的、有效的判断，在少数情况下，舆论纯粹是感情冲动的表现。因为有的情况可以使人们冷静下来进行思考，参加讨论，以达成一致意见；而有的情况则容易激发人们的感情冲动，因而形成错误的舆论。

（4）舆论一般不是官方的意见。一般说来，舆论是大众的意见，而不是权威的意见。无论是群体、地区、国家甚至整个世界都可以形成某种舆论，但这些舆论一旦被相关政府所接受，就不再是舆论，而是转变成为法律、政策或决定了。

在互联网时代，网络舆情呈现出传播载体多样化、传播内容生动化、传播过程互动化的特点，其涉及情况、造成的影响也更广、更复杂。

（二）舆论的形成

1. 舆论形成的过程

舆论形成的过程大致可以分为初始阶段、扩散阶段和形成阶段。

（1）初始阶段。在舆论发生前，一般都会出现一些涉及大众的事件或问题，它们或者违反了人们早已习惯的行为准则，或者有悖社会的伦理道德，或者不符合风俗习惯和民族传统。这些事件发生后，就会引发人们的关注，成为大众注意的中心，引起大众的评价与议论，于是便作为一个社会问题被提出来了。

（2）扩散阶段。在这一阶段，对于杂乱无章的议论，人们开始不自觉地对论题做出筛选，使论题渐渐集中，集中到大众都非常关注的事件上，这时形成的议论往往代表了大众的心愿和期望。这种议论一旦出现，就会很快地向四周扩散，迅速遍及一个社区、一个地区乃至全国。如关于医药品价格的问题，由于这一问题牵涉全国上下每家每户的利益，所以一旦社会上出现关于医药品应该调价的议论，这种议论就会很快为广大群众所讨论。

（3）形成阶段。在这一阶段，大众意见渐趋相同，融汇成为一种主导意见，而且逐渐吸引政府、媒体等注意力，最终形成压倒其他意见的强有力的舆论，甚至影响政府的决策行为。

2. 舆论领导者在舆论形成中的作用

舆论的形成与舆论的领导者的作用是分不开的。

领导舆论的一般是有声望的权威人物，或者是报纸、杂志、电视等舆论机关。舆论的领导者往往因为地位、才能、经验及资历而容易对社会大众产生较大的影响，他们对某一事件的关注和议论往往能够形成一种舆论方向，他们对某一种事件的议论也肯定会有助于舆论的传播。一般说来，舆论领导者作用的发挥都是通过各种媒体，诸如报纸、杂志、电视、互联网等舆论机关实现的，因为舆论机关具有传播信息、代表舆论和领导舆论的功能，权威人物的思想要通过舆论机关的宣传，才能为大众所知晓。

在新媒体时代下，高校要充分发挥网络舆情管理对育人工作推进的积极影响，加强网络舆情引导队伍建设，培养"意见领袖"，为大学生树立积极正面的榜样。

（三）舆论的作用

舆论是大众的意见，必然会对大众产生很大的影响，不过这种影响有可能成为促进大众积极奋发的动力，也有可能成为阻碍社会发展的阻力。最终舆论对大众产生动力还是阻力，主要取决于舆论的内容和其对社会的作用。

1. 制约与监督作用

舆论对于个体、社会群体甚至国家政府机关，都能产生相当程度的制约与监督作用。对于个体来说，个体的心理活动与行为受到舆论的制约。因为舆论代表的是多数人的意见，在这样的条件下，群体会产生一种无形的巨大的压力，使置身于其中的群体成员感到一种从众的需要，从而根据舆论的要求来调节自身的心理与行为。舆论对群体有相当大的影响作用。因为在大多数情况下，舆论所反映的是大众的意见和要求，群体领导人如果忽视了舆论，就会使群体成员产生反感、冷漠、抵制等消极情绪。正确的舆论可以战胜不健康的舆论，打击社会上的歪风邪气。所以说，对于一个需要健康发展的群体而言，在其成员内部必须形成正确的舆论，从而战胜那些不健康的观点与看法，使正气在群体上空飘扬。如央视等主流媒体纷纷进驻抖音、快手为代表的短视频平台，以提升自身影响力，传播主流价值观。无论是权威媒体还是地方媒体，它们都纷纷通过抖音拓宽自己的受众人群，用全新的表达形式帮助正确信息传递。

2. 指示行为的方向

人既是舆论的主体，也是舆论的客体。舆论作为大众强有力的意见，对受到舆论影响的人来说，又是一种必须服从舆论的强大压力，使得大众不得不按照舆论确立的方向去行为。《论语》有云："众恶必察焉，众好必察焉"。孟子也曾经对齐宣王说过，"左右皆曰贤，未可也；诸大夫皆曰贤，未可也；国人皆曰贤，然后察之；见贤焉，然后用之……"

3. 宣传鼓励作用

进步的舆论往往可以成为运动的先导和排头兵，只有舆论先行，才可能发生伟大的革命。西方资产阶级革命，就是以18世纪资产阶级启蒙思想作为舆论的基础的。又如我国近代的新民主主义革命，舆论也起到了不可磨灭的功劳（各种民主思潮的涌入、传播，各种进步报纸、杂志的出现）。高校网络舆情管理中也要依托微信、微博、抖音等新媒体平台宣传正能量，发挥新媒体联盟及新媒体矩阵的作用。

总之，舆论不是一成不变的，随着社会的发展，舆论日新月异。面对此种情况，高校要立足于新媒体时代，辩证看待网络舆情，借助加强网络舆情引导队伍建设、着重提高大学生互联网素养、净化高校网络舆情环境等策略实施，提高网络舆情管理水平。作为社区工作者，要经常研究社区当前的社会舆论，并给大众以正确的引导。当代大学生是社会主义的传人，更是文化自信的主体，要在弘扬中华优秀传统文化中彰显文化自信，正如《人民日报》时评所说，让中国文化走出去，期待更多"李子柒"。

趣味传声筒　　　　驿站传书

【心理实践】

一、团体活动

(一) 趣味传声筒

活动目的：感受信息传递过程中发生扭曲带来的影响，体会沟通中的阻碍，提升团体的协作意识。

活动时间：30分钟。

活动准备：每组大白纸一张、多媒体教室。

活动过程：

（1）分组。每组5人，数量2组到6组。

（2）游戏规则：第一人将对手所出题目，演绎给队友，只能通过音效和动作表达，依次传递给下一位队友，最后一名队友，猜测题目上的信息。猜对得一分，最终积分高的一队获胜。

（3）分享：活动完毕后，教师邀请获胜小组成员分享经验，并带领所有成员分享团体活动的感受和看法。

(二) 驿站传书

活动目的：了解信息传递的过程和要素，体会信息传递最优路径及沟通的原则和要素，增强相互合作的团队精神。

活动时间：30分钟。

活动准备：一块空旷平整的场地、若干笔、白纸、计时器。

活动过程：

（1）分组。一组10~15人，2~4组。组织学生按每组一列纵队坐好，每两列之间有一定距离，大概

30~40厘米。

（2）规则：① 比赛共分3轮，由每一列的最后一位学员传递数字信息至第一位学员，信息传递得又快又准的小组获胜。第一轮开始前，给队员6分钟的讨论时间，以指定本组沟通密码方式或流程制度。② 严禁从嘴里发出任何声音、扭转头看向后面，后面的学员的手的活动区域不能超过其前面学员的背部的横截面，不准传递任何物品，任何人不得移动（即不能离开自己的位置）。

（3）分享：活动完毕后，教师邀请获胜小组成员分享经验，并带领所有成员分享团体活动的感受和看法。

二、案例思考

大学生："反诈义警"新力量

"大伯，这种短信链接千万不要点……"在上栗县金山镇黎塘村，返乡大学生黎芷洁认真为村民黎树义讲解防范电信诈骗知识。上栗县公安局组织假期返乡大学生加入义警队伍，参与家乡的平安创建。像黎芷洁这样的大学生"反诈义警"，该局全年已公开招募500余名。

上栗县公安局通过对招募的大学生义警开展业务培训，争取县委政法委和各乡镇党委政府的大力支持，采取颁发义警服务星级证书、向大学生就读院校出具社会实践服务证明等方式，激发返乡大学生参与平安建设的工作热情。

在挨家挨户走访宣传反诈防骗知识、引导群众安装注册国家反诈中心App的同时，大学生义警自编自演反诈文艺节目，深入中小学校参与"开学第一课"活动，通过"小手拉大手"扩大宣传影响力；同时，广泛收集发生在本地的典型案例，制作反电诈"段子"、微电影30余个（部），点击量累计150余万次。此外，大学生义警还主动参与禁毒、打击非法生产等一系列平安宣传工作，成为平安志愿者队伍中一道亮丽的风景线。

打出"乡情牌"，同唱"平安戏"。一身鲜亮的马甲，一张青春洋溢的脸庞，一声亲切的呼唤，大大提升了反诈宣传实效。今年以来，上栗县电诈发案同比下降50%，财产损失下降51.2%。"我们不断汇聚全民反诈新力量，旨在不断提升全民防骗意识，让群众的'钱袋子'扎得更牢！"上栗县公安局相关负责人说。

（资料来源：人民网，有删改）

思考：结合大众心理所学内容，思考谣言传播的特点，应该如何有效地治理谣言。

三、实践训练

以小组为单位，确定和大众心理内容相关的任意项目主题，采用微电影的方式收集资料，最终以课件和视频的方式展示项目成果。本实践旨在促使同学们进一步熟悉大众心理、明确学习大众心理学的意义。

【心理拓展】

一、心理书籍

（一）《恰同学少年》

作品以毛泽东等青年在湖南第一师范五年半（1913—1918）的求学生活为主线，充分展现了毛泽东、蔡和森、向警予、杨开慧、陶斯咏等为代表的优秀青年为寻求理想而奋发向上的斗志，敢以天下为己任的抱负与情怀，改造中国与世界的雄心壮志。

（黄晖.恰同学少年［M］.长沙：湖南人民出版社，2020.）

（二）《心理学与生活》

作品包含着丰富的教育思想和独特教学方法，写作流畅，通俗易懂，更深入生活，把心理学理论与知识联系人们的日常生活和工作，使它成为一般大众了解心理学与自己的极好读物。

（格里格，津巴多.心理学与生活［M］.19版.王磊，等，译.北京：人民邮电出版社，2014.）

（三）《流言：阴影中的社会传播》

作品以流言的产生、传播和消失为经线，以流言作为信息和意见的双重属性为纬线，描绘了流言作为社会传播过程的完成面貌，并讨论了其控制方式。

（蔡静.流言：阴影中的社会传播［M］.北京：中国广播电视出版社，2008.）

"心"实践：谣言
项目教学法

二、心理影片

(一)《致敬最可爱的人》

该片以一次飞行千里的祭奠,跨越时空的缅怀,记录一名澳门中学生寻访沈阳抗美援朝烈士陵园、丹东鸭绿江大桥,纪念、致敬志愿军烈士,听抗美援朝老战士讲述用生命铸就的勋章故事,将所见所闻、真实感受带回澳门,讲给同学和身边人的真人真事。

(二)《典籍里的中国》

《典籍里的中国》是由中央广播电视总台央视综合频道与央视创造传媒联合推出的文化类节目,节目聚焦优秀中华文化典籍,通过时空对话的创新形式,以"戏剧+影视化"的表现方法,讲述典籍在五千年历史长河中源起、流转及书中的闪亮故事。

第十一单元 众人同心，其利断金——凝聚团体心理

　　社会群体是社会协作的产物，是人在社会生活中进行社会交往产生的。因此，社会成员不仅受到社会其他成员及作为整体的社会的影响，反过来也会影响到群体内的其他成员。团体心理是社会心理学重要的组成部分，通过学习团体的形成，团队领导者、团队内的交互影响和团队决策等相关内容，有助于我们深刻理解个人和社会的交互关系，树立正确的人生观、价值观和世界观，把握新时代中国的发展节奏，努力担当社会发展重任。

【知识脉络】

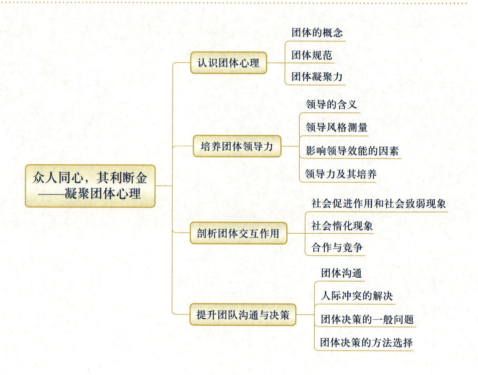

【学习目标】

素养目标：培育学生积极向上、勇于奉献、团结协作的社会心态和能力素质。

知识目标：了解团体、领导者及相关概念；熟悉团体内的交互作用及团队决策等知识；掌握领导力培养的路径、团体决策方法的选择与团体冲突的解决方法。

能力目标：培养学生团队建设和团队沟通的能力，提升学生的领导力和决策力，解决团队冲突的能力。

学生会主席的坎坷求职路

陈振宇（化名），某高职院校大三的毕业生，已经进入到实习季，周围的同学们都开始寻找实习单位和频繁面试，整个校园弥漫着让人激动的紧张和焦虑。可是陈振宇却一点都不急，因为他已经得到心仪的实习岗位了。

但是这份offer的到手也是经历了不少的坎坷。作为学院学生会主席的陈振宇，"人际能力强""老师的宠儿""社团事务管理一把手""他人眼中榜样"……这些都是他身上的标签，所以他一直认为实习对自己而言是一件简单到不能再简单的事情。进入大三后，看着周围的同学都在讨论实习岗位和未来的工作，他做好了简历，计划申请一些知名公司的专业技术岗位，但这些实习申请却都石沉大海，更不要说有实习面试通知了。这下陈振宇开始焦虑起来。他给每一个发过实习申请的公司打电话，询问自己的实习岗位申请情况，这些公司人力资源的回复可以归结为"实习者的能力、素养和经验不符合公司岗位要求"，这让陈振宇如同冷水泼头一般。

陈振宇马上咨询了不少职场中的学长们，发现自己的实习岗位申请书都是针对专业技能岗位的论述，对自己当学生会主席工作的经历、经验和成长涉及很少，完全没有突出自己的优点。

听了这些意见后，陈振宇静下心来，认真地总结了学生会主席的工作带给自己的成长，随后筛选了一些对团队能力、领导力、合作能力有需求的岗位。

很快陈振宇就收到了实习面试通知书。在面试的小组活动中，他充分展现了自己的团队领导力、团队沟通能力和协作能力，得到了公司领导和人力资源部门的欣赏，认为陈振宇非常符合公司中具有现代学徒制传帮带的岗位要求，当场就给了他实习offer……

情境分析：陈振宇的实习申请过程让我们看到了大学生实习就业中常常会遇到的场景。学校生活和学校社团的工作经验会给大学生带来很多能力上的提升，丰富了大学生的校园生活。同时，从学生社团到职场，不同的团体中既有共性的内容也有差异化的内容。作为一个在团体生活中的人，大学生需要不断考虑自己在团队中位置，如何在团队中进行互动，如何促进团队的决策，如何在团队中提升自我能力、实现自我和团队价值的提升。团体心理这一章的学习，可以帮助我们更好地去认识团队及团队中的互动，了解团队领导者的成长过程，帮助大学生进行团队决策。

【心理讲坛】

团体或群体生活是人类最基本的生活方式。生活在团体之中，人类的心理与行为必然要打上团体的烙印。以东西方差异为例，西方的生活倾向于独立生活，而中国自古就是团体生活。这两种团体生活方式的差异，一定程度上决定着生活于其中的人们的种种不同。因此，了解团体生活的特征及其对个体的影响，具有重要的现实意义。

一、认识团体心理

（一）团体的概念

尽管人们处在各种各样的社会群体中，但这些

团队建设

交流讨论：

对于当代的高职的学生，如何把专业与职业做到有机的统一，谈谈你的看法？

群体未必就是团体。在心理学中，团体是指由相互依赖、相互影响的人组成的集合。团体的成员之间通常有面对面的接触或互动的可能性，甚至有些研究者认为团体是心理上存在共同感并具有情感联系的两人以上的群体。据此，单纯的统计集合，如高铁中一个车厢的乘客，就不是一个团体，因为他们彼此不认识、没有面对面的接触、且彼此不影响。而一列高铁中一个乘务组的乘务员则是一个团体，他们彼此互动、协作、配合并相互影响。

社会中的团体很多，如高校中各种学生的专业社团、读书会等，这些团体在规模、价值观、目标以及持续时间上各不相同。规模是团体最重要的维度之一，其中夫妻是最小的团体。心理学的许多研究主要集中在 3~20 人的小团体之上。团体生活对人类来说是极为重要的，因为团体给我们提供了重要的心理保障。团体对个人心理方面的作用体现在以下几个方面。

（1）归属感。归属感是指团体成员所具有的一种属于自己的感觉，比如近年来不少海外华侨依据姓氏到故土寻根问祖，就是个体寻找归属感的体现。人们正是因为具有团体归属感，所以才会产生一系列独特的情感，比如家庭情感、民族情感、家国情感。

（2）认同感。认同感是指团体成员对一些重大事件与原则问题的认识与团体的要求相一致，个体往往把团体作为自己社会认同的对象。尤其是当情境不明确的时候，团体的认同感对个体的心理与行为具有的影响更大。比如职业院校的大学生在就业选择方面往往受到同伴团体的影响，同伴团体对某个岗位的态度与行为常常是自己认同的方面。

（3）社会支持。社会支持是指当个体的思想、行为符合团体的要求时，团体往往会加以赞许与鼓励，从而强化这种思想与行为。

案例： 在中央广播电视总台《2023 年春节联欢晚会》上，一名来自广东的世界技能大赛冠军登上了千家万户的荧幕！他就是广东省机械技师学院的教师周楚杰，也是 2022 年世界技能大赛特别赛数控铣项目（图 11-1）金牌获得者。他的成功充分体现了党的二十大报告"尊重人才"等精神，体现了国家对高技能人才的重视，体现了全方位、多层次地培养高素质高技能专业人才的社会支持。

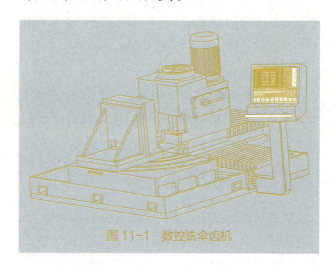

图 11-1 数控铣伞齿机

（二）团体规范

为了保证团体目标的实现，团体本身必须有制约其成员思想、信念与行为的准则，这种要求团体成员必须严格遵守的准则就是团体规范，这些规范小到家规、班规，大到厂规、行规。正是由于团体规范的存在，团体才表现出了某种程度的一致性。但是，团体规范并不对成员的一言一行加以约束，它只是规定了一个可接受的和不可接受的范围。

从规范的正式程度可把团体规范分为两种：正式规范和非正式规范。正式规范往往是用正式文件明文规定并由上级或团体的其他成员监督执行的规范，比如学校的各种规章制度、纪律等。正式规范只存在于正式团体中。非正式规范是成员约定俗成的、无明文规定的行为标准，如风俗习惯、文化传统等。非正式规范不仅存在于非正式团体中，也存在于正式的团体中。

（三）团体凝聚力

团体凝聚力是指团体成员相互吸引并对组织目标认同的程度，它是团体对成员的吸引力，成员对团体向心力的总和。费斯廷格（Festinger）认为，团体凝聚力不只包括由成员之间人际吸引所决定的正性力量，也包括由于离开团体要付出高代价所决定的负性力量。凝聚力是团体生活中最为重要的方面之一，许多因素对团体的凝聚力有影响。

一是需要的满足。一个团体越能满足成员的需要，它对成员的吸引力就越大，它的凝聚力也就越大；二是团体目标，当成员的个人目标与团体目标相一致的时候，团体的凝聚力就高；三是团体活动和领导者，团体的凝聚力与成员参加什么样的活动有着紧密的关系，如果成员被团体的活动所吸引，团体的凝聚力也就越高。另外，允许成员参与决策的民主型领导也能激发较高的团体凝聚力。

【学海无涯：知识拓展】

团体规范的实验

谢里夫（Sherif）曾经做过一个著名的实验：暗室里，实验者向被试呈现一个小光点，让被试判断光点运动的方向。其实光点始终都处于同一位置，但由于暗室中没有其他事物作为参照，人们注视光点时就会感觉它像在移动一样。被试被分作两组：第一组先进行个别实验，即一个一个地接受实验，每个人判断100次，然后再与小组其他成员一起判断100次；第二组的被试则恰好相反，他们先一起判断100次，然后分开判断，每人各进行100次。实验结果显示：第一组成员在单独判断时差异较大，一起判断时，成员的意见则逐渐趋于一致，形成了一个比较稳定的波动范围。第二组成员由于在先前的团体情境判断中，已经在大脑里形成了一个大致的标准，因此在后来单独判断时其结果仍然很接近。

这个实验说明，在没有形成共同意见前，个体均有各自的反应模式；而团体意见产生后，它就会影响个体的判断；即使个体后来离开该团体，也仍旧倾向保持与团体一致的意见。这种在团体成员的互动中产生并促使团体成员达成一致意见的行为准则，就是团体规范。

团队凝聚力

总而言之，团队成员对团队的认同感越高，团队的凝聚力就会越大。对于职业院校的学生而言，职业的认同感越高，那么无论对学习团体而言还是对未来的工作团队而言都会产生较高的凝聚力。中共中央和国务院印发的《关于加强新时代高技能人才队伍建设的意见》，进一步支持职业教育的发展，为高职院校学生的职业发展指明了方向。要提高职业院校学生学习职业技能的积极性、主动性，提高职业技能水平，就需要提高学生的职业认同感，"技能改变人生，技能成就梦想"应该成为新时代职业院校学生的人生奋斗目标和努力方向。

1. 团体凝聚力的作用

对一个团体而言，凝聚力的高低对很多方面有着重要的影响。

（1）凝聚力对成员的稳定性有影响，凝聚力越大的团体对成员的吸引力越大，成员也越不愿离开该团体，因而团体也越稳定。

（2）凝聚力大的团体对成员的影响力也大，高的凝聚力导致人们有更强的从众行为。

（3）凝聚力也影响成员的自尊。与凝聚力低的群体成员相比，凝聚力高的群体成员有更高的自尊心，同时表现出更低的焦虑。

案例：升国旗仪式是很多单位和学校定期举行的由全体成员参加的活动，是进行爱国主义教育和集体主义教育的重要途径。排列整齐的队伍，奏唱雄壮的国歌，目送着五星红旗缓缓升起，在这种庄严、肃穆的气氛下，每一个参与者都会升腾出由衷的自豪感，为中华民族而感到骄傲，极大增强了团队凝聚力和家国情感。

（4）凝聚力影响群体的产出。工作满意感的增加会导致凝聚力的提高，也会影响到实际的工作效率。但是需要注意的是，在凝聚力强的团体中，只有团体的规范倡导高效时，生产效率才提高；如果团体规范不鼓励高效，则凝聚力越高，生产效率反而会越低，

如前文中提到的霍桑试验。

2. 团体凝聚力的测量

心理学家在探讨凝聚力影响的同时，也在探讨用什么样的方法对团体的凝聚力加以测量。有些研究者通过让团队成员在量表上评价他们对团体的喜欢程度来衡量团体的凝聚力，而另外一些研究者则要求成员评价其他成员，并用所有评价的平均数来作为团体凝聚力的指标。

目前，最好的测量团体凝聚力的方法由莫雷诺（Moreno）提出。这种方法首先让团体成员指出愿意一起完成某项任务的其他人的姓名，这些人当中有些人是团体成员，而有些人不是。凝聚力的指标是选择的他人中团体成员所占的比例，如果一个团体中大部分的成员选择了外人，则该团体的凝聚力就低。

此外，心理学家多伊奇（Deutsch）曾提出一个计算凝聚力的公式也可以作为我们进行团体凝聚力测量的一个参考，即：

团体凝聚力 = 成员之间相互选择的数目 / 团体中可能相互选择的总数目。

3. 提高团队凝聚力的途径

提高团队凝聚力主要有以下几种途径。

（1）明确团队目标。团队在完成团队任务和实现团队目标过程中，凝聚力起到团结成员的作用，让团队成员能够齐心协力、精诚合作一起向团队整体目标前进。制订详细、明确并且易于执行的团队目标，是团队产生强大凝聚力的关键。在制订团队目标时，要将团队成员的个人目标与团队目标保持一致。只有目标明确，团队活动才能具有针对性和实效性。

（2）加强团队成员的互动。团队凝聚力体现在任务凝聚力和交往凝聚力中，团队成员之间的情感交流也会增强凝聚力。加强团队成员之间的沟通和交流，才能促进成员之间的相互信任，培养团队成员之间的情感。职业院校在教学中，通过小组活动、分组教

从"两弹一星"事业中看团队凝聚力

"两弹一星"是规模宏大的系统工程，不仅涉及众多科技领域，而且涉及全国各地区、各部门的团队协作。在研制"两弹一星"实践中，我们依靠党的统一领导，充分发挥社会主义制度集中力量办大事的显著优势，全国"一盘棋"，集中攻关。中央成立了以周恩来为主任的15人专门委员会，集中统一领导这项事业。26个部委，20多个省区市，1 000多家工厂、科研机构、大专院校，成千上万的科学技术人员、工程技术人员、后勤保障人员，团结协作，群策群力，汇成了向现代科技高峰攀登的浩浩荡荡的队伍。

只要是"两弹一星"需要选调的科技专家，点到谁就给谁；只要是"两弹一星"的协作配套任务，就一定保质保量地按时完成；只要是"两弹一星"需要办理的事情，都毫无保留地全力支持，全国各地处处是"绿灯"，体现了社会主义中国集中力量打"歼灭战"、攻克尖端科技难关的巨大凝聚力。科研人员抛弃"文人相轻、同行相斥"的世俗陋习，代之以"文人相亲、同行相助"的一代新风，并在实践中升华为人与人之间、系统之间、单位之间、军地之间的大力协同、集智攻关的精神。火箭技术专家黄纬禄在承担潜地固体火箭的总体研制任务中，曾多次遇到一级发动机摆动喷管的最大摆角达不到要求的问题。由于各个分系统的设计师们都从"总体"出发，积极挖掘本系统的潜力，拿出"余量"，最终使问题很快得到解决。

（资料来源：国家行政学院官网，有删改）

学、实务小组等形式，能够有效地提升团体凝聚力。同时，在学校的班级管理中，也可以通过组织班集体参与多种多样的团辅活动，如团队绘画、团体沙盘等，加强班级成员之间的情感交流，帮助成员更快融入班集体，在团队中找到归属感。

（3）完善考评体系和激励制度。完善考评体系和激励制度，能够提升团队成员的获得感以及满意度，增加他们团队活动的内在驱动力，进而提升团队活动的质量和效率。因此在团队活动中要构建公平、合理的考评体系，对团队成员的工作绩效进行客观的评价，如在专业实务教学中实施全员考核、过程化考核和学生、教师、实务导师参与的多主体考核模式，能够全面评价学生的实习质量和效果，激发团队成员的积极性和主动性。有效地提升学生实务教学团队的凝聚力，提升实务教学效果。

（4）控制团队的成员变动。团队变动对团队有较大的影响，如果团队之间成员反复变动的话，会影响队员之间的沟通和协作，队员需要花费更多的时间去熟悉新队员，与新队员之间的配合也会消耗大量的时间，这对成员间的互相交流会带来一定的负面影响，降低团队活动效率。因此，团队建设要根据每位成员的实际情况、个人特点等，合理构建团队规模，维护团队成员的稳定性，加强团队成员的有效沟通，这样才能有效培养团队凝聚力。

团体领导者

交流讨论：
根据 LPC 量表的测量，了解你的领导风格。

二、培养团队领导力

对于团体而言，优秀的领导无疑是最为重要的，领导在一个团体或组织中的重要性是由其在组织中的特殊地位与贡献所决定的。

（一）领导的含义

什么是领导？领导是对团体行为与信念施加较大影响的人，他们引发活动、下达命令、分配奖惩、解决成员之间的争论从而促使团体向着目标迈进。

从社会影响的角度来看，领导可以分成两种类型：一种是任务型的领导（task leadership），这种领导关心的是团体目标的达成，他们常常向下级提供指导；另一种叫社会情绪型的领导（socioemotional leadership），这种领导关心团体内部情绪与人际关系方面，对成员来说，他们经常是友好、同情他人的，他们在处理矛盾时的协调能力很高，同时他们也表现出更多民主的倾向。

（二）领导风格测量

费德勒（Fred Fiedler）把领导分为两类，即任务取向的领导和关系取向的领导。例如，一支参加大学生职业技能竞赛队伍的指导老师，在比赛的情境中可能会是任务取向的领导，因为取胜对他来说是最为重要的事情；而一名大学生班级导师在日常管理工作情景中则会是关系取向的领导，因为在日常班级管理中处理班级成员的情绪感受与人际关系对他来说更为重要。

在测量这两种领导风格的时候，费德勒发展出了一套叫作"最不愿共事者量表"（LPC）的工具，通过 16 组对应形容词（表 11-1）让领导评价团体中自己最不愿共事的人的特征，按 1-8 等级对他进行评估。如果以相对积极的词汇描述最不喜欢同事（LPC 得分高），则作答者很乐于与同事形成良好的人际关系，就是关系取向型。相反，如果对最不喜欢同事看法很消极，则说明作答者可能更关注生产，就称为任务取向型。费德勒运用 LPC 问卷将绝大多数作答者划分为两种领导风格，也有一小部分处于两者之间，很难勾勒。

表 11-1　LPC 量表 16 对形容词

内容
快乐 —— 8 7 6 5 4 3 2 1 —— 不快乐
友善 —— 8 7 6 5 4 3 2 1 —— 不友善
拒绝 —— 1 2 3 4 5 6 7 8 —— 接纳
有益 —— 8 7 6 5 4 3 2 1 —— 无益
热情 —— 8 7 6 5 4 3 2 1 —— 不热情
紧张 —— 1 2 3 4 5 6 7 8 —— 轻松
疏远 —— 1 2 3 4 5 6 7 8 —— 亲密
冷漠 —— 1 2 3 4 5 6 7 8 —— 热心
合作 —— 8 7 6 5 4 3 2 1 —— 不合作
助人 —— 8 7 6 5 4 3 2 1 —— 敌意
无聊 —— 1 2 3 4 5 6 7 8 —— 有趣
好争 —— 8 7 6 5 4 3 2 1 —— 融洽
自信 —— 8 7 6 5 4 3 2 1 —— 犹豫
高效 —— 8 7 6 5 4 3 2 1 —— 低效
郁闷 —— 1 2 3 4 5 6 7 8 —— 开朗
开放 —— 8 7 6 5 4 3 2 1 —— 防备

我国学者杨慧芳采用 MBTI 量表（Myers-Briggs Type Indicator）对 255 名领导的典型人格类型进行了分析。研究发现，ESTJ 和 ISTJ 是企业领导者典型的人格类型。ESTJ 型即为外倾（Extraversion）－感觉（Sensing）－思维（Thinking）－判断（Judging）型，ISTJ 为内倾（Introversion）－（Sensing）－思维（Thinking）－判断（Judging）型。这类企业领导者注意力多定向于现实，关注事实和细节，对实际经验有兴趣；在判断和决策过程中，以逻辑、分析的方式看待事物，受客观价值驱动，寻求普遍性的标准和原则；在生活、工作风格上，强调计划、秩序、结构化，重视规划和调整。

（三）影响领导效能的因素

领导者在实施领导过程中的行为能力、工作状态和工作结果，即实现领导目标的领导能力和所获得的领导效率与领导效益的系统综合，称为领导效能。除了领导风格与情境因素，最近的心理学研究还发现许多因素对领导者的领导效能有影响，其中比较重要的有两种因素：性别与文化。

1. 性别与领导方式

艾葛莉和约翰逊（Alice Eagly & Blair Johnson）对 150 项有关性别与领导方式的关系研究进行了元分析，发现在组织环境中，女性与男性领导者在任务取向上基本一样，所不同的只是她们比男性领导更倾向于采用民主和参与的方法。也就是说，男性领导者喜欢独裁和指导性的方法，采用纯任务取向的管理方法；女性则是把两种领导风格融合在一起，更可能会邀请下属参与决策过程。在解释这种微小差异的时候，Eagly 认为女性在社会化过程中人际技能的发展比男性完善，这种优势使得她们容易采用体谅他人的领导方式。

2. 文化与领导方式

文化是一种非常复杂的社会现象，它是特定民族、地区、社会长期实践所形成的，"是深入人心的，也是指导、影响人们行为的思想、意识、价值、习惯和行为方式"。因此文化也会影响领导的效能。特里安德斯（Harry Triandis）就发现集体主义与个人主义文化中人们心目中理想的领导者并不一样。在集体主义文化中，关心团体的需要与人际关系最为重要，如在集体主义的伊朗和印度，有教养被看成最主要的领导特征。而在个人主义的美国，独立、以任务为中心以及对个人成就的强调，使得美国人更喜欢任务型的领导方式。许多跨文化的研究开始重视文化所引起的领导方式之差异。

（四）领导力及其培养

1. 领导力的含义

领导力是领导者在特定情景下影响被领导者或利益相关者，实现群体或组织目标的能力（图 11-2）。领导力可以简单地理解为领导个人的影响力，包括"过程""能力""情境"等核心概念。

图 11-2 领导力概念链

领导力概念与领导过程、领导行为、领导能力、领导知识和领导情境等密切相关，它们共同构成了"领导力概念链"，并诠释了领导力诸要素的关系。

第一圈层是处于核心层的领导过程，领导过程是由具体的领导行为构成的，领导过程通常也代表着领导实践。如本章情景引入中的学生陈振宇，日常对学生会的管理工作就体现了他作为学生会主席的领导过程。

第二圈层的领导行为、领导能力和领导知识都是领导过程的直接或间接产物，其中领导能力是关键，领导能力决定着领导行为的质量与效果，领导行为是领导知识的主要来源之一，领导知识又是领导能力的元素和基础。本单元情境导入案例中学生会主席陈振宇引以为傲的沟通能力、协调能力、组织能力都是他作为学生会主席的关键能力，也是在学生会主席的日常工作中不断锻炼和提升出来的。

第三圈层的领导情境是指确保领导过程正常运行的环境因素的总和，是领导行为、领导能力和领导知识等要素形成和发展的重要基础。对于学生会主席而言，领导情境包括了学校为学生会工作提供的软硬件及人员的总和，包括场地、设备、人员配备，等等。

2. 领导力的培养

领导力是新时代职业院校大学生所应具备的基本素质之一，面对激烈的社会竞争，领导力的培养也应该成为职业院校大学生素质教育的重要内容。职业院校大学生领导力的培养需要社会、学校及学生自身等多主体的共同努力。

（1）制定职业院校大学生领导力培养目标。《国家中长期教育改革和发展规划纲要（2010—2020）》中就培养什么人提出明确要求：面向全体学生、促进学生全面发展，着力提高学生服务国家服务人民的社会责任感、勇于探索的创新精神和善于解决问题的实践能力。职业院校大学生领导力目标是：培养领导意识，获取领导力知识，增强领导技能，全面提高领导力素质，使职业院校大学生成为生产、管理、服务一线，具有较高文化层次的技能型、技术型人才，同时具有坚实的领导力理论基础，卓越领导能力的新型公民。

（2）健全职业院校大学生领导力培养内容。职业

院校大学生领导力培养目标决定了领导力教育的培养内容，涉及价值观、知识和能力三个维度。价值观维度是指职业院校大学生领导者需要建立社会主义价值观念和取向，主要包括爱国情怀、理想信念、团结互助、公平正义、自尊自信、诚实守信、服务意识、责任使命感等。领导力知识维度的学习是提升职业院校大学生领导能力的前提，包括专业知识、专业技能、领导学知识和相关政策。通过学习专业知识，在提升专业技能，强化科学文化素质和职业核心技能的基础上，针对性学习领导学知识，增加知识储备，为在实践中转化为领导能力打下基础。领导力最终要落实到领导行为上，能力培养是职业院校大学生领导力培育的重要内容，也是设计职业院校大学生领导力培养课程、项目、实践的重要依据。能力维度可以分为与人相关的能力和与工作任务相关的能力。与人相关的能力分为沟通表达能力、协调合作能力、人际交往等方面；与工作任务相关的能力包括决策能力、执行能力、创新能力等。

（3）丰富职业院校大学生领导力培养方式。从学校层面，要加大领导力课程的建设。建立管理学、人际沟通、领导心理学等普及领导力知识的理论课程，提高职业院校大学生的领导力知识素养。此外，还要因校制宜地开设与领导力技能提升有关的课程，比如提升职业院校大学生情绪管理技能、人际沟通技能、创新思维能力等方面的专业技能课程，全面提升职业院校大学生领导力的技能素养。

（4）积极参与职业院校大学生领导力培养实践。知识是基础，实践是保障，二者相结合才是领导力提升的最佳形式。体验式、互动式、实践性强的领导力学习形式能有效提升职业院校大学生的领导力和实务能力。因此，职业院校大学生要积极参与各种类型的领导力培训项目，包括各种学生社团组织、各类与领导力有关的训练营等。通过参加这些项目活动能够培养职业院校大学生的责任感，提高实践能

力、合作能力等，从而提升自身领导力。有研究结果表明，创新创业教育可以有效培养职业院校大学生的创业领导能力，如由教育部与各地市政府、各高校共同主办的中国国际"互联网+"大学生创新创业大赛（图11-3）。

图11-3 中国国际"互联网+"大学生创新创业大赛标志

三、剖析团体交互作用

（一）社会促进作用和社会致弱现象

作为大学生，平时你喜欢在宿舍学习还是在图书馆学习呢？相信很多人都会选择在教室或者图书馆自习，因为我们在图书馆自习比独自在寝室学习时效率要高。图11-4是网络上一个关于学习绩点与学习地点的小调查，数据体现了在图书馆和教室的学习效果要好于在寝室学习效果。这种现象就是社会促进作用。

应当注意的是，他人在场并非总是促进工作效率。相反，有时他人的存在或与他人共同工作会阻碍或抑制个体的行为活动。即别人在场时不仅不能更好地学习或工作，反而还会把事情办砸。如一个刚进入实习岗位的护理专业实习生，在正式上岗之前做了很多准备工作，一遍遍地反复练习，自己感到非常满意。可一到了真正的护理工作情境中，面对着许多"审视"的眼睛，马上就会感到心慌紧张、手足无措。人们常用不习惯来解释这一现象，可有些已经习惯，自己职业的老工作人员在面对自己的领导或朋友工作时，神态也会出现异常，甚至还会出现不该有的失误。这种情况就是社会致弱现象，即他人在场时导致工作效率减低或表现不佳。

这些现象说明了这一样事实：当别人在场时，一个人无论是思想上，还是行为上都会和单独一个人时有所不同。对于人们的这种思想和行为上的变化，社会心理学家称之为社会促进和社会致弱，并对此做了许多研究，进行了广泛的理论探索。

接下来，我们就简单地分析一下造成和影响社会促进作用和社会致弱作用的相关因素。

1. 内驱力

个体的反应分为优势反应与非优势反应。所谓优势反应是指那些个体在特定的情境下最可能做出的反应。动机水平或唤醒水平的增加（即动机强烈时）首先会促进优势反应的产生，然后这种反应才会对目前正在做的工作产生积极或消极的影响。产生积极影响

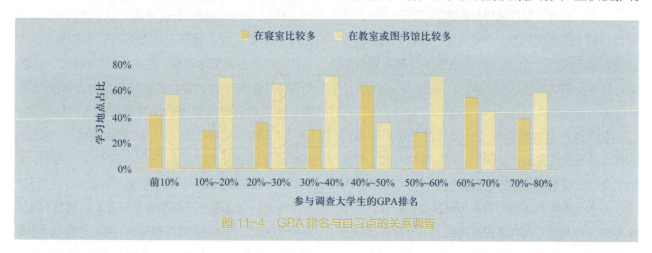

图11-4 GPA排名与自习点的关系调查

时便会形成社会促进作用，产生消极影响时便会形成社会致弱的作用，具体可见下图11-5。

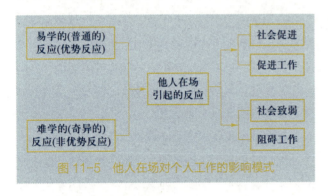

图 11-5　他人在场对个人工作的影响模式

2. 工作任务的难易程度

一般说来，如果个体从事的活动是简单的机械操作或手工操作，则有其他成员在场时，会操作得更加出色；如果从事的工作需要经过一系列复杂的判断、推理等思维活动，则其他人在场就会干扰个体的工作。

3. 竞争动机和评价期待

人们都有一种成就动机，希望自己的才能与潜力得到充分发挥。这种动机将对一个人的学习、工作等发生巨大的推动作用，成就动机越强，推动力也就越大，在群体作业的情况下作用更加明显。在群体作业的情况下，成就动机以竞争动机的形式表现出来，希望自己的工作比别人的工作更加富有成效。另外，个体在群体情境下工作时，不可避免地会产生评价顾虑，即担心别人对自己的评价。

4. 分心影响

有时候在群体活动时还会发生由于外界刺激的干扰而分心的现象。一般说来，群体活动时有人在场对于个体活动也有不利的一面，即干扰活动者的注意力。由于受外界刺激的影响而出现分心，自然会影响个体的工作成绩，尤其是完成难度大、复杂程度高的工作，他人的干扰作用就更明显。

职业院校在人才培养中深入开展的"情景式教学"就能够很好地避免社会致弱作用在学生未来工作场景下的负面影响。将学生未来工作岗位中的典型工作技能、工作流程、工作场景等，情景化地展示在课堂中，在训练学生技能的基础上，学生能够有效熟悉工作对象、工作流程和工作场景，避免未来工作岗位中受到分心的影响。

（二）社会惰化现象

众所周知，在群体活动中，群体人数越多，群体成员的活动效率就越高，所谓"众人拾柴火焰高""人多力量大"。但有时人数越多，可能越办不好事。俗话说："一个和尚挑水吃，两个和尚抬水吃，三个和尚没水吃"。这种群体人数越多，群体成员效率越低的现象，我们称之为社会惰化现象。

为什么会发生社会惰化现象？为什么群体人数会对群体个体的活动效率产生影响？研究者从这样的几个方面进行了回答：第一，客观原因。群体活动的参加者越多，若组织不得力，反而会浪费更多人力与时间。另外，工作任务繁重、无趣也是造成社会惰化现象的原因之一。第二，心理原因。首先，自己的付出是否公平。个体在工作中可能会调整自己的付出，使自己的付出和群体中其他人应该的或可能的付出相等。其次，个体对待任务的态度。当个体认为所做的工作毫无意义时，除非有足够的社会强制力量，否则就会产生社会惰化现象。再次，"自由骑士"现象。当群体中的每个成员都认为其他成员会去解决问题，而且他人对问题的解决会使群体所有人的利益增加时，就会减少自身努力，变为"自由骑士"。以上这些原因也只是相对的看法，一个人工作是否努力，还要看个体责任及道德水平。

因此，职业院校应该结合其自身的职业特性与实践特性制定过程化的课堂考核指标，建设课堂教学系统多元评价体系，加大对学生职业素养的培养力度，在提升学生的职业道德素养的同时，对学习过程和学习效果进行更加客观的评价。此外，通过"情景式教学"等沉浸式教学模式有效激发学生学习的兴趣，降低惰化现象的发生，比如高职心理咨询专业的表达性艺术团体辅导，高职护理专业的团队 CPR（心肺复苏术）操作，国际经济与贸易的国际商务谈判实训等课程。

（三）合作与竞争

1. 竞争

竞争（competition）是每个参与者不惜牺牲他人利益，以期最大限度地获得个人利益的行为。竞争的目的在于追求富有吸引力的目标（Baron）。竞争是个人或群体的各方力求胜过对方成绩的对抗性行为，若一方成功，则另一方就失败。可以说，在人际相互作用中，每一个参加者都在积极争取个人目标的同时也在削弱或减少对方的利益。在社会生活中，可以说只要是以水平高低作为评价标准的对抗性行为，都可以认为是一种竞争。

竞争可分为个体之间的竞争与群体之间的竞争两种。有研究证明在群体竞争的条件之下，团队成员间工作是相互支持的，共同活动的目的指向性很强，彼此的情况及时交流，相互理解、相互友好，能够提高单位时间内的工作效率（Deutsch）。群体之间开展竞争对于每个成员来说，有更高的创造性，而在个人竞争条件下，多数人只关心自己的工作，相互不够支持，发言不友好等（古畑和孝，1980）。

竞争作为一种外部刺激，会对个体产生一系列的心理效应。第一，竞争可以激发个体的动机，发挥个人潜力。在竞争条件下，人们的自尊需要和自我实现的需要更为强烈，对于竞赛活动将会产生更加浓厚的兴趣，克服困难的意志更加坚定，争取优胜的信念也更加强烈。第二，竞争可以促使个体产生强烈的情绪体验。这种紧张感对参加体育竞赛及其他任何项目的竞赛都是不可或缺的，在全国职业院校技能大赛上超水平发挥往往都是竞赛型的选手。第三，通过与他人的竞争，个体对自己的力量和能力有了进一步的认识，因此能更为客观地评价自己。此外，竞争也会产生一些负面影响，比如，竞争中由于个体具有较高的求胜心，因此往往不能正确评价自己和对方，不利于与他人建立良好的人际关系。同时，长期的竞争容易使个体产生紧张、忧虑、自卑感等消极的情绪体验，不利于身心健康。

2. 合作

合作（cooperation）与竞争相对应，合作就是个人与个人、群体与群体之间为达到共同目的，彼此相互配合的一种联合行动方式。

多伊奇（Deutsch）指出，合作有三种心理上的意义。第一种是相互帮助，就是指参与合作的所有成员的行为是可以相互替代的。第二种是相互鼓励，成员们彼此为完成任务而发出肯定的情绪。第三种是相互支持，是指当群体成员的行为能促使群体更接近共同目标时，则其他成员会接受并支持他的行为。

3. 正确看待竞争与合作

竞争对于提高个人工作效率来说作用是显著的，而合作能有效优化人际关系，对于工作效率的提升也很显著。在合作过程中，群体成员之间也有竞争。例如，在对抗性的比赛中，每个团队成员都想为全队多作贡献，工作绩效高的团队肯定更容易获胜。同时，一个群体内部进行合作时，必然与其他成员开展竞争。所以说，竞争和合作各有特点，相互依赖，缺一不可。

随着社会生产力的发展，科技的日新月异，我国职业教育也面临着严峻的挑战。2019 年，教育部、财政部联合印发《关于实施中国特色高水平高职学校和专业建设计划的意见》（简称"双高计划"），支持建设一批引领改革、支撑发展、中国特色、世界水平的高职学校和专业群。"双高计划"分高水平学校和高水平专业群两类布局，凸显专业群在新时代高职教育高质量发展中的重要意义。从短期效益看，专业群建设能够直接促进资源整合集聚，使办学资源效益更大化；从长期效益来看，传统产业转型和新兴产业快速发展，新兴职业岗位需求大量产生，信息化社会也对众多职业提出更高要求，促使高职专业群必须随之不断调整和创新，提升服务产业能力，提高人才培养质量。专业群建设体现了我国高等职业教育发展兼顾社会竞争和专业间的充分合作。

【学海无涯：知识拓展】

囚徒困境

囚徒困境（prisoner's dilemma）（图 11-6）是指两个被捕的囚徒之间的一种特殊博弈，经典的囚徒困境如下。

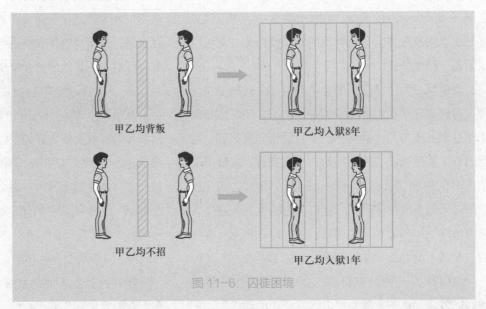

图 11-6　囚徒困境

警方逮捕甲、乙两名嫌疑犯，但没有足够证据指控两人入罪。于是警方分开囚禁嫌疑犯，分别和二人见面，并向双方提供以下相同的选择：

若一人认罪并作证检控对方（相关术语称"背叛"对方），而对方保持沉默，此人将即时获释，沉默者将判监 10 年。

若两人都保持沉默（相关术语称互相"合作"），则两人同样判监 1 年。

若两人都互相检举（相关术语称互相"背叛"），则两人同样判监 8 年。

囚徒困境假定每个"囚徒"都是利己的，即都寻求最大自身利益，而不关心另一人的利益。"囚徒"某一策略所得利益，如果在任何情况下都比其他策略要低的话，此策略称为"严格劣势"，则理性的"囚徒"绝不会选择。另外，没有任何其他力量干预个人决策，"囚徒"可完全按照自己意愿选择策略。试设想困境中两名理性"囚徒"会如何作出选择？

囚犯的环境似乎是人为的，但实际上，在人类交往以及自然界的交互中有许多与合作-竞争有关的相同例子。因此，囚徒困境是心理学、经济学、社会学等社会科学以及动物行为学、进化生物学等领域研究的热点问题。

四、提升团队沟通与决策

任何一个团体内部都少不了成员之间的沟通，沟通是保证团体与组织功能得以实现的重要保障。沟通也是团体活动中的重要课题，从某个项目组无休止的讨论，到大学生的"卧谈会"，沟通使得我们了解别人，也让别人了解我们。

（一）团体沟通

团体沟通，顾名思义是指至少三人以上参加的信息沟通活动。团体沟通可以区分为正式沟通与非正式沟通。

1. 正式沟通

正式沟通是指通过正式的组织程序所进行的沟通，它是团体沟通的主要形式，一般与组织的结构网络和层次保持一致。正式沟通的形式主要有：书面报告、商务面谈、文件传达、会议召开、正式的情报交换等。正式沟通基本上可有五种沟通形态，即：链式沟通、Y式沟通、轮式沟通、环式沟通和全通道式沟通（图11-7）。

（1）链式沟通。居于两端的人只能与内侧的一个成员联系，居中的人则可分别与两人沟通信息。在一个组织系统中，它相当于一个纵向沟通网络，信息可自上而下或自下而上进行传递，各个信息传递者所接收的信息差异很大，平均满意程度有较大差距。

（2）Y式沟通。这是一个纵向沟通网络，其中只有一个成员位于沟通内的中心，成为沟通的媒介。这种网络集中化程度高，解决问题速度快，组织中领导人员预测程度较高。但除中心人员外，组织成员的平均满意程度较低。

（3）轮式沟通。这种沟通模式属于控制型网络，其中只有一个成员是各种信息的汇集点与传递中心。此网络集中化程度高，解决问题的速度快。领导人的预测程度很高，但沟通的渠道很少，组织成员的满意程度低，容易导致士气低落。

（4）环式沟通。这种沟通可以看成是链式形态的一个封闭式控制结构。其中，每个人都可同时与两侧的人沟通信息。在这个网络中，组织的集中化程度和领导人的预测程度都较低。

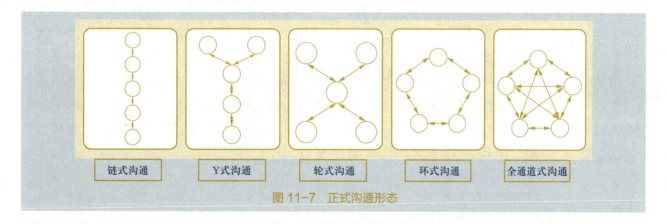

链式沟通　　Y式沟通　　轮式沟通　　环式沟通　　全通道式沟通

图11-7　正式沟通形态

团体沟通

（5）全通道式沟通。是一个开放式的网络系统，其中每个成员之间都有一定的联系，彼此了解。此网络中组织的集中化程度及领导者的预测程度均很低。但由于沟通渠道很多，组织成员的平均满意程度高且差异小，所以士气高昂，合作气氛浓厚。这对于解决复杂问题，增强组织合作精神，提高士气均有很大作用。但是，由于这种网络沟通渠道太多，易造成混乱，且又费时，容易影响工作效率。

2. 非正式沟通

非正式沟通指正式组织程序以外的各种沟通渠道，它通常带有某种感情色彩。非正式沟通的形式主要有私人书信、私人会面、小道消息、自由论坛等。与正式沟通相比，非正式沟通的信息传递速度更快、范围更广，但准确性比较低，有时候会对正式沟通产生很大的负面影响。团体内部的非正式沟通有四种典型的传播网络（图11-8）。

（1）单线式沟通。这种沟通中A将消息传给B，B传给C，C再传给D，依次进行下去，整个信息传递带有明显的单向传导的特征。

（2）流言式沟通。这种沟通中某人主动将特定消息向其他人传播，信息传递呈现发散型，这种信息传递带有明显的散布谣言的特征，往往是某些人有意识地利用非正式渠道传递特定的信息。

（3）偶然式沟通。某人将消息随意传给一部分人，这部分人又随意将消息传给其他人，其他人也以同样的方式继续传递信息。这种传播带有较大的偶然性和较小的确定性，信息传递呈现类似醉酒者的步行路线的运行轨迹。

（4）集束式沟通。这种沟通中某人将消息传给某些特定的人，这些人又将消息传给另外一些特定的人，依次进行传播。这种传播往往只在组织内部某些核心员工的紧密交往圈内进行，因而范围比较有限，也比较容易控制。

沟通对团体活动效率有很大的影响，也影响团体问题解决的效率。在解决简单问题时，集中度高的沟通方式比较有利，因为领导者可以很快地收集到所有的信息；而在处理复杂问题时，较为分散的沟通方式较有利，因为其成员可以自由交流信息，获得的信息更为开放，解决问题的方式也更为多样化。

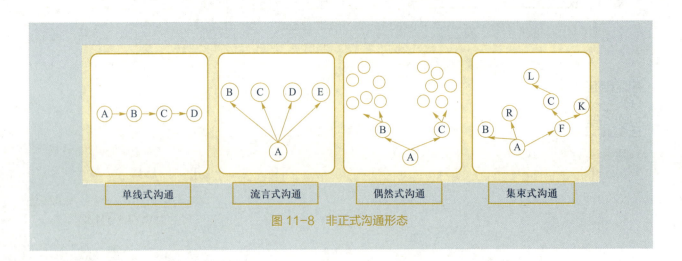

图 11-8 非正式沟通形态

【学海无涯：心理技能】

团体绘画技术

　　团体绘画技术是在基于绘画艺术疗法的基础之上引入小组概念，可以有效打破团队成员的自我防御，增强自发性，以绘画为核心的非言语沟通模式为团队成员提供了一个充分交流的环境，从而促进团队的相互认知和相互理解，它增强了领导者和成员间互动的可能性，更有利于形成团体凝聚力。

　　团体绘画可以根据目标设立不同的绘画主题，如涂鸦画（图11-9）、自画像、家庭树、接龙画、房树人、远景图等。团体绘画的操作流程包括建立互信关系、绘画艺术活动、分享与对话、评估与改变几个步骤。

　　以接龙画为例，团体绘画的操作一般以3~6人为宜，每人选定一种颜色的画笔进行彩色画，画笔选定后不再调整。选定一人为组长，从组长开始在一张白纸上起画，其他组员依次完成。可以规定每人的完成时间，如6分钟，在此时间内每人每次30秒轮流进行，也可以规定画多少轮次，每人每次30秒一次完成。在绘画过程中不允许交流，每个人都根据自己理解的信息在画纸上增加内容，直到整幅画完成。

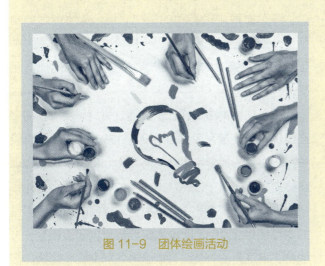

图11-9　团体绘画活动

　　画完后，在组长的组织下，每个组员依次分享自己绘制部分的具体内容，绘画的目的和自我理解。在这样分享或倾听中获得愉悦感或情绪的释放。透过成员的绘画作品，团体带领者和辅导者可以了解团体成员的情绪状态，以及他们现阶段的人际关系状况和社会支持情况，优化团队气氛。

（二）人际冲突的解决

　　尽管一个组织或团体常常拥有共同的目标，但是在任何一个团体中还是存在着各种各样的冲突。

1. 人际冲突

　　在心理学中，人际冲突是指两个或多个社会成员之间由于反应或期望的互不相容性而产生的紧张状态。人际冲突有两种形式：零总和冲突与非零总和冲突。其中零总和冲突是指在冲突中一方的收益是对方的损失，这种冲突完全是竞争性的；而非零总和冲突则是指一方的收益不等于对方损失的冲突。

2. 人际冲突的解决途径

　　亨特（John Hunt）从角色知觉的角度分析了生活中的人际冲突，他指出调整沟通方式以及改变知觉方法是解决这些冲突的关键因素。组织心理学家托马斯（K.W. Thomas）则从个体的角度进一步分析人们解决冲突的方式，他从人们关注自己与关注他人两个维度对一个人进行分析，总结出了人们对待冲突的五种方式，如图11-10。

　　（1）对峙。利用此方式解决冲突的人比较关心自己的需求，而对他人漠不关心，比如有些人在和别人

团体决策

交往的时候，当利益上产生冲突的时候，他只管自己的收益，不管别人的死活。采取对峙方式解决冲突的人常常是在某些方面实力较强的人。

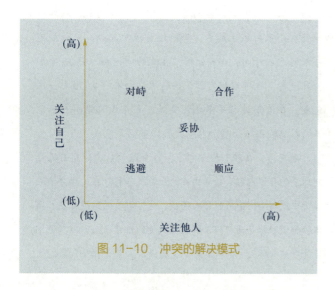

图 11-10 冲突的解决模式

（2）逃避。逃避的人常常拒绝承认冲突的存在，他们尽可能地避免与他人接触，这些人既不关心自己的需求，也漠视他人的存在。

（3）顺应。用这种方式处理冲突的人比较关注他人的感受与需求，不关心自己的需求，他们常常会向对方做出让步，即使自己没有过错他们也可能这样做。

（4）妥协。运用各种各样的方式与他人进行协商，直到达成一种妥协。尽管这种方法比较合理，但也包含着许多风险。妥协双方对自己与他人的关注均处于中等水平。

（5）合作。双方将冲突作为需要双方共同来处理的问题，这是解决冲突的最佳处理模式。合作的双方既关心自己，也很关心他人。

在日常生活，人们常常通过协商来解决人际冲突，因此有效的协商被看成是解决冲突的最好的途径。解决冲突的协商策略具体包括三个方面的内容。

（1）协商中最有利的最初立场。从协商者的角度讲，开始时的立场对自己在协商中的获益有很大的影响。最初强硬的立场会使对方妥协，从而使自己受益。

（2）在协商中怎样让步。通过协商解决人际冲突必然包含着让步，因为如果没有让步，协商就不可能进行下去。心理学家考默利塔（Komorita）等人发现在协商中，如果一方每次做出小的让步，那么与他每次做出大的让步相比（总体的让步幅度一样，只不过前者可能做了 10 次让步，而后者只做了 2 次让步），他将获得更大的收益。可以参考人际交往中的登门槛效应。

（3）采用逐渐回报策略。这种策略以平常生活中的回报原则为基础，认为冲突双方一方减少威慑力的行为将引起另一方采取同样的缓和步骤，从而使得协商能够以合作的方式进行。

（三）团体决策的一般问题

团体生活是人类社会生活的基本方式，而利用团体解决问题对人类的进一步发展也是必不可少的。尽管从组成上来说团体是由个体组成的，但实际上团体在问题解决中所产生的效应以及所使用的方式与个体有着明显的区别。

在任一团体开始决策的时候，成员的观点总是五花八门，只有经过一段时间的讨论甚至争论之后，成员的观点最终才会整合为团体的观点。在这个过程中，有许多问题值得我们关注。

1. 两类决策问题

从某种意义上讲，团体决策的好坏取决于他们在什么问题上进行决策。劳克林（Laughlin）认为，人们遇到的决策问题实际上可以看作是一个连续体，在这个连续体的一头是智力问题（intellective issues），这些问题有正确的答案，决策的任务就是找到正确答案；在这个连续体的另一头则是与行为、伦理以及审美等有关的判断问题（judgmental issues），这些问题没有唯一正确的结论，而是与每一个人的价值观、审美观以及内在需求有关。

摆在决策群体面前不同的问题决定着人们接受什么样的影响，在社会生活中我们所接受的社会影响主要有两种：信息性的社会影响和规范性的社会影响。前者基于人们从他人那儿获得有关世界的信息，比如你报考高职院校时希望能够选择一个较好的专业时，有人告诉你物联网应用技术专业未来就业好，其他人却说心理咨询专业适合你，等等。这些复杂的信息给你造成了混乱，影响着我们对智力问题的决策。而当我们为了得到接纳和喜爱而顺从某个影响时，规范性的社会影响就发生了。如果我非常喜欢心理咨询专业，那么掌握心理咨询的相关技能，拥有团体辅导、个案咨询的相关工作经验能够帮助我在未来获得心理咨询师的工作岗位，那我一定会按专业的要求进行学习和实践。规范性的社会影响依赖于人们对积极结果的期待，所以对判断问题的影响更大。

（1）多数人与少数人的影响。团体决策往往是多数人意见的整合，比如卡尔文和蔡塞尔（Harry Kalven & Hanz Zeisel）访问了 225 名陪审团的成员，发现团体决策中 97% 的最终决策与多数人的意见一致。也就是说，如果团体的大多数成员最初支持某种选择，团体的讨论仅仅是对此观点加以强化。但是，并不是所有的团体决策都是选择多数人的意见，有时候少数人也会对团体决策产生影响，但是这样的人必须具备下列两个条件：

一是少数人必须是团体的领导。如果领导者的地位比较突出，那么领导有能力使自己支持的少数意见最终被团体采纳；二是少数人对自己的观点极为坚持：在团体决策中，如果少数人极力坚持自己的意见，便可能引起决策团体的分裂，并最终改变多数人的意见。

（2）团体决策规则。尽管在团体讨论中，信息性和规范性的社会影响会作用于成员的判断，但是对决策团体本身来说，它还有自己所遵循的规则，这些规则包括三个。

（1）一致性规则。在决策最终完成之前所有的团体成员必须同意此选择。

（2）优势取胜规则。当某个方案的被 50% 以上的团体成员认可时选择该方案。

（3）多数取胜规则。在没有一种意见占优势时选择支持人数较多的方案。

在使用上述决策规则的时候，它可能是正式而明确的，也可能非正式而模糊的。

2. 团体极化与团体思维

团体决策本身就是复杂而有趣的事情，在团体决策过程中，有两种现象值得注意：团体极化与团体思维。

（1）团体极化。团体极化是指通过团体讨论使得成员的决策倾向更趋极端的现象。团体极化分两种：当团队面对挑衅时或者团体中冒险人数占多数时，团体的决策会变得更为冒险甚至激进，称为冒险偏移；反之，如果团体中谨慎保守人数占多时，团队做出的决策就比个人更保守，称为谨慎偏移。

与解决一般问题相比，人们在解决重要问题时更容易产生团体极化现象。团体极化具有双重的意义。从积极的方面来看，团体极化可以促进团体意见一致、团体凝聚力和团体行为。从消极的方面来看，团体极化能使错误的决断和决定更加极端化，可能造成更加严重的后果。

（2）团体思维。团体思维也叫小集团意识，它是指在一个高凝聚力的团体内部，人们在决策及思考问题时由于过分追求团体的一致，而导致团体对问题的解决方案不能做出客观及实际的评价的一种思维模式。团体思维比较容易发生在由强有力的领导带领的团体和凝聚力极高的团体中。

团体思维的后果往往是有害的。团体思维阻碍了团体决策的正常进行，压制了创造精神，不注重专家意见，结果使团体局限于几个方案，或被领导者操纵，不能很好审查大多数人倾向同意的决定，从而导致全局上的失误。避免团体思维发生，主要是广泛收集信息，充分听取来自各方面的意见，特别是存在反对意见时，可采取匿名信或不记名书面意见的方式进行意见收集，然后再做出决策。

（四）团体决策的方法选择

团体决策问题从方法上讲也历经了一个漫长的发展过程，在这一发展过程中先后有四种团体决策方法被人们采用。这些方法不仅被广泛地运用于心理学研究，而且在实际生活中也产生了巨大的影响。

1. 头脑风暴

头脑风暴法又称智力激励法，是现代创造学奠基人奥斯本（Osborn）提出的，是一种创造能力的集体训练法。头脑风暴原指精神病患者头脑中短时间出现的思维紊乱现象，病人在此期间会产生大量的胡思乱想，奥斯本借用这个概念来比喻思维高度活跃，打破常规的思维方式而产生大量创造性设想的状况。

这种方法常常给团体一个特定的题目，如要求心理咨询专业的同学以"5.25心理健康日"的主题为社区未成年人举办一次团体活动，要求同学们在较短时间内想出尽量多团体活动方案。由于没有拘束，人们就能够更自由地思考，进入思想的新区域，从而产生很多的新观点和活动方案。当参加者有了新观点和想法时，他们就大声说出来，然后在他人提出的观点之上建立新观点。所有的观点被记录下来但不进行实时批评。只有头脑风暴会议结束的时候，才对这些观点和想法进行评估。头脑风暴的特点是让与会者敞开思想，使各种设想在相互碰撞中激起脑海的创造性风暴。

2. 德尔菲法

头脑风暴技巧有助于人们解决问题，但由于团体成员在各方面能力的参差不齐，所以在解决一些问题的时候效果并不好。为了克服这一点，有一种叫做德尔菲法（Delphi method）的专家决策技术被广泛地用于决策领域。德尔菲法又叫专家评估法，它是一种背对背的决策技术，由专家提供反馈，包括以下几个步骤。

第一步，要求团体成员对某个问题提出尽可能多的解决方案。

第二步，专家对团体成员的意见加以整理，并将整理的结果反馈给成员。

第三步，团体成员在得到反馈之后重新就刚才的问题提出新的解决方案。

第四步，专家再整理并提供反馈，直到团体就此问题达成一致。

与一般的团体决策方法相比，由于德尔菲法不需要团体在一起讨论，因而可以避免由于面对面争论而引发的人际冲突。但这种方法比较费时，具体可见图 11-11。

3. 具名团体技术

在团体决策过程中，个体会自觉或不自觉地感受到来自他人的压力，团体思维现象的出现就与此有关。为了克服这些问题，心理学家戴贝克（Delbecq）提出了具名团体技术（NGT）也称具名团体法。这种方法主要用在当团体成员对所要解决的问题不太了解，并且在讨论中难以达成一致时，具名群体技术包括四个步骤。

第一步，出主意，由成员单独提方案，越多越好。

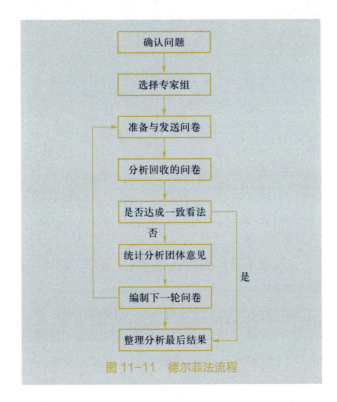

图 11-11 德尔菲法流程

流程图内容：
确认问题 → 选择专家组 → 准备与发送问卷 → 分析回收的问卷 → 是否达成一致看法 → 否 → 统计分析团体意见 → 编制下一轮问卷 → 整理分析最后结果（是）

备择方案中选出自己认为最好的 5 个，并选择累计得分最高的方案。在这种方式中，个人的意见不直接被讨论，决策的时间得到严格控制。

4. 阶梯技术

上述三种方法对提升团体决策的效果有一定的作用，但是也存在着一些团体本身就具有的缺陷。这种缺陷有两个方面，一是在团体中人们的讨论是否充分，二是在团体中可能会出现社会惰化现象。为了解决这些问题，勒盖柏格（S.G.Rogeberg）提出了一种名为阶梯技术（stepladder technique）的团体决策技术。在使用这种方法时，团体的成员是一个一个加入的，比如一个由 5 人组成的团体在利用阶梯技术决策时，先是由两个成员讨论，等他们达成一致后，第三个成员加入。加入之后先由他向前两个人讲自己的观点，然后听前两个人已经达成的意见，最后三个人一起讨论，直到达成共识。第四、第五个成员也以同样的方式依次加入，最终整个团体获得一致性的方案。Rogeberg 在对德尔菲法、具名团体技术和阶梯技术做了对比之后指出，阶梯技术不仅在实际方案选择上，而且在心理感受上均优于另外两种方法。但该方法也比较费时，所以主要用于大的、重要的决策问题。

第二步，记录方案，把每个人提出的所有方案都列出，不能选择。

第三步，对方案加以分类，团体讨论并区分记录下的每个方案。

第四步，对方案加以表决，每个人从 12～20 个

【心理实践】

一、团体活动

（一）虫虫危机：团队协作

活动目的：通过分工合作，完成团队任务，提高团队的协助能力和团队的凝聚力。

虫虫危机：
团队协作

活动时间：30 分钟。

活动准备：手套、彩笔、奖品若干，多媒体教室。

活动过程：

（1）将学员分成 8～10 人的小组，分给每组 2 副手套。

支援前线——
团队协作

（2）任务：各小组要用学员的身体创造出一条虫。这条虫有2只手和2只脚且可在地上行走。

（3）全体学员必须连接在一起成为一个整体。小虫做好后要进行10米比赛。所有小组的小虫从起点爬到10米的终点，虫头先到者为胜利。比赛过程中"虫体"不能散开，如果散开，需要重新回到起点。

（4）展示完毕后，教师带领大家分享团体协作活动的感受。

（二）支援前线 – 团队协作

活动目的：促进团队成员之间的沟通协作能力，通过完成团队任务提高团队的协助能力和团队的凝聚力。

活动时间：30分钟。

活动准备：任意的小件物品、奖品若干、多媒体教室。

活动过程：

（1）分组：将学员分成若干小组，每组4~6人。

（2）游戏准备：主持人说明游戏规则："每组都有一名前线战士。他需要一些支持（可以是物品、动作或者一句话），大家要竭力支援他，如果你们不能提供或提供不及时的话，你们的战士就可能会阵亡。战士需要的物品由我说明。"

（3）选拔：选拔每组中的1位学员站在队伍最前方，扮演"前线战士"，其他队友站在本队后面。

（4）游戏开始：主持人"现在你们的战士需要一个拥抱；一支笔；一句鼓励的话……"

（5）每说完一样支援，预留30秒的时间让各小组将相关支援送到各自的战士手中。

（6）等到念完所有的物品，核查每个战士收到的支援是否正确。

（7）没有得到及时供应的战士则阵亡，整个小组退出比赛。

（8）坚持到最后的小组和战士可获得奖品。

（9）活动完毕后，教师邀请获胜小组成员分享经验，并带领所有成员分享团体活动的感受和看法。

二、案例思考

顽强拼搏的女排精神

中国女排，作为世界上第一个"五连冠"团队，屡攀世界顶峰，自1981年获得第一个世界冠军至今，近40年间，女排无数次感动、振奋着中华儿女。有人说，每每看到拼搏在赛场的中国女排，就能从头到脚获得一种力量。

2019年国庆节前夕，习近平总书记会见中国女排，将女排精神概括为"祖国至上、团结协作、顽强拼搏、永不言败"，赞扬女排精神喊出了为中华崛起而拼搏的时代最强音，强调要大力弘扬新时代的女排精神。

祖国至上是女排精神的核心密码，是爱国主义精神的生动表达。爱国是女排团结拼搏的动力源泉，表现为强烈的初心使命和无私奉献的实际行动。中国女排始终坚守为祖国荣誉而战的初心，牢记率先实现三大球翻身并永保世界前列的使命。改革开放初，国家百废待兴，中国女排胸怀报效祖国的志气、为国争光的骨气和家国一体的底气，屡克强队，首次夺冠便唤醒了尘封已久的民族自信，激起了国人强烈的爱国热情。

团结协作是女排精神的关键密码，体现了女排人的集体主义精神。同心山成玉，协力土变金，团结协作是团体性项目制胜的关键。中国女排用"升国旗、奏国歌"的理想凝聚人心，注重沟通理解，培养团队默契；严肃组织纪律，规范队员行为。场上，队员协同作战、配合默契；场下，队医、陪练、技术人员全力支持，形成了精诚协作的团队氛围。改革开放初，中国排球率先崛起，鼓舞北大学子喊出了"团结起来，振兴中华"的口号，奏响了时代最强音。

顽强拼搏是女排精神的胜利密码，体现了女排人自强不息的奋斗精神。苟安者弱，拼搏者强。改革开放初，中国女排在条件简陋的竹棚中艰苦训练，不仅练就了过硬的技术，还养成了坚韧不拔的"竹棚精神"，奠定了女排精神的基础。她们敢于挑战大运动量的训练极限，克服了伤病困扰，经受了苦累考验，赢了也要全力以赴，输了也要竭尽全力，凭着奋不顾身的拼劲和打不垮拖不烂的韧劲，中国女排上演了一幕幕惊天逆转，将体育拼搏的本质表现得淋漓尽致。

永不言败是女排精神的个性密码，体现了女排人更加彻底的拼搏精神。锲而不舍，金石可镂。永不言败表达了中国女排拼搏到底的决心，反映了中国女排百折不挠的顽强意志，彰显了中国女排不言弃、不服输的职业性格。这种精神更多体现在落后时奋起直追、愈挫愈勇，低谷中卧薪尝胆、苦练内功，逆境中

砥砺前行、积蓄力量。中国女排掌握了改革创新这一转败为胜的技术密码，坚持科学选材、科学训练、科学培养、科学管理，打造女排永不言败的坚强基石。

女排精神的魅力在于跨越时空，几十年历久弥新，在新时代散发出更加耀眼的光芒。在实现中华民族伟大复兴新的历史征程中，在推进社会主义现代化建设的关键节点上，需要发扬新时代的女排精神，凝聚人心、汇集力量，通过意识的能动作用把精神动能转化为强大的物质力量。

（资料来源：中共中央党校网站，有删改）

思考：结合本章的学习内容，分析中国女排的夺冠历程和女排精神反映了哪些与团队心理、团队互动、团队领导有关的社会心理现象。

三、实践训练

为促使大家进一步熟悉团队心理的相关内容，明确学习团队心理的意义，掌握团队互动、团队沟通、团队决策及领导力培养的方法。以小组为单位，收集资料，确定和团体心理内容相关的任意项目主题，如团队建设、团队互动、团队决策等，采用调查访谈的方式进行项目实施，最终以课件和视频的方式展示项目成果。

【心理拓展】

一、心理书籍

（一）《山腰上的中国：红旗渠》

作品描绘了一群普通人择一事苦战10个春

"心"实践：团队
凝聚力项目教学法

秋，创造出一个奇迹：修成全长1500公里，凝结着勇气智慧、蕴含着创新创造、流淌着奋斗气质的盘山大渠。十年修渠期间，林县前后有30万人参加，父子、母女、兄弟、姐妹齐上阵，是一部彰显

人民大众团结奋斗与党员干部的责任和担当的通俗读物。

（杨震林.山腰上的中国：红旗渠［M］.北京：北京联合出版有限公司出版，2021.）

（二）《华为团队工作法》

作品全面介绍了华为的团队工作方法。华为是中国率先将人才作为战略资源的企业，华为团队工作法是其持续壮大的动力和源泉。本书中聚焦人才选拔、团队搭建、人才培养、激励机制与组织激活，系统阐述了华为"精准选配、有效激励、加速成长"三位一体的团队管理法则，揭示了华为团队建设和人才管理的核心要点。

（吴建国.华为团队工作法［M］.北京：中信出版社，2019.）

（三）《非暴力沟通》

作品详细描述了非暴力沟通这种沟通方式。非暴力沟通指导我们转变谈话和聆听的方式，促使我们不再条件反射地反应，而是去明了自己的观察、感受和愿望，有意识地使用语言，既诚实、清晰地表达自己，又尊重与倾听他人。帮助我们在沟通过程中培育对彼此的尊重、关注与爱，使人和谐互助。在使用爱的语言的同时，我们也提高了自己爱的能力。

（卢森堡.非暴力沟通［M］.阮胤华，译.北京：华夏出版社，2021.）

二、心理影片

（一）《首席执行官》

影片讲述了以海尔首席执行官凌敏为首的一群中华民族的优秀儿女，胸怀振兴民族工业的大志，17年如一日奋力拼搏，把一个欠债百万元，濒临倒闭的集体小厂，发展成为全球销售额 602 亿元人民币的大型跨国企业的辉煌经历。

（二）《横空出世》

影片讲述了抗美援朝战争结束后，一支英雄部队挺进戈壁滩。与此同时，从美国归来的科学家陆光达与各科研机构、各重点大学挑选的优秀人才，奔赴西北荒漠，完成一项震惊世界的使命——建造原子弹发射基地。影片通过宏大的叙事，从瞬息万变的国际风云到艰苦卓绝的试验过程，从个人英雄主义到集体的力量，塑造了在内无经验外断支援的艰苦条件下，一群怀着崇高理想的中华儿女朝着共同的目标奋勇前进的集体形象。

空船效应——纸上得来终觉浅，绝知此事
要躬行

　　上山方知山高低，下水方知水深浅。
光说不行动，则万卷徒空虚。以积极、乐
观的心态面对当下，投入社会生活实践中，
有利于我们扩展对自身环境的认知，发展
出对他人的好奇，增进人与人之间联结，
活出生命的意义感。

空船效应

4

应用社会心理学从分析社会问题入手，最终目的是解决实际问题，以改善和提高人们的生活质量。学习应用社会心理学，可更好地促进心理学服务社会治理，开展心理实践，提升幸福感与身心健康，完善社会心理服务体系建设，促进健康中国建设持续推进。

【知识脉络】

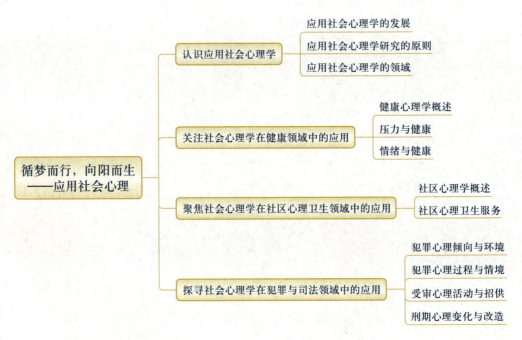

【学习目标】

素养目标：培育学生爱岗敬业的精神，厚植家国情怀，激发使命担当。

知识目标：掌握社会心理学在健康领域、社区心理卫生领域、司法与犯罪领域中的应用的知识内容。

能力目标：提升学生开展人际互动、团队合作、心理实践、社会心理服务的能力。

社区志愿服务项目的发展

杨浩（化名）毕业于某高职院校的社会工作专业，毕业后进入社区担任心理援助社工。在过去的三年工作中，他参与帮扶活动的同时，注重心灵疗愈，搭建心理热线平台。在社工站服务之中，杨浩发现越来越多的企业单位、慈善组织、学校等都主动参与到社区服务中来，其中高职院校师生参与社区实践意愿更强，他们都为社会治理提供强大而有力的支撑，由此萌发了搭建参与社会治理途径和方式的平台，促进资源共享、优势互补的设想。

基于国家政策指引及服务对象需求，杨浩提出设计志愿者学院发展项目。通过联动多元主体（区志愿者协会、镇团委、镇社联会、村居委、医院、企业、高职院校等），整合资源，建立多元志愿服务平台，推动多类型志愿服务的发展，如关爱青少年儿童、敬老助残、扶贫帮困等志愿服务，满足帮扶对象的多样需求。同时，注重终身学习的杨浩关注志愿者的综合能力和个别化发展，根据志愿者的服务人群、时限、

内容和发展方向，充分利用高职院校资源提供有针对性的培训课程。比如针对新进志愿者开设"启蒙"基础知识学习班；针对志愿服务团队开设"育苗"专项知识与技能专修班；为资深志愿者开设选修提升班课程。经过两年的试运行阶段，以上举措有效推动了志愿服务队伍的自主化运作，成效显著。

但是，项目也存在需要改进的地方。比如，联动各主体增加志愿服务活动时，有时会出现沟通合作的不及时、不配合，错失志愿服务的合作时效；在如何加强已成型的志愿者队伍的专业化发展，使其开展更为专业的志愿服务内容，惠及更多服务对象或社区居民等方面，则还需要进一步深思和探索。

情境分析：党的二十大报告明确提出，增进民生福祉，提高人民生活品质。社区是党和政府服务、联系群众的"最后一公里"，而高职院校服务社区教育是政府赋予高职院校的重要任务，具有一定的时代意义。学习应用社会心理学，可以帮助我们更好地理解和解决社会问题，也能更好推进社区志愿服务阵地和队伍建设规范化，开创新时代社区志愿服务新局面。

应用社会心理学是运用社会心理学的方法、理论、原则对现实社会问题进行分析和解释的学科。应用社会心理学从分析社会问题入手，最终目的是解决实际问题，以改善和提高人们的生活质量。

一、认识应用社会心理学

社会变迁发展中的现实需要是任何一门学科发展的巨大推力，这是毋庸置疑的事实，应用社会心理学也不例外。

（一）应用社会心理学的发展

应用社会心理学的发展过程大致可分为以下三个阶段。

1. 社会心理学应用研究的兴起阶段

20世纪初，哈佛大学心理学家梅奥（G. E. Mayo）为首的研究小组在对芝加哥的西方电气公司霍桑工厂的研究中，偶然发现社会心理因素对提高生产效率和员工的满意程度具有很大影响，为社会心理学干预企业管理打开了一条影响深远的通路。著名社会心理学家勒温（K. Lewin）倡导社会心理学研究

应该面向社会实际问题，并致力于对实际问题的解决。他毕生关注社会现实，致力于在社会心理学（以及其他社会科学门类）和公共事务与社会实践之间架起沟通的桥梁，通过理论与实践的结合，促进研究与行动的统一，使社会心理学的知识能为改造社会服务。

2. 社会心理学应用研究的演进阶段

在 20 世纪 30、40 年代中，虽然一些社会心理学家的兴趣仍在于实验室研究，但随着应用研究陆续出现，总的发展状况呈现出应用研究与实验室工作并重的局面。进入 20 世纪五六十年代以后，由于战后的社会局面又处于相对稳定、平静的状态，社会心理学家对解决现实问题的兴趣也随之降低，社会心理学的研究又退回了"象牙之塔"，但社会心理学的应用研究也没有完全停滞或销声匿迹。在实验室实验占主导的情况下，应用研究在一些局部领域仍得到了某种拓展，特别是一些应用研究的分支已经日趋成熟，并成为独立的学科。例如，工业社会心理学得到了进一步发展，教育社会心理学也作为一门新兴学科于 20 世纪 60 年代诞生了。

3. 社会心理学应用研究的扩展阶段

自 20 世纪 70 年代以来，当代社会心理学的应用研究领域已经涉及人类社会的各个角落，如政治、经济、教育、司法、军事、文艺、宗教、医疗保健、广告宣传、婚姻家庭、环境保护等。由此不难看出，社会心理学的应用研究在这一时期不仅显现出明确且广泛的空间领域，而且有了很大的进展。正是这一时期的研究为应用社会心理学的形成奠定了牢固坚实的基础，同时也显现了应用社会心理学研究的广阔前景。

（二）应用社会心理学研究的原则

应用社会心理学研究是发挥社会心理学预测、控制功能的具体途径。它应当遵循以下原则。

1. 以现实问题为中心的研究取向

应用社会心理学的目的是"理解和解决社会问题"。比如，对于青少年的暴力行为，传统基础社会心理学的研究，一般会将其看作某个理论概念的特定案例，而应用社会心理学家就会设计一项了解这种社会现象的研究，或分析已有的相关研究成果并提出某种社会干预的方案，然后尝试在现实中进行减少暴力行为的应用。

2. 明确的价值定位

应用社会心理学家的研究旨在促进社会的发展、改善人类的生活，所以我们不仅仅要对社会问题的消极面做出反应，同时还要有积极的姿态进行完善和解决，努力促进生活的美好。

3. 强调研究结果对社会有用

应用社会心理学家应当努力去解决社会问题。例如，应用社会心理学家需要去研究如何预防青少年违法犯罪的心理行为，如何促进空巢老人的心理健康、提升其幸福感。同时，应用社会心理学研究的问题在被接受和应用之前，都要能够被别人理解。比如我们在开展社会心理服务体系建设过程中，怎样使用非专业术语，怎样利用大众传媒、工作坊等方式与大众沟通，所以科普宣传就是个很重要的课题。

4. 多学科的视角

开展应用社会心理学活动需要跨学科的视角取向，要尽可能多地考虑对所研究的问题领域产生影响的其他变量。比如，社区心理卫生服务组建成的针对老年人跌倒研究的专项小组，其成员应包括心理咨询师、社会工作者、物理治疗师、营养师药剂师、老年病学家、眼科医生、神经科医生或其他专科医生、护士等。不同学科领域成员的参与，有助于综合多学科优势，减少变量的影响。

5. 注重结果的社会可应用性

与基础社会心理学相比，应用社会心理学特别重视将研究结果用于解决社会问题。比如，在新冠肺炎疫情中，疫情不同阶段群众心态也有改变，社会心理服务体系在展开教育、疏导等系统工作时，就要考虑当时情况并具体分析可行性。

6. 采用多元的研究方法

应用社会心理学研究所采用的方法是多元的，例如调查法、实验法、准实验法、相关研究法和评估研究法等。但是，无论采取哪种具体的方法，它的最大特点是侧重在现场情境（即现实的社会情境而非研究者人为设计或控制的情境）中开展有关问题研究。

（三）应用社会心理学的领域

应用社会心理学所涉及的研究领域十分广泛，凡是人类社会行为实践与活动的地方，就必定存在发生着人的心理活动与行为过程，因而也就存在着社会心理学研究和应用的天地与空间。

1. 健康与社会心理学

健康社会心理学研究某些身体疾患和各种心理疾患与社会因素之间的关系，以及如何应用心理学治疗人的身心疾患。现代科技发展所形成的紧张的社会环境，使得许多与心理压力有关的疾病的发病率迅速提高。应用社会心理学可以就常见的负面情绪开展团体辅导、沙盘疗法（图 12-1）等，帮助人们更好觉察、理解和缓解负面情绪并传递正能量。

2. 社区心理卫生与社会心理学

社区心理学不仅研究社区居民的健康状况，也对社会问题进行研究。社区心理学旨在利用多种心理学方式，通过对社区内的各群体或个体提供前期心理干预和预防，提升群体和个体的幸福度。社区心理卫生服务工作者应当成为资源链接者，动员和整合社会

社会心理学在中学生学生管理中的应用

中的各类资源，为有需求的个人或群体提供更有效的服务。

图 12-1　沙盘疗法

3. 司法与犯罪和社会心理学

司法与犯罪心理学的研究内容包括：犯罪心理的形成和犯罪行为发生的规律，如何应用社会心理学知识及时侦破案件，法庭社会体系中各不同角色之间的关系及相互影响作用，预测、预防犯罪的有效措施等。比如，应用社会心理学研究青少年违法犯罪的心理特征，这对于保护和引导青少年，为社会造就有用人才，防范和减少青少年违法犯罪的发生有重要意义。

4. 其他领域中的社会心理学

组织领域是社会心理学应用研究最早进入并长期予以不懈努力的研究领域之一，工作满意度、工作行为的激励、群体人际互动、领导过程等方面的研究成果，被广泛地应用于组织管理实践之中。比如，在不确定和变化迅速的环境下，改革型领导显得更有利于

组织的发展；而在稳定明确可预期的环境下，事务型领导则更有利于组织的发展。

有关教育的应用社会心理学研究，主要分析教育环境中的问题和现象。例如，在班级管理中，利用群体心理教育和鼓励优秀学生，监督和激励后进生，变学生被动适应为主动适应，将群体的功能发挥到最大，提高管理学生的效率；利用强化原理制定明确的奖励机制，将物质奖励和精神奖励有机结合，激发学生学习动机。

医疗系统中的应用社会心理学研究，关注的是病人看病求医的过程中医生和患者之间互动影响的问题。比如培养医生持有一种温和友善的态度和行为习惯也是有助于医患交流的有效方法（图 12-2）：那些能够不厌其烦反复回答和解释病人疑问的医生，往往能够得到病人较好的评价；细心负责的医生往往也能够得到病人较好的配合，使病人较好地遵循医嘱。

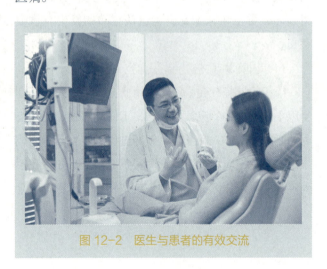

图 12-2　医生与患者的有效交流

二、关注社会心理学在健康领域中的应用

党的二十大提出，要把保障人民健康放在优先发展的战略位置，完善人民健康促进政策，深入开展健康中国行动和爱国卫生运动，倡导文明健康生活方式。没有全民健康，就没有全面小康。健康是社会发展水平的重要标志，人民健康既是民生发展问题，也是社会政治问题。

（一）健康心理学概述

近几十年来，健康的概念不断革新。我们过去认为健康是个生理概念，这种判断基于身体发生的症状而得出。现在大家开始逐渐认识到健康不仅仅是生理上的，还有很多心理和社会因素在起作用。

1. 健康、心理健康与健康心理学

世界卫生组织把健康定义为：身体上、精神上、社会上的完满状态，而不只是没有疾病和虚弱的现象。

心理健康属于健康的范畴，心理学家把心理健康定义为：个体能够积极地、正常地、平衡地适应当前和发展的社会环境的良好心理状态。心理健康的人不仅有良好的自我意识，能够认识到自己的长处和不足，而且能够与社会和谐相处。

健康心理学则是心理学的分支之一，旨在运用心理学知识和技术，探讨和解决有关保持或促进人类健康、预防和治疗躯体疾病的问题。该学科致力于从心理学角度去了解健康和疾病的原因和规律，引导人们改变不良的行为习惯和生活方式，帮助人们以健康的方式生活。

2. 健康模式的变迁

从 20 世纪 90 年代开始，在医学领域，人们对健康模式的观念经历了生物医学模式、心身医学模式、生物－心理－社会医学模式三个阶段。

在生物医学模式中，只有和疾病有关的生物因素被考虑到了。心身医学模式则强调生物因素并不必然导致人们患上某些疾病，心理因素才是比较重要的。生物—心理—社会医学模式的构建，则是考虑到人是生活在社会中，若抛开社会因素的影响来看待健康问题是不全面的，社会环境、社会变化、社会压力等无疑影响着人们的健康。

（二）压力与健康

压力无时不在、无处不在，因此我们应该了解影响我们对压力的反应的相关因素以及如何避免压力对我们身心造成的各种不适。

1. 心理压力

生活事件会给个体带来压力。个体应对这些压力的过程被称为应激，它是身体对威胁性事件所产生的一种生理性反应。比如，在一个参加重要考试的早晨，你发现闹钟没有按时响起，或是当你准备去参加一个重要的工作面试时，你的简历没有带。经历这些生活事件，你的身体可能进入一种高度唤醒状态，出现嘴发干、心跳加快、手心出汗等生理反应。此刻你很难把注意力集中在其他事情上，脑海里一遍遍重放这一事件。

但每个个体对压力的感受值是不同的，在有些人看来心急如焚的事情，在另一些人眼中可能是小事一桩。比如大三学生启明在求职面试前会忐忑不安，难以入睡；而学生林静仅将其看作一次锻炼的机会，态度从容。为此心理学家提出，是主观压力而不是客观事件对压力的产生起决定作用，也就是生活事件是否会产生压力，主要看我们是如何去诠释它。

心理研究还发现，知觉的控制感和自我效能等因素也会影响我们对压力的反应。相对于可控事件和可预测的事件，无法控制的事件或者不可预测的事件对人们来说更有压力。无法预测的不可控事件使得人们无法有效应对这一问题，因而容易陷入紧张的情绪。神经科学领域研究已经证明，低水平的控制感会让人感到极度紧张。很多曾经焦虑过的人，都有过认为事态已经失控的经历，大部分心情沮丧的人也都曾感受过对自己的生活失去控制的感觉。无论人们来自何处、如何长大，只要缺少控制感，人就会有压力。

相信自己能够控制生活固然重要，但相信自己能够采取一些特定的行为来达到目的更重要，后者被称为自我效能。高自我效能感的个体会更加乐观自信，从而可以更好地应对情境中存在的压力，也更可能取得好的结果，获得积极的情绪体验。

案例：*大一学生若兰（化名）害怕在公共场合讲话，她可以提醒自己在有些场合她曾经流利地公开发言，所以她是可以做到的。当她在公开发言中取得一些成功后，多多鼓励自己，她就可能最终达成自己的目标。*

自我效能的作用机制就好像自证预言——你越相信你能够完成某件事，这件事成功的概率就越大。

除了控制感和自我效能感，个体的健康状态也和我们看问题时的归因方式有关。比如，同样是考试成绩不理想的两个同学，梓轩认为很多知识点是在自己生病请假时老师讲的，于是好好学习、查缺补漏，在下次考试中也获得了较好成绩。诗诗则把考试成绩不理想归因于自身学习能力不足，觉得自己努力很久了却始终不能达到预期的效果，于是开始否定自己，并将压力延展到下一次考试中，从而影响学业成绩的提高。我们可以看到诗诗可能陷入了习得性无助的状态中。习得性无助是指一个人经历失败和挫折后，在面对问题时产生的无助心理状态。有些人很容易把这种感觉泛化到所有类似情境中，从而对自己丧失信心。

2. 积极应对方式

应对方式是指人们在面对应激事件时的反应方式。心理学研究表明，在应激事件与健康之间，应对方式起着重要的中介作用。

根据我国学者俞磊的总结，应对应激有三个维度：一是改变问题本身的应对，即通过采取问题取向的应对方式，针对现实中存在的问题本身调动自身资源以及以往的经验直接解决问题；二是改变个体对问题认知方式的应对，即个体降低对于问题本身重要性的认识，从而降低应激的感受性，减轻应激反应；三是改变由于问题引起的情绪危机的应对，即采用情绪应对方式进行应对，设法避免压力对个人情感造成的伤害。

下列的措施在应对压力方面很有价值。

（1）心理宣泄。心理宣泄可以起到类似减压阀的作用。常见的宣泄方法包括倾诉宣泄、呐喊宣泄、写作宣泄、音乐宣泄、运动宣泄等。例如，把自己关在房子里号啕大哭，或者写日记、给朋友写信、找朋友交心谈心，或者逛街、听音乐、户外运动徒步等，这些都是心理宣泄可供考虑的途径。

（2）转移注意力。转移注意力是指在过度紧张时，有意识地将注意力转移到其他轻松无关的事情上，以缓解紧张情绪。例如，在公众演讲场合可以在上台前，把注意力从即将开始的紧张活动上暂时移开，看看窗外的景物，和同伴闲聊两句，甚至轻轻哼上两句熟悉的曲子。

（3）放松训练。放松训练包括渐进式肌肉放松、有指导性的冥想或正念等，这些方法能够减慢心跳、缓解肌肉紧张和降低血压。如果感觉面对的任务让自己不堪重负，可以休息5到10分钟，通过深呼吸和肌肉放松，在紧张解除之后，再去完成这个任务。

【学海无涯：心理技能】

正念冥想

图12-3　正念冥想

心理压力时常伴随着情绪反应，而情绪管理的首要步骤，便是要觉察自己的情绪，进而接纳自己的情绪。而正念的内涵，正是帮我们有意识地对事物进行不加评判的觉察，清醒地、如实地去观察当下发生的一切。正念练习（图12-3）有以下几种方式。

身体扫描

有意识地将注意力集中在身体的不同部位，培养对身体感觉的意识。选择坐着或躺着的姿势。步骤：深呼吸开启准备工作，专注于与地面或椅子接触的身体部位，将注意力转移到身体的其他部位，从脚趾到头部或从头部到脚趾，扫描身体的不同部位，深呼吸，保持对身体感觉的觉知，不用试图改变任何感觉。

专注于呼吸

有意识地专注于呼吸，将注意力集中在吸气和呼气上，尽可能让吸气与呼气等长，交替吸气、呼气。可以去觉察吸气开始的时刻，也可以去觉察呼气结束的时刻。以相同的注意力持续觉察吸气与呼气的开始与结束。

觉察外部的事物

我们可以通过专注于环境中的某一对象，进行正念的练习。比如，想象一下你手里拿着一支笔，手指抚摸笔并专注于它是光滑的还是粗糙的，是长的还是短的。用心进食时，你专注于食物的味道和质地。听音乐时，你专注于音乐的变化以及不同乐器的变化。运动锻炼时，你可以专注于周围的气味和声音。

正念伸展

在伸展过程中，专注于呼吸，并留意身体感觉，尽量只专注于伸展运动，避免其他分散注意力的想法。步骤：深呼吸，调节身心，在原地伸展双臂，将意识只专注于伸展的动作上，充分地感受身体的感觉。在伸展的过程中专注于呼吸，如果产生了一些想法，不做深入思考，然后慢慢收回肢体。

正念步行冥想

步行冥想可以帮助我们深度放松以及觉察。对于无法静坐进行常规冥想练习的人来说，步行冥想是非常好的方式。步骤：找到呼吸，稳定身心，留意脚踝在地面上的感觉和声音。如果步行的过程中被其他因素干扰，让意识回到当下。反复进行练习与觉察。正念步行过程中，可以留意树叶，也可以留意声音，或者仅仅只是留意动作本身，但需要注意的是，一旦确定这次觉察的目标，就要始终以目标为练习的锚。

（4）认知调节。同样一件事，由于不同人对它的认识、看法和解释不同，他们的情绪体验和反应可能相去甚远。比如，走在校园里碰到同学，对方却没有打招呼，有同学觉得对方可能正在想什么而没注意到自己；也有同学觉得对方对自己有意见或看不起自己，见面连招呼都不肯打，从而产生消极甚至敌对的情绪。

（5）社会支持。寻求来自父母、亲朋好友或老师等各方面的支持，有助于个体释放压力，提高幸福感，提高压力应对能力。比如，大二学生万丽失恋后感到难过，室友的安慰陪伴让她感觉到了关心和温暖，她感觉好了很多。同时，在分手这件事上，当她不知道自己是否作出了正确的决定时，朋友们理解她并支持她做出的选择时，她会感到舒服很多。

（三）情绪与健康

抑郁和焦虑是全世界最普遍的精神健康问题，而它们还经常相约一起搞破坏，让我们的情绪一团糟。《中国国民心理健康发展报告（2021—2022）》显示，在本次调查中，抑郁风险检出率为10.6%，焦虑风险检出率为15.8%，抑郁和焦虑水平的影响因素高度相似。

1. 抑郁

报告指出，在成年人群中，青年为抑郁的高风险群体，18～24岁年龄组的抑郁风险检出率达24.1%，显著高于其他年龄组。在这里简单区分一下抑郁与抑郁症。抑郁状态是指存在抑郁情绪的一种心理状态，导火索一般是较为明显的负性生活事件，比如考试考砸，这种情绪存在时间一般不超过两周，且症状较轻；而抑郁症是一种心理疾病，导火索可以是任何事，甚至说不清是为什么，除了抑郁存续时间较长，症状通常也较明显，需要心理干预甚至药物治疗。

（1）抑郁与归因方式。抑郁与一种消极的、悲观的失败归因方式相关联。心理学者认为，一个人选择乐观还是悲观，取决于其解释问题与挫折的方式是采取乐观的归因方式还是悲观的归因方式。抑郁者更倾向于将失败和挫折的原因归结为稳定的（"它将会一直持续下去""在未来很长一段时间内自己将会很无助"）、普遍的（"它会影响我做的每件事情""它将把我所做的一切都摧毁"）和内在的（"这全是我的错""自己一无是处"）因素（图12-4）。心理学者认

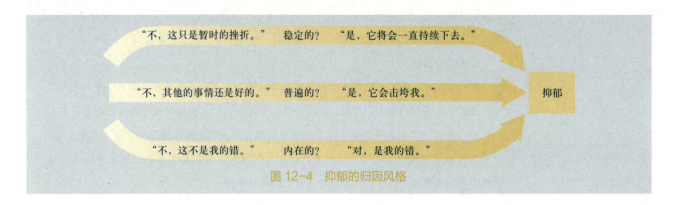

图 12-4 抑郁的归因风格

为，这种消极的、过度泛化的和自我责备的思维，其结果就产生令人沮丧的绝望感。如果这成了一种惯性，这种思维方式可概述为"抑郁的归因风格"。

（2）抑郁与负面思维。抑郁往往与一些困难的生活情境有关，比如人际冲突、工作、经济或身体健康等出了问题。处理这些难题原本就很不容易，而一旦我们抑郁了，由于思维模式发生了变化，容易导致人们陷入恶性循环，事情就会变得更难。典型的恶性循环思维模式见图 12-5。一旦思维进入恶性循环，人们便开始寻找证据来证明或确认自己的消极思维和负面感受。消极思维往往和抑郁同步，并因为抑郁而变得更加难以战胜。常见的会加重抑郁的思维方式如表 12-1 所示。

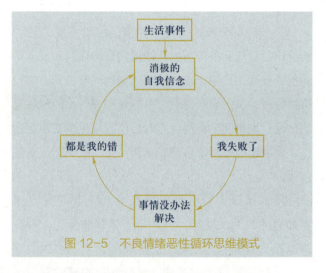

图 12-5 不良情绪恶性循环思维模式

常见的会加重抑郁的思维方式如图表所示：

表 12-1 典型的适应不良思维方式

思维方式	定义	常见语录
草率下结论	快速得出结论，尤其是在应激状态下	"成绩又得了 B，看来我不够聪明，不是读书的料"
情绪性推理	做判断的时候过于依赖自己的情绪	"我不知道要怎么做，我现在就是感觉很低落，伤心"
全或无思维（非黑即白，或两极化）	用两分法看待事物，没有中间地带	"我竞选要么成功，要么失败""他要么喜欢我，要么不喜欢我"
我必须	被迫做事的感觉	"我是学习委员，我必须考第一"
忽视和不相信积极面	忽视或不考虑优点、积极事件或成就	"老师高估我能力，我并没有那么优秀，换作其他同学都可以做到"
灾难化	不考虑其他可能的结果，而是消极预测未来	"完了，挂科了，以后就毕不了业了找不到工作了"

2. 焦虑

焦虑，通常是在压力事件作用下，对于未来某种不确定性结果产生的担忧和恐惧。有些人在面对压力时，会产生比较严重的焦虑，持续时间也比较长（几个月及以上），甚至对日常生活造成干扰，发展成焦虑症。但是有些人，却能相对从容地应对压力，并把焦虑转化为动力。什么样的思维方式让人难以应对压力，产生过度焦虑呢？

（1）高估潜在风险。焦虑者会认为，所有的一切都有危险性，这些危险随时随地都可能降临。比如在新冠疫情期间，"总觉得身体某个地方又不舒服了，我是不是又阳了"，可能会反复地去测核酸或抗原，从而陷入焦虑情绪。

（2）认为自己没有办法应对未知情形。焦虑的人对未知事物充满恐惧，高估潜在风险，所以他们也会避免接触新的情形，或者要确保自己做好一切准备。逐渐地，他们就真的无法面对新的情形了，最终，当意外真的降临时，就会不知所措。他们一样陷入了焦虑的怪圈：世界很危险——回避新的情形／凡事都要做好计划——意外出现时，无法解决——我确实没有能力面对意外——越加坚信世界很危险。

3. 缓解抑郁、焦虑情绪

学校可以在每年5月心理健康月，在校内以"和谐心灵，健康成长"活动为契机，传递"我爱我"的实践精神，共同营造自尊自信、理性平和、积极向上的校园氛围。除此之外，在日常生活中，也可以尝试用下列认知行为的方法去缓解抑郁和焦虑的情绪。

（1）饼图确认责任。饼图确定责任（图12-6），

就是当出现某个已知结果的时候，我们引导来访者去分析可能的原因，并且分析这些原因的所占比，也就是说画一个原因关系的饼图。画饼图非常的直观，能够带给人的情感和视觉上的冲击力。比如对于考试没考好的原因分析。

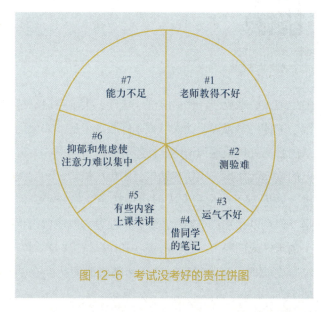

图 12-6　考试没考好的责任饼图

（2）向下比较。向下比较，即对于某一件具体的事件，不要拿这个事件的结果和最擅长的人比较，更不要拿这个事情的结果和自己的巅峰期的状态去比较，而是要把这件具体的事情和状态与自己最糟糕的时候进行比较，看进步多少。

（3）建立自我肯定清单。抑郁或焦虑情绪的人，往往他的思维模式是有问题的，如会有倾向性地忽略一些好的事情，去夸大一些不好的事情。自我肯定清单就是去矫正这样的倾向性：列出一张表格，将做到的事情填在表格里，从而进行自我肯定。

（4）与焦虑情绪相处。焦虑的产生会伴随一定

社会心理学在临床
咨询治疗中的应用

社会心理学在社区心
理卫生领域中的应用

的生理和心理反应，比如脸红、流汗、大脑空白、持续性的神经紧张等，让人感觉不舒服。但是，如果你从内心深处抗拒这种情绪，你就会多一份焦虑：为自己的焦虑而焦虑。不妨容纳自己的焦虑情绪，和"焦虑"做朋友。这位朋友来时，虽然会让你分心，但是，你可以和它打个招呼，继续把注意力放在自己手头的工作或任务上。当你沉浸在其他事情上，不对它过分在意时，你会发现这种情绪随着时间就会自然消失。

三、聚焦社会心理学在社区心理卫生领域中的应用

社区是人们生活的生态环境之一，是社会组织形态之一。随着人类社会的发展，社会环境的不断变迁，环境对人类社会心理和行为的影响也越来越受到应用社会心理学家的关注和重视。

（一）社区心理学概述

1. 心理卫生运动与社区心理卫生服务

我国当代的心理卫生运动发起于 20 世纪 30 年代。1936 年 4 月，中国心理卫生协会在南京成立。吴南轩与艾伟、萧孝嵘等五人一同担任常务理事。该协会"以保护与促进国民之精神健康及防止国民之心理失常与疾病为唯一之目的，以研究心理卫生学术及推进心理卫生事业为唯一之工作"。其具体工作主要有编印杂志、介绍书报、举办儿童幸福讨论会、推广心理医学教育、调查低能儿童、筹办精神健康咨询处等。心理卫生运动对社会心理健康起到了促进作用。但基于社区和基层保健机构的社区心理卫生服务开展较晚，只有 40 余年的历史。

2. 社区心理学的定义及其分析

社区心理学是在临床心理学、社会心理学和组织心理学的基础上发展形成的心理学科分支，其最终目标是找到一些行之有效的预防性干预措施，以提高整个社区人群的生活质量和健康水平。它主要探索如何以社区群体为单位，运用心理学方法，结合精神病学和社会学手段提供社区保健等服务，预防和解决社区心理健康问题。

（二）社区心理卫生服务

加强社会心理服务体系建设既是贯彻落实党的二十大报告中"重视心理健康和精神卫生"的重要举措之一，也是提升人民群众身心健康和精神文明水平的重要路径，同时还是减少社会风险、创新社会治理的重要举措。

企业单位、公益组织和学校基层党组织应当充分发挥战斗堡垒作用，带领更多的支部党员关注辖区内空巢、丧偶、失独、留守老年人，孕产期、更年期和遭受意外伤害妇女，流动、留守和困境儿童，精神障碍社区康复人员及其家属等劣势群体的生活情况，为他们提供更多的一对一帮扶服务，尤其是心理辅导、情绪疏解、家庭关系调适等社会心理服务，使他们养成自尊自信、理性平和、积极向上的社会心态，从而擦亮党建名片，打造特色党建品牌，为营造全社会关心关爱的氛围汇聚更多爱心力量。

1. 对老年人的社区心理卫生服务

敬老爱老，善德之始。党的二十大报告中明确提出实施积极应对人口老龄化国家战略，发展养老事业

和养老产业，优化孤寡老人服务，推动实现全体老年人享有基本养老服务。

在我国，老年人通常是指60岁或65岁以上的成年人。老年人身心变化的基本特点是：尽管个体差异很大，但总的趋势是逐渐表现出退行性变化。生理上的退行性变化、年龄的增长以及退休后社会生活条件的改变和非规范事件（比如独居、生活圈变窄等）的发生，导致老年人心理上的种种变化：认知活动有所减退、情绪体验深刻而持久、易产生消极情绪情感等。更值得注意的是，许多老年人受自理能力、文化水平、信息知晓等方面限制，及时获取服务存在一定困难或不便，对心理卫生服务机构的使用率较低。

我们可以通过"职业院校＋社区"合作模式从以下几个方面为老年人提供社区心理卫生服务：第一，通过"进家进院进社区"活动，加大宣传力度，丰富老年人喜闻乐见的宣传形式，帮助老年人正确认识心身变化，调整好心态，充分享受人生乐趣。第二，开展老年人能力综合评估。准确判断老年人失能状况及服务需求，建立困难老年人精准识别和动态管理机制，强化"政策找人""服务找人"措施。第三，帮助应对社会角色变化。根据社会需求和本人能力、兴趣、意愿，通过不同途径选择适当而有意义的事情，如高职学生的社区志愿服务可以通过开展香牌制作、手工剪纸、串珠制作、黏土捏塑等各种项目，让老年人参与其中充当新角色，建立新感情，适应角色变化。第四，保持家庭氛围的和谐。协助处理好与老伴的关系，与子女的关系，与孙辈的关系。

在为老年人提供心理卫生服务（图12-7）时，除了我们主动入户外，还可以利用快递员、水电公司员工等有机会去观察他们的工作者，通过他们来查找潜在需求者。这些人的任务并不是直接干预，而是辨别出老年人是否需要帮助，并将情况报告给社工机构。这种做法就像是撒了一张大网，方便社区工作者快速与需要帮助的老人联系，安排家庭访问，并在开展正式服务前与他们建立良好的关系。被找到的老人不仅接受心理卫生服务，也接受其他任何可能的必要帮助，包括经济资助、家庭卫生服务、送餐、推荐合适的护理和医疗方法等。

图 12-7　老年社会工作者服务

2. 对妇女的社区心理卫生服务

研究发现，家庭关系、婚姻关系、亲子关系的复杂性，以及职场上的压力，容易给女性带来挫折感，造成情绪上的失控和心理上的压力。在女性发展的特殊阶段，如妊娠和产褥期，更容易出现缺乏自信、焦虑和抑郁情绪；更年期的心理问题主要表现在心理疲劳、个性改变、情绪不稳定、悲观抑郁和性心理障碍五个方面。

我们在开展妇女工作时，要特别强调培养妇女自尊、自信、自立、自强的精神，增强她们的历史使命感和社会责任感。工作内容主要有三个方面：第一，合理疏导情绪，保持良好心境。女性情绪变化对于个人和家庭的影响很大，通过情绪识别、情绪管理等知识的宣教，帮助女性建立良好心境。第二，协助家庭与婚姻问题的处理。处理好夫妻关系，亲子关系、改变不科学的教育态度与行为，缓和紧张的家庭关系带来的情绪波动。第三，鼓励建立和谐的人际关系。鼓励女性主动扩大人际交往面，同更多的人交流思想和感情，建立更多的社会支持，建立充分的安全感和信任感。同时，处理好与异性朋友的关系。

妇联可发挥"妇女＋"巾帼力量，联动多方资源，打造"妇联＋企业＋社区＋院校"的"一站式"妇女维权服务阵地，同时创新社会治理模式，比如拓展女性科技创业，开展女大学生成长计划、新兴行业女性关爱、新时代妈妈关爱、婚恋交友服务等项目，帮助解决妇女"急难愁盼"问题，促进家庭和谐进步。

我们可借助群团改革大潮，在社区教育工作中，坚持问题导向、聚焦突出问题，扩大妇联组织和妇联工作有效覆盖，加强基层基础工作，坚持服务妇女群众的工作生命线，积极搭建女性与政府沟通的桥梁，在认真落实党的部署、回应群众呼声方面努力，致力于将党的声音传递到基层群众妇女耳中，将基层妇女愿景传达到党的耳中，最大限度地把各类女性群体团结凝聚在党的周围。

3. 对困境儿童的社区心理卫生服务

党的二十大报告明确提出，"健全分层分类的社会救助体系"。儿童是国家的未来和民族的希望，而困境儿童是儿童群体中的一个特殊群体。他们由于家庭环境或自身疾病等原因而在生理、认知和情感等发展方面存在障碍，在未来社会适应上可能存在潜在脆弱性。如果不提前进行干预，困境儿童就有可能形成极端或偏差型人格，出现认知偏差和情感障碍，成为未来社会中的弱势群体。

困境儿童群体区别于其他困境群体，因此在实践中应更加重视社会力量的参与。相对来说，社会心理卫生服务中更强调人文关怀以及全方位的照顾，更加适合针对困境儿童群体开展发展型救助实践。其中，我们可以通过以下重要举措助力他们健康成长，帮助他们积极融入社会。

（1）为困境儿童照料者提供精神支持和信息支持。良好的父母关爱和家庭环境对于童年时期的性格养成和人格培育等具有至关重要的作用。困境儿童的

照料者是对其影响最大的家庭成员。一般困境儿童的照料者多为祖父母或外祖父母，他们年长且健康状况欠佳，在照顾孙辈的过程中会有更多艰辛和不易。我们在实践服务时，可以通过耐心倾听、陪伴、同理和共情给予他们很大的精神慰藉，让他们能被听见、被看到、被理解，从而在心理上得到支持，情感上得到疏解。同时，照料人由于知识有限，需要得到正确的信息支持。有些困境儿童在学校无法专注学习、课业成绩不好而成为"问题学生"，儿童的照料者并不知道孩子成绩不好的原因是生理方面的限制，比如多动症导致的注意力无法专注，而照料者认为是孩子故意调皮，所以对其施以严厉的体罚，导致二者关系疏远。我们可以向照料者提供筛查儿童多动症的医疗机构信息，敦促家长带孩子去检查，促进对病症的治疗。

（2）培育困境儿童的正确认知、鼓励积极正向的情感。儿童时期的认知和情感发展是社会化过程的重要组成部分，认知与情感的发展都是在人际互动中产生和形成的。困境儿童的照料者能关注孩子的冷暖和安全就很不容易了，很难要求他们还能在认知情感方面提供更多的支持。我们入户家访时可以帮助识别出有需求的儿童并为其提供补充性的认知和情感发展的服务。比如发现该儿童在性格上具有敌对、攻击、暴躁的特点，和家里照料者间的关系也比较紧张，在做完需求评估之后，我们可以尝试通过鼓励、赞赏、表扬等方式与孩子互动，激发儿童的自信心、自尊心和进取心。

（3）促进困境儿童与同辈群体的交往。同辈群体在儿童自我认同的形成、心理调节和行为模式的形成方面具有重要的作用。我们在家访中发现不少困境儿童存在孤僻、自卑、不愿与同龄人交往的特点。为了提升其与同龄伙伴人际交往的能力，工作者可以开展社会资源链接，经过家长同意，设计外出游览参观等活动规划，发动志愿者开展志愿服务，带领同龄的

困境儿童一起参加爬山、游园、观看儿童戏剧演出等活动，让他们体验与同伴一起游玩的欢乐。另外，在平时的生活中也应鼓励邻里互助，促使困境儿童两两结伴，一起去公园踢球、做游戏，在同伴游戏中让困境儿童获得自信、自立、自助和互助能力，从而快乐成长。

4. 社会支持网络

个体的社会支持网络是指那些能把个体和建设性的资源联系起来，以达到有效的、个人适应的、持久的社会联系。越来越多的研究表明，个体的社会支持网络的质量是个体生理和心理健康的重要影响因素。社会支持在缓冲个人危机和生活变动带来的潜在威胁中尤其有价值，包括情感支持、工具性帮助、期望和反馈的交流、获得多种新信息和社交机会、陪伴和娱乐以及归属感等。

利用社会支持的社区心理卫生干预近年来得到了迅速的发展。经典的社会支持干预模型是相互支持团体，指曾经历过相同生活危机的个体有规律地以非正式小组的形式相互碰面，交流他们的感受和担忧。比如成立精智障碍家长互助社，在精智障碍儿童家长间、家庭间开展经验交流，促进精智障碍儿童家庭间的互帮互助与项目的发展，并协力寻求社会援助。妇女社区社会支持网络可以建立以妇女志愿者为本的支持网络，以社区妇女人群中共同兴趣爱好或共同关注点为切入点，比如以"爱的家"为主题营造居民第二个家的温暖氛围，创建以人为本的社区居民公共服务空间。除此之外，还可以建立妇女自助互助为本的支持网络，如单亲母亲支持小组、受虐妇女支持小组等，以及协助个人或家庭预防应对家暴等突发事件或危机的社区紧急支援网络。

【学海无涯：心灵故事】

小巷总理林丹

声音沙哑但铿锵有力，荣誉众多却低调务实，这就是党的二十大代表、"七一勋章"获得者、福建省福州市军门社区党委书记林丹。从1972年到社区居委会工作至今，74岁的林丹为社区居民奉献了大半生。

林丹是社区工作者的杰出代表，始终为民爱民，当好党的"传声筒"、群众的"服务员"，脚踏实地做好社区每一项工作。"一老一小"群体，涉及千家万户，关乎民生福祉。林丹整合各方资源，建起了长者食堂、托管中心、养老照料中心，把社区打造成温暖的家。

"社区工作者不是官，是居民群众的服务员。"50年来，林丹以党建为引领，创新社区治理模式，推行"一趟不用跑、最多跑一趟"服务，设立"居民恳谈日""居家养老服务中心""吉祥三宝""爱心助学"等，把党的工作做到群众心坎上，被群众亲切地称为"小巷总理"。

从关心群众冷暖到贴心服务社区，再到建设智慧小区，在社区这个平凡的岗位上，林丹做出了不平凡的成就。

（资料来源：中国新闻网，有删改）

四、探寻社会心理学在犯罪与司法领域中的应用

犯罪是触犯刑法、应该受到处罚的行为，是反社会行为的重要组成部分。社会心理学研究与犯罪和司法过程有关的各种社会心理现象，包括犯罪的社会心理原因，犯罪的社会心理过程与社会心理状态，罪犯于在逃、拘押、审讯、审判、监狱服刑期间的心理特点，罪犯的心理改造与转变等。

（一）犯罪心理倾向与环境

犯罪是一种侵犯社会利益的行为。犯罪心理倾向不是先天命定的，也不是单纯由环境造就的，而是由先天素质与后天社会环境相互作用的结果。

1. 先天素质影响

具有反社会人格的个体忽视或侵犯他人权利，还可能违法犯罪。从病理心理学的角度分析，反社会人格的形成，除了遗传基因的影响，在大脑发育过程中，脑部的缺陷和损伤所导致大脑正常功能的改变，也可能会增加反社会性人格的患病风险。有研究发现，反社会人格者的大脑皮质机能和一般人有所不同，其脑部负责情绪感知的部位功能缺失，导致他们对痛苦、快乐、恐惧等情绪的反应迟钝，甚至是毫无反应。

另外，也有心理研究者对一些青少年犯罪者进行调查，发现体格健壮、行动敏捷的人所占的比例大于身体圆胖或瘦长的比例。这些人比其他人更可能存在犯罪倾向，因为他们在社会化过程中会遇到更多的障碍，存在更多的失调，或者具有更多的犯罪条件。比如，一个身体健壮、行动敏捷的人更可能被同伴选去打群架，或者去偷盗。也就是说，别人可能会以非常微妙的方式根据他们的外表来做出反应，这些反应又影响着他们的心理倾向与行为。

2. 社会环境影响

家庭成员关系的不良和缺陷，可能导致家庭成员的犯罪倾向。比如父母对孩子宠爱、放任自流，孩子随意打骂父母等攻击行为得到持续和巩固；又或者孩子受到虐待后，认为这个社会上的人都是残忍的，积累起对于他人的报复情绪和报复倾向。

当学校存在不良人际关系时也容易导致犯罪倾向。比如师生对学习能力和成绩差的同学歧视、惩罚或者放任自流；当受到大家排斥和孤立，以及学习成绩下降之后，产生的厌学心理；学校监管不足，违反纪律、败坏风气的行为没有得到抑制；随意体罚，鼓励告密"小报告"等。

邻里间不良关系和社会心理气氛也可能导致犯罪倾向。比如邻里间经常吵架、打骂、闹纠纷，自私自利，偷盗抢劫等，也会引起生活于其中的人的不良思想和反社会倾向。在孤儿院、福利院、救济院和难民收容所里，容易形成冷漠、猜疑、自我中心的性格特征。

党的二十大报告强调："建设覆盖城乡的现代公共法律服务体系，深入开展法治宣传教育，增强全民法治观念"。在我国的犯罪预防体系里，由于有些父母不懂教育方法而酿成悲剧的事例不胜枚举。2022年1月1日起施行的《中华人民共和国家庭教育促进法》规定"父母或者其他监护人应当树立家庭是第一个课堂、家长是第一任老师的责任意识，承担对未成年人实施家庭教育的主体责任，用正确思想、方法和行为教育未成年人养成良好的思想、品行和习惯。"社区工作者可邀请家庭教育指导师、心理咨询

师、社工等一起围绕《中华人民共和国家庭教育促进法》《中华人民共和国未成年人保护法》《中华人民共和国预防未成年人犯罪法》等对家长开展普法教育。在青少年特训行业中，社会心理服务工作者就会对家长进行针对性的培训，优化家庭的教育模式，有助于行为偏差孩子的矫正和正常发展。

（二）犯罪心理过程与情境

犯罪行为不但取决于犯罪倾向，而且取决于犯罪情境，取决于犯罪倾向与情境的相互作用。

1. 犯罪与人的因素

如果犯罪行为由两个以上的人共同实施，则彼此会构成行为情境和刺激。比如在殴斗事件中，其中一个人被对方打倒在地，另一个人可能迅速逃命，也可能产生报复行为；如果一个人拿起棍棒挥打，另一个人可能抄起铁锹挥舞，使殴斗逐步升级。

犯罪被害人的性格特点、经济状况、表情与动作、态度与行为等是刺激犯罪的重要因素。比如主人发现盗窃者入室盗窃，如果主人大声呼喊，盗窃者可能很快出逃；如果主人义正词严地呵斥，盗窃者可能怯于威严立即逃走，但也可能因为担心被举报而故意伤害他人。

第三者（即外部因素）也会影响犯罪者的决策和行为。如果第三者的存在使犯罪行为败露，那第三者很可能会成为犯罪者攻击的对象，引发新的犯罪动机。如果第三者发现后逃走，犯罪者怀疑他去报案，可能会迅速逃匿，也可能加速行动，在尽可能短的时间内作案、达到目的。

2. 犯罪与环境因素

环境中的刺激物具有诱因功能。比如金钱外露的数目越大，对犯罪动机的激发力越大；放在房屋外或者街道上的财物，容易引起盗窃动机；住宅或者办公室内无人，容易引起盗窃动机；幼儿单独外出，容易刺激罪者的拐卖动机。

犯罪行为与地理位置、时间有关。犯罪者往往选择具备有利条件的地点作案，比如偷窃犯罪多在车站、交通工具、商店等人员拥挤的地方发生。犯罪者也会选择适当的时机，比如拐卖儿童多发生在家长疏于照管、儿童离家出走的时候。

所以，我们可以将预防犯罪的设计理念融入城市规划和管理的相关政策中。比如，装上监控摄像头有利于减少犯罪行为的发生。楼梯附近的走廊、窗户应该对准外部庭院，以便进入的居民可以看到谁在那里等着。通过各种规划和设计给犯罪分子更多的威慑作用，从而影响犯罪心理、减少犯罪倾向。

（三）受审心理活动与招供

几乎每个受审讯者都会产生审讯恐惧，这种情绪会使其思维过程出现混乱。特别是初次进入审讯情境的人，由于对情境和此情境中的行为规范相当陌生，因此具有强烈的恐慌，比较容易被审讯攻破。多次进入过审讯情境的人则知道采取何种行为对自己最有利，因此常狡猾地应对。

在比较顺利的审讯过程中，受审讯者与审讯者的相互作用一般要经历以下四个阶段。

（1）相互摸底阶段。因为双方对彼此的情况都不大了解，有经验的受审讯者不会主动说话，但也不会公然对抗，而是以多样的行为进行试探。审讯者也要进行试探，了解受审讯者的个性特点，可能接受什么样的提问方式，哪些地方容易突破，以便制定审讯策略。

（2）交锋相持阶段。受审讯者恐惧和慌乱逐渐减弱，能够调动较多的精力来应付审讯。比如为了回避犯罪事实，避免于回答审问时留下破绽，受审讯者往往对所有外来的提问和攻击一概进行阻拦和抵抗。比如对提问一概保持沉默，或者死顶硬抗回答"不知道"，在出示证据时拒绝观察，面对证据时矢口否认等。审讯者则要大胆打击受审讯者的嚣张气焰，摧毁他的精神防线。

（3）动摇反复阶段。受审讯者心理冲突异常激烈，比如知道无罪释放不太可能但又心存侥幸，担心被掌握关键证据自己却没"坦白从宽",也担心自己主动交代会得不偿失。审讯者也处于动摇反复之中,比如虽然已经有一定线索和证据,但可能被其推翻或者否认导致无法定案。

(4)供述与结案阶段。在足够的证据和心理震慑的作用下,受审讯者会供认自己的犯罪行为。但为了取得更有利的结果,一般还会有一些保留。

所以在审讯过程,审讯者要关注的是面谈技巧,不是给嫌疑人施压,而是帮助他们回忆事件有关的细节,这样嫌疑人一旦说谎,就很难自圆其说。其核心方法是认知面谈,即不对嫌疑人抛出一连串问题,而是让他们闭上眼睛,回想在重要会面时发生了什么,或者要他画出开会所在房间的草图。如此鼓励他们不断回忆,提供或重要或不重要的细节信息。研究发现,较之于使用直接提问的方式,认知面谈方法多获得80%的信息。而且,在认知面谈中,那些讲真话的人往往给出具体翔实的回答,并且随着细节增多,回忆会越来越多。而说谎的人,给出的只是一个干巴巴的回复,并且缺少细节描述。

(四)刑期心理变化与改造

1. 刑罚的社会心理效应

刑罚是社会强加给罪犯的惩罚和约束,也是他们不得不面对的社会作用力。罪犯被判处刑罚之后一方面犯罪事实在内心难以否认,另一方面又不愿接受罪犯的角色和罪名;一方面遇到了良心的谴责,另一方面罪犯名声使他感到屈辱。在这些心理冲突和折磨之下,他们往往选择将自己的犯罪行为"合理化"借以摆脱良心的谴责和罪名的压力。

有些犯罪青少年常把犯罪的原因归于外部环境,比如社会不公平,家庭没有温暖;否认犯罪动机,否认手段的违法性;认为自己的行为出于客观需要,属于正当手段,比如家境困难不得不暂时获取一笔钱;认为自己的行为对社会、对他人没有损害。

2. 认罪倾向的形成

认罪是指罪犯认识到自己犯罪行为的违法性质,承认对他人和社会造成的危害,产生悔恨、内疚、羞辱等感情体验,形成自我谴责、自我惩罚的心理倾向。认罪是改恶从善的前提。

有明确的犯罪意识的人,在犯罪之后倾向于肯定当时选择的正确性,避免自我否定,拒绝自愿认罪。没有明确的犯罪意识的罪犯,当认识到行为违反法律、行为后果严重时,会以良心和法律标准否定自己的行为,能够认罪。那些自认为获得了宽大处理的罪犯,因为感受到宽恕和恩惠,会由于"感激"和"恩惠交换"而认罪。

【学海无涯:知识拓展】

社区矫正服务

社区矫正是与监禁刑罚执行对应的一种非监禁刑罚执行方式,是指将符合法定条件的罪犯(被判处管制、宣告缓刑、假释和暂予监外执行的罪犯)置于社区内,由专门的国家机关在有关部门、社会组织和志愿者的协助下,在判决、裁定或决定确定的期限内,对社区矫正对象进行监督管理和教育帮扶,矫正其犯罪心理和行为恶习,促进其顺利融入社会的刑事执行活动。

社区矫正的实施过程既是刑事执行的过程,也是社区开展社会服务的过程。在社会工作开展进程中需要通过走访,走进他们真实的生活工作情境,理解体察他的生存环境、心理状态，了解他的内心心理，寻找到契合社区矫正服务对象的工作方法切入点。同时通过倾听、共情、鼓励、尊重、指导等方式建立与矫正服务对象的专业关系，找到打开他心门的钥匙，找到情绪按钮，从而改变社区矫正服务对象对犯罪的认识和态度，提高他认罪悔罪意识，不再重新违法犯罪。

🎯【心理实践】

一、团体活动

（一）自我效能主题——热身活动

活动目的：烘托活动气氛，提高团体成员参与的积极性。树立自信的意识，提升自我效能。

活动时间：10分钟。

活动准备：2人一组，不超过40人为宜。室内外均可。

活动过程：

（1）全体成员以两人一组为单位，互相问对方问题。

（2）问题必须是正面积极的，可以是对方做不到的，也可以是需要通过努力才可以做到的（例如，"你能减肥成功吗？"类似这样的问题）。回答的成员必须说"当然啦"，然后再问对方一个类似的问题，对方也要回答"当然啦"。

（3）如此循环数次。

（4）分享讨论：在你的搭档提问你的这些问题中，有哪些是你感觉自己能完成的？哪些是自己不能胜任的？经过这样的回答环节，对于你之前不自信的事情，打算怎样行动，来让它变为现实呢？

自我效能主题—— 　自我效能主题——
　热身活动 　　　 自信心百宝箱

（二）自我效能主题——自信心百宝箱

活动目的：通过制订策略来提高成员自信度。

活动时间：30分钟。

活动准备：活动卡片、一个小纸盒箱作为"百宝箱"，室内为宜。

活动过程：

（1）全体成员以5～6人为单位随机分组，并选出一名组长。

（2）发给每位成员一张卡片（内容为：① 我亲身经历过的提升自信的方法；② 我目前还无法提升自信的方面；③ 麻烦你来出主意，请各位成员填写第一项和第二项内容，不必署名。

（3）填写完成后，由组长收集组员的卡片，并与其他小组的卡片做交换。

（4）现在，各小组拿到的都是其他小组成员的卡片，请各成员朗读每张卡片的第一项内容，在小组内分享各种提升自信的方法；并针对第二项内容献计献策，填写到卡片的第三项内容中，数量不限。

（5）教师将所有卡片收上来放入"百宝箱"，让成员随机抽取并朗读，同时对大家的提升自信的方法提出点评和表扬。

（6）展示完毕后，教师带领大家分享体验和感受。

"心"实践:"学长学姐
有话说"项目教学法

二、案例思考

"网球王子":首位中国冠军吴易昺

2023年2月13日晨,网球职业协会(Association of Tennis Professional,ATP)ATP250达拉斯站见证了中国男子网球的历史性一刻。吴易昺2比1战胜伊斯内尔,成为首位赢得巡回赛冠军的中国男网球员,创造新的历史!

1999年出生在杭州的吴易昺,小小年纪就展现了惊人的网球天赋。他4岁开始接触网球,8岁时就被破格选入浙江省队,开启了他的网球征途。在2016年,吴易昺逐渐开始在国际青少年比赛中崭露头角。然而"事与愿违"似乎是很多运动员都会经历的梦魇,吴易昺也不例外。受伤病和训练状态困扰,他的竞技状态从2018年开始下滑,接下来的三年,他甚至很少在国际赛场上出现。那段时间,或许是他人生迄今最艰难的时刻。但心底那份热爱,让吴易昺熬过了难捱的日子。"网球,是一件我想要好好享受的事情。"历经挫折,他如今绽放得更耀眼。

吴易昺从来不把网球当作人生的全部,闲暇时他会唱唱歌、打打游戏,该放松时就放松,该工作时就工作。否则很容易输一场球就抬不起头,给自己太大压力,"保持热爱,不要上头,物极必反。"同时,同伴的支持和鼓励也给了吴易昺巨大的信心。"能有一起向前冲的兄弟们,很感动。"过去这些天,男网兄弟们一直在给吴易昺发信息。

赛后吴易昺本人也直言,面对这样一个发球强势的对手,他的内心其实非常崩溃。吴易昺之所以没有在这么大的压力下崩盘,挺住的核心关键是,"我坚信自己能赢下这场比赛。"吴易昺笑着说,"对于压力和别人的评价,我没有很在意,别人怎么评价你是别人的事,我觉得做好自己就好了。"相比起来自外界的表扬和评价,他似乎更在意自己是不是发自内心的喜欢,是不是真的享受在其中的状态。颁奖典礼上,吴易昺表示,"我为我的国家和我自己创造历史感到非常自豪"。

(资料来源:新京报,有删改)

思考:结合社会心理学在健康的研究领域,思考吴易昺在挫折经历中遇到了哪些压力,他如何觉知和看待压力,他是如何应对这些压力的?

三、实践训练

以小组为单位,调查采访社会心理学在学校、社区、医院、福利机构、养老机构等各个领域的应用,最终以课件和视频的方式展示项目成果。本实践旨在促使同学们进一步熟悉应用社会心理学、明确学习应用社会心理学的实践意义和价值。

◎【心理拓展】

一、心理书籍

(一)《感谢自己的不完美》

我们一直以为一些负面情绪,如痛苦、悲伤、愤怒、恐惧等是不好的,甚至认为这些是不完美的,阻碍了我们成长,我们努力去避免和克服它们。作者从新的角度、用心理学的知识告诉我们,这些坏情绪,对我们有极大的帮助和正面意义。这些情绪是伴随我们一生的，而且这些情绪并不是我们的敌人，是我们的朋友，我们应该接纳它们，并要感谢它们让我们越来越坚强，体验更多生命的无限精彩。我们要做的不是灭掉内心的魔鬼，而是去认识并拥抱它，活出真正的自我！

（武志红.感谢自己的不完美［M］.北京：中国华侨出版社，2014.）

(二)《自洽：在不确定的日子里向内看》

认识自己是我们走向成熟的开始，而对自己认识的完成，体现在对自我的接受上。"自洽"是"三观"中涉及"自我"这一部分的解读，是心理活动的基石。这本书探讨的正是年轻人面对选择、处理自我与外部关系时积极向内探求的思考路径，为读者提供一个与众不同的看待世界的视角，告诉读者如何做到与内心的冲突和谐相处。

（史欣悦.自洽：在不确定的日子里向内看［M］.北京：中信出版集团，2021.）

(三)《对白：让我们和更好的你聊聊》

18～25岁，或许是一生中最迷茫的时期。书中完整收入白岩松、周国平、刘震云、马未都、陈鲁豫、武志红、李昌钰、樊登等享誉全国乃至世界的名人名家演讲实录，探索成长本质，直面当下青年的现实与精神需求。为你奉上大学里没有的十堂"成年必修课"，是一部专属于"后浪"的成长指南。

（白岩松，等.对白：让我们和更好的你聊聊［M］.武汉：长江文艺出版社，2021.）

二、心理影片

(一)《中国青年：我和我的青春》

在共青团成立100周年大背景下，影片以三位当代不同职业青年的视角，讲述三个不同年代的热血青春故事，展现每一代青年都有自己际遇和机缘，彰显中国青年时刻与祖国同呼吸共命运的时代精神。

(二)《妈妈！》

影片讲述了一位85岁母亲和65岁女儿共同生活。女儿背负着对父亲的愧疚，过着清教徒般的生活，但阿兹海默症让她变成了另外一个人，年迈的母亲需要付出顽强的生命力照顾女儿。两个生命在进程中彼此成全彼此辉映。

参考文献

[1] 许新赞. 社会心理学 [M]. 2 版. 北京: 中国劳动社会保障出版社, 2015.

[2] 樊富珉. 结构式团体辅导与咨询应用实例 [M]. 北京: 高等教育出版社, 2015.

[3] 严虎, 陈晋东. 绘画分析与心理治疗手册 [M]. 3 版. 长沙: 中南大学出版社, 2019.

[4] 侯玉波. 社会心理学 [M]. 4 版. 北京: 北京大学出版社, 2018.

[5] 崔丽娟, 尹亭亭. 社会心理学 [M]. 4 版. 北京: 高等教育出版社, 2023.

[6] 陈志霞. 社会心理学 [M]. 北京: 人民邮电出版社, 2016.

[7] 全国 13 所高等院校《社会心理学》编写组. 社会心理学 [M]. 5 版. 天津: 南开大学出版社, 2016.

[8] 李伟民, 戴健林. 应用社会心理学新论 [M]. 北京: 人民出版社, 2006.

[9] 俞国良. 社会心理学 [M]. 3 版. 北京: 北京师范大学出版社, 2015.

[10] 乐国安. 社会心理学 [M]. 3 版. 北京: 中国人民大学出版社, 2017.

[11] 詹姆斯. 心理学原理 [M]. 1 版. 方双虎等, 译. 北京: 北京师范大学出版社, 2019.

[12] 金盛华. 社会心理学 [M]. 3 版. 北京: 高等教育出版社, 2020.

[13] 高宣扬. 流行文化社会学 [M]. 2 版. 北京: 中国人民大学出版社, 2015.

[14] 时蓉华. 现代社会心理学 [M]. 3 版. 上海: 华东师范大学出版社, 2013.

[15] 郭小安. 当代中国网络谣言的社会心理研究 [M]. 北京: 中国社会科学出版社, 2015.

[16] 牧之. 心理暗示的力量 [M]. 北京: 电子工业出版社, 2012.

[17] 郭本禹. 西方心理学史 [M]. 3 版. 北京: 人民卫生出版社, 2019.

[18] 时蓉华. 社会心理学 [M]. 1 版. 上海: 上海人民出版社, 1986.

[19] 米德. 三个原始部落的性别与气质 [M]. 宋践, 译. 杭州: 浙江人民出版社, 1988.

[20] 波娃. 第二性 [M]. 邱瑞銮, 译. 台湾: 猫头鹰出版社, 2013.

［21］ 帕帕拉，奥尔兹，费尔德曼. 孩子的世界：从婴儿期到青春期［M］. 郝嘉佳，等，译. 北京：人民邮电出版社，2013.

［22］ 罗森堡，特纳. 社会学观点的社会心理学手册［M］. 1版. 孙非，等，译. 天津：南开大学出版社，1992.

［23］ 沙莲香. 社会心理学［M］. 4版. 北京：中国人民大学出版社，2015.

［24］ 迈尔斯. 社会心理学［M］. 11版. 侯玉波，乐国安，张智勇，等，译. 北京：人民邮电出版社，2014.

［25］ 米勒. 亲密关系［M］. 6版. 王伟平，译. 北京：人民邮电出版社，2015.

［26］ 泰勒，佩普卢，西尔斯. 社会心理学［M］. 12版. 崔丽娟，王彦，等，译. 上海：上海人民出版社，2010.

［27］ 崔丽娟，才源源. 社会心理学：解读社会 诠释生活［M］. 上海：华东师范大学出版社，2008.

［28］ 雷雳. 发展心理学［M］. 4版. 北京：中国人民大学出版社，2022.

［29］ 李中莹. 简快身心积极疗法［M］. 北京：民主与建设出版社，2019.

［30］ 郭念锋. 国家职业资格培训教程心理咨询师（基础知识）［M］. 北京：民族出版社，2005.

［31］ 邵志芳，高旭辰. 社会认知［M］. 1版. 上海：上海人民出版社，2009.

［32］ 俞国良. 社会心理学前沿［M］. 北京：北京师范大学出版社，2010.

［33］ 刘义庆. 世说新语［M］. 秦清，译. 西安：三秦出版社，2019.

［34］ 波伏瓦. 第二性［M］. 郑克鲁，译. 上海：上海译文出版社，2014.

［35］ 时蓉华. 社会心理学［M］. 杭州：浙江教育出版社，1998.

［36］ 帕克，斯图尔特. 社会性发展［M］. 郑璞，俞国良，等，译. 北京：中国人民大学出版社，2014.

［37］ 津巴多，利佩. 态度改变与社会影响［M］. 邓羽，等，译. 北京：人民邮电出版社，2018.

［38］ 崔健东. "互联网＋"大学生"双创"教育中创业领导力影响研究［J］. 内蒙古科技与经济，2020（11）：29-30+33.

［39］ 简福平，何仕瑞. 团体绘画艺术疗法对留守儿童社交焦虑的干预研究［J］. 重庆工商大学学报（社会科学版），2022（05）：1-11.

［40］ 吴升刚，郭庆志. 高职专业群建设的基本内涵与重点任务［J］. 现代教育管理，2019（06）：101-105.

［41］ 石芬芳. 以效果为导向的高职院校教学评价探析［J］. 中国职业技术教育，2017，No.639（23）：42-46.

［42］ 杨慧芳，赵曙明. 企业管理者人格类型研究［J］. 心理科学，2004（4）：983-

985.

[43] 徐慧, 李铁宁. 大学生人格在应激源和压力应对关系中的调节效应研究 [J]. 湖南科技学院学报, 2021, 42 (1): 103-106.

[44] 张晓书. 大社区心理学观——社区心理学研究的新视野和新契机 [J]. 自然辩证法通讯, 2021, 43 (12): 101-107.

[45] 曹东辉, 郑林科. 高职生社会支持和心理资本对习得性无助的作用 [J]. 中国健康心理学杂志. 2020, 28 (09): 1409-1413.

[46] 胡婧超, 张浩. 群团改革背景下社区女性居民教育实践探索 [J]. 智库时代, 2019 (50): 246-247.

[47] 刘晓明, 高率航. 社会心理服务融入基层治理: 价值、挑战与路径 [J]. 理论探讨, 2022 (06): 73-78.

[48] 吕厚超, 金磊, 郝海平. 未成年人社会心理服务体系建设的现状和对策 [J]. 心理研究, 2022, 15 (05): 387-392.

[49] 刘福莲. 高职生消极心态心理解析及对策 [J]. 江苏教育, 2020 (40): 33-35.

[50] 吴佳琪, 朱华燕, 黄珊. 关于大学生抑郁症之病耻感的调查与分析 [J]. 西部学刊, 2022 (10): 125-129.

[51] 郭峰, 袁双龙. 基于学生自我体验的高职教学诊断改进系统设计初探 [J]. 现代职业教育, 2021 (28): 94-95.

[52] 陶小华. 高职大学生从学生到职业人的角色转换 [J]. 文教资料, 2021 (02): 164-165.

[53] 银丽丽. 高职学生学习动机的实证研究 [J]. 教育科学论坛, 2017 (33): 71-75.

[54] 吕晓霞, 肖安. 试论高职学生自我意识的发展与完善 [J]. 西部皮革, 2016, 38 (16): 260-261.

[55] 祖雅桐, 杜健. 青少年自我效能感对现实－理想自我差异与抑郁间关系的调节效应 [J]. 心理与行为研究, 2016, 14 (03): 360-366.

[56] 陈祥真. 高职学生自尊状况调查研究 [J]. 湖北函授大学学报, 2014, 27 (16): 22-23.

[57] 金盛华. 自我概念及其发展 [J]. 北京师范大学学报 (社会科学版), 1996 (01): 30-36.

[58] 丛中, 高文凤. 自我接纳问卷的编制与信度效度检验 [J]. 中国行为医学科学, 1999 (01): 20-22.

[59] 王黎华. 高职大学生自卑心理与社会比较倾向的关系研究 [J]. 黑龙江生态工程职业学院学报, 2021, 34 (06): 125-128.

［60］ 陈婵涓，钟钰聆. "别家孩子"信息接收对高职生自尊影响探究［J］. 数据，2021
（07）：110-112.

［61］ 王红姣，卢家楣. 高职生压力源及应付方式特点研究［J］. 心理科学，2009，32
（06）：1328-1332.

［62］ 戴文慧. 信息时代大学生网络舆情监管与思政引导——评《高校网络舆情管理
与思政教育创新——基于网络身份隐匿视角的研究》［J］. 中国教育学刊，2022
（07）：143.

［63］ 曹新燕，谭远敬. 让积极暗示释放正能量［J］. 教学与管理，2015（05）：10.

［64］ 李艳，马金婷. 牢牢把握新时代党对网络思想舆论的主动权［J］. 思想战线，
2022，48（06）：32-39.

［65］ 刘志强. 某高职院校新生 2011—2015 年心理健康状况比较［J］. 中国学校卫生，
2016，37（06）：924-926.

［66］ 周晓虹. 班杜拉和科尔伯格：性别角色发展观的分歧［J］. 心理学探新，1986
（03）：44-52.

［67］ 吕建强，任君庆. 赋权与增能：新《职业教育法》保障学生权益的内涵解读［J］.
中国职业技术教育，2022（34）：17-21.

［68］ 吴愈晓，张帆. "近朱者赤"的健康代价：同辈影响与青少年的学业成绩和心理健
康［J］. 教育研究，2020，41（07）：123-142.

［69］ 王世杰. 以党的二十大精神为指引　推动职业教育高质量发展［J］. 国家教育行政
学院学报，2022（11）：17-20.

［70］ 王自玲. 中国古代婚姻制度初探［J］. 法制与社会，2011（06）：283-284.

［71］ 侯娟，蔡蓉，方晓义. 夫妻依恋风格、婚姻归因与婚姻质量的关系［J］. 应用心理
学，2010，16（01）：42-54.

［72］ 罗惠芳. 空巢家庭问题的研究现状［J］. 现代护理，2006（07）：601-603.

［73］ 游鑫. 大学生婚恋观研究现状及趋势分析——基于 1990 年—2016 年期刊发文数
据的计量分析［J］. 公关世界，2022，535（20）：70-71.

［74］ 易春丽，钱铭怡，章晓云. Bowen 系统家庭的理论及治疗要点简介［J］. 中国心
理卫生杂志，2004（01）：53-55.

［75］ 王协顺，苏彦捷. 从动作模仿到社会认知：自我 - 他人控制的作用［J］. 心理科
学进展：2019，27（4），636-645.

［76］ 刘宇平，李珊珊，何赟，王豆豆，杨波. 消除威胁或无能狂怒？自恋对暴力犯攻
击的影响机制［J］. 心理学报，2021，53（03），244-258.

［77］ 徐楚清. 侵犯行为的心理学与社会学阐释［J］. 理论观察，2022（03）：101-106.

［78］ 刘晓敏. 亲社会行为与利他主义［J］. 心理学探新，2000（03）：59-63.

[79] 王雁飞，朱瑜. 利他主义行为发展的理论研究述评 [J]. 华南理工大学学报（社会科学版），2003（04）：37-41.

[80] 郑显亮，陈慧萍，王雪，鲍振宙. 青少年网络利他行为的发展趋势及社会阶层的影响：一项追踪研究 [J]. 心理发展与教育，2023（03）：333-341 [2023-03-04].

[81] 李路路，王元超. 中国的社会态度变迁：总体倾向和影响机制（2005-2015）[J]. 社会科学文摘，2021（02）：48-50.

[82] 张海东，杨城晨，袁博. 新时代中国新社会阶层的社会心态——基于十个特大城市的数据分析 [J]. 中央社会主义学院学报，2021（01）：141-153.

[83] 孙洁. 社会性别视角下高职院校大学生学习投入与学业成就关系研究 [D]. 江南大学，2019.

[84] Lien J W, Zheng J, Zhuo Y. The Cooperative Consequences of Contests [J]. SSRN Electronic Journal，2021.

[85] R. Burns. Self-concept development and education [M]. Dorchester, UK: Henry Ling Ltd, 1982.

[86] Gordon W, Allport. Pattern and Growth in Personality [M]. NewYork: Harcourt College Publishers, 1963.

[87] Baumrind, D. Current Patterns of Parental Authority [J]. Developmental Psychology, 1971, 1-103.

[88] Amsterdam, B. Mirror self-image reactions before age two [J]. Developmental Psychobiology, 1972, 5(4), 297-305.

[89] Markus, Hazel R., Kitayama, Shinobu. Culture and the self: Implications for Cognition, Emotion, and Motivation [J]. Psychological Review, 1991, 98(2), 224-253.

[90] James C Coyne, Michael J Rohrbaugh, Varda Shoham, John S Sonnega, John M Nicklas, James A Cranford, Prognostic importance of marital quality for survival of congestive heart failure, The American Journal of Cardiology, Volume 88, Issue 5, 2001, Pages 526-529.

[91] Arnett, Jeffrey J., Human Develepment: A cultural approach [M]. New York: Pearson, 2015.

[92] Pamela, C., Regan., Leah, Atkins. Sex differences and similarities in frequency and intensity of sexual desire. Social Behavior and Personality, 2006, 34(1): 95-102.

[93] Lorber, M.F., & O'leary, K.D. Predictors of the Persistence of Male

Aggression in Early Marriage. Journal of Family Violence, 19, 2004, 329-338.

[94]   Campbell, J. C., Miller, P., Cardwell, M. M., & Belknap, R. A. Relationship status of battered women over time. Journal of Family Violence, 9(2), 1994, 99-111.

后记

经过校企合作教学团队共同努力，职业教育国家在线精品课程配套教材《社会心理学基础》一书与读者见面了。教材根据职业院校学生的身心发展特点和职业教育类型特点进行编写，突出理实结合、校企合作、实践体验、课程思政等要素，彰显了职业性和实践性，为职业院校培养高素质技术技能人才提供了教学参考。

全书包括个体社会心理学、人际社会心理学、团体社会心理学、应用社会心理学四个模块。由主编许新赞、谭泽晶提出撰写方案，拟定编写大纲。各单元的作者分工如下：导论由许新赞执笔，第一单元由胡昆执笔，第二单元由胡瑛执笔、第三单元由杨小兵执笔，第四单元由景晓娟执笔，第五单元由郎艳红执笔，第六单元由赵会鹏执笔，第七单元由邹志超执笔，第八单元由卢卫斌执笔，第九单元由彭咏梅、毛湘玲执笔，第十单元由苏泉执笔，第十一单元由赵杰执笔，第十二单元由周丹纯、江小阳、王警可执笔。

教材同步建设的"社会心理学"数字课程已在中国大学 MOOC 上线，课程由许新赞和谭泽晶统筹规划，校企团队共同完成。

全书由许新赞统稿，许新赞和谭泽晶定稿。教材之所以能够顺利出版，感谢所有为本书编写工作付出辛勤努力的同仁和朋友们。我们在编写过程中参考了大量论文、书籍以及网络资料，借鉴了许多学者的优秀成果，在此一并表示感谢。同时，感谢高等教育出版社的编辑为本书的顺利出版所做的不懈努力！

由于时间仓促、编者水平有限，书中难免有不当之处，敬请专家及读者们批评指正！

2023 年 4 月

编者

图书在版编目（CIP）数据

社会心理学基础 / 许新赞，谭泽晶主编 . -- 北京：
高等教育出版社，2023.8
ISBN 978-7-04-060966-0

Ⅰ . ①社… Ⅱ . ①许… ②谭… Ⅲ . ①社会心理学 –
高等职业教育 – 教材 Ⅳ . ① C912.6

中国国家版本馆 CIP 数据核字（2023）第 143803 号

策划编辑	李岳璟
责任编辑	李岳璟　李伟楠
封面设计	贺雅馨
版式设计	杨　树
责任绘图	裴一丹
责任校对	刘娟娟
责任印制	刘思涵

出版发行	高等教育出版社
社　　址	北京市西城区德外大街 4 号
邮政编码	100120
印　　刷	佳兴达印刷（天津）有限公司
开　　本	850mm×1168mm　1/16
印　　张	18
字　　数	500 千字
购书热线	010-58581118
咨询电话	400-810-0598
网　　址	http://www.hep.edu.cn
	http://www.hep.com.cn
网上订购	http://www.hepmall.com.cn
	http://www.hepmall.com
	http://www.hepmall.cn
版　　次	2023 年 8 月第 1 版
印　　次	2023 年 8 月第 1 次印刷
定　　价	48.00 元

读者意见反馈

为收集对教材的意见建议，进一步完善教材编写并做好服务工作，读者可将对本教材的意见建议通过如下渠道反馈至我社。

咨询电话　400-810-0598
反馈邮箱　gjdzfwb@pub.hep.cn
通信地址　北京市朝阳区惠新东街 4 号富盛大厦 1 座
　　　　　高等教育出版社总编辑办公室
邮政编码　100029

防伪查询说明

用户购书后刮开封底防伪涂层，使用手机微信等软件扫描二维码，会跳转至防伪查询网页，获得所购图书详细信息。

防伪客服电话　（010）58582300

资源服务提示

授课教师如需获取本书配套教学资源，请登录"高等教育出版社产品信息检索系统"（https://xuanshu.hep.com.cn/），搜索本书并下载资源。首次使用本系统的用户，请先注册并进行教师资格认证。

资源服务支持邮箱：songchen@hep.com.cn